万川
reflections

一步万里阔

The 图书馆 LIBRARY

一部脆弱的历史

Andrew Pettegree
Arthur der Weduwen

A FRAGILE HISTORY

[英]安德鲁·佩特格里 [英]亚瑟·德·伍德温
——著

宫杉姗——译

中国工人出版社

图书在版编目（CIP）数据

图书馆：一部脆弱的历史 /（英）安德鲁·佩特格里，（英）亚瑟·德·伍德温著；宫杉姗译. — 北京：中国工人出版社，2024.3
书名原文：The Library: A Fragile History
ISBN 978-7-5008-8119-3

Ⅰ.①图… Ⅱ.①安… ②亚… ③宫… Ⅲ.①图书馆史—世界 Ⅳ.①G259.19
中国国家版本馆CIP数据核字（2024）第055541号

著作权合同登记号：图字01-2022-4504

图书馆：一部脆弱的历史

出 版 人	董　宽
责任编辑	邢　璐
责任校对	张　彦
责任印制	黄　丽
出版发行	中国工人出版社
地　　址	北京市东城区鼓楼外大街45号　邮编：100120
网　　址	http://www.wp-china.com
电　　话	（010）62005043（总编室）（010）62005039（印制管理中心） （010）62001780（万川文化出版中心）
发行热线	（010）82029051　62383056
经　　销	各地书店
印　　刷	北京中科印刷有限公司
开　　本	880毫米×1230毫米　1/32
印　　张	17.875
插　　页	16
字　　数	350千字
版　　次	2024年6月第1版　2025年5月第3次印刷
定　　价	128.00元

谨以此书献给

费利西蒂·布莱恩

（1945—2020）

在你面前的，是一份关于图书馆，或者说，关于书籍的简短研究。对于经常阅读书籍的人来说，什么主题是更值得探讨的呢?

——尤斯图斯·利普修斯《论图书馆》（1602 年）

目　录

序　重建废墟　1

第一部分　开端与存活

第 1 章　流动的手稿　3

第 2 章　栖身之地　19

第 3 章　小花招与金字儿　48

第二部分　印刷术的危机

第 4 章　“罪恶”的印刷机　77

第 5 章　新时代的来临　95

第三部分　新一代藏书家

第 6 章　职业人士　117

第 7 章　“垃圾”书　144

第 8 章　传教之地　169

第四部分　公共与私人图书馆

第 9 章　宏伟的设计　197

第 10 章　红衣主教之过　221

第 11 章　古文物收藏家　251

第五部分　虚构文学

第 12 章　清醒的头脑　281

第 13 章　建筑帝国　312

第 14 章　在工作后阅读　345

第六部分　战火里的书籍

第 15 章　在 20 世纪生存　381

第 16 章　与现代的搏斗　414

第 17 章　图书馆、书籍与政治　456

后记　没有书籍的阅读　476

致　谢　492

注　释　496

序　重建废墟

1575年，对荷兰学者雨果·布罗球斯来说，被神圣罗马帝国皇帝马克西米利安二世任命为皇家图书馆馆长，本该是他职业生涯的辉煌时刻。然而，当他抵达维也纳，来到图书馆担起此职之时，目之所及处却似一片废墟。

“一切看起来是那么荒芜与了无生气，”他沮丧地写道，“发霉、腐烂，随处可见飞蛾和虫子的尸体残渣，还有厚厚的蜘蛛网。那些窗户显然有好几个月没有打开过了，可怜的书籍许久未被一缕阳光抚照，它们的生命正在慢慢凋零……因此翻开它们时，好似有一股有毒的气体涌了出来。”[1]

这座图书馆是一座皇家图书馆，藏有7379册书（布罗球斯的首要任务是编制目录）；但它并没有建于皇宫里，而是在圣方济各会修道院（一个收容孤儿的避难所）的一楼。显而易见，它未能在皇帝的文化规划中占有一席之地。

布罗球斯初到维也纳时，印刷术已有100多年的历史，这一奇迹般的发明让成千上万的欧洲公民感受到拥有书籍的乐趣。但在那片文学及文化的繁荣之中，这座欧洲最重要的图书馆之一，却变成了一座尘土飞扬的陵墓。这不是一个个例。第一个藏书黄金时代的奇迹之一，匈牙利国王马加什一世（Matthias Corvinus）的著名图书馆遭到彻底毁坏；佛罗伦萨科西莫·德·美第奇（Cosimo de' Medici）收藏的珍稀书籍也被抛弃，被其他藏品所代替。探险家克里斯托弗·哥伦布的儿子费尔南多·科隆（Fernando Colon）收藏了大量珍贵书稿，意欲与传说中的亚历山大图书馆相媲美；但随着时间的推移、宗教法庭的反对以及西班牙国王的掠夺，那些书稿大多已流散各地。

乌尔比诺的费德里科公爵（Duke Federico of Urbino）也是一名杰出的书籍收藏家，据说，他不允许任何印刷书籍出现在自己的图书馆中，以免玷污藏品中的珍奇手稿——最终仍落入无人问津的境地。17世纪30年代，著名的图书馆学家加布里埃尔·诺德（Gabriel Naudé）在访问费德里科公爵的图书馆时，发现这座图书馆“正处于一种如此可悲的境地：读者对那里的一切都感到绝望”。诺德是一位声名鹊起的年轻学者，也是第一本书籍收藏家指南的作者之一，这本书的目标受众是贵族买家，因为这些贵族也许会给他提供一份称心的工作——为他们建造一座图书馆（他们也确实这样做了）。[2] 诺德在指南里没有提及，历代图书馆都面临着一个令人不安的事实：未曾有一个时代的人，会对从前人那里继承的藏品感到满意。本书想要讲述的，不是那些图书馆历史研究所悲叹的、对这种精美手工制品如此明显的蓄意毁坏，而是疏忽与遗弃；书籍和藏品承载着一代人的价值观和兴趣，却无法传递给他们的下一代。许多藏品的命运都躲不过在废弃的阁楼和毁坏的建筑中黯然蒙灰，虽然那也是在最意想不到的地方重生并焕发生机的前奏。

即便诺德能在意大利辉煌的衰败中多坚持一会儿，时间的巨轮向前滚动400年，图书馆仍在经历一场类似的生死存亡，虽然7000册藏书在那时已经算不上什么引人瞩目的成就了。今天，公共图书馆面临着更少的预算，老旧建筑的维护却需要不少的开销；新型服务的需求增多，而将其作为遗产收藏的兴趣却在不断降低。在为撰写本书进行研究时，我们看到了肯宁顿杜宁公共图书馆的挣扎。兰贝斯委员会计划将其转为社区资源，委员会发言人表示要取消资助并允许由志愿者进行管理。这遭到了一些当地居民的强烈不满和抵制，他们为图书馆正常开放进行着抗争。但是这是一场值得称赞、代表着公益利他主义的抗争吗？还是一场对现已消失且永不再现的世界的缅怀？在我们的社区里，受过教育的富人理所当然地认为，资助公共图书馆、促进愉悦性阅读是政府的核心职能之一。但是由政府资助藏书，向公众免费开放的那种公共图书馆，直到19世纪中叶才出现，而这只占据了整个图书馆历史的极短时间。如果从图书馆长达几个世纪的历史中总结出一句真理的话，那就是：只有当人们觉得图书馆有用时，图书馆才能存活。

换句话说，图书馆也同样适用“适者生存”法则（虽然一直以来本就如此）。近年来，法国成功完成了多媒体图书馆建设的壮举，尽管其背后有着巨额公共资金的支持。为满足学生需求设立的大学图书馆，现在既是工作场所，也是社交中心，大教堂般寂静的图书馆已经不复存在。实际上，图书馆的这种存在形式可以追溯到文艺复兴初期，那时的图书馆常常也是一个欢乐的社交场合，书籍与绘画、雕塑、古硬币及其他珍品一样，也会吸引人们的目光。

这段历史同样没能让图书馆谱写出一个轻松的发展篇章，没有人为它的遭遇发出悲鸣。出现又消失，破败又重建，循环往复，最终被证明，这就是它的命运常态。就算图书馆本身得到了重视，里面的藏书也会不断地被整理，常常需要作出痛苦的决定：哪些具有长期价值？哪些必须被处理掉？图书馆往往在它第一任主人手中得以繁荣，随后就慢慢荒废，潮湿、灰尘、飞蛾和书虫长期造成的破坏远远超过了那些针对图书馆本身的破坏。增长和衰退是周期的一部分，复苏亦是如此。1556年，牛津大学图书馆在藏书遭到掠夺后，把馆内用具也全部卖掉了；过了50年，托马斯·博德利爵士又重建起之后三个世纪中最宏伟的大学图书馆。至于图书馆遭受大火摧残的次数，也令人咋舌。随着时代的变迁，越来越多的书籍可以在公开市场上购买，倘若不是因为不断重建，消失的图书馆数量还会更多。

图书馆的历史充满曲折和出人意料。在很大程度上，图书馆的存在形式是每一代主人必须重新决定的。在我们的叙述中，一部分图书馆来自平平无奇的个人收藏，它们反映着收藏家个人的品味；而另一部分图书馆则耗费了巨大的努力，成为国家公民自豪的纪念碑，甚至建造本身变成了像亚历山大那般对知识的狂热追求。有些图书馆建在装饰华丽的宫殿里，而另一些则像伊拉斯谟游学一样，居无定所的书籍跟随着它们漂泊的主人，被一辆辆马车从一个房子运到另一个房子里。历经战争、社会动荡或者盗窃，书籍的流动过程毫无规律可循，在一处被收藏，转而又去向另一处；图书馆的发展演变同样充满曲折。

流动的书籍

辉煌的亚历山大图书馆为后世收藏家提供了源源不断的灵感，但罗马皇帝对图书馆历史的默默贡献令人深感意外。这位将军对渡槽了如指掌，却好像根本不懂图书馆有什么用处。许多伟大的图书馆都是坐着战场征服者的行李车抵达罗马的，例如希腊哲学家亚里士多德的图书馆。仍然有很多人会效仿罗马这种强力获取知识财富的方式。在19世纪的前10年里，拿破仑曾雇用大作家司汤达代表法国国家图书馆去挑选意大利和德国图书馆里的精粹。[3]再往前两个世纪，在三十年战争中，瑞典人还创造了一个高效的官僚程序，来窃夺德国被占领的城市图书馆里的书籍。那些书籍运到瑞典后，至今仍存放在乌普萨拉大学图书馆里，而法国国家图书馆却被迫在维也纳会议上归还拿破仑的战利品。考虑到在重新装订书籍上已经花费的开销，此举引发了不小的愤懑之声。[4]

罗马文化遗产的储存载体，从莎草纸卷轴逐渐过渡到羊皮纸手稿，罗马的图书馆在西方帝国的衰落中一座都没能幸存下来。羊皮纸由动物皮制成，表面更具弹性，正是通过这种羊皮纸，罗马文化才能在之后的1000年存活于基督教的修道院里。这穿越千年的至高无上的手稿承载着中世纪最令人心醉的璀璨文化，如今，这些手稿终于找到了它们的归宿——成为图书馆馆藏中的瑰宝。[5]到了14世纪，修道院抄写和装饰的手稿通过市场被制作成漂亮的书籍，成为欧洲社会领导者展示其文化先进性的新途径。

巴格达、大马士革、科尔多瓦和开罗的穆斯林哈里发也不约而同地建造了图书馆，这些图书馆规模之大，闻名伊斯兰世界。图书馆里的藏书吸引着最优秀的书法家来抄写，学者们也趋之若鹜，他们的雄辩进一步丰富了哈里发的宫廷。在波斯、印度和中国，收藏装饰典雅、色彩绚丽、书法精湛的精美手稿，成为国王和皇帝非常喜爱的一种消遣。

然而，在15世纪中叶，当约翰内斯·古登堡等人开始尝试使用机械，为教堂、学者以及眼光独到的收藏家印刷他们所需要的数目庞大的书籍时，他们发现事情并没有想象中那么简单。古登堡复杂的书籍印刷技术，让第一批读者感到眼花缭乱，但那些传统收藏家仍然难以相信，这种单调的白纸黑字可以替代他们手中装饰精美的手稿。没有人知道，成千上万本的印刷书籍是如何被引进到欧洲各地的市场上的，这让早期投资者着实有些头痛。但是这些初始问题一旦得到解决，书籍印刷为越来越多的潜在顾客带来了建立图书馆的可能，尽管这种可能降低了书籍对贵族的吸引力。

从另一方面来说，印刷术也走到了一个决定性的分岔路口。非洲、中东和东亚的手稿文化依旧繁荣，他们没有效仿欧洲采用大规模印刷技术；奥斯曼帝国几乎完全摒弃了印刷术。将第一本印刷版《古兰经》送到土耳其帝国的倒霉的威尼斯人，因亵渎神明而备受谴责。中国尽管很早就进行了出色的木版印刷试验，但由于技术原因，没能成功地运用金属活字印刷术。这些文明体在很大程度上仍热衷于木版或手稿书籍制作，尽管在这之前，它们与西方分享了一个更为出色的礼物：纤维纸。纤维纸由纤维制成，比羊皮纸便宜得多，而且极其巧妙地适配于印刷机。如果没有这种高效的印刷技术，在欧洲和欧洲殖民地以外的地方，收藏书籍或许仍会是精英阶层的一种特权。在之后的三个世纪，读者群体不断扩大，公共图书馆和私人图书馆数量激增，成为散居在世界各地的欧洲人带来的一种独特现象。

文化水平的稳步提高推动了书籍购买力的增长。起初，大部分购买人群是出于职业需求，也就是那些工作中需要阅读的人们，比如商人、办事员、律师、官员、医生和神父等。印刷术为这些有前途、有抱负的职业阶层提供了拥有和收藏书籍的机会。这些人很快便收集了上百本书，图书馆也初具规模——在手稿时代，只有那些处于社会顶层的人们才可能拥有自己的图书馆。书籍大众化，使人们可以广泛拥有这种曾经稀有而珍贵的奢侈品，这在人类历史上许多时期都曾反复出现过。但是对书籍来说，这种现象常常以悲剧告终。一位贵族如果只藏有300本典籍，就不要指望会受到他人的追捧，因为当地某个布匹商人都可以做得到。因此，他们更多会去选择购买雕塑、画作，甚至是一头狮子。马克西米利安二世之所以将他的藏书束之高阁，正是因为书籍已经不再是引人瞩目的代名词了。

印刷与权力

越来越多的平民收藏家闯进了这个精致的书籍奢侈品世界，贵族对书籍大众化的不满在那300年里持续了相当长的一段时间。两种不同的意愿对抗着，平民收藏家希望能获得更多知识；而贵族收藏家企图限制平民接触书籍或通过书籍得到某种程度上的阶层“跃迁”。最明显的表现是，新读者在阅读品味方面颇有微词，他们对16世纪的传奇故事发起炮轰，批评小说文学，批判女性的阅读品味，对女性作者尤为抵制。托马斯·博德利爵士重建牛津大学图书馆的壮举是值得赞许的，但他曾宣称，无法忍受藏书里那些“不三不四的垃圾书”——他指的是用英文而不是拉丁文写作的典籍。牛津大学曾收到一本捐赠的影印版莎士比亚《第一对开本》，几十年后就卖掉了。而到了1905年，牛津大学又花费巨额公款争夺一本影印版《第一对开本》，仅仅是为了不让它落入美国收藏家亨利·福尔格手中。[6]

每个世纪，都有新的读者被带到书籍所有权的轮盘上，类似的争夺反复上演，于是图书馆便成了政治产物。19世纪公共图书馆里的新读者，理应看到他们想看的，或者说能让他们变得更好、更有文化的书吗？这种激烈的争论到了20世纪依旧回荡在美国公共图书馆发布的“好书推荐”里、对小说的普遍偏见里（人们之所以忍受小说的存在，仅仅是期望它们能让读者更加渴求真正的文学，虽然事实并非如此），以及对某些特定类型书籍（比如浪漫传奇故事）的唾弃里。20世纪上半叶，在英国乡间，靴书爱好者图书馆为那些想享受阅读乐趣又心怀愧疚的体面的女性提供了一个庇护所。直到1969年，伦敦哈林盖区图书馆服务部的前主管还会悲伤地写道："对一家公共图书馆来说，没有比迎合通俗小说阅读品味更自取灭亡的事情了。"[7]

15世纪之前，书籍成为一种贵族货币，而在那之后，它的价值被恶意贬低了，同时，图书馆的历史也越发复杂起来。王公贵族建造图书馆的热情开始消退，这酿成的第一个苦果，便是收藏机构迎来了灾难时期。早期的大型机构图书馆，比如米兰的安布罗西亚纳图书馆，往往依靠的是某位显赫的私人收藏家的捐赠；大学图书馆也多是依靠大量的个人捐赠来维持。19世纪之前，几乎没有一家机构图书馆有购买新书的预算，因此捐赠对这类机构的发展至关重要（即使这可能意味着，会收到很多同一本破旧典籍的影印版）。没有捐赠，机构图书馆很快就会难以为继。

这些机构的命运诉说着，图书馆的历史并不是一个未曾中断的故事。在印刷术发明后的两个世纪里，大多数机构图书馆走向了衰落。大学对中世纪课程弃如敝履，使得图书馆中大部分的这类藏书显得更加多余。在新教改革时代的冲突下，欧洲的图书馆被基督教和天主教集团划分争夺，导致了伤痕累累的对“异端”内容的审查。英国将大学图书馆彻底关闭，这种做法极端且罕见，而其他地方的机构图书馆也很快消失了。1603年，哥本哈根的大学图书馆里仅剩700本书；而在荷兰，除了莱顿，其他城市图书馆的情况也都不尽如人意。教授私藏的书籍是大学图书馆里的三至四倍，这在当时并不罕见，但在今天看来，这简直是难以想象的颠倒情形。[8]

事实上，在16世纪和17世纪的大部分岁月里，图书馆历史的车轮主要是由个人收藏家推动的。与此同时，书籍更便宜了，律师、医生和教会神父这类职业的需求也更大。到了17世纪中叶，许多人已经可以炫耀自己拥有超过1000本的藏书。手稿时代文艺复兴书籍的猎手，只能在偏远的修道院等宗教场所交易，而17世纪的职业工作者获取书籍要容易得多。他们在往来信件中常有关于书籍的闲谈：相互借书、分享新书资讯、交流自己出版的新书（许多收藏家也是写作者），或者推荐朋友写的书，等等。在那个时代，书籍的价值不止于获得知识，书籍俨然变身为一种商品。于是市场上也出现了新的交易方式，比如书籍拍卖，这意味着收藏家可以放心地持续购入书籍，因为他们知道，即便在死后，他们的家人也能够了解到这些藏品的实际价值。这就形成了一种良性循环，收藏家既可以尽情享受藏书的爱好，又可以酌情规划遗产事宜。

到目前为止，图书馆的历史大多聚焦在世界伟大的图书馆上，特别是那些遭受了时代的摧残，但仍幸存下来的图书馆。这背后的原因很好理解，它们是图书馆世界中的珍稀“动物”，也是引人注目或极具历史意义的建筑。谁能抗拒一座建在18世纪奥地利巴洛克风格的教堂里、集神圣与智慧于一身的图书馆呢？但这样的图书馆与其说是智慧的庙宇，不如说它的建立是为了发表一种宣言。这种宣言可能是新精英阶层公民的自豪感或价值观（例如波士顿或纽约的公共图书馆），也可能是虔信的传教士对传播福音的热忱（例如17、18世纪的耶稣会图书馆）；有些纪念着成功留下自己挚爱的图书馆的国王（例如巴黎的马扎林图书馆），有些则见证了西方文化向欧洲以外世界的渗透（例如加尔各答的帝国图书馆，现为印度国家图书馆）。

这正是图书馆成为权力的象征——一个国家或者一个统治阶级的宣言。不可避免地，当权力受到挑战时，这些意义深远的建筑会首先遭受文化或者认知叛乱的冲击。在1524年至1525年的德国农民战争中，狂暴的部队故意将修道院图书馆作为打击目标，宣泄他们对身为神职人员的地主们的痛恨。那些神职人员似乎更热衷于敛取财富，而不是为他们压榨劳动力、收取高额租金的人们作奉献。400年后，在20世纪及之后的战争中，图书馆依然因其文化资本的身份而脆弱。斯里兰卡贾夫纳的公共图书馆是亚洲最大的图书馆之一，也是泰米尔文化文字记录的璀璨宝库。1981年5月31日夜里，一伙暴民一把火将这座图书馆烧为灰烬。这是20世纪种族焚书热的重大事件之一。[9] 1992年，萨拉热窝上演了一场同样的悲剧，塞尔维亚民兵在袭击该城市时，将波斯尼亚国家图书馆列为袭击目标。图书馆里的150万册份图书和手稿全部葬身火海。

现代的危机

1800年至1914年，欧洲人口从1.8亿增加到4.6亿。美国人口的增长更为惊人，从500万增加到1.06亿。人口的增长主要由移民造成，这为新工业经济提供了劳动力。要想使这些新公民融入社会结构，首先需要大力发展教育。因此，至少在早期教育方面，义务教育的推动得到了各方的支持。到20世纪初，西方社会几乎已经普及不分性别的公民教育。这便催生了一个全新的设想，即建立免费的公共图书馆，以满足广大读者的阅读需求。

这个大胆的设想花了很长时间才得以实现。在美国，人口密集的新英格兰州身先士卒；而在英国，1850年通过的《公共图书馆法》则是一个关键性节点，地方当局开始有权在自己的城镇或行政区建立图书馆。起码从表面上看，影响是显著的。1914年，依靠《公共图书馆法》，英国建立起5000多个图书馆管理机构，每年发行3000万到4000万册书。1903年，美国至少拥有4500个公共图书馆，总藏书量约为5500万册，而且这种增长还会持续下去。到了1933年，德国拥有9000多个公共图书馆，而美国图书馆的总藏书量则超过了1.4亿册。[10]

在这些令人印象深刻的统计数据背后，却隐藏着比这个上升轨迹更艰难的斗争。在19世纪的工业世界里，仍然有许多人饱受饥饿之苦、忍受恶劣的居住和工作环境，并不是所有人都认为建造图书馆是公共资金的优先使用事项。在英国，成立当地的图书馆委员会需要向纳税人征税，起初人们并不情愿。即便有人发起图书馆税收提议，也势必会被那些由拥有强大游说力量的酿酒商团体赞助的反对活动所击败。若不是后来苏格兰裔美籍钢铁巨头安德鲁·卡耐基（Andrew Carnegie）在大西洋两岸做出的努力，图书馆的发展速度根本不可能那般迅猛。正是这些个体对书籍的痴迷与激情，以及巨大的全球变革，才让图书馆的历史迎来了重要的转折点。

社区当然为能拥有新的图书馆而感到自豪，因此这些图书馆常会建在城市的中心。然而在喜气洋洋的竣工剪彩后，严峻的问题纷至沓来，亟待解决。图书馆为谁服务？孩子应该被允许进入图书馆吗？该如何对待那些把图书馆当作一个取暖歇脚的地方，在那里只是翻翻报纸的人呢？即便安德鲁·卡耐基为美国和英国的一大批公共图书馆提供了足够的资金，也有《公共图书馆法》作为保障，但是应该购买什么样的书籍由此变得更加复杂了。书籍购买权掌握在图书馆委员会的手中，而这些委员会通常由从前频繁出入会员制图书馆的地方名流所主导。

决策者在图书馆准入和书籍采购的问题上引发了新一轮的文化战争。19世纪印刷业的技术革命极大地拓展了新识字人群的阅读范围。出版商很快开发出一个新型市场，出版专门面向这类新识字人群的书籍。这些书籍不是为了提升自我或获得知识，而纯粹是为了享受阅读的乐趣。如果说这些文学价值较低的冒险、血腥和犯罪小说在传统出版行业引发了一些出版商的忧惧，那也只能怪他们自己。他们对商业流通图书馆（如最著名的穆迪图书馆帝国）的理解过于浅显，新型书籍毫无必要地定价过高，导致除了富有的中产阶级，其他人都将这类新型小说拒之门外。

对于图书管理员和那些高等文学机构里的人来说，这些黄皮的故事书简直就是一堆可悲的废纸，尽管很难弄清楚到底什么样的内容归于此类。黑帮犯罪故事显然不算高雅，但很快，侦探惊悚小说成为20世纪最火的图书题材之一。图书

图1　对平民阅读品味的嘲讽在图书馆历史里存在了很长一段时间。就像詹姆斯·吉尔雷在漫画《神奇的故事!》(1802年)里画的那样，嘲讽的对象往往是女性。在20世纪以前，大部分图书馆的管理员对女性喜爱的通俗小说皆不以为然。

馆行业的决策者会定期发布批准出版的书籍名单，尽最大的努力引导这个行业顺利度过动荡时期。只有经过时间的洗礼，才能使像斯蒂芬·克莱恩的《红色英勇勋章》这样的作品受到应有的追捧，因为决策者在第一眼看到这个书名时，往往会认为它的内容过于危险。图书馆的工作人员常常会面临一些难题，诸如读者会疑惑，为什么他们检索的书籍“不存在”。

这些新读者群体的批评，意外地得到了许多20世纪文学领袖的支持。奥尔德斯·赫胥黎、乔治·摩尔以及D.H.劳伦斯，都曾公开谴责底层民众的阅读喜好。尤其是D.H.劳伦斯，作为尼采的狂热拥趸，同T.S.艾略特一样，他也是大众教育的强烈反对者。他曾说："学校必须立刻关闭……民众永远都不应该学会阅读和写字。"[11]然而讽刺的是，劳伦斯第一次读到尼采的书，就是在克罗伊登公共图书馆里，而这家机构图书馆的建造宗旨就是让大众读者共享阅读的乐趣。

这种对新读者的蔑视，对其中至少一部分是在认真了解文学的大众来说，是有失偏颇的。记者兼社会评论员的亨利·梅休在探访19世纪中叶伦敦的书摊时，发现经常会有工人光顾。他们的偏好大多是正统英国文学的经典著作，例如戈德史密斯、菲尔丁、沃尔特·司各特爵士的小说，莎士比亚的著作（这不用说），蒲柏、彭斯以及拜伦的诗歌。[12]狄更斯因为迎合这个新兴市场而收入不菲，出版商也借机翻印了一些没有版权的作品而大捞一笔。

这类新读者群体缺少的不是野心或者智慧，而是时间。这就能够解释，为什么19世纪缩短工作日的立法推动了图书馆运动，以及为什么图书馆行业在战争和经济萧条时期却更加繁荣。战争时期，其他娱乐场所不可避免地遭到关闭，而前线及后方部队对书籍的需求却在增加。虽然图书馆常常最先受到20世纪工业战争的冲击，而战争却极大地促进了阅读习惯的养成，尽管那是一片图书馆无法生存的土壤。

事实证明，图书馆的历史，是一个充满跌宕起伏、虚假繁荣和艰难抗争的故事，最终才得以滋养大众读者。尽管我们现在还依然拥有图书馆，但如同书籍一样，图书馆终将不复存在的预言从未消失过。不过，在2020年春天，当那场席卷全球的病毒大流行迫使所有的图书馆关门时，人们的失落是显而易见的。我们不应该将图书馆的意义夸大，尤其是它们的所有者几乎从不这样认为。在漫长的历史中，图书馆主要是作为知识来源和金融资产存在的。只有非常富有的人们，才能把自己的图书馆打造成一座华丽的宫殿，向朋友和路人炫耀，顺便让子孙后代赞叹自己的杰作。私人图书馆这类物质遗产往往有着华丽的外表，却不应因此让人们产生误解，因为拥有大量藏书的私人图书馆为书籍文化繁荣所作出的贡献丝毫不比机构图书馆少。从图书馆反复遭受损失与磨难的历史来看，很有可能事实就是如此。这也正是为什么，在毁灭与璀璨无休无止的循环中，图书馆总能从灾难中复生，毕竟，在时代中留下自己的印记，是人类的一种本能。但是谁又知道，我们为后世留存下的东西，是否也能得到他们同样的珍视呢？

第一部分

开端与存活

第1章　流动的手稿

2002年10月16日，一群令人瞩目的世界名流聚集在埃及亚历山大市，出席新亚历山大图书馆的开幕典礼。这座图书馆建造在海滨区域，力图再现历史传奇，是现代最杰出的文化倡议项目之一。建造的开端，可以追溯到约30年前。1974年，时运不济的美国总统理查德·尼克松在访问埃及时，希望可以参观传说中的亚历山大图书馆。然而尴尬的是，没有人知道那座图书馆在哪儿。不管是建筑石块，还是里面的大批手稿，甚至就连它曾屹立的那片土地，都消失在时间的长河中。

尼克松将于两个月后卸任，当地的学者敏感地嗅到了机会。埃及总统纳赛尔主张泛阿拉伯主义和反殖民主义，使得亚历山大对开罗的影响力日渐降低，沮丧的学者们发现这是一个可以重建文化偶像的契机，借以提高亚历山大在知识世界中的地位。重建古代图书馆，再现其普世文明价值观的呼吁得到了联合国教科文组织的大力支持，1990年签署的《阿斯旺宣言》承诺，欧洲、美国和阿拉伯世界的政府将共同建造一座新的亚历山大图书馆，作为“探求普世知识”的纪念碑。沙特等波斯湾阿拉伯国家认捐了巨额款项，但萨达姆·侯赛因总统的捐款数额高达2100万美元，伊拉克因此在2002年的开幕仪式上风光无限。[1]

在国际社会的盛情之下，质疑在一个破败的埃及港口建造这样一座图书馆是否真的明智，似乎有些令人扫兴。当然还有其他方式可以花掉这2.1亿美元，来改善埃及人民的生活。从签署《阿斯旺宣言》到图书馆盛大开幕的这12年里，将此举称为修建“穆巴拉克的新金字塔”的言论不绝于耳，指责说何必如此煞费苦心地将图书馆建在这样一个文盲占大多数、又有着遏制知识自由劣迹的国家里。大部分的认捐援助都是捐赠书籍，包括50万册大多破到只能丢弃的法文书。亚历山大大学售出了校内主要藏书，意欲起到抛砖引玉的作用，但后来被证明是一个令人扼腕的错误决定。

新亚历山大图书馆开幕后的20年里，一直深陷收购预算不足、员工不满和腐败指控的泥潭，更不用说“阿拉伯之春”运动所造成的动荡和创伤了。不管是把新亚历山大图书馆看作国际文化外交政治活动中，命途多舛而理想化的一个纪念碑，还是人类探求知识的历史里，对这次特别的尝试充满期待的庆典，都毫无疑问地凸显出古亚历山大图书馆在图书馆历史上的独特地位。一半是传说，一半是真实，古亚历山大图书馆始终是渴望知识的有力象征。当罗马的公共图书馆在罗马帝国鼎盛时期被烧毁时，多米提安皇帝曾派抄写员去亚历山大图书馆抄写原稿用以重建；而当费尔南多·科隆决定在新印刷时代建造一座包揽世间全部知识的图书馆时，亚历山大图书馆正是他这一灵感的来源。[2]无论是文艺复兴时期的顶尖学者，还是数字时代的巨头，都受到了亚历山大图书馆的影响。从这个意义上来讲，亚马逊、谷歌或者维基百科的创始人，都完全可以宣称自己继承了亚历山大图书馆的灵魂。

西方文明的发源在很大程度上归功于希腊和罗马的启发与成就，因此选择在埃及建造图书馆，寻求藏书文化的根源，也就不足为奇了。这种寻求在一定程度上是合理的，希腊人为此专门研究出一种掠夺手段，用于亚里士多德时代的智识成就；而罗马人则以其惯有的无情面目，高效地侵占着那些文化遗产。即便拥有大量的主要基础设施资源，罗马人也难以解决困扰了之后2000年的书籍收藏难题：选择什么样的纸张，谁有权阅读书籍，如何储存书籍，以及最重要的，怎样确保藏书能够代代相传。这些问题难倒了那些最有天赋的文明创造者。后来的学者们很难从希腊人和罗马人身上看到鼓舞人心的愿景，例如知识赋予力量的，或者书籍储存的可行性。他们带来的更多是教训——为实现这一愿景进行的尝试却轻易地将一切化为灰烬。

亚历山大

希腊并不是第一个建造图书馆的国家。美索不达米亚（今天的伊拉克）亚述帝国的统治者积攒了大量典籍，这些典籍都以他们独有的楔形文字工整地刻在了泥板上。烘烤过的泥板基本上既能防潮，又能防火，因此文字保存得非常好；但泥板本身体积过大，不易存放或移动。收藏这些楔形文字泥板的图书馆建在皇宫或寺庙里，专供学者和皇室使用。它们并不向公众开放。正如其中一块泥板典籍在末尾处所刻的那样："一个有能力或博学的人，应将此只展示给同样有能力或博学的人，而非一个门外汉。"[3]不过，在一个识字仅限于统治阶级、官员和宗教领袖的社会，普通民众对这些早期的书写文化遗迹也没什么兴趣。

但是，此类图书馆藏品的数量还是相当可观的。后人在挖掘亚述尼尼微的皇家图书馆时，发现除了有七八百件藏品，还有3.5万块泥板。但在公元前614年至前612年，亚述帝国被巴比伦帝国攻破后，这些图书馆全都被摧毁了。图书馆开始变得多余，逐渐从人们的视野中消失。字母书写系统比楔形文字更实用，羊皮纸和莎草纸这类新载体也比泥板方便得多。

纸莎草这种植物的发现，及其作为书写载体的优异表现，成为新兴的希腊文化从口述形式转化为书面形式的先决条件。纸莎草盛产于尼罗河三角洲，将它的茎秆剥开编成莎草纸的技术不难掌握。莎草纸成为古代世界广泛使用的书写载体，从埃及出口到希腊和罗马，使得汇集知识的非凡设想成为可能，最终造就了亚历山大图书馆。

到公元前4世纪，希腊一直是一个文化程度较高的社会，至少在精英阶层是如此。[4]书籍商业化的繁荣，使那些之前只有学校才教授的文学经典和通识内容，甚至是专业书籍（往往被制成莎草纸手稿）都可以在市场上轻松找到。阿里斯托芬曾讽刺欧里庇得斯，说他是一个娴熟地“靠榨取书中内容”写作的人。[5]公元前338年，雅典政府对劣质戏剧印本的发行问题十分关注，那些戏剧都正式存档有权威版本。哲学家亚里士多德也拥有大量的个人藏书，作为亚历山大大帝的导师，他为这位崇尚武力的年轻人培养了读书的爱好，值得世人赞颂。虽然亚里士多德的个人藏书室对之后亚历山大图书馆的建造起到了助推作用，但在公元前84年，苏拉将军征服雅典之后，这些藏书作为战利品最终还是去了罗马。

在埃及北部海岸建设一座希腊城池，是亚历山大大帝不断扩张的统治版图中至关重要的一部分，尽管他没有活着看到宏伟的亚历山大港或亚历山大图书馆的建成。这是托勒密一世和二世国王的成就。在亚历山大帝国被众将领瓜分时，托勒密分到了埃及作为领地，并开创了托勒密王朝。亚历山大图书馆起初主要是一所学院，迅速增多的收藏典籍大多是自学者的研究成果。加入学院社团的埃及学者可以得到几乎梦寐以求的待遇：终身任用、可观的薪水、免除纳税，以及免费的食宿。就连欧几里得、斯特拉托和阿基米德这些科学家也没有抵挡住这些诱惑。从这些人名里我们可以推断，托勒密王朝的图书馆不仅有文学著作，还涉及数学、地理、物理和医学等严肃学科。代理人穿梭在希腊各地大规模地采买书籍，藏书的增速和种类令人眼花缭乱。有传言说，任何驶入港口的船只上只要有手稿，都会被强行扣下进行抄写。许多船只等不及原稿归还，就不得不继续航行。[6]

没有人知道这座图书馆究竟藏有多少典籍，有学者猜测，馆内大约有20万，甚至50万卷手稿。不论这个数字到底是多少，毋庸置疑，它是19世纪之前唯一一座能达到如此规模的图书馆。如此大规模的收藏必然需要严密的管理系统。手稿储存在嵌入式的壁龛里，井井有条地堆叠放置着。按照亚历山大图书馆的规模，编目工作更加系统化，书籍被分门别类放置在不同的房间里。这些典籍按书名的字母顺序存放，很可能也是按体裁分类，这也是后来的机构图书馆的主要原则。亚历山大图书馆有一个显著的特点，图书管理员全部是高水平的学者。其中，昔兰尼的卡利马科斯就是在这里完成了史上第一部按作者编纂的图书馆目录。就像其他发生在亚历山大的事件一样，这种情形也没有延续太久。亚历山大的学者们也会借助多版抄本，来研究确立重要典籍的权威版本。直到文艺复兴时期，人们试图从修道院图书馆中发掘经典文献时，类似的探索才再次出现。[7]在亚历山大，以及文艺复兴时期，这种探索必然会催生一种批评性体裁，即学术评论。

罗马夺取古代世界的统治权后，亚历山大学院的地位逐渐降低。图书馆内容的演变是图书馆漫长历史中的重要谜团。在普鲁塔克的《恺撒的一生》中，图书馆遭到毁灭，是恺撒大帝为了爱人克利奥帕特拉保卫埃及时，酿成的一个悲剧性的后果。恺撒下令让海军舰队使用火击，大火蔓延到码头边的一个库房，烧毁了大量书籍。但被烧毁的可能是新收购的待编目书籍，而不是亚历山大图书馆的藏书。毕竟，在79年，多米提安皇帝还依靠亚历山大图书馆，补充了罗马的图书馆在大火中损失的书籍。一个可能更为合理的解释是，图书馆被毁，是250年罗马皇帝奥勒良发动埃及战役造成的，亚历山大的宫殿当时被夷为了平地。18世纪英国作家爱德华·吉朋将亚历山大图书馆的毁灭归咎于基督教皇帝狄奥多西在391年发起的那场反异教习俗运动，但考虑到他本人是一个坚定的反教权主义者，这种说法争议颇多，大概率不是事实；还有人认为，在7世纪阿拉伯征服埃及后，穆斯林哈里发奥马尔曾下令销毁全部书籍，但这同样难以令人信服。[8]

事实上，这些说法都不是真相。莎草纸虽然是一种很好的信息储存载体，但主要缺点是易受潮。即使收藏得再仔细，经过一两代人的时间后，这种典籍都需要重新抄写，而亚历山大图书馆的庞大规模更不利于图书的保存。正如我们将在这本书中所探讨的那样，疏忽会造成比战争或蓄意破坏更大的伤害。

罗马

从交通、水利、邮政服务等一系列行政制度，到法律规范，罗马对西方文明建立的影响极其深远，因此人们自然也会认为，罗马对机构图书馆的发展也作出了重大贡献。在这一点上，事实并非如此。庞大的帝国政府自然会创造出巨额财富，这就需要有相应的行政官僚程序。活跃的商业书籍市场刺激了大量书籍的个人收藏。政治家、作家和哲学家都拥有了规模不小的私人图书馆，常设在他们多处家产中的某个住宅里。尽管如此，罗马的确也有公共图书馆。

直到今天，罗马那些著名的现存图书馆都是由皇帝建造的，奥古斯都是第一个。奥古斯都的图书馆建立在恺撒大帝最初构想的一个计划的基础之上，不过这个计划因其被暗杀而夭折。恺撒将图书馆纳入其“装饰和复兴”罗马城的计划中，也暗示了这些藏品的实际用途。奥古斯都皇帝将图书馆建在阿波罗神庙，并把希腊文和拉丁文书籍分开收藏，这种做法后来被广泛模仿。大多数的皇家图书馆，例如奥古斯都的图书馆，都建在宫殿或寺庙中，几乎没有单独建造的图书馆。

公共图书馆的建立极大地激励了罗马的游吟诗人，他们对恺撒的朋友阿西尼乌斯·波利奥（Asinius Pollio）赞不绝口，因为是他使恺撒建造图书馆的设想得以实现。据老普林尼说，阿西尼乌斯是“第一个让人类的非凡智慧成为公共财产的人”。苏埃托尼乌斯将这座图书馆描述为“向公众敞开大门”，也顺应了上述说法。[9]但是我们要对这些人的话打个问号，不管是西塞罗还是普林尼，罗马的作家几乎都是精英阶层，他们口中的“公众”是由像他们一样的人组成的。小普林尼结束了他成功的公共事业后，在家乡科蒙建造了一座图书馆，开幕式上可没有设置庆祝游戏或摔跤比赛这类很有可能会吸引当地市民参加的活动；而他在图书馆落成典礼上的致辞，也是面向议会大楼里的那些精英阶层。这样的图书馆，实际上更多是创始人的纪念碑。市民承担的主要任务，就是路过时欣赏赞叹，然后回忆起这位当地著名政治家的辉煌事迹。这与19世纪美国那些慷慨的慈善家，为家乡建造公共图书馆（通常会用罗马风格的古典柱廊装饰）的意图没有什么不同。[10]

不管怎么说，皇家图书馆都是重要的公共机构，成为当地名流聚会的场所，那里常常会举办诗意盎然的朗诵。通过典籍的挑选，图书馆在确立名家正典方面也发挥了作用。最有名的作家有时会享有在图书馆里拥有半身塑像的荣誉；而尚未入流的作家，则忧心于自己的大作如何才能打入这个圈层。皇室很快开始干预，禁止流传未经批准的典籍，或是让他们感到尴尬的作品。奥古斯都就是这样对待他的祖先恺撒所写的那三篇青涩习作的。有一个令人震惊的事例，多米提安皇帝曾因为一部冒犯到他的典籍，不仅下令处决了作者和书商，还处决了负责抄写原稿的不幸的奴隶们。[11]

许多人虽然参加过皇家图书馆里的活动，但想要接触到文献典籍，限制则严格得多。一般情况下，仅限于少数皇室官员、受青睐的诗人以及罗马法律机构和统治阶级的成员。如同皇家宫殿一般，图书馆也是掌权者彼此联结的一个重要场所。在这方面，皇帝的做法受到了政治家和将军的效仿，比如从战役中带回大量珍贵藏书的苏拉将军。卢库鲁斯大型图书馆里的藏书，就是米特拉达梯战争的战利品，它们吸引着在罗马的诸多希腊学者。即便像西塞罗，他的每处住所都拥有大量的藏书，但他认为从塔斯库勒姆的别墅骑马去卢库鲁斯的图书馆，查阅那些他所没有的典籍，并没有什么不妥。[12]通过向访客开放图书馆，雄心勃勃的公众人物既可以巩固自己的文人声誉，又可以收获个人追随者。对政治家和将军而言，不一定非要对自己的藏书了如指掌。塞内卡认为图书馆是一个高雅住所的必要组成部分，但他也抱怨过，收藏了但从没看过的书实在太多了。琉善曾犀利地指出，2世纪的许多政治家建造图书馆，纯粹是为了赢得马可·奥勒留的青睐，因为这位皇帝格外痴迷读书。[13]

不再悲伤

在罗马，书籍的很多用途并不总是与阅读有关。通过藏书积累财富不再为精英圈层所独享，许多私人图书馆也同样得益于此。西塞罗、普林尼、伟大的希腊罗马医学家盖伦这些著名学者的个人图书馆自然极其贵重，但在79年赫库兰尼姆因维苏威火山爆发而被埋葬的私人住宅废墟里，挖掘出的一座私人图书馆同样价值不菲。在这座奢华的别墅里，考古学家发现了一个小型储藏室，里面足有1700卷手稿。这些手稿不是行政记录或者遗产文书，而是伊壁鸠鲁的哲学文献。[14]有证据表明，这些文献属于恺撒大帝的岳父卡尔普尔尼乌斯·皮索·凯索尼努斯。他是加达拉哲学家菲洛劳斯的赞助人，而菲洛劳斯的哲学成就充分体现在这些文献中。这座别墅被火山掩埋之时，大部分文献已经有100多年的历史了。存放文献的房间很小，显然，负责管理藏书的奴隶，会把文献搬到其他光线充足的房间里，供主人阅读。

建造、维护这种规模的图书馆的开销巨大。虽然文献典籍在罗马市场上很容易买到，但有些严谨的收藏家对这些典籍的权威性存在些许担忧，他们会雇用私人抄写员替他们抄写可信的版本。获取可信版本的典籍往往需要有特殊背景的朋友，比如西塞罗，他曾与阿提库斯关系密切，而阿提库斯正是一位投身于罗马出版业的贵族。即使成功说服朋友拿出正统典籍，抄写也是非常昂贵的，因为受过抄写训练的奴隶很难找到。一个熟练掌握希腊文和拉丁文抄写的奴隶的价格，足以买下一座小型图书馆了。[15]因此，抛开那些用藏书装点门面的退休将军或大部分皇家的图书馆，医学、法学界的精英（如盖伦、西塞罗）或者将哲学研究与公共事业相结合的政治家（如小普林尼、老普林尼），他们的图书馆往往拥有更严肃的藏书。[16]在这些人的生活中，书籍起着不可或缺的作用。盖伦的图书馆之所以为人所知，是因为他写的那篇哀怨无比的论述。192年，和平神庙发生火灾，烧毁了他存放在那里的全部手稿。[17]这篇论述名为《为了不再悲伤》，盖伦心痛地再述了典籍的收藏过程，他曾辗转于罗马数座图书馆，对有些典籍全部抄写，有些则摘取概要，进行汇编。汇编，也就是整理不同典籍中的特定内容并进行编纂，这样的灵活性是手稿时代与印刷时代的重要区别之一。在印刷时代，当购买者拿到典籍时，顺序和内容都已经固定了。无法对内容进行编纂，这是15世纪手稿转向印刷的进程中，传统收藏家感到最遗憾的地方。[18]

有些书籍只能通过购买获得，有些则是礼物。有一部分书籍，是盖伦用他自己写的大部头著作（足有700卷手稿）交换来的。这与16世纪到19世纪任何一位渴望拥有（无论哪种意义上的）图书馆的职业精英如出一辙。[19]他们穷尽一切办法收集书籍，哪怕是故意忘记归还向朋友借的书。这就很好地解释了，在这个书籍收藏时代的末期，为什么那么多的医生、律师、政治家或学者，都像盖伦一样，没花多少钱就拥有了自己的图书馆。

罗马帝国的文学作品及其继承的希腊文化，倘若当初能够保留下来，那一定会重塑西方文明的发展。除了赫库兰尼姆图书馆里的藏书，在吞噬这座海滨度假胜地和邻近的庞贝城的那场灾难中，幸存于火山灰的掩埋下，没有任何一座皇家图书馆，当然也没有任何个人藏书，能在时间的摧毁中存活。历史的记载并不理想，我们对罗马人的阅读情况，以及他们如何储存书籍所知甚少，但在这个图书馆发展叙事的早期阶段，仍暴露出了许多收藏的困境，这些困境在接下来的2000年里，影响了图书馆世界的发展脉络。[20]图书馆的本质是什么？书籍的作用是陈列展示，还是职业工具？收藏家应该像亚历山大图书馆那样，什么类型的书籍都收藏，还是像盖伦或西塞罗那样，只收藏某些特定的书籍？

最为关键的是，公共图书馆的意义是什么？建造公共图书馆的主要动机是使大众受益，还是炫耀阶层权力？公共图书馆应该是一个喧闹的社交场所，还是一个安静的学习场所？在罗马的图书馆里，那些珍贵的手稿似乎常常随意地散落在阅读室或公共陈列室里。偶尔在那些让我们窥见皇家图书馆运作情况的时代记载里，也很少真的细数了图书馆里的珍宝。罗马人推动了书籍索引和编目的重要创新，还开创了以拍卖的方式出售书籍的传统，这种方式在17世纪被改进后，彻底改变了图书馆的发展进程。他们也遇到了每个时代都会遇到的难题：如何处理多余的典籍？是给后世留作纪念，还是直接扔掉，为新典籍腾空间？在莎草纸时代，这个问题显得尤为急迫，因为疏忽会最终导致书籍在时间里泯灭。人们不能像在纤维纸或羊皮纸时代那么奢侈，什么都不用做，任由书籍在书架上沉睡几个世纪。此外，如何在欣欣向荣的书籍市场里，控制信息的流通？就像前面谈到的，罗马皇室会采取果断、有时甚至是残忍的措施，来将那些煽动性的或令他们尴尬的作品从市场上清除出去。即便没有印刷术，皇帝也知道不受限制的书籍流通，蕴藏着多么大的危险。

罗马人面临着这些问题，甚至还有更多。虽然皇家图书馆确实有王室魅力，但罗马皇帝认为皇家图书馆就应该以个人的藏书为主，作为传达其话语的主要载体。这种偏差主要也是因为，公众本身对传闻中的公共图书馆的理解就是如此浅显和狭隘，而这种情况甚至一直持续到了19世纪末。总体来说，把图书馆建在私人别墅里，遍布罗马各城，是一种新的书籍收藏方式。不得不说，这种方式要比建造皇家图书馆，或者神话中巨兽般的亚历山大图书馆，更有前景。

最后，我们必须向罗马书籍世界的两位无名英雄致敬：奴隶抄写员——通过他们的多次抄写，很多典籍才得以留存；以及基督教教会——虽然最初遭到谴责，但最终拯救了罗马文化。在基督教诞生的最初几个世纪里，罗马人对斗兽场里基督徒被野兽撕裂的场面已经见怪不怪了。还有一些基督徒的死亡虽然没有这么戏剧化，但同样极其痛苦。罗马文明成果的留存，最终居然依赖于基督教信仰的坚韧，真是一个绝妙的讽刺。当汪达尔人、哥特人和东哥特人尽情享用罗马文明时，罗马文明也找到了它最后的避难所，一个典型的基督教机构——修道院。西塞罗、塞内卡的学说安然地躺在基督教典籍的摇篮里，暂时免遭时间和掠夺的侵害，并在文艺复兴时期重新被发现，成为图书馆文化的基石。我们可以看到，这就像一场离奇的豪赌，轮盘任意转动，指向了巴伐利亚修道院，于是那里的典籍得以幸存；而另外一些典籍，则永远地消失了。当历史的浪潮褪去罗马的荣光，这就是这个辉煌文明创造的智慧成果即将面临的命运。

第2章　栖身之地

14世纪中叶，意大利作家、诗人乔瓦尼·薄伽丘曾到访卡西诺山修道院。这座修道院坐落在雄伟的亚平宁山脉的山顶，在罗马东南方向80英里处，外形看似一座战略要塞，俯瞰着从罗马通往那不勒斯的主要道路之一——拉丁谷。在厚厚的城墙下，隐藏着巨大的宝藏——珍贵古典手稿。薄伽丘是罗马典籍的忠实学徒，但对他来说，爬上那座高山几乎是在做梦。人文主义学者本韦努托·达·伊莫拉从一位诗人口中听说了这个故事，便写了下来：

薄伽丘到达修道院后，这位彬彬有礼的年轻人，谦恭地请求一位修士，帮他打开图书馆的大门。修士指向一段陡峭的楼梯，冷冷地说："上去吧，门是开着的。"于是，薄伽丘兴高采烈地走上了楼梯。可当他上去后，却发现那个藏有巨大宝藏的地方，不仅没有上锁，甚至连门都没有。他挤进门框，放眼望去，倍感震惊。窗户长满杂草，书籍和长凳上积满厚厚的灰尘。他惊愕地翻开一本书，接着又翻开另一本，发现这里有许多古籍和外国著作。其中的一些书页被撕掉了，另一些则被切割、裁剪得七零八落，破烂不堪。过了许久，悲伤于诸多伟大学者呕心沥血的成果，竟落到世间最无耻的恶棍手中，他泪流满面，长叹而去。在回去的途中，他遇到了一个修士，便问道，那些珍贵的典籍何以会毁坏如此？修士答，他们习惯用裁剪的方式制作赞美诗篇，卖掉以后能挣不少索尔多。[1]

如同雨果·布罗球斯讲述他到访皇家图书馆的经历一样，薄伽丘的故事也很难不让人怀疑有夸大的成分。就像新上任的皇家图书馆馆长往往会热衷于渲染自己在管理方面取得的巨大成就，文艺复兴时期的人文主义学者也拼命想要凸显自己大胆的新学术研究与中世纪著名的蒙昧机构（修道院）之间的差异。这个写于14世纪70年代，多少有点刻薄的故事，丝毫没有提及卡西诺山修道院修士的坚毅精神，而就在这故事书写不久之前，那里刚刚被地震摧毁了。修士遭到了驱逐，取而代之的是驻军士兵，作为教皇、法国王室和阿拉贡君主之间为争夺南意大利而不断博弈的政治棋局中的棋子，履行着自己的职责。修道院图书馆里的一些最伟大的作品，包括据称已经遗失的塔西佗和阿普列尤斯的手稿，在过去的几十年里被杰出的拜访者带走，去了新的栖身之地——修道院院长、外交官和学者的私人图书馆。

我们可以从卡西诺山修道院动荡的历史中学到很多。这座修道院由努尔西亚的本笃（后来的圣本笃）修建于6世纪30年代，是罗马帝国倾颓时最早出现的众多修道院教团之一。未足50年，修道院就被入侵的伦巴第人夷为平地；9世纪末，重建后的修道院再次被撒拉逊人摧毁。在11世纪到13世纪的元气恢复之际，卡西诺山修道院作为朝圣和文学创作的核心场所，积累了巨大的财富。1239年，皇帝弗雷德里克三世驱逐了那里的修士，随后发生了一系列不幸的事件，最终导致这座修道院走向灭亡，变成了100年后薄伽丘所见到的那个破败的样子。[2]

历尽兴衰，卡西诺山修道院的修士们一次又一次地得到又失去图书馆里那些无与伦比的手稿。罗马帝国崩塌后的几个世纪里，书籍的制作和收藏主要靠修道院教团运作，这些团体由基督教传教士组成，遍布整个欧洲；他们细致的管理方式为书籍能够在西方世界生存发挥了至关重要的作用。传教士通过建立这种小型的、通常是孤立存在的精神堡垒，也给自己创造了一处安全的庇护所，在那里，他们反复抄写《圣经》，并将其视作一种虔诚的奉献行为。传教士也会抄写经典名家的手稿，在挽救罗马文化遗产方面同样发挥了重要作用。事实上，今天几乎所有的典籍都是这样流传下来的。

修道院成为书籍的避风港，也成为图书馆存活的关键所在。就像卡西诺山修道院的命运一样，令人鼓舞，也让人心碎。400年至1400年的这1000年是修道院的繁荣时期，但也交错着政治动荡。富有的修道院总是会成为入侵者的目标，无论是撒拉逊人、丹麦人、撒克逊人还是玛雅人。[3]不过，修道院教团宣扬的信仰就是，都要有坚定的奉献精神，不论面对多么艰难的困境。如果一座修道院被毁掉了，可以在其他地方重建；如果一本书被撕烂、烧毁或丢弃了，也可以再重新抄写。因此，卡西诺山修道院在14世纪的废墟里得以重生，完好无损地存活了下去，直至“二战”期间再次被摧毁。然而那场灾难也不是它的最终宿命，卡西诺山修道院至今仍存活着，成为朝圣者和爱书人的精神灯塔。

册式书

虽然基督教曾是古典遗产的保护者，但历史上那些不断发生的宗教暴行，往往也导致了图书馆的覆灭。本笃和他的追随者在卡西诺山建造了修道院，而那里也是阿波罗神庙的遗址，当初正是他们砸烂、推翻了那个祭坛。异教神庙在罗马帝国的迟暮中轰然倒塌，被基督教会和修道院所代替。因为罗马神庙通常也是图书馆，所以在这一进程里，信仰基督教的年轻狂热分子践踏、踩坏了大批书籍。最后一次也是最大的一次对基督徒的迫害发生在303年到312年，尤其针对的是基督教书籍、基督教图书馆以及它们的所有者。之后，基督教上帝便成为唯一的神。

图书馆在早期基督教信徒的生活中起着重要作用。许多传教士和他们的追随者，都过着四处奔波的生活，从各地收藏了一些书籍。使徒保罗曾请求提摩太把他留在特洛阿斯的“书”带回来。[4] 据说，这些书足以构成一座实用的图书馆，主要有《旧约》各卷，以及后来的《新约》里由他写作的部分。[5]遍布罗马帝国的基督教信徒抄写着《新约》和《旧约》，作为福音布道的必备工具。抄写神圣经文也是祷告的一种方式，信徒仰仗《圣经》生活，通过不断沉思、背诵这些经文，将圣书的内容经过自我消化，融入思想和行为中去。罗马帝国末期，在埃及沙漠中的一些早期基督教修道院里，抄写经文是一种很常见的沉思活动。[6]

随着地中海地区修道院教团的成立，书籍制作的步伐也随之加快。[7]415年，约翰·卡西安修士在马赛附近建立了一座修道院，将抄写列为修士专注沉思所需的有效工作，因为“一个工作中的修士只会遭到一个魔鬼的烦扰，而一个无所事事的修士将会遭到许多魔鬼的烦扰”。兴起的机构化修道院更加看重规范，把专注于祷告的清苦生活奉为神圣的功课。不过，卡西安曾写道，年轻的修士们被教义分歧撕扯着，危险无时不在，如果允许他们浪费休息时间进行神学辩论，修道院迟早会沦为异教的温床。

卡西安在组织和规范方面的才干激励了其他人的效仿，其中就包括努西亚的本笃。在卡西诺山，本笃撰写了著名的《本笃会会规》，规范了本笃会修道院的修士每天的日程安排和生活方式。《本笃会会规》是整个中世纪修道院规范的基本框架模式，在“日常体力劳动”规程下面，为阅读留出了充足的时间。修士们每天都会或集体或独自阅读几个小时的《圣经》。礼拜日，阅读的时间甚至更长，但“如果有人不用心或是懒惰，不愿意或者不能沉思和阅读，那就让他做一些工作，这样他就不会闲着了”。[8]虽然《本笃会会规》里没有提到书写，但它含蓄地赞扬了抄写是一种兼具美德和价值的活动，修士们可以在晚间朗读时分享书籍进行抄写，再带回各自的小屋研究学习。

与本笃同时代的一位罗马贵族，卡西奥多罗斯，更明确地鼓励书籍制作。约538年，卡西奥多罗斯辞去了东哥特国王西奥多里克的侍臣职务，在意大利南部建立了一座名为“Vivarium”（拉丁语“永生之地”）的修道院。卡西奥多罗斯向他的追随者强调，抄写书籍需要非常仔细，务必格外注意

图2　努西亚的圣本笃正在向他的追随者传授他写的《本笃会会规》。这幅微型画出现在约1130年的一份手抄本《本笃会会规》里。虽然《本笃会会规》中并没有提及图书馆，但对个人阅读的重视，使得西方修道院积极推动了书籍的制作和收藏。

准确性。虽然这座修道院的核心宗旨是尽可能多地准确复制基督教著作，但实际上修士们也会抄写一些其他典籍。在这方面，卡西奥多罗斯的修道院与同时代的一些修道院略有不同。塞维利亚的伊西多尔是一位编撰百科全书的学者，他曾警告道：“修士们需要警惕阅读之书是否为异教邪说。”[9]对他来说，不去了解这些有害的教义，总好过了解后误入歧途。

卡西奥多罗斯去世后，他的修道院也随之瓦解，但其中一些规定流传到了其他修道院。[10]即便是那些对异教作品怀有敌意的基督徒，例如伊西多尔，也发现自己陷入了窘境。西罗马帝国幸存的基督徒，无法切断他们与拉丁语这种通用语言的联系，而修道院必须遵循传统的教学模式，况且也没有更合适的其他选择。修道院院长、学者和修士也许对多神论的宗教、道德的败坏以及古典作家的华丽辞藻深表疑虑，但他们还是会邀请罗马的演说家、哲学家和历史学家来教他们阅读和写作。古典罗马的风格同样融入了伟大教父的著作里，比如安波罗修和奥古斯丁，他们在很大程度上依赖于西塞罗的古典修辞学写作。

与抄写和收藏异教文献的争论同时开始的，是3世纪到6世纪的另一个重大发展。莎草纸卷轴（古代首选的书写载体）开始向羊皮纸抄本（羊皮纸缝制的书）转变，这同样使图书馆发生了改变。羊皮纸并非新发明，对动物的皮加以处理制成书写纸张这种做法由来已久。羊皮纸的名字源于希腊城市帕加马，据说是那里的人发明了浸泡、刮削、拉抻动物皮的技术，制成了可供书写的材料。然而，羊皮纸在古代并没有被广泛运用，只有在纸莎草短缺的时候才会使用。在一个莎草纸充足而且廉价的时代，这是可以理解的。羊皮纸的制作时间更长，成本更高，想要制成一本羊皮纸书需要100多只小牛、山羊或绵羊的皮。但羊皮纸也有两个优点，一个是坚固耐用，在比莎草纸生长环境更低的气温下也不会分解；另一个是可以双面书写，而莎草纸一般只能使用一面。

罗马帝国的衰落似乎极大地扰乱了地中海世界的莎草纸供应，羊皮纸因此成为通用的替代品。随着材质的更换，书籍的式样也发生了变化。册式书——把折页、羊皮纸或刻写板彼此叠放，一侧缝合或串在一起，是一种很古老的书写载体制作方式。古代罗马世界也使用过册式书，但几乎只是在学校里用作笔记本或草稿本。从3世纪的某个时间节点开始，册式书取代了卷轴，成为保存文献的标准载体，很明显，这种转变与基督教的运动有关，因为基督教运动的早期文献几乎普遍是以册式书的形式保存的。到了6世纪，册式书成为主流，而这种书籍的标准式样一直延续到了今天。

册式书相对卷轴优点更多。册式书可以轻松地翻找文献的任何一页，而卷轴需要双手捧起，仔细阅读才能找到所需的内容。册式书可以记载更多的内容，一本羊皮纸册式书可以抄完《旧约》和《新约》的全部内容，而一本卷轴通常只能抄写《圣经》的其中一卷。此外，存放也是个问题。卷轴一般成堆叠放，很难找到一个方便辨别文献的放置方式。而册式书，尤其是封面用木板或动物皮缝制而成的册式书，个体特征更为鲜明。我们今天公认的陈列书籍最自然的方式，也就是把它们竖着摆成一排放在书架上，还需要经过很长一段时间才得以确立。而在罗马帝国崩塌后的1000年里，书籍大多是平放在桌子上，或者存放在箱子里的。

莎草纸卷轴的弃用，毫无疑问在很大程度上会遗失一部分文化传承。所有的卷轴文献都不得不重新抄写成册式书，这些工作主要由基督教修道院来完成。文献的重要程度，哪些应该重新抄写，哪些应该弃置不管，完全取决于修道院院长的意见。有些文献即便重新抄写在羊皮纸上，也未必能够长久地留存下来。6世纪至8世纪是重写羊皮纸卷的辉煌时期。为了供给更有价值的文献书写使用，一些羊皮纸手稿上的原有文字会被刮去或洗掉。[11]抹掉这些文献并不完全出于对罗马古典文学的敌意，毕竟以这种方式毁掉的基督教文献可比异教文献多得多。羊皮纸太过珍贵，不能用来记载过时的内容。在一个把写作视作虔诚活动的时代，即使抹掉的是基督教手稿也无关紧要，那只是基督教团体满足精神需求、获得救赎的一种必要工作罢了。

缮写室

修道院机构刚诞生时并不富裕。创建者往往只是几名修士，因此大部分修道院的发展，也受限于这几名修士所能建造和培育的能力范围。他们的生活十分清苦，饮食也很简单素朴。修道院里的生活主要专注于祷告和沉思，与此同时，也会有一些繁重的劳动。教皇格雷戈里一世（约549—604）曾在《对话录》中提到，修士承担着有价值的劳动，包括大量的体力劳动，比如建造、烘焙、清洗和园艺，当然还有耕地。[12] 文学创作或许被誉为一种虔诚的活动，但实际上，在修道院初建的几年里——这是一项只留给年老体弱者的工作。

在7—9这三个世纪的进程中，变化发生在那些改变修道院地位的运动中——修道院从孤立隐蔽状态变成了宗教、教育和文化的权威核心。促使这一转变发生的第一个因素，是修士们狂热的传教活动，那些没有接纳基督教的欧洲地区因此也开始有了基督教信徒。这个进程间或发生在罗马，格雷戈里一世曾派奥古斯丁到英格兰去，促使了盎格鲁-撒克逊国王艾瑟伯特肯特皈依基督教，但主要的推力还是来源于爱尔兰和苏格兰西部。大约在600年，传教士开始在今天的英国、法国、德国、瑞士和意大利开展凯尔特传教运动。他们改变了当地统治者的信仰，获得了承诺赠予的土地，并在离开前成立了小型的基督教团体。这个运动的硕果之一，就是建立了修道院网络，信徒由共同的神和宗教文化紧密联结，像兄弟般友爱，交换信息、资源和书籍。一些修道院，例如位于瑞士康斯坦茨湖西南海岸的圣加伦修道院，成了这个不断扩大的网络的中心节点，吸引着修士和旅行者前来拜访。[13]

7—8世纪修道院网络的扩张，因为书籍的流通和制作越发牢固。圣波尼法爵，一位在德国和低地国家传教的英国传教士，随身携带了大量的书籍。当他在弗里西亚被害时，凶手从他的行李中偷走了好几箱书，并销毁了。传教士对书籍的需求不止于礼仪书。最初，爱尔兰、苏格兰和英格兰的基督教团体就可以满足他们，但当基督教的规模开始扩大，欧洲大陆设立的新机构也开始在传播《圣经》、弥撒和祈祷书方面发挥了重要作用。有些机构，例如英格兰的林迪斯法恩修道院和贾罗修道院，法国阿尔萨斯的穆尔巴赫修道院，德国黑森的富尔达修道院和瑞士的圣加伦修道院，都成了重要的书籍制作中心。

修道院蓬勃发展的命运在很大程度上依赖于政治上的支持。法国墨洛温王朝时期，在当地旅行的传教士发现，那些欢迎他们的统治者不仅是出于对基督教的虔诚。[14]贵族权势往往会保留为他们批准的修道院任命院长的权利；向修道院捐赠土地成为逃避向君主纳税的漏洞；而修道院和修女院成为可能威胁到家族遗产的贵族子女的最佳去处，那些日益庞大的基督教会权力机构，同时逐渐成为贵族扩大家族影响力的一种手段。

在查理曼大帝（742—814）的赞助下，修道院承担起更重要的政治作用，并在书籍制作方面发挥了更加积极的作用。在他漫长的统治下，查理曼统一了西欧和中欧的大部分地区。这既是一项军事工作，也是一项行政工作。查理曼大帝是自罗马帝国陷落以来西欧的首位皇帝，他的伟大抱负是借助基督教进行改革，使这些不同领土下的臣民，在政治、法律和宗教信仰方面都得到统一。[15]这项非凡的事业需要一位像查理曼这样具有政治才能和远见的统治者，但如果没有修道院网络的帮助，这是不可能实现的。

查理曼帝国随处可见基督教会，而拉丁语是唯一一种能联结信徒的语言。查理曼最关心的问题是语言的准确度，以及神职人员、行政人员和臣民对这种语言的正确使用。这并不是他痴迷语言学研究的一种爱好，而是他知道，准确理解基督教教义，举行标准的礼拜仪式，才能巩固信仰，而语言的准确度对这些来说至关重要。高效的治理必然依赖于高效的沟通。在查理曼庞大的帝国里，沟通变得越来越书面化，这也对标准语言提出了更高的要求。[16]784年，查理曼曾写信给领土内每一位修道院院长和主教，提出他认为“主教和院长应致力于拉丁语文献的研究和教学，这将是非常有用的”。虽然修道院的学习热情值得赞扬，但他也从寄来的信件中看出，他们的拉丁语水平不容乐观。在5年后颁布的一项法令中，查理曼特别提到了建立学校的必要性，男孩可以到学校里学习拉丁文；而修道院需要准备正确的书籍，“很多人都希望能正确地向上帝祷告，但因为那些不正确的书籍，他们的祷告很糟糕”。[17]

在查理曼看来，“不正确的书籍”数量的激增，反而为书籍的重新制作和流通提供了强有力的推动，这与罗马帝国时期以来欧洲出现过的情况都不一样。考虑到查理曼的实际意图，这项书籍运动的重点主要集中在基督教文献上，不仅包括基督教教父的作品，还包括大量修正后的礼仪书、圣徒传记、布道书和《圣经》的部分内容。抄写罗马和希腊关于教育、道德哲学和历史的古典著作也被视为一种有益的活动。其中一些作家，如维吉尔、西塞罗和亚里士多德，比同时期的其他作家更受青睐。[18]最受欢迎的当是罗马末期作家的教学书籍，例如埃利乌斯·多纳图斯和乌尔提亚努斯·卡佩拉，法国加洛林王朝的课程教材基本都是他们的书籍。

查理曼如此致力于纠正文献的正确性，所以他拥有大量的藏书就很正常了。修道院或宫廷有才能的抄写员会制作书籍献给皇帝，其中包括一些奢华的书籍，例如《戈德斯卡尔克福音书》。这是一本为查理曼宫廷礼拜堂特制的仪式书，用金色和银色的墨水写在染成紫色的羊皮纸上。[19]他们还会制作一些装饰有宝石和金银镶边的华贵书籍，供皇帝馈赠给忠诚的贵族，这些贵族通常也会向皇帝献上珠宝、马匹或土地。[20]

这些美丽的书籍，以及它们在彩绘、镶嵌和装饰方面的用心雕琢，并不能代表大多数加洛林文艺复兴时期的书籍。修道院里的大部分书籍都是实用且耐用的。这些朴素的书籍才是修道院的主要藏书，即使在加洛林王朝分裂并最终崩塌后，依然如此。值得赞扬的是，查理曼没有把书籍制作限制在他自己的宫廷内，而是允许它成为修道院的一种惯例，确保了学术研究和抄写活动的习惯，在查理曼去世后的政治动荡时期也得以延续。

隶属不同教会团体的修道院和修女院散布在各地，为文献的流通提供了一个天然网络。实际上，彼此之间借阅书籍，是修道院获取不同书籍的主要方式之一。[21] 有时修道院会把书籍借回来抄写，有时会直接派抄写员到其他修道院去抄写；修道院之间偶尔还会协商交换一系列精选的书籍进行抄写。但是，在一个旅途可能频繁中断而充满不确定性的时代，不难理解，最后一种方式是最不可取的。为了确保书籍能完璧归赵，有些修道院会给这些书下诅咒，用逐出教会来威胁那些不讲信用的借书人。熙笃会修道院院长圣伯纳德（1090—1153）的秘书想出了一个精明的借书要求，借阅藏书的人不仅要归还原书，还要提供一份手抄书。这样，他就可以用这本额外得来的手抄书，来交换其他书籍。[22]

缮写室是书籍史中引入的一个新词汇，体现了书籍对修道院生活的重要性。这不可避免地让人想象出这样一幅画面：一个偌大的房间里坐满了安静、沉默的修士，他们俯身于大量的书卷前——讲述中世纪修道院的电影或小说里，总会有这样一幅景象。确实，有一些修道院有单独的房间专门用于制作书籍，例如富尔达修道院，就曾经有能容纳差不多40名修士的缮写室。但是在大部分的修道院里，抄写员都是在公共的工作间里工作，有的甚至在自己的小屋里工作。12世纪加尔都西会最大的修道院查尔特勒修道院的第五任院长曾特别指出，修士的小屋里不可缺少书写的工具。[23] 有些从事全职抄写工作的修士，每天要工作6个小时。我们在中世纪的手稿里看到的那些附注或旁注，正是出自这些修士之手，透露出些许他们的内心感受："阿马大主教，把我从文字里解救出来吧！""唉！我可真想来上一杯陈年好酒。"[24] 按照院长的要求从事这样高强度的工作，出现这些情绪可以理解，不过也有许多修士是出于个人需要，为他的同伴或家庭成员抄写书籍。

写作和抄写成为许多修道院日常工作的一部分，甚至成为宗教生活的核心。在中世纪德国的修女院里，有超过400名定期进行抄写的修女。其中一些是抄写的行家，重要书籍都会由她们来完成；还有一些修女一辈子可能只抄写了一两本书，仅仅是为了满足自己的精神需求。[25] 书籍的制作可以是纯粹的私人活动，也可以是集体的协作活动。一个抄写员完成一本书可能需要一年的时间，但如果几个抄写员分工合作，完成的速度就会加快很多。[26]有些书籍，例如《历代志》或修道院历史，每年都会对内容进行增补。大型修道院里通常会有很多抄写员，因此可以分一部分人手来从事其他需要专业技能的工作；而小一些的修道院，则常常要专门雇用装饰手稿的人，来完成那些特别奢华的作品。

修道院制作书籍主要是为了满足他们自己的需求，既包括基督教团体的整体需求，也包括修士的个人需求。这自然就限制了修道院图书馆的发展规模，加上羊皮纸开销巨大，这便能很好地解释，为什么中世纪的修道院里最多不会超过500本或600本书。9世纪末期的圣加伦修道院藏有大约400本书；12世纪欧洲最富有的修道院之一，克鲁尼修道院藏有大约570本书。在13世纪前，大部分修道院图书馆的藏书规模也许只有100本到200本书。有些修道院的藏书极少，修士们甚至都不需要编制目录，这些书有时只是作为贵重资产，和家具、高脚杯、银盘之类的物品存放在一起。

当然，图书馆的规模也会发生变化。修道院的藏书一般都比较实用，需要频繁使用，所以那些破旧的书籍便会被定期更换掉。此外，对书籍的恶意毁坏也可能会影响图书馆的命运。比如在9世纪，圣加伦修道院遭到了匈牙利侵略者的掠夺，并被火炮击中。这是图书馆始终面临的一个危险因素。

一些赞助者的到访，例如奥托大帝，可能会带来慷慨的捐赠，也可能会带来一场灾难——统治者如果对修道院里的书籍爱不释手，便会为了一己私欲而全部据为己有。[27]英国的修道院曾为欧洲大陆的修道院提供过很多本手抄书，但是在9世纪遭到维京人的多次掠夺；法国的许多修道院同样如此。在众多无法预测的情况下，摧毁一座图书馆可能只需要一天；但要重新填补藏书，缓慢恢复，可能需要近一个世纪。

壁龛、书箱和铁链

图书馆在修道院中的发展过程是循序渐进的。大部分的修道院都不曾设立独立的图书馆。起初，修道院广泛使用壁龛来存放书籍。[28]这些壁龛有木板内衬，与石墙隔开，避免书籍受潮。潮湿是书籍的致命大敌，尤其是在没有热源的石制建筑中。对于要经常用到书籍的修道院来说，这种存放方法非常实用。在修道院里，书籍会根据不同的用途，分散放置在各处的壁龛里。[29]最常用到的书籍（也是每座修道院的精神支柱）通常放置在圣器室或礼拜堂，包括礼仪书、弥撒书、福音书、赞美诗、圣歌集和诗篇。这些书是修道院里最多、装饰最奢华的书籍，信徒们借助美学上的富丽堂皇，在集体礼拜的核心宗教活动中，表达对上帝荣耀的赞颂。不过，人

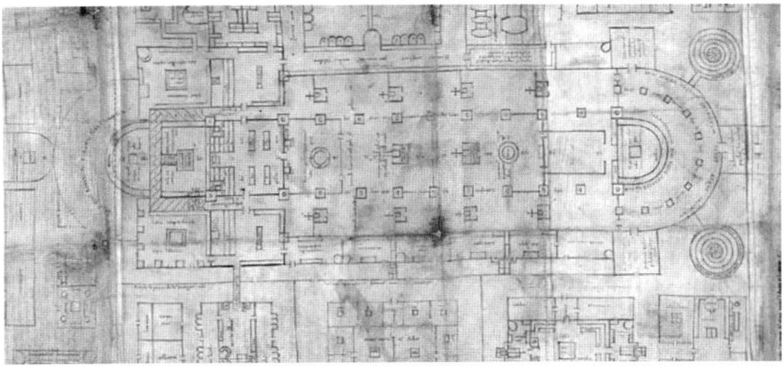

图3　9世纪早期圣加伦修道院的平面设计图，在缮写室的上方设计了一个图书馆（左下方）。虽然这个设想最终没有实现，但图中的缮写室和图书馆，都设计为修道院里两个独立的建筑空间。

文主义者若来访，大概会对修道院里的藏书感到失望，但他们要知道，就其本质而言，这些书籍原本就是工具书，只不过他们不会常用到而已。

教士礼拜堂通常是集体阅读的地方，有时也会用于举行正式的会议。这里能看到的典型书籍，主要有修道院的规定和殉教者、圣徒的传记。有些布道书或者教父的著作，也会放置在食堂里，方便修士们在用餐时分发阅读。用餐期间通常也是集体阅读时间。修士们也可以在回廊里公开地进行个人阅读。回廊内常有能容纳一箱或一整柜书的壁橱，也就是书橱，由图书管理员保管着钥匙。在道明会修女院里，图书管理员会把书籍放在一个大木柜里，木柜有几个隔板，这样就可以按主题分类摆放书籍。[30]这种柜子里放的一般是供修道院所有人公用的书籍。圣伯纳德曾宣称，在他的熙笃会修道院里，“圣弥撒书、福音书、使徒行传、祈祷书、合唱书、诗篇、会规以及宗教历法”全部可供修士们自由取阅。[31]

在巴伐利亚州的泰根塞修道院，修士们晚上喜欢在暖和的公共会议室里读书。[32]但更为常见的是，修士和修女们会在自己的小屋里读书，小屋里存放着从回廊书橱里拿回来的书。他们被允许保留自己制作的书籍、收到的赠书，以及进入修道院时携带的书籍。在13、14世纪，这种个人的藏书只有10到20本。而主人去世后，这些书又全部捐赠给了修道院，从而扩充了修道院图书馆的公共藏书。

显然，修道院对书籍的储存策略，主要考虑的是方便取阅。只有那些拥有大量宗教精神需求之外的书籍的修道院，才需要考虑是否要建立一个独立的图书馆。这里指的是那些历史、哲学、医学或科学主题的书籍，而这些书籍不太会符合每个修士的口味。把这些书放在一个封闭的房间里，由图书管理员管理，是很自然的管理方式。这种房间通常位于圣器室或缮写室的上层，最早采用这种布局的是9世纪的圣加伦修道院，其他的修道院则要追溯到12世纪之后。房间里的书籍一般都放在上了锁的柜子或箱子里。

建造独立图书馆最有进展的尝试，发生在修道院之外的地方。从12世纪开始，修道院渐渐失去了在书籍制作、流通和收藏方面的霸主地位。[33] 在意大利、法国、德国和英格兰不断扩张的城镇里，兴建起一些新的机构，比如大教堂教团、教会学校及大学，给修道院带来了严峻的挑战。[34] 集居在城市社区的教士、贵族和商人日益增多，改变了中世纪欧洲教育方面的景象。大教堂教团和他们的学院发展成为第一批教会大学，其经费大多来自捐款。捐款者则主要是那些在这里学习过的信徒，和渴望死后灵魂得到救赎的当地的俗世教友。主教大教堂及教会学校吸引了越来越多宗教和俗世人士的赞助，积蓄了财产的修道院却遭到了教会内部的批评。乞食修士会因此成立，献身于为宗教工作保持贫苦生活的最初设想。乞食修士运动还霸占了修道院不少手抄书及其他资源。

虽然许多修道院的藏书数量停滞不前，但新机构已蓬勃发展起来。索尔兹伯里大教堂的图书馆成立于1075年，在过往50年的建造历史里，它的藏书扩增到了100多本，其中有许多新制的手抄书。[35] 到了14世纪，最好的大学图书馆的藏书数量已经超过了修道院。巴黎索邦学院在1257年至1338年的创建时间中，藏书数量达到2000多本。15世纪初，埃尔福特大学学院仅在一次捐赠里就收到了600多份珍贵手稿，使其可与一些最为宏伟的修道院相媲美。[36] 牛津的几所学院的大型图书馆，主要是靠赞助人的捐赠建起来的。实际上，学院创始人本应预留足够的经费来建立一座图书馆。[37] 牛津墨顿学院在1350年前后只有500本书。50年后，7次大型捐赠让这几所牛津学院的藏书增加了2000本。此外，学院在贷款给负债的学者时，也会收到书籍作为抵押偿还的担保。

尽管大学学院很快变得比修道院还富有，而且在传播知识方面也更有影响力，但学院里的学者依然延续着修道院藏书的核心原则。每所牛津学院都有两类书籍，一类仅限在房间里供学生阅读，另一类则可以分发给学生，留存一年或更长的时间。一般来说，分发的书籍主要是教会法或欧陆法的文献，以及亚里士多德或教父的著作。牛津万灵学院的创始人准备了101本九大门类的课本，其中83本分发给了学生，剩下的18本则放在了图书馆里。[38]

学院拥有了独立的图书馆，一场影响深远的变化发生了——学者抛弃了修道院坚固的藏书箱，转而投向这些可以在那里阅读的图书馆。图书馆里出现了配有长椅的读经台，在房间里摆成了一排。设计最巧妙的读经台，在用于阅读的台面上方或者下方，还额外安装了平置的隔板，可以当作书架使用。索邦学院的图书馆有28个这样的读经台。屋子里有19扇光线充足的窗户，这对在这里工作的学者来说很有必要，因为蜡烛是不允许带进图书馆的。[39]这是一次重要的发展，书籍可以陈列在外面，而不是为了安全锁在箱子或柜子里。读者可以更快捷地查阅文献，这对那些有可能促进学术进步的文献工作来说格外重要。但这也意味着书籍更容易丢失，到了1338年，索邦学院原本拥有的2000多本书，已有300多本遗失了。

修道院属于封闭性的团体，控制图书馆的进出相对容易，修士们彼此之间熟识，而且几乎不离开修道院。但在那些新机构，如建在城市里的修道院、主教大教堂和教会，尤其是新成立的大学和学院，访客出入频繁，机构里的人彼此之间也没有那么熟悉。解决书籍丢失的办法就是给书籍上锁，这样做成本很高，但对拥有大型图书馆的机构来说迫切且必要。书籍被拴上铁链，固定在读经台或书架上。铁链的第一次大批量使用，似乎可以追溯到13世纪的索邦学院。1271年，阿比维尔的杰拉德向索邦学院捐赠了300本书，他要求学院精心保管这些书籍，并用铁链上锁。

这样做也有个明显的缺点。如果想要同时查阅多本书，而这些书又不在同一个读经台上，该怎么办？随着图书馆规模的扩大和复杂性的增加，许多机构不再使用铁链来拴住书籍，私人藏书者更是极少会考虑这种夸张的保护方式。不过，在主教大教堂、教会和学院的图书馆里，链式书这种形式使用了相当长的一段时间。[40] 直到18世纪中叶，一些图书馆仍在购入这种铁链。牛津墨顿学院于1792年才放弃这种保护形式。当13、14世纪书籍首次被拴在牛津和巴黎图书馆的读经台上时，这似乎对书籍不仅是一种合理的保护措施，也是对其成为知识资源的价值的合理认知。今天的读者走进图书馆时，他们知道自己要找的文献不会被拒绝提供，而是就放在书架上，随时供他们取阅。对于新机构的学者来说，可以随意进出的图书馆与大门紧闭的修道院形成了鲜明的对比，修道院哪一天开放完全取决于院长的一时兴起。虽然这两处的图书馆实际上可能并没有很大的差异，但在欧洲繁华的城市中心，修道院看起来就像一个垂垂老矣的知识看护者，学者们的不满也与日俱增。

图4　赫里福德大教堂图书馆的读经台上用铁链拴着的书。随着图书馆规模的扩大，这被视作一种妥善的保护措施，但对读者来说不太方便。然而，精于盗窃的贼仍然找到了切断链条偷走书籍的办法。

猎书者

随着源源不断的资金流入城市，修道院机构也开始日益增多，到了15世纪，城市里的修道院数量比乡村的还要多。这种现象加剧了修道院面临的困境，曾经虔信奉献的核心之地，吸引力已大不如前，而在主教和统治者贪婪的机会主义面前，甚至越发脆弱。这种腐败堕落如此明显，以至于在13世纪和14世纪，一些加洛林王朝的伟大的修道院里，如圣加伦修道院和穆尔巴赫修道院，会写字的修士几乎已经没有了，书籍制作全部由雇用的俗世抄写员来完成。一本16世纪的富尔达修道院图书馆目录显示，从10世纪到16世纪，几乎再没有什么新书被增添到图书馆之中了。[41]

许多修道院丢失了大量的书籍，城市中心或附近的修道院遭受的损失最为严重。至1400年，维罗纳的修道院图书馆丢失了超过四分之三的手稿，这些手稿已经保存有4个世纪之久。[42]最先遭受损失的确实是意大利半岛的修道院，那里的修士不得不与以乔万尼·薄伽丘为代表的贪婪的新型猎书者作斗争。从13世纪末开始，意大利的城邦成为第一批人文主义学者的家园。人文主义者最开始的文学活动，以研究和模仿经典文学为基础。在发生第一次变革后，人文主义活动就开始由律政界主导。外交官、大臣、公证人，这些人会发表漂亮的演讲，会撰写漂亮的讲稿，毕竟这都是他们职业生涯的必备能力。

这类学者对经典的重新发掘对文艺复兴的繁荣发挥了重要作用。经典著作不仅塑造了艺术和建筑方面的审美品味，还深远地影响了工程、科学、政治乃至战争的发展。不过，人文主义运动的核心始终是文学。对手稿进行整理，寻找最真实、完整的个人著作，是人文主义学者的事业命脉。这项工作不仅需要熟知流传较广的文献版本里的相似内容，还需要清楚地了解不同版本间的区别，比如在某些版本里有的内容，在另一些版本里又缺失或不完整了。这些学者还提供了一些其他的帮助，他们就如何建立大型个人图书馆给出了专业的示范，让那些欧洲的王子、公爵和统治者意识到了收集大量藏书的可行性。[43]

文艺复兴时期的先驱者，彼特拉克、但丁和薄伽丘，都知道修道院拥有丰富的典籍资源。当这些猎书者开始系统性地搜寻这类图书馆时，他们始终对里面破败的状况表达着不满。对这些庇护了经典文献近千年的修道院，他们并没有任何感激之情。这一时期最为成功的猎书者，是才华横溢的教宗秘书波焦·布拉乔利尼（1380—1459），他搜寻手稿的脚步踏出了阿尔卑斯山之外，迈入法国、德国和瑞士修道院的心腹之地。在那里，布拉乔利尼负责重新整理卢克莱修、西塞罗、维特鲁威、昆提利安等众多作家遗失的著作。他频繁与友人通信，交流各自的发现，其中往来最密切的是尼科利，佛罗伦萨一位狂热的藏书者。他们留存下来的信件为我们提供了极其宝贵的视角，使我们能够深入了解这些博学却贪婪的学者们的想法和观念。[44]

1416年，布拉乔利尼发现了他猎书生涯里最珍贵的宝藏，并借此在康斯坦茨大公会议上进一步提高了自己的声誉。他的两个朋友鲁斯蒂斯和蒙特普齐亚诺也参加了那次会议。他们一同拜访了附近的圣加伦修道院，用鲁斯蒂斯的话说，他们发现了“无数的书籍……被囚禁在那里”，还有一座图书馆“显然被忽视了，到处都是尘土、蠕虫、烟灰等一切可以毁掉书籍的东西”。这些到访的学者（他们自称是这样）痛哭起来，几乎无法抑制他们的愤怒。“修道院院长和修士丝毫不懂得什么是典籍。他们对拉丁语的敌意是多么野蛮！这些可恶的人渣！”[45]这样的言辞经常充斥在猎书者的圈子里。布拉乔利尼的一位朋友曾收到过一本昆提利安的全本著作的手抄书，正是布拉乔利尼从圣加伦修道院获得的。他称赞道，是布拉乔利尼将这本著作“从那些野蛮人残酷而漫长的囚禁中解救出来”。[46]

全本的昆提利安著作是布拉乔利尼猎取的大量珍籍中最伟大的著作。他和他的友人还发掘出十几位其他名家的作品。

离开圣加伦修道院之后，布拉乔利尼开始出入各大修道院，从图书馆里抄写或购买书籍。天性慷慨的修士们喜欢与博学的访客分享修道院里的财富，正如其他意大利人文主义者一样，他也利用了这一点，常常不择手段、谎话连篇地获取书籍。不过，布拉乔利尼并不是每次都能满载而归；他在英格兰的一次猎书中大失所望。1420年6月13日，他在给尼科利的信中写道："我已经拿到了一些图书馆的目录，据说都是这里很有名、很古老的修道院。但没有什么有价值的书籍。"5个月后，布拉乔利尼对这里的"野蛮人"再次感到绝望。"这些人宁可接受毫无意义的争论和诡辩训练，也不愿意去学点真正的知识。""这儿是有几本经典作品，但我们那儿的版本要更好。"[47]

在猎书者眼中，阿尔卑斯山北部的修士是最令他们厌恶和鄙夷的，但他们还是给这些意大利同胞留下了几本典籍，尽管他们认为这些人的无知简直玷污了古罗马文化。当布拉乔利尼得知，一位人文主义收藏家将他的希腊藏书遗赠给了一所修道院时，他嘲笑道，这是把宝贝送给了"那些不懂得一点儿拉丁语的两条腿的驴子"。[48]他还曾抱怨卡西诺山修道院的"野蛮人"，据他自己说，那些人对他想找的弗朗提努斯的著作毫无兴趣，而只是想要钱。即使有些修士对经典文献很感兴趣，也不值得布拉乔利尼去注意，除非，他会像克鲁尼修道院的那名修士一样，帮布拉乔利尼弄到了一本特土良著作的手抄书，因此布拉乔利尼表示，尽管那人也是一名修士，但“看起来一点也不野蛮”。[49]

文艺复兴时期的猎书者，显然对中世纪的先驱者并不友善，尤其是那些不愿意交出他们手里最好的手稿的那些修士。这些新型的藏书者充满激情，却没什么耐心，修道院的图书馆代表着与他们完全不同，而且他们完全不认同的理念。但是这些书面文化的堡垒，仍留下了一些对图书馆发展有着长久影响力的定律：作为文化的避难所和宝库，工作与沉思的场所；稳定的书籍储存方式；基督教会在挽救典籍中的角色。这一切，显然不合文艺复兴早期的年轻土耳其人的胃口，他们急躁，但彬彬有礼，在意大利城邦和新兴君主制恢宏的新宫廷中寻求着个人发展。但这些沉稳的中世纪定律，虽然在那时看起来有些过时，却仍将在图书馆的历史中，继续发挥巨大的、被低估了的作用。

第3章　小花招与金字儿

给离家求学的孩子带足钱，父母才不会那么焦虑——今天是这样的，13世纪的时候也是这样。不过，我们还是要替这样一位父亲想想：一个法国男人，把一半的家庭收入都投资在了去巴黎大学读书的儿子身上；这一大笔钱里有一部分计划用于购买必要的学习书籍，但这位父亲可没有料到，儿子会染上藏书的爱好。日常教材在大学书店里不花分文便可以拿到，可这位年轻人偏偏喜欢上了收集那些装饰着大片金叶、页边绘有精巧花纹的华丽手稿，或者其他类似的、被这位愤怒的父亲形容为用“小花招和金字儿”做的书籍。

这则逸事大约发生在1250年，由意大利北部博洛尼亚大学的一位法学院老师所述。他是想告诫自己的学生，巴黎充斥着大都市诱惑下的道德风险，而意大利拥有严肃正派的社会制度。但这也证明了，在修道院和修女院之外，出现了一个高效的商业书籍市场。[1] 年轻的神学或法学院学生都会想有几本藏书，或自己去抄写，或从大学文具店购买。学生们有了零花钱，想花点心思装饰下自己的藏书，借此与其他人的区分开，这其实是很常见的。

学生能拥有藏书，也是书籍制作逐渐工业化的结果之一。13至14世纪，手稿书籍的制作状况发生了改变，在法国、低地国家和意大利的城市里，抄写作坊的规模超过了修道院，制作书籍成为一种商业活动。修士抄写是为了陶冶情操、满足精神需求，而挤在城市作坊里的俗世抄写员，只是在按照文具商的要求完成工作。就算经营这种商业作坊的老板是一个博学而且非常虔诚的信徒，对他来说，这不过就是一门生意，与买卖布匹或酒水没有什么不同。

不管是为了工作、学习还是炫耀，人们对拥有书籍的渴望越来越强烈，俗世抄写员也就越来越多。我们必须知道，不是印刷术的发明激发了这种渴望，而是大学学院、俗世信徒的宗教活动以及城市的稳定发展刺激了市场，中产阶级开始兴起，成为一种意义重大的经济和政治力量，挑战着贵族和基督教会。大批量制作学生教材和宗教文献，尤其是极为普遍的《时祷书》，意味着个人藏书大幅增加，这也为15世纪中叶印刷术的探索铺平了道路。[2]

城市抄写作坊制作出的大量手稿并不是模式化的，恰恰相反，在印刷术发明前的一个世纪，书籍就已经可以按照个人意愿进行定制，获得了美学瑰宝的至高地位。用朱砂、青金石和铜绿石彩绘标题，饰以金叶，再将封皮镶满宝石，这样美丽的书籍，自查理曼时代起，就一直是欧洲修道院和宫廷图书馆里的臻品。在巴黎、布鲁日和佛罗伦萨的抄写作坊里，正是靠着专业细分、分工合作以及贵族的雄厚财力，书籍彩饰艺术的水准才达到了巅峰。一些作坊会雇用专门的手稿彩饰家，往往就是那些身价昂贵的业内大师或者知名画家。虽然很短暂，但书籍在这个历史时期成了视觉艺术表达的至高形式，其价值可以与其他家庭藏品相媲美，甚至超过了其他藏品。

这种书籍易携带，写有虔诚的宗教文字，外观又令人眼花缭乱，将其作为藏品展示的设想，极大地吸引了欧洲宫廷的贵族。书籍成为贵族家中随处可见的物品，既是虔敬的象征，也可以作为与其他家族交换的礼物，又或者可供一家人共同阅读。书籍还具有政治用途，贵族王子会委托制作新文本，宣扬他们登临王位的正当性，或者纪念他们获得的成就。对贵族来说，拥有大量书籍变得与在马术比赛中表现英勇同样重要。这些专业的藏书家很快建立起自罗马沦陷以来，欧洲第一个伟大的俗世图书馆，并且无论是在规模还是地位上，都可以与修道院图书馆比肩。

书籍作坊

一个渴望给新朋友留下深刻印象的年轻学生，会去追捧“金字儿”装饰的书籍，这不难理解。当时大部分的文献教材都是没有插图的普通笔记本，里面记有教授在课上复述的亚里士多德、托马斯·阿奎那的著作，或者《教会法》的部分内容，中间还穿插着一些评论。年轻的学生们可能还意识不到，这些非常有价值的文献，正是他们开启学者、律师或庭臣等光鲜职业生涯的密钥。[3]随着13世纪欧洲大学的发展，文献教材紧缺成为一个紧迫的问题，尤其表现在意大利北部、法国、英格兰和西班牙。

学校机构逐渐成为欧洲新兴职业阶层的重要学习中心，也吸引了一个新的工匠阶层——文具商，主要销售羊皮纸、钢笔、墨水和书籍。文具商的作坊开创了书籍制作的新模式：租借模式。[4]这种模式可以实现同一本文献（通常是一本重要的教材）的同时抄写。抄写整本书可能需要半年的时间，文具商把一本书拆成标准的折页（通常1折包含8页），这样学生每次抄写的时间就会缩短。学生可以用一周或一个月的时间抄完租借的折页，还给文具店，再租借其他折页。租借模式分摊了抄写的成本和时间，并且可以把同一本文献同时租借给不同学生。文具商也会雇用专业的俗世抄写员，如果学生不想自己抄写，也可以直接从店里购买抄本。租借模式在大学市场大受欢迎，因为学校的课程不多而且固定。1275年，租借模式得到了实质性的发展，巴黎的大学里提供租借的书店中最多的拥有138本文献。[5]

租借模式起源于13世纪早期的博洛尼亚，并且很快风靡欧洲的其他大学。由于担心这种模式会影响到重要文献的价格，大学将租借的费用始终维持在低位。这对许多经济拮据的学生来说，是一个崇高的行为，但也意味着文具店单靠租借是无法生存下去的。因此，大学允许这些附属的文具店作坊接一些私活。这是一个重大的决定，推动了一个更广泛的、跨出学术界的书籍市场的发展。那些以低廉的价格出售普通学生文献的文具商，意识到有一个迥然不同的客户群体——贵族群体，他们可能愿意为某些其他类型的书籍，支付高出100倍的价格。

这种现象在巴黎表现得最为显著。[6]早在13世纪末期，制作和装饰书籍在巴黎就被公认是商业交易。巴黎不仅有阿尔卑斯山以北最有名的大学，而且是重要的贸易中心，同时还是法国宫廷司法和法律机构的所在地。交易聚集在两个不同的地区，塞纳河左岸的大学区和巴黎圣母院的周边地区。塞纳河左岸最野心勃勃的文具商，比如杰弗里·圣莱杰，吸引着包括匈牙利的克莱门西娅女王和勃艮第的让娜女王在内的赞助者。巴黎圣母院地区的书商托马斯·莫伯日，曾为让娜女王的母亲——阿图瓦伯爵夫人（1268—1329）供应过书籍，主要包括圣徒传、弥撒书、日祷书、《圣经》和一些宗教故事合集。这些书籍反映出大贵族家庭需要传统的拉丁文礼仪书，以便他们在小教堂中使用。不过，伯爵夫人也订购法文书，主要是历史书、传奇故事和祈祷书。随着时间的推移，巴黎圣母院地区的文具商开始主营这类法文书籍，该地区最富有、最有权势的名流纷纷订购，作为他们的个人收藏。

贵族的喜好以及宫廷里的生活，成为学术界和修道院之外书籍制作的标准。宫廷行政领域的发展刺激了文学创作的产生。行政人员需要有阅读和书写能力，13、14世纪的诸多俗世历史记载、传奇故事和诗歌均出自法国、勃艮第或英国皇室的秘书或官员之手，这一点都不令人惊讶。其中，最有名的要数神职人员让·弗鲁瓦萨尔（约1377—1405），他后来成为宫廷诗人和历史学家，曾为包括英格兰王后、布拉班特公爵和布卢瓦公爵等尊贵的宫廷效力。弗鲁瓦萨尔对百年战争的记载，是15世纪最受欢迎的历史文献之一，至今仍存留在100多本装饰精美的手抄书之中。宫廷是展示财富与智慧的重要场所，对一位王子来说，要想给某些访客留下深刻印象，或者让奉承他的廷臣效仿，那么收藏一些漂亮的书籍是非常值得的。建造宫廷图书馆在当时是一种公众行为，不是因为书籍会被长期展示或供公众使用，而是这项工作涉及的书籍制作、撰写、抄写、装饰和展示，都是在统治者及其家族的赞助下进行的。书籍和讲故事、唱歌、音乐表演一样，也被视为宫廷生活至关重要的悠久传统中的一部分。宫廷还会聘请有才华的演说家和游吟诗人来讲故事或朗诵，这样统治者和他的随从都可以陶冶情操或获得乐趣。[7]

中世纪宫廷里的人过着巡游生活，王子的藏书便也随着四处流动。所以，大部分的书籍还是保存在箱子里，安全且方便运输。有的藏品会在多个城堡间流动，或者经手于王室的不同成员，图书馆里的书籍同样如此。就像其他珍贵藏品一样，它们可能会作为借款的抵押，也可能作为赠送廷臣或其他王子的礼品。有些书籍是由它们的写作者或抄写员送入宫廷的，还有一些是王子专门买回来的。后面这类书籍，同绘画、银器、礼服、首饰、胸针和挂毯这些奢侈品一样，主要作用就是装点宫廷，作为赠礼。有些书籍的封皮镶满了宝石，有些用了最奢华的天鹅绒来装订，因为它们需要与宫廷里其他令人艳羡的藏品相匹配。

贵族阶层最奢华的书籍是《时祷书》。1215年，天主教第四次拉特郎公会议后，俗世信徒的数量激增，这本书也成为一种最常见的书籍。越来越多的俗世教友渴望拥有宗教生活，但又不必像修道士那样摒弃俗世财富。《时祷书》让他们得以了解神职人员的礼拜流程，书中汇总了一系列常用的祷告文、赞美诗篇和沉思经文，并参照了修道院传统的礼拜时辰安排。修士和修女的礼拜仪式复杂且不固定，需要多本祷告书和弥撒书，而俗世信徒的《时祷书》里总结得更为简洁，方便他们反复背诵。虽然每本《时祷书》的内容并不完全一致，但大多包括宗教历法、福音课梗概、赞美诗篇、亡者日课和献给圣母玛利亚及一些圣徒的祷告文。[8]这些传统的沉思经文都由拉丁文写成，而非宫廷文献首选的法文；但即使这些信徒的拉丁文知识有限或根本不懂拉丁文，也不妨碍他们把《时祷书》的全部内容背得烂熟于心。

我们已经进入书籍历史中的一个关键时期，在这个时期，书籍变得普遍了许多，制作效率也大大提高。与此同时，平民的识字程度也在逐步上升，不过大部分新出现的买书人，还不能称为藏书家。《时祷书》可能是他们家中唯一的书籍，每天都会用到，放在床边或显眼的桌子上。那些学生花钱租借来的书籍，很可能在他们毕业后就立即丢掉了，或者（非法地）卖给了即将入学的新生。这些都算不上成规模的藏书。要达到图书馆规模的藏书，文具商作坊的书籍制作能力仍然很有限，只能以满足中世纪传统藏书阶层的需求为主，也就是王室、贵族和教会领袖。不过，位于社会顶层的那些人，打造更大藏书规模的能力却发生了真正的改变。

14世纪初，勃艮第的布朗歇等王室贵妇让《时祷书》成为一种宫廷时尚。个性化是一个关键因素。布朗歇定制了一本《时祷书》，文献中穿插有25张她本人的精美微型画像。[9]个性化插图是任何一本奢华的《时祷书》最关键的组成部分，主要是家族盾徽和书籍所有者及其家族成员跪拜祈祷的全页肖像等。这些精致奢华的微型画让这些书籍成为珍贵的财产，可以传给后代或者其他王室家庭成员。[10]

因为想要拥有和炫耀这些漂亮的宗教书籍，许多宫廷往往是靠女性营造出了热爱藏书的氛围。当宫廷里的贵妇向著名的诗人和艺术家提供赞助时，她们的丈夫也开始产生了兴趣。这个时期最伟大的收藏家无疑是法兰西国王查理五世（1338—1380）和他的三个兄弟，贝里公爵约翰、安茹公爵路易和勃艮第的菲利普二世。贝里公爵至少有18本《时祷书》，其中有一本被称为那个时期最美丽的书籍。菲利普二世大概有70本手稿，大部分是历史书和传奇故事，都装饰得极其精美。[11]在1400年，这种规模和品质的藏书已经很令人惊异了，但与查理五世在卢浮宫新建的图书馆里的910本藏书相比，可就相形见绌了。

这些珍贵的藏品是在法国人民遭受百年战争之苦的那个时期收集起来的。[12]查理五世去世后，战争也夺走了他的藏品。1420年，巴黎落入英国人手中，那座宏大的图书馆归一位英国公爵兰开斯特的约翰所有。后来，公爵把藏书运回了伦敦，但在1435年他去世后，这些藏品就在伦敦流散了。[13]占领巴黎后，许多英国精英对这里的文具店作坊颇感兴趣。1430年，兰开斯特的约翰和他的妻子勃艮第的安妮向年轻的英格兰国王亨利六世赠送了一本巴黎制作的精美《时祷书》，上面镶嵌有1200多枚装饰页面边缘的奖章。[14]兰开斯特的约翰的兄弟格洛斯特的汉弗莱也得到了一本著名的手稿合集，里面写有拉丁文学术著作和法国文学作品。在两次遗赠中，汉弗莱将281本学术手稿全部捐给了牛津大学，作为核心大学图书馆的创建基础。出于感激，牛津大学为他建了一个图书馆大厅，位于神学院上层，用来专门存放手稿。[15]汉弗莱的图书馆在牛津大学傲然屹立了几十年。之后，正如我们所看到的，仅过了一个世纪，这座图书馆就走向了不幸的结局。[16]

尽管这些掠夺者挥霍了大量钱财，用来定做奢华的书籍，运回英吉利海峡对岸的家中，巴黎的贸易还是因战事受到打击。巴黎不再是国际上的书籍供应中心，书籍制作商也纷纷搬去了其他大学城和商业权力中心。[17]这为勃艮第公爵领地的佛兰德和布拉班特带去了很大利益，他们与法国王室的权力争斗，使他们成为百年战争中英国的重要盟友。

布鲁日、根特这样的北欧转口贸易主要港口城市，开始成为制作奢华手稿的新据点。佛兰德等城市里的作坊为勃艮第公爵和王室贵族制作了大量精美绝伦的书籍。勃艮第的菲利普二世之子，无畏的约翰，拥有约250本手稿；他的继任者，好人菲利普公爵（1419—1467）将家族藏书扩大至近900本，几乎都是用宫廷语言法文书写、重新制作的书籍。[18]这些藏书中微型画和彩饰的数量、质量令人印象深刻，很快被公认为欧洲文艺复兴时期的文化瑰宝之一。收藏彩饰手稿成为勃艮第宫廷一种必不可少的时尚。[19]菲利普去世几十年后，直到15世纪80年代，佛兰德繁荣的奢华手稿制作仍在延续。一般收藏家无法与公爵的定制数量相提并论，但一些最尊贵的贵族，比如路易·格鲁塞斯，还是有能力收集200本装饰奢华的手稿。

高水准的佛兰德手稿制作享誉国际。布鲁日制作的《时祷书》被出口至遥远的里斯本的宫廷。英格兰国王爱德华四世流亡到荷兰和佛兰德时，拜访了路易·格鲁塞斯。他订购了大量的勃艮第手稿；在他重获王位后，他为在那些低地国家逗留期间购买的书籍支付了240英镑，这可是一笔不菲的费用。[20]佛兰德和布拉班特的工匠也开始迎合不同的顾客群体。对志向远大的城市精英来说，他们希望效仿高等贵族，拥有书籍，因此文具商开发了一种新型的、可以量产的《时祷书》。这种书籍没有华丽的、全页的或个性化的微型画，也没有丰富的页面边缘装饰，工匠们预先制作好页面大小的插图，作为单独的页面插入《时祷书》中。[21]尽管这种标准化制品永远无法与勃艮第公爵宫廷里的珍品相媲美，但这些色彩鲜艳的《时祷书》仍然可以给人留下奢华的印象。对许多家庭来说，这依然是一笔相当大的开支。1444年，约克的面包师托马斯·奥弗多拥有的《时祷书》价值9先令，大概相当于一头母牛的价格。[22]许多留存下来的《时祷书》上留有不少个人注释和祷文，或许是几代人珍惜阅读的见证。这样的书籍显然是宝贵的财富；对许多人来说，《时祷书》可能是他们家中第一本也是唯一一本书。

文艺复兴的呼唤

北欧王子的藏书令人惊叹，不过这些书虽然对外展示，但并不对外借阅。花在手稿上的巨额支出主要是王子们自掏腰包，但也有一部分来自税款，可公众没有得到一点好处。一位王子去世后，他的藏书会被继位者所继承，或者被分给其他家族成员。至于更多面向公众的、有意义的图书馆，我们需得将目光投向文艺复兴时期的意大利。那些城邦里的藏书者是一个完全不同的群体，塑造着一个更有竞争力的藏书世界，并很快吸引了银行家、商人和雇佣军将领——这些致命政治游戏中的权力争夺者的注意。

正如我们所知，意大利藏书的发展速度主要取决于人文主义学者。人文主义运动围绕着书籍进行，书籍成为文化改进的一种标志。参与者需要发动一切社会关系，寻找自己没有的书籍进行抄写，以及最重要的，研究文献的内容。这样做主要是为了尽可能全面地复原每一本经典著作。虽然宗教著作，特别是《圣经》各卷和教父文献，在藏书里占有一席之地，但是在收藏的重点上，这些人文学者与法国或勃艮第的王子有着本质上的区别。意大利学者的藏书绝大多数都是拉丁文著作，一些专业藏书家也会收集希腊文的手稿。

在人文主义学者运动中，书籍的重要性最明显地体现在，出现了专供藏书家进行私人学术研究用的书房，即工作间。工作间一词源自拉丁文，用于描述修士的小屋。[23]拥有这样一间屋子，等同于向文学致以最高的敬意。在14、15世纪，家中设立单独的房间专供个人使用是非常罕见的。有一间里面摆满了书籍，放置一张桌子和一些书写工具的工作间，是那时候文明的最高体现。贝内德托·科特鲁利曾提出，一位精明的商人应该有一个独立的工作间，与他的公共办公室区分开；最理想的是，这个工作间离卧室很近，这样他就可以在清晨或深夜的时候使用。[24]书籍的数量并不能代表它们的价值。一位人文主义学者在给住在他乡间别墅里的朋友写信时曾说道：“我的别墅里没有萨塞蒂或美第奇家族［银行业巨鳄］那样的图书馆，但我确实有能摆满一个书架的修订文献。它们对我来说比任何奢华饰品都更珍贵。”[25]

私人书房的出现是图书馆空间发展的重要进步。一些工作间是在原有的房间里另外搭建出的矩形空间，类似一个小型木质区域，有一张内置的桌子，一个放书和书写工具的橱柜，还有一把椅子。随着时间的推移，书房逐渐由搭建的空间扩大为整个房间，配备齐全，专门用于阅读书籍。有时会配置一个精巧的旋转桌或旋转书架，方便查阅多本书籍；有时也会配置立式书架。这些配置让书籍可以陈列展示，也让书房有了更持久的意义，毕竟移动书架上的书比从箱子里拿书要麻烦得多。并非所有的藏书家都认同这样的发展方向。费拉拉侯爵雷奥内罗·埃斯特曾建议：书籍要远离灰尘。把书放在橱柜或箱子里，除非一次只拿一本，或者干脆就不要取出来。把书放在私密的图书室里，不要放在外面，不要借给朋友。不管多么勤快地打扫房间，取出和放回的时候，书籍都会被污染，牢牢地沾上灰尘。这就是为什么看书前一定要先洗手，而且再认真对待都不为过……有些人把书籍压在窗玻璃或油画框后面，这样可以远离空气里的灰尘和过多的阳光照射。[26]

这些让书籍保持崭新的建议固然令人钦佩，但与勤查勤阅文献的观念背道而驰。在书房里，藏书人的才智不仅会因围绕的书籍而被激发，也会受到其他的刺激，比如半身像、花瓶、古硬币等各种珍品，尤其是古董物件。此外，虽然书房提供了一个私人空间，可以安静地沉思，但收藏和学术文化在本质上还是社会性的。如果想收集到上好的书籍，就需要有广泛的、志同道合的密友关系网，就像波焦·布拉乔利尼和尼科洛·德·尼科利，他们为了寻找遗失的手稿进行了密切的通信往来。[27]虽然布拉乔利尼是臭名昭著的猎书者，但尼科利是名副其实的收藏家，他在佛罗伦萨建造了那个时代最好的图书馆之一。尼科利把他的一生和全部财产都献给了他的图书馆，收藏了大约800份手稿。他没有把书籍隐藏在公众的视线之外，而是大方地邀请学者、朋友和感兴趣的市民来学习、讨论和欣赏；他甚至同意把书借出去，以至于1437年在他去世时，有200本书已经不在图书馆里了。

虽然几乎无人能比得上尼科利那般慷慨，但人们还是期待着，人文主义学者会向公众开放他们的图书馆。[28]这是学者传递给赞助人、政治和教会精英关于书籍收藏的重要观念之一。人文主义者可以举出许多罗马的经典事例，那些罗马将军和皇帝为了积累面向“公众”的藏书花费了大量时间。我们之前已经提到过，虽然罗马的这些藏书者在“公众”的概念认知上有其局限性，但对意大利的王子来说，他们坚信自己的世界就是罗马的化身，建造出宏伟的图书馆，是他们欣然迎接的挑战。[29]

学者的图书馆里都有许多他们自己抄写的书籍。尼科利尤其以独创的人文主义字体而闻名，并启发了后来的意大利手写体的设计。这种字体方便快速书写，大大提高了抄写的效率。因此，王子和教会收藏家获得的手稿，由文具店作坊的抄写员来完成的越来越多，而不仅依靠学者。为了满足教皇、红衣主教、主教、将军和政治家的文学需求（他们开始对藏书产生深厚的兴趣），一个新的商业阶层出现了。这些人最初是售卖羊皮纸的工匠，现在开始卖文具，装订、编目和出售书籍，有时也做出版和文学代理。他们在抄写员和客户之间充当着中介的角色，也兼任雇用抄写员、彩饰家这类书籍制作的实质性工作。只有意大利，才可能同时拥有富裕的客户群体和大量技术过硬的工匠，才能发展出如此有规模、有条理的书籍商业市场。那些人文主义学者趋之若鹜的城市，书籍市场最为发达，例如佛罗伦萨、那不勒斯、罗马、威尼斯和米兰。这些城市并不是最早出现大学的城市，而是大型的商业和政治中心。直到15世纪中叶，这些城市仍然因为盛产精品书籍而享誉国际。有些其他国家的人会到这里来生活几年，不仅出于个人爱好，还为赞助人和国家机构定制、收藏书籍。[30]

最好的文具商都聚集在佛罗伦萨，其中最有名的是韦斯帕夏诺·达·彼斯提奇。[31]韦斯帕夏诺大约出生于1420年佛罗伦萨郊外的一个村庄。在与著名的装订师、书商米歇尔·瓜杜奇一同接受培训后，他开始进入文具商行业。虽然没有受过正规的学校教育，韦斯帕夏诺却成了佛罗伦萨城内外客户眼中最杰出的手稿供应商。许多文具商只经营二手书，而韦斯帕夏诺还承接大量书籍制作，他雇用了50多名抄写员，来完成王室客户的重要委托。韦斯帕夏诺在这些最富有的收藏家面前不卑不亢，又富有精明的商业眼光，这使他的事业蒸蒸日上。他的成功有一部分原因在于，他意识到不同的收藏家想要（或者买得起）不同种类的书。韦斯帕夏诺的作坊会制作一些极其奢华的工艺品书籍，全书覆盖有华丽的封皮和页面边缘彩饰，采用最好的小牛或山羊皮装订，不过抄写的文献内容却不一定准确。而对于另一些客户，韦斯帕夏诺为其制作更实用的书籍，没什么装饰，或者只是简单地彩绘了标题首字母，但抄写的文献必须非常准确。

韦斯帕夏诺书籍的售价，意味着只有最富有的人才有实力经常光顾他的店铺，即便是购买那些更实用的书籍。他的店铺租金是每年15弗罗林①，与他出售的中档书籍价格差

① 1弗罗林相当于今天的10便士。——译者注

不多。[32]雇用一名优秀的彩饰师一年需要60弗罗林；一名文具商学徒大概只需要10到15弗罗林。彩饰一张华丽的封皮可能会使一本书的成本增加25弗罗林，因为彩绘的颜料非常昂贵。一些最奢华的装订方式，比如用金银镶嵌，装饰珍贵的宝石，花费可能会超过100弗罗林。在1483年，佛罗伦萨的财政大臣——该市最高级别的政府官员之一——每年的工资也只有432弗罗林。[33]虽然除了工资，自然还会有许多其他的补充收入，但这也清楚地表明，即便是那些拥有大量财富的人，想要拥有小型图书馆规模的藏书，也是非常困难的。不过，如果一个收藏家想向公众开放他的藏书，他就不可能忍受自己的藏书看起来很廉价。所以他一定会重金购买几本最好的抄本，上面要装饰有他的盾徽和大量彩饰品，这样才能给他的访客留下深刻的印象，认为他是一个对知识充满敬意，并且热爱书籍的人。

1478年，韦斯帕夏诺不再经商，回到了他在乡村的住处。在那里，他写下了一系列那个时代杰出人物的生平小传，这些人大部分都曾经是他的主顾；他们当中，大多数是意大利人，也有两位英国人，即伍斯特伯爵和伊利主教。[34]韦斯帕夏诺记载了100多位统治者、红衣主教、主教、政治家和著名作家的故事，内容极其丰富，并且，他充满感情地详细叙述了这些人的藏书爱好。在这个话题上，他自然有很多话要说；

韦斯帕夏诺曾明确地表示，积累藏书是统治者、红衣主教或主教的重要美德之一，与勇敢、智慧、慷慨和忠诚不相上下。乌尔比诺的费德里科公爵（1422—1482）是一位坚毅的将军，也是伟大的艺术收藏家。韦斯帕夏诺这样写道："他希望建造有史以来最好的图书馆。他不在乎金钱或者人力，如果他看上了一本精美的书籍，无论那本书是否在意大利，他都要得到它。"费德里科公爵在乌尔比诺、佛罗伦萨及其他城市雇用了30到40名抄写员，负责抄写经典作家的全部精美手稿。他的全卷《圣经》"用的是当时能想到的最奢华的装饰方式，采用织金锦缎和大量银饰来搭配装订"；他的亚里士多德和柏拉图著作用的是"最好的羊皮"；还有许多其他书籍都是用朱红色和银色来彩饰的。[35]

据说，费德里科的藏品数量在意大利数一数二，保存在他乌尔比诺皇宫一层的一个上锁的房间里。不过费德里科并不是在那里阅读这些书籍的，他把藏书搬到了一间华丽的镶板书房里。与大多数书房不同，这间书房主要是一个小型的私人会客室，在这里可以进行优雅的谈话，还可以欣赏音乐，他就是在这里与访客分享他的珍宝。[36]这间书房仿照了罗马别墅的设计，也是现代图书馆机构仓储藏书系统的前身。

韦斯帕夏诺的想法与人文主义者一样，希望他最富有的顾客能将藏书向公众开放。尽管在他撰写的名人传记中，常常提到他的客户也是有这种意愿的，但几乎没有实际发生的事例记载。[37]不过，有一位赞助人确实有过显著的成就——意大利最富有的银行家之一、佛罗伦萨的掌权者，科西莫·德·美第奇。韦斯帕夏诺自幼与他熟识，也是他的专用文具商。科西莫结束流放返回佛罗伦萨后，希望能更好地激发人民的拥戴，与韦斯帕西诺的想法不谋而合。科西莫赞助了城中一座破败的、刚刚获批的修道院——圣马可修道院。[38]修士来接管这里时，看到的是断壁残垣，没有家具，也没有圣器或者礼仪书。科西莫委托了那个时代最伟大的意大利建筑师之一——米开罗佐来重建整个修道院。其中专门设有一个独立的图书馆大厅，于1444年竣工。科西莫设想中的图书馆，会向佛罗伦萨所有市民开放，仿照了教堂的样子，有三条走廊和拱顶；拱顶下面左右两侧的走廊共放置64张柏木读经台。

圣马可修道院拥有了一个图书馆，却没有书籍。这时，一个机会出现了，让科西莫可以用极好的藏书填满整个图书馆。伟大的收藏家尼科利在遗嘱中声称，要让他的私人图书馆成为公共收藏。他曾经试图提供资金来实现这个愿望，但在去世时几近破产。因此，他将图书馆的所有权授予一家受托董事会，科西莫和他的弟弟洛伦佐都是董事会成员。1441年，其他成员一致同意将这些书存放到圣马可修道院图书馆，条件是由科西莫来偿还尼科利的债务。这对科西莫来说很容

图5 佛罗伦萨圣马可修道院图书馆内部，由米开罗佐设计。中央走廊两侧有多排读经台，每排有独立的窗户。科西莫赠予市民的这份礼物，提升了佛罗伦萨作为古典学术中心的声誉。

易，因为一半以上的债务欠的都是他们美第奇家族。圣马可修道院图书馆一下子成了意大利最有价值的图书馆之一，其中不乏有一些最好的拉丁语和希腊语古典作品的抄本。

圣马可修道院图书馆有400本藏书，图书拴在读经台上，只有那些对学术感兴趣并且识字的男性市民才有权进入。到了15世纪，佛罗伦萨的这个人数可能可以达到1000人。在这18年里，科西莫为图书馆又增添了120多本书，其中有一些是韦斯帕夏诺制作的——他的任务就是制作更广泛的宗教手稿。科西莫是一个模范客户，他除了会向韦斯帕夏诺支付书费以外（不是每个伟大的收藏家都会这样做的），还额外支付了400弗罗林的佣金。[39] 尽管已经花费了不少钱，科西莫的重建图书馆之路却没有局限在圣马可修道院，他还为佛罗伦萨市郊菲耶索莱的巴迪亚修道院赞助了重建图书馆的费用。这项委托也落在了韦斯帕夏诺身上，据他说，为此他雇用了45名抄写员，用1年10个月的时间制作了200本书。[40]

1464年科西莫去世，美第奇家族继续掌权佛罗伦萨，但这个家族对公共图书馆的热情没有得以延续。当佛罗伦萨的一些市民，如韦斯帕夏诺的侄子洛伦佐·达·彼斯提奇，向图书馆捐赠书籍时，科西莫的继任者更倾向于将其作为私人藏品。科西莫的孙子豪华者洛伦佐（1449—1492）收藏了共约1000份手稿，为的不是佛罗伦萨的市民或者托斯卡纳的修士，而是他自己。[41]他最珍视的藏品之一是一本弥撒书，用纯银和水晶装订，价值200弗罗林。这是一位像王子一样的收藏家，而不是一心想着维护公民声誉的精明的金融家。这也是美第奇家族从银行业巨鳄向政治巨擘转变的一个佐证。

普世价值

像勃艮第公爵或者豪华者洛伦佐那样有能力的贵族，想要建立图书馆很正常，因为他们的地位决定了他们有这样的能力。书籍是昂贵且珍稀的宝贝，收集大量藏书是一种个人爱好。从人口比例来看，每天都会用到书籍的职业人数相对较少，主要是那些廷臣、神职人员、医生和学者。而对一位王子来说，通过管理大量书籍藏品，把这种个人爱好带到宫廷里去，可以借此赢得一些人的支持。图书馆的价值并非一定要博学多识才能了解；即便不识字，同样能够感受到书籍的神秘力量。

世界其他地方的大型图书馆与14、15世纪欧洲的状况相差无几。波斯的埃米尔和苏丹以及巴格达、开罗和科尔多瓦的哈里发都收藏了大量的书籍，而且身边围绕着伟大的艺术家和学者。安达卢西亚、埃及、黎凡特和美索不达米亚的伟大城市，同样孕育了诸多才华横溢的抄写员，他们的才能完全不输那些在巴黎圣母院或布鲁日抄写作坊里工作的人。书法、彩饰和绘画是伊斯兰世界地位最高的艺术形式。费尽心思制作的装饰精美的书籍，涵盖了各类主题，是精英们收藏的主要选择；除了必不可少的神学，从科学、数学、天文学再到简明百科全书，几乎囊括了世界上的一切知识。[42]与欧洲类似，像这样的图书馆往往只有君主及其随从才有权进入。[43]

在大马士革等城市建立神学院及其他学院，同样催生了一个商业书籍市场。文具商、抄写员和学者（也可能是同一个人）会向学生们售卖文献，也会向其他学者、宫廷官员，（当然还有）阿拨斯、法蒂玛和马穆鲁克家族的精英提供服务。廷巴克图是最引人瞩目的书籍收藏中心之一，也是尼日尔河沿岸的重要贸易中心。14至16世纪，这里因居住着大量最为博学的伊斯兰学者而闻名，他们对教法的裁决受到了北非各地伊斯兰教团体的高度崇敬。[44]这些学者中的许多人都拥有图书馆，收藏了伊斯兰神学、法律、历史、科学和医学手稿。这些书籍是代表其学识的重要标志，也是其法律地位不可或缺的基石。其中一些著作达数百卷。虽然这座城市里学者云集，但当地制作书籍的能力很有限，因此图书馆成了其所有者最宝贵的财产。

1591年，摩洛哥人入侵廷巴克图，毁灭性地终结了这座城市在学术上的辉煌。学者们被杀死、俘获或流放，城中的藏书也遭到遗弃或散落殆尽。类似的不幸同样降临在了伊斯兰世界的其他城市。中世纪发生的这些抹杀伊斯兰世界的事件，导致了一个不幸的后果，即其藏书的规模因鲜有确切信息而难以被证实。后来的记载中引用的数据显示，其藏书数量可能高达数十万甚至数百万册，让人联想到备受推崇的古亚历山大图书馆。[45]开罗和巴格达大型宫廷图书馆的可靠信息也同样难以捕捉；中国、韩国和日本在中世纪的藏书情况也如出一辙。皇帝、幕府将军和军阀似乎都拥有大量的藏书，供学者和官员查阅。[46]

可以确定的是，中国和后来的阿拉伯世界在造纸工艺上的创新，引发了图书馆历史上影响深远的变革。在东亚地区，纸是由植物纤维（比如竹子）制成的，卷轴和册式书都可以用这种载体书写。这种技术在最初的1000年里传播到了伊斯兰世界，人们主要用纺织碎布作为生产纸张的原材料。纤维纸比用动物皮制造的羊皮纸便宜得多，其制作效率也更高；造纸厂只需要有稳定的亚麻布、棉花或纤维碎布供应，再加上水力驱动的升降锤子，把碎布捣成纸浆就可以了。[47]13世纪，意大利和西班牙建造了第一批造纸厂；随后，法国、德国和低地国家也相继迎头赶上。虽然纤维纸是一种成本更低、产量更充足的书写载体，但它不如羊皮纸耐用。不管是在阿拉伯世界，还是中世纪的欧洲，纤维纸最初都是用于笔记和行政管理，而非制作书籍。纤维纸对书籍制造的影响，直到15世纪才变得显著起来。

中国出现的另一个关键性技术，是雕版印刷术的发展，这种工艺也迅速传播到了韩国和日本。雕版文字和图像在7世纪变得普遍，并作为东亚地区印刷的主要方式，一直延续到19世纪。中文、韩文和日文非常复杂，文字个数常以数千计，因此木刻字远比陶瓷字和金属字的应用广泛得多。[48]在近代以前，印刷术基本仅供宫廷或者佛教寺庙使用，雕版拓经被视为一种精神活动。20世纪初，佛教寺院积累了大量的珍贵藏书。在中国西部的城市敦煌，发现了一个“藏经洞”。这个洞穴自11世纪以来一直封堵着，藏有约4万份手稿，其中大部分是佛教文献，也有其他各类丰富的著作，例如希腊古典文献学和医学，这也透露出这处有意建于丝绸之路关键交会处的寺院，在学术和知识方面的兴趣所在。[49]

敦煌藏经洞证明了手抄书在很大程度上，仍然是亚洲大部分地区图书馆的主要书籍形式。印刷术在伊斯兰世界也基本上被拒之门外，书法依旧被公认为最好的视觉艺术之一，也是一种纯粹的媒介，适合用来表达对上帝话语的敬意。欧洲的印刷技术对书籍制作和销售产生了根本性的影响，并永久改变了图书馆存在的面貌。中世纪欧洲、伊斯兰世界和东亚国家在建造图书馆上的一些普遍共识，都被彻底颠覆了。印刷术为图书馆带来了意想不到的挑战，大规模应用新型印刷技术的书籍制作市场，也给新一代的欧洲收藏家带来了喜悦和磨难。

第二部分

印刷术的危机

第4章 “罪恶”的印刷机

1455年3月12日，恩尼亚·皮可洛米尼（未来的教皇庇护二世）在写给罗马红衣主教胡安·德·卡瓦哈尔的信中，讲述了一个重大的新闻。他在法兰克福看到一个“神奇的人”，正在出售自制的《圣经》。这个人至少有150本这样的“圣经”，这个数量对于个人来说闻所未闻。皮可洛米尼还写道，那些“圣经”均已售罄，他很抱歉没能为他的赞助人买到一本；而且特别值得一提的是，那些“圣经”的“书页非常干净工整，内容也正确无误，因此阁下即便不用镜片，也可以轻松阅读”。[1]

皮可洛米尼口中的“圣经”，就是今天我们所熟知的《古登堡圣经》，而那位“神奇的人”便是约翰内斯·古登堡。古登堡是美因茨的一名金匠，发明了金属活字印刷术。尽管这一发明为古登堡只带来了一小笔财富，但它对图书馆未来的发展产生了革命性的影响，而且永久地改变了图书馆的样貌和藏书的人群。不过这些影响，在一开始并没有立刻显现出来。15世纪50年代中期，至少在印刷术发明后的前20年里，手稿书籍的制作数量仍在增长。印刷术的诞生并没有导致手稿文化的崩塌；之后的几个世纪，各种形式的手写文件，在政府工作、新闻传播以及文学创作领域，继续发挥着重要作用。不过，印刷术也确实为法国和意大利自13世纪出现的手稿商业市场蒙上了一层阴影。随着印刷术的发展和成熟，先前认为韦斯帕夏诺作坊那样的书籍制作服务太过昂贵的读者们，开始重新萌生成为藏书家的念头。拥有个人图书馆不再只是欧洲社会精英成员特有的标记。

的确，这可能是印刷术的发明对图书馆产生的最直接的影响了。至少有一个世纪，收藏书籍对欧洲社会的领导者丧失了吸引力。他们认为，建造勃艮第公爵或美第奇公爵那种规模的图书馆所需的金钱，完全可以花费在其他事项上，比如委托定制精美的挂毯、雕像和画作，甚至是发动战争。这类事项仍然安全地保留在王权范畴之内，而藏书却不再是了。许多手稿时代伟大的图书馆突然之间门可罗雀，有些甚至陷入了年久失修的境地。讽刺的是，图书馆的生死存亡再一次依赖于文艺复兴时期知识分子所蔑视的修士们，而且曾经正是在他们的保护下，许多书籍才得以平安度过中世纪的黑暗时期。然而，在16世纪初期，伴随着修士和修女的苦心收藏，宗教改革运动发生了，修道院的生活方式受到了严重的挑战。

印刷术促使一个全新的收藏群体开始逐渐崛起；而宫廷、大学和修道院的机构图书馆则暂时变得黯然失色。

印刷书籍

距恩尼亚·皮可洛米尼惊叹《古登堡圣经》之时才不足一年，那位“神奇的人”就身陷泥潭。古登堡被他之前的工作伙伴约翰尼斯·福斯特卷入了一场诉讼案件，后者为“印刷书籍”提供了大部分资金，并指控古登堡欠他2026荷兰盾——这笔钱在美因茨能买下20幢大型房产。尽管这场法律纠纷最终证明，古登堡的欠款数额只有被指控的一半，但也足以让他倾家荡产。[2]这是一个严酷的警示：一个成功的印刷商必须盯紧自己的钱包。但这个警示显然没有引起众多印刷商的重视。[3]在古登堡印刷《圣经》50年后，至少有1000名印刷商本可以在欧洲240个城镇之一的某地置办一套房产。可惜，他们中的许多人仅活跃了几年，鲜有人真正地获得财富。

对印刷技术的好奇是加速其传播的重要因素。印刷的再生产效率令同时代的人们感到惊异，一名抄写员可能需要花费一年的时间，才能制作出两本对开的珍贵手稿，而一个印刷团队只需要8到10个月的时间，就能将这两本手稿复制1000份。不过，一台印刷机并不能在一天里复制好几本书籍，因为印刷是在纸张上完成的。印刷的过程是先将金属活字放置在框架里，再在一张纸上印刷出固定数量的文字，之后拆散框架，对活字进行清洗，再重新放置，换上另一张纸，依此类推。印刷一本书大概需要6个月的时间，因此，印刷商不会只印刷单本书，因为只有全部的页面都印刷完成，这本书才可以出售。在这段时间里，印刷商不得不承担纸张的供应成本、排字工和印刷工的薪水以及储存的费用。

印刷术的发明也给传统商业书籍市场带来了不安。一名抄写员在制作书籍时，通常会知道自己是在为某位客户服务；实际上，大部分抄写都是由客户直接委托的。书籍制作完成后，抄写员就可以得到报酬，交易随即结束。但对印刷商来说，他们的脑海中也许会有那么几位潜在客户，但还是不得不做出预估，如果印刷300、500或1000本书，可能有多少客户购买，以及客户群体可能在哪些城市。在同一个城市里出现上百位买家，这几乎是不可能的。一本具有收藏价值的拉丁文书籍，它的买家很可能遍布整个欧洲。如果低估了买家的数量，印刷商的利润就会减少；而如果高估了买家的数量，对资金投入来说则是致命的，因为书籍在没有售出时，这笔资金就已经是沉没成本了。

许多印刷业的先驱者付出了巨大的代价，才有了这些惨痛的教训。不过，对于那些从印刷术的发明中获益最大的人群（也就是买家），这些资金和销售方面的新问题不值一提。隐修士、托钵修士和神父这些传统书籍最大的使用和购买群体，对新型印刷书籍表现出极大的热情。印刷术的发明恰好迎合了当时在修道院、乡村和城市广泛开展的属灵复兴运动，信徒们迫切渴望能建立或补充他们的藏书。[4]印刷术因此被赋予了神圣的色彩，在基督教世界最需要它的时候，它便降临了。布雷西亚主教就曾这样说过：

仁慈的上帝指引我们这个时代的人学会了一项新技术。多亏了印刷术……3个人只用了3个月的时间就印刷出了300本［教皇额我略一世的对开本评注］；若是换作用笔来抄写，他们一辈子都不可能完成这项壮举。[5]

神职人员欣赏印刷机制作的新型书籍是很自然的，因为第一批印刷机在外形、样式和内容方面都对手稿书籍进行了非常细致的模仿。这不是一个巧合。一些早期的印刷商原本就是抄写员，或者曾经长期从事手稿书籍的交易；这也清楚地表明了，第一批印刷商当初并没有想要在书籍世界掀起彻底的变革。[6]因此，修道院的缮写室也就没有将这门新技术视作对抄写的一种挑战。实际上，在印刷术发明后的前几年，缮写室比之前还要忙碌。因为第一批印刷书籍通常还需要手工加工，比如给封面加上手绘的首字母、描红以及彩饰等。

一些修道院教团被印刷的概念深深吸引，于是也开始建造自己的印刷间。15世纪70年代初期，奥格斯堡圣乌尔里希修道院兼阿夫里亚修道院的院长，斯彭海姆的梅尔基奥，曾试图说服他的追随者，印刷书籍“是一种有益的劳动，可以防止［他们］变得懒惰”。这位院长还宣称，只要修道院里有了印刷机，人们就可以持续不断地看到它制造出的“大量书籍被运进图书馆”。[7] 他不是唯一一位印刷爱好者。印刷间不仅开始出现在德国各大修道院和修女院，也出现在了瑞典、意大利、英格兰和西班牙。这位院长还曾暗示，提到修道院教团，第一个想到的往往是主修道院本身，其次才是修会团体里的其他修道院。因此，建造一间近在手边的印刷间就不难理解了，如果修会团体需要一本新的弥撒书或祈祷书，像这样重大且复杂的工作，是必须有神职人员在一旁严格监督的。

对于修士来说，印刷被视作抄写在机械上的一种延展；那个时代的人大多是这样认为的。在处理某些工作时，印刷的功能非常高效。约翰·卢施纳曾被邀请到加泰罗尼亚区蒙特塞拉特岛上的本笃会修道院，替他的赞助人印刷19万张赎罪券。[8] 大批量印刷这种小纸片，要比抄写容易得多；不过更大规模的书籍印刷工作，在销售上并不总是一帆风顺的。佛罗伦萨的圣雅各布·迪·里波利修道院在1476年购买了一台印刷机，花费了13个月的时间印出了400本薄伽丘的《十日谈》，但在那之后，又花费了更长的时间才卖掉它们。[9]不过，里波利修道院的印刷机在制作其他类书籍方面贡献颇多，主要是宗教和学术的经典著作，几乎全数出售给了其他的修道院。

到了15世纪90年代，早期的修道院印刷间大多已经关闭，或是因为院内的印刷工对负责这项工作的修士失去了耐心，或是因为修士本身没有了兴趣。事实证明，比起在修道院里自己印制上百本书，再想办法出售或者交换到图书馆所需的书，从欧洲大城市里的书店直接购买要容易得多。在这个变化发生的同时，书籍的价格也大幅降低。第一批印刷书籍不比它们模仿的手稿书籍更便宜，《古登堡圣经》就是非常昂贵的印刷书，只有王子、主教和修道院机构才负担得起。然而，在40年后的1491年，弗兰肯塔尔的奥古斯丁教士威廉·冯·维尔德曾声称：

纵观我们的一生，书籍的产量是惊人的，几乎每天都有新的书籍诞生。这些书不仅有像过去那样，由老师口述再抄写下来的，还有通过印刷制成的，真是一项令人惊异的新技术……如今，书籍十分便宜，过去听人朗读或者借阅一本书籍所需的花费，现在已经可以买下一本书了。[10]

这种较为隐晦的说法指的是宫廷和修道院里很普遍的一种风俗习惯，即通过大声朗读书籍来获得乐趣或者心灵滋养。16世纪书籍数量大幅增多，除非是为了趣味性，集体共用一本书显然没那么必要了，不过，中世纪的这种习俗在后来的20世纪，由于广播和电视的诞生又重新焕发生机。15世纪90年代大量发售印刷书籍，必然会导致价格降低。[11]到了16世纪，新印刷的书高达900万本，而且数量还在逐年增多。对于某些行业来说，印刷市场显然已经饱和。修道院还在庆祝这场印刷的盛宴，愿意购买这些神学诠释和教会法规的客户数量却很有限。

书籍价格降低还有一个原因，即纤维纸代替羊皮纸成了书籍制作的首选载体。这种转变是必然的，因为羊皮纸的供应永远无法满足印刷的需求。使用羊皮纸印刷30本《古登堡圣经》至少需要5000头小牛的皮。[12]纤维纸虽然也是一种昂贵的商品，但比羊皮纸更容易扩大制造规模，而印刷术的发明也造就了整个欧洲造纸厂的激增。上巴伐利亚行政区泰根塞市本笃会修道院的图书管理员只花了3弗罗林，就买到了一本三卷本的圣安博著作，而修道院出售13张抄写好的羊皮纸挣的钱，也差不多只有这么多。[13]

大约在同一时期，剑桥颁布了一项法令，纤维纸制成的书籍不得作为借款的抵押，但羊皮纸制成的书籍可以。[14]这是印刷术可能会对书籍和图书馆的地位造成不利影响的最初迹象之一。毫无疑问，印刷术仍旧是一些学者的福音，牛津林肯学院的院士约翰·维赛，可以相对轻松地在15世纪70和80年代收藏到差不多85本书；欧登塞大教堂的主教汉斯·乌尔恩，在1503年去世时，可以给家人和朋友留下268本藏书。[15]然而事实上，印刷术给大学公共图书馆带来的伤害更大，这类图书馆是倚靠过去的两个世纪里学者虔诚的捐赠建立起来的。随着书籍变得越来越廉价，也越来越富余，学者对公共藏书资源的需求便随之减少了；因此，他们捐赠的热情也逐渐枯竭。牛津墨顿学院的图书馆在1540年仍然没有一本印刷图书，而这已经是古登堡成功发明印刷术的90年后了。[16]

风中的哭泣

习得古登堡印刷术的人从美因茨遍布欧洲各个角落。这些强健的工匠接到了诸多来自修道院院长、主教和行政官的委托和邀请，通过引入这项新技术，为他们所在的城市、教区或修道院增光添彩；从马尔默到里斯本，任何一位看重自己身份的公民精英，但凡见识到了这种由新技术制作出来的神奇书籍，都会生出不甘人后的劲头。不过，这个快速扩张的时代只持续了不到40年。随着负债堆积，失望情绪也在慢慢累积，印刷商选择在欧洲最大的贸易城市里抱团取暖，尤其是那些之前就一直在从事商业书籍贸易的商人。在这些城市里，他们可以寻到较为完善的书商和买家社区，以及过去经常进行风险性投资的出版商，这些出版商还掌握着必要的物流途径，以便在整个欧洲大陆销售书籍。因此，巴黎成为欧洲北部印刷业的核心城市不足为奇；而在欧洲南部，威尼斯则成了主要的印刷中心，直至15世纪末，这里一直都是150名印刷商的栖身之地。

威尼斯涌入大量的印刷商，戳痛了道明会托钵修士菲利波·德斯特拉塔（也是一名抄写员）的敏感神经。1473年，第一批印刷商来到威尼斯仅4年后，德斯特拉塔就向威尼斯总督请愿，禁止这种罪恶的新型贸易，但没有如愿。

这些人不知羞耻，印刷出那些，唉！可能会误导年轻人的东西……价格如此低贱，谁都能买上一大堆……这些印刷商放肆地饮着葡萄酒，野驴似的大声嚷着，简直是对上帝的大不敬！意大利作家那日子过得，就像是困在集市里的牲畜。[17]

德斯特拉塔是一位颇有名气、足迹甚广的传教士，他布道时情绪激烈，这样的语言风格也同样体现在了他的请愿书中。在意大利，印刷术被认为是德国人发明的，因为在最初的几年，主要是德国移民在使用这种技术。其实，德斯特拉塔本可以通过唤起与一个世纪前薄伽丘和他的人文主义朋友们相似的排外情绪，来掩盖身为抄写员遇到一个更为高效的竞争对手的恐慌，而无须特别向总督提出请愿。"野蛮人"能为文学作出任何有价值的贡献这种想法，对他们来说十分荒谬；那些优雅的意大利作家不得不依靠印刷店来传播他们的著作，这让他们深感耻辱。

德斯特拉塔的许多其他论点，都集中在印刷术导致的道德恶习上，主要是针对那些"会误导年轻人"的低俗诗歌。印刷术的用途就是大量制造粗俗的诗歌，这种说法显然并非事实（正如前文所提到的，印刷术的主要服务对象是宗教文献）；不过，提醒追随者要警惕恶习，是一名传教士应尽的基本职责。而待到18世纪和19世纪，这样的论调卷土重来，认为工人和妇女阅读小说是一种浪费时间的有害行为。[18] 德斯特拉塔还对印刷厂里不体面的机械操作活动提出了疑问。印刷工需要花费很大的力气操作机械，还需要不断地涂抹油墨；因此，印刷过程中会发出巨大的声响，空气中弥漫着汗臭味，油污随处可见。相较先前文雅的抄写工作，印刷书籍更多需要的是体力劳动。

虽然德斯特拉塔谴责的是印刷术，但他的许多论点也被用在了批判商业手稿作坊上。并非所有的抄写员都是虔信的修士，他们抄写的书籍也不都与宗教相关。不识字的印刷工在印刷上百本书的过程中，不免会产生一定的错误，从而损害到文学本身；这样的矛头同样指向了仓促而潦草的抄写工作。为了文献内容而掏钱的买家，似乎并不在意这些内容是印刷的还是抄写的。在印刷术发明后的最初几十年里，一家书店里不仅出售印刷书，也出售手写书，这个时期对印刷书和手写书不作区分，都是作为书籍出售。

德斯特拉塔的请愿并未得到关注，但这位托钵修士没有就此放弃。在更多的其他场合里，他坚持敦促威尼斯政府介入并规范印刷业。显然，总督在那些陈词滥调中没有看到什么价值，而印刷术不仅给威尼斯带来了繁荣的贸易，还提升了这里的声望。德斯特拉塔的那些论点里，大概唯一正确的，就是印刷书籍的价格确实很低廉，并且应用十分广泛。在他于1480年提交请愿书的同一时期，商业手稿制作开始走下坡路，这绝非一个巧合。佛罗伦萨著名的手稿商人韦斯帕夏诺从1478年开始不再经商，安享晚年。他公开声明不赞同印刷术，并提到他最好的客户之一，乌尔比诺的费德里科，他的个人图书馆里没有收藏印刷书籍，因为“在书籍中混有这样的东西令人感到羞耻”。[19]实际上，这是一句谎言，因为费德里科的图书馆里确实有印刷书籍，而且韦斯帕夏诺自己也曾用印刷书籍做过他手稿制作的样本。[20]

伟大的收藏家几乎没有人会真的鄙视印刷书籍。不过，印刷书籍的激增，确实让统治阶级对建造图书馆丧失了兴趣。除书籍价值降低之外，由于获取书籍变得十分容易，不需要再像先前那样苦心经营社交关系网络，因此专业藏书家与手稿文献之间的紧密联结也逐渐消失了。在韦斯帕夏诺那样的作坊委托制作的书籍，往往是为买家私人定制的；即便这本书的内容，已经由这位买家自己的抄写员为他抄写过十几本了，但是当他拿到定制的书籍时，仍然能感觉到这是独一无二的。从本质上来说，印刷书籍在许多其他方面，都没有手稿书籍那么灵活。印刷机固定了书籍的式样和内容布局；但手稿可以根据个人意愿调整内容版式，还可以摘取不同作家的文献，或者进行个性化定制。只要买家有足够的财力，手稿书籍就可以制作得非常绚丽夺目。尽管印刷商进行过双色甚至三色的尝试，但基本上只能印刷成黑白色。

积累藏书的人越来越多，手稿时代那些伟大的图书馆失去了往日的光彩。佛罗伦萨由科西莫·德·美第奇建造的圣马可修道院图书馆，伴随着手稿被瓜分或盗窃，也进入了一段衰落的时期。后来的美第奇统治者，例如第一代托斯卡纳大公，科西莫一世，就将其中的一些手稿据为己有。[21]虽然圣马可修道院图书馆是佛罗伦萨市民寻求古典和宗教文学的珍贵源泉，但到了16世纪中叶，这里的市民、公爵和托钵修士似乎对维护这些资源失去了兴趣。1468年，红衣主教贝萨里翁向威尼斯捐赠了600多本自己的手稿藏品，其中包括很多罕见的希腊文献，为这座城市公共图书馆的建造奠定了基础。尽管总督对此表达了谢意，但那些手稿被随意地搁置在宫中的木板箱里，几乎过了一个世纪，才出现专门用来存放它们的建筑。

发明印刷术的几十年后，在意大利之外的其他国家，仍有一位大量收集手稿的收藏家。在他去世的1490年，也仍有在佛罗伦萨订购的书籍，准备送往匈牙利，用来建造国王匈雅提·马加什一世在布达的大型图书馆。[22]作为意大利文艺复兴艺术成就的追捧者，马加什一世希望建造一座杰出的图书馆，摆满意大利古典文学和人文主义学者的著作，这样，才能让他的首都布达，拥有与意大利伟大城市相似的地位。马加什一世收藏了大约2500本手稿，其中有许多是专门定制的，造价不菲。最好的书籍被放置在精美的三脚架上，这种三脚架点缀着黄金、珠宝和蛇皮。意大利的学者在得知这位国王建造了如此规模的图书馆后，纷纷撰写颂词，赞美他的智慧和慷慨。不过在匈牙利人听来，这些赞颂更像是不情不愿的。

马加什一世去世后，人们清楚地看到，这个国王在建造他的图书馆时，耗费了巨额资金，并因此积攒了诸多怨恨。这些手稿一直留存在布达，直到1526年奥斯曼军队征服了这座城市。士兵肆意掠夺着这里丰富的藏书，许多手稿被带回了伊斯坦布尔，但还有一些令人遗憾地被践踏或遗弃在原地。

匈雅提·马加什一世的图书馆在现代人眼中，是近似神话般的存在。不过，如果这座图书馆没有被摧残，它在今天的声望不太可能会如此之高。在这位国王如痴如狂的收藏过程中，一些不择手段的商人用既不准确也不珍贵的文献糊弄了他。据说，尽管同时代其他欧洲国家的国王，对匈牙利国王为其心爱的图书馆所进行的掠夺感到望尘莫及，但是没有一位统治者想要效仿他。勃艮第公爵的图书馆是宫廷荣耀文化的珍贵象征，然而在1467年，好人菲利普公爵去世后，他的继任者并没有抓住印刷术发明所带来的扩充书籍藏品的新机会。好人菲利普公爵的曾孙，美男子菲利普公爵在1506年去世时，收藏里几乎没有印刷书籍。[23]他不是唯一一个厌恶印刷书籍的人；通常，领地的贵族往往会与统治者在时尚和品味上保持一致。1528年，哈布斯堡王朝时期荷兰的主要贵族之一，克莱沃的菲利普，建造了藏有175本书的图书馆，而其中只有5本是印刷书。[24]其他一些贵族，比如克洛伊公爵查尔斯，则把家中大部分手稿都卖掉了，这些手稿足有78本之多，并且都进行了精美的彩饰加工。[25]

克洛伊公爵的78本书卖给了奥地利的玛格丽特，她是哈布斯堡统治下低地国家的总督，也是美男子菲利普公爵的妹妹。玛格丽特是欧洲北部为数不多仍旧热衷于藏书的精英之一，建造了一座拥有差不多400本书的图书馆，里面几乎全部都是手稿书籍。玛格丽特的人生动荡不安：她在很小的时候便失去了母亲和哥哥，与法国王太子成婚又惨遭遗弃，到25岁时已经两度丧夫。她在这样一个变数多端的世界中孤独地长大，宫廷手稿图书馆在她心中代表着一处承载着过往勃艮第荣耀的庇护所。玛格丽特购买克洛伊公爵手稿掷下的重金，几乎与从前定制新书所需要的花费相差无几，因为当时已经没有人制作这种豪华手稿了。[26]曾经最奢华的手稿书籍《时祷书》，眼下任何一位追求体面的人都可以负担得起。书籍商业市场的规模变得不可估量。1528年，一个普通巴黎书商路易斯·罗耶的仓库里，存放了98529本印刷版《时祷书》。[27]

对欧洲的王子和君主来说，宫廷图书馆也许风光不再，但这并不代表不再有新的书籍增添到他们的图书馆里。书籍的数量仍在增加；许多写作者将书籍作为礼物送进宫廷，希望借此晋升职位，或者谋取类似于宫廷诗人或者历史学家这类有利可图的职位。占星师威廉·帕隆曾多次向英格兰国王亨利七世展示过他的预言书。[28]值得一提的是，虽然他在伦敦印刷了上百本自己的预言书，但每次用来向国王展示的，都是装饰奢华的手抄书。正如帕隆本人所说的那样，对于献给国王来说，“崇高而神圣的印刷技术”似乎还不够尊贵。

亨利七世的继任者亨利八世对书籍有着与他父亲截然不同的态度。在他还是一个年轻人时，亨利八世已经博览群书，对天主教和新教的辩论非常感兴趣。对他来说，书籍最重要的是实用，作为精美装饰品展示毫无必要。这位国王的藏书分散放置在他的多处住所中，如里士满、威斯敏斯特、格林威治、汉普顿、温莎以及新霍尔等；书籍储存在封闭的书箱里，方便随时装载到国王随行的马车或货车上。[29]亨利八世在他生命的最后几年，似乎对书籍突然失去了兴趣，一些书箱完全被遗忘了，直到17世纪初才重新被发现。坎特伯雷大主教理查德·班克罗夫特将其中大约500本书据为己有，并且重新装订了其中的大部分，还装饰上了自己的盾章。考虑到亨利八世的藏书大多是通过残暴的政治手段获取的，这样的结局，似乎也可以被视作正义的伸张。亨利八世解散修道院后，流出了大量的书籍；他的每任妻子都拥有私人图书馆；还有许多犯叛国罪的廷臣被没收了财产——这些书籍统统都被他收入囊中。[30]

亨利八世及其继任者敛取了大量的藏书，数目之多是前任统治者所无法想象的。不过，前任统治者对藏书的渴求却远胜后世。爱德华四世因惊叹于在布鲁日流亡时遇见的佛兰芒语手稿，穷尽一生的财富，建造了一座藏有近百本手稿书籍的图书馆。尽管印刷术的发明预示着图书馆进入了一个新时代，充满着无限的可能，但它也注定会导致上一个时代留下的书籍藏品遭受蒙尘与忽视。不过，印刷术发明后不到100年，手稿书籍的珍稀性就让它再一次成为人人渴求的珍宝。

第5章 新时代的来临

1506年秋天，约翰尼斯·特里特米乌斯离开了他的一生挚爱。23年来，这颗本笃会冉冉升起的新星，一直在美因茨西南的一个小型修道院斯彭海姆任院长。特里特米乌斯极具改革精神，不仅对斯彭海姆修道院积极施行规划，还带动了该地区其他修道院的发展。他在斯彭海姆的这些年里成绩斐然，使其成为一座蓬勃有序的修道院，欧洲人文主义学者对他的赞誉也日益增加。他可以离开，但他最伟大的作品只能留在这里：特里特米乌斯打造了一座令人惊叹的图书馆，该图书馆成为中世纪最后几个伟大的修道院图书馆之一。

当他初到斯彭海姆修道院，图书馆里只有48本书。而在他1506年离开之时，这里俨然成了欧洲最大的图书馆之一，藏有2000多本名贵的书。[1]这是一座值得美第奇家族或勃艮第公爵夫人纳入收藏的图书馆，彰显出在一个神父的领导下，也可以推动完成如此大胆的壮举。伟大的收藏家都是冷酷无情的，特里特米乌斯手握强大的特权，便大肆搜罗当地其他修道院的书籍。斯彭海姆图书馆里的书籍日渐增多，内容也超出了修道院的范畴，涉猎音乐、诗歌、历史、医学和哲学等主题。修士们狂热地收集着那些具有煽动性的书籍，而这位院长只是饶有趣味地看着，对书籍一律来者不拒。年复一年，斯彭海姆的传说在人文主义者和游客中流传开来，也传到了康拉德·策尔蒂斯、约翰内斯·罗伊希林、雅各布·温普费林等学术名流的耳中，于是他们也到访了这座修道院，并带来了更多的书籍。

特里特米乌斯还手握另一种强权——管理修道院里的劳动力；尽管修士们并不总是情愿的。他始终记得，1482年初到斯彭海姆之时，整个修道院看起来是那般荒废不堪。随着对院内建筑的修缮，修士们的虔诚精神也得以重修，尤其是通过不断地抄写书籍。特里特米乌斯并不是一个谦逊的人，1492年，为了庆祝自己取得的成就，他得意扬扬地出版了一本名为《抄写颂》[2]的印刷小册子。

这部备受误解的作品，常被反对印刷的旧秩序捍卫者视为他的软肋。然而，特里特米乌斯不是菲利波·德斯特拉塔，他无意谴责印刷带来的腐化堕落。不过，他也曾说过，诚然，动物皮制成的羊皮纸比印刷纸更耐用，但他不是印刷的反对者。1492年，特里特米乌斯已经是一位著作等身的作家，他的声望不仅来自朋友的口口相传，也来自印刷书籍的快速传播。可以说，特里特米乌斯选择用印刷的方式来传达他对抄写的赞美，完全是性格使然，而这本精致的小册子也确实获得了极大的成功。《抄写颂》印刷了1000份，在当时可谓数量庞大，今天的图书馆里至少还能找到30份。[3]

特里特米乌斯的观点不是印刷术不好，而是他认为，抄写是一种更好、更虔诚的活动。“抄写会让心灵留下深刻的印象。”如果斯彭海姆的抄写员停下手中的笔，活动他们僵痛的手指，阅读院长的新书，他们会看到自己被描述为上帝的使者：抄写“丰富了教会，维护了信仰，摧毁了异端，抵制了邪恶，宣扬了高尚，培养了美德”。[4]然而，并非所有人都对此深信不疑。1505年，特里特米乌斯去柏林旅行后，疲惫不堪的修士们又一次发起抗议。不是每个人都像他那般热忱、痴迷于收藏书籍或者建造图书馆，特里特米乌斯可能无意中说过要“效仿古人（甚至异教徒）”，那实在是言过其实。1506年，他回到斯彭海姆，状况丝毫没有改善，于是他伤心而愤怒地辞去了院长的职务，到别处去继续他的写作。可惜这样的举动也没能挽救他的声誉。失去那座伟大的文献图书馆后，特里特米乌斯只能依靠自己年代久远的记忆和仍然生动的想象力来写作；后世的学者不再记得他曾是一个伟大图书馆的建造者，而去嘲笑他著作中史实的不严谨。[5]尽管特里特米乌斯的著作在一个多世纪的时间里反复被印刷出版，无论其学术观点如何，他的名字没有被大众所遗忘；可是，这对于一个有天赋、有进取心的人来说，仍然是一个悲伤的结局。

斯彭海姆的伟大图书馆，在传统手稿制作与新型印刷技术的时代交会点上，为我们提供了书籍世界的一抹掠影。在这座由特里特米乌斯打造的图书馆里，既有修士手抄的书籍，也有印刷的书籍，以及取自其他地方用于印刷的手稿文本。手抄与印刷，这两种不同形式的书籍融洽地混合在一起。之后的许多年，学者和收藏家都是通过印刷手抄书的主要方式，扩充自己的图书馆；那些手抄书有些是他们自己抄写的，有些则是在二手市场购买的。

在一个普通的德国修道院里建造起一座拥有2000本藏书的图书馆，这本身就是一个壮举；在之后的三个世纪里，修道院历经动荡不安，包括宗教改革运动及其他冲突，继续充当着书籍收藏的重要角色。不过，在当前这个时期，重心短暂地偏移了。藏书的未来更加清晰地掌握在新型印刷术的手上，因其拥有巨大的产能，且受到修道院机构之外备受鼓舞的学者的追捧。

那些财力雄厚，又没有太多耐心的收藏家，如今不需要很长时间就可以建立起一座藏量惊人的图书馆；谦逊的学者也不必像一个世纪以前那般费尽心力，就可以收集到研究所需要的文献。在本章的剩余部分里，我们将通过两位在购买书籍上态度截然相反且鲜明的杰出人物，来探索这个藏书的新世界。其中一位是德西德里乌斯·伊拉斯谟（Desiderius Erasmus，1466—1536），他是那个时期最伟大的作家，拥有一座简朴到令人惊讶的图书馆。不过，先让我们与另一位伟人，克里斯托弗·哥伦布的儿子，那个时期最伟大的收藏家费尔南多·科隆（1488—1539）一起扬帆，共度一段航程。科隆是最接近成功建造世界性图书馆的人，伟大的亚历山大曾经描绘的那幅海市蜃景，不断地萦绕在热爱藏书的人们心中。虽然他最终还是失败了，但这并不能贬低他的非凡成就——一座建在塞维利亚瓜达尔基维尔河岸的极具独创性的图书馆。

新世界

费尔南多·科隆与德西德里乌斯·伊拉斯谟出生于不同的国家，教育与人生经历也相去甚远；然而，这正是命运的奇妙之处，对书籍的热爱将他们二人联结到了一起。1520年，他们相遇了，彼时，科隆出任神圣罗马帝国的外交官，而伊拉斯谟的学术名气正如日中天。对科隆而言，那次会面是他长期挣扎于获得认可与谋求生机的一次抚慰。他童年的大部分时间都在焦急地等待着父亲航行的消息，而当他的父亲凯旋后，科隆便进入宫廷任职。然而之后的几次航行失利，让他感受到失宠的沮丧；在一次航行事故中，他和父亲一同被困在了加勒比海上的一个岛国，度过了不愉快的一年，绝望地等待着救援。[6]而伊拉斯谟，从小被寄送在一个了无生趣的修道院里，他的成长经历虽然没有那么惊心动魄，但也充满了艰辛。

成年后，科隆的才华及其坚韧的性格，开始给人们留下深刻的印象。西班牙国王卡洛斯一世于1516年登位后，又于1519年加冕为神圣罗马皇帝查理五世，科隆终于有机会从他父亲复杂的遗产纠纷中摆脱出来，开创起自己的职业生涯。这个年轻人有趣的过往让查理五世颇感兴趣，而他多面的才能也让这位皇帝印象深刻，科隆身上的这些特性，对于文艺复兴时期的皇室来说颇具价值；皇帝任命他兼顾行政、外交和勘测事务，并首次完成了卡斯蒂利亚地图的绘制。

为了挽救哥哥在一场灾难性的婚姻里的财产，科隆挨过了一段漫长而乏味的日子；之后在1512年，他开始投身于意大利的国际书籍市场。罗马是藏书艺术的孕育之地，在这里，科隆见识到了高质量的木版和雕刻书籍，奠定了他日后书籍收藏的基石。[7]不过，皇帝委派他进行的一次外事活动，让他有机会充分探索到欧洲北部的主要市场：他最先到访了低地国家的一座大都市安特卫普；然后去往亚琛参加罗马皇帝的加冕礼；之后又在莱茵河沿途逗留了一段时间。他在印刷术的发源地美因茨、斯特拉斯堡和巴塞尔都购买了书籍；在德国，他见到了路德派与天主教不同教义的书籍，这两派后来引发了巨大的论战，撼动了整个欧洲。尽管他本人对天主教忠诚不渝，但论战双方的书籍，科隆都有所购买。他对路德派作品的广泛收藏，使他的继承人后来陷入了尴尬的境地，这些书籍最终被西班牙宗教裁判所从图书馆中清除掉了。

正是在这次旅行中，科隆遇见了伊拉斯谟。伊拉斯谟当时对天主教教皇表达出强烈的谴责，认为路德的勇气多少值得一些赞扬。科隆购买了至少185本伊拉斯谟的著作。当他位于塞维利亚的图书馆建成时，伊拉斯谟是唯一一位拥有单独分类的作家。科隆还去了其他地方，比如国际书籍市场的心腹之地威尼斯。在7个月的时间里，他购买了1674本书。他将这些书籍委托给了一位商人，让他从海上运送回西班牙。与此同时，科隆返回了低地国家，之后又去了纽伦堡和美因茨，并在这些德国城市里再次购买了上千本书。

人们可能会认为，这种规模的采购肯定是不加选择的滥买行为，然而科隆显然有着自己的计划，而且还是一个雄心勃勃的计划。科隆决意将他在塞维利亚的图书馆建造成一座涵盖世界上全部知识的图书馆，而且他相信，印刷术的发明为这一设想带来了更大的可能性。科隆与他的父亲一样有着丰富的想象力，同时又更看重现实。作为一名行政官员，他习惯于为皇帝把事务处理得井井有条，并把这种习惯也带入了图书馆的建设中。在图书馆建造的早期阶段，他就使用了字母排序分类，按照作者姓氏和藏品书名的首字母顺序来编制目录。这种字母排序的分类方式虽然早已广泛应用，但用于图书馆管理藏书极为罕见。当时大多数的收藏家仍遵循着中世纪图书馆的建造原则，将法兰克福书展的编目方式奉为圭臬，即按照书籍所属的学术类别来进行分类。神学被放在首要位置，其次是法学和医学，再次是文学、哲学和科学等，后面的类别划分通常模糊而概括。这种方式仍然是18世纪书籍管理和编目的主要方式，尽管旧有的类别范畴已然无法涵盖全部的书籍。

除了使用字母排序分类，科隆还委托了专门的编目商，为他购买的每本书编写详细的说明，包括这本书的印刷地、购买地以及售价。这些详尽的记录，让我们前所未有地窥见国际书籍市场的运作方式。神圣罗马皇帝一生的大部分时间里，都在对法国发动战争，因此，科隆很难涉足巴黎这个大型书籍市场。尽管如此，他仍然收集了近1000本巴黎印刷的书，购买于35个欧洲的其他城市。在最后一次意大利战争的短暂休战期间，他到访了里昂，在那里购买了530本书，这些书是在45个不同的城市印刷的，包括维滕贝格、莱比锡、罗马以及巴勒莫，但不包括里昂；有趣的是，他收藏的250本里昂印刷的书，都是从其他25个城市购买的，比如纽伦堡、伦敦和塞维利亚。巴黎和里昂都是伟大的商业城市，也是知名的国际书籍交易中心。但是在1535年，科隆结束他最后一次大型书籍购买之旅时，他在法国的一个小镇蒙彼利埃，买到了434本在35个不同城市印刷的书。蒙彼利埃拥有一所著名的大学，却没有一家印刷厂。[8]国际书籍贸易市场的平稳发展，让那些没有机会像科隆一样四处旅行的买家，也可以在本地的书店里买到来自世界其他商业中心的书籍。

科隆对书籍系统性的记录，让我们有机会了解到他在威尼斯的一次疯狂采购，虽然那批书最终没能运送到塞维利亚的图书馆中。装载着这批书的船只，葬身于臭名昭著的地中海，变幻莫测的风向和潮汐，让整艘船挟裹着全部货物消失了。这批藏书本该成为科隆图书馆的重要财富，其规模已经比同时代大多数图书馆藏书的规模都要大。与购自威尼斯的这批藏书一起沉没的，还有查理五世赠送给科隆买书的2000枚王冠硬币。印刷书籍虽然价值不菲，但也很容易找到替代品。科隆的藏品区别于同时代其他伟大图书馆之处在于，他的藏书里不仅有悠久的学术著作，还有短暂的时代作品，比如小册子、歌集、粗糙的灵修文献及其他实用性的书籍。

科隆对自己自学得来、获之不易的藏书品味颇为自豪，因此，他本没有理由如此孜孜不倦地收藏那些廉价的印刷书籍。没有任何一位伟大的收藏家曾像他这样收藏书籍，所以也不存在科隆受到鼓舞想要效仿甚至超越他。或许，我们可以从他父亲职业生涯中的一个关键时刻，找到这个谜团的线索。当哥伦布的第一次航行艰难返回后，船只几乎破损到无法继续使用，大部分的船员也都不在了，哥伦布没有任何证据可以证明，这次航行是一次史诗般的壮举。他没能带回来黄金，或者任何来自“印度”的珍宝。这次航行的主要目的——探索从西方通往亚洲的航道——显然宣告失败了。哥伦布意识到自己的处境危急，他的皇室赞助人喜怒多变，有可能不愿承担此次航行的巨额开销，尤其是当他在里斯本登陆后，曾面临过葡萄牙国王的监禁。于是，哥伦布迅速撰写了一封公开信，将这次苦难重重的航行描述为西班牙海上征服的重大成就，新的土地为西班牙所占领，还为了纪念国王费迪南德、王后伊莎贝拉、基督和圣母玛利亚，以他们的名字重新进行了命名。据哥伦布所言（而非出自实证），这些土地上有着不可思议的珍宝和奇迹，孕育着无限的可能。

这封信很快被印刷成大量小册子，拯救了哥伦布家族的命运。在哥伦布撰写这封信时，他并不知道，舰队中还有一艘名为“平塔号”的船只也幸存了下来，并成功在西班牙登陆。“平塔号”的船长马丁·阿隆索·平松拜见了国王和王后，宣告自己获得的成功。不过，费迪南德和伊莎贝拉还是选择相信哥伦布。印有宣称“西班牙占领了在印度洋发现的新岛屿”的小册子，在欧洲印刷业发达的城市中迅速传播，哥伦布确保了自己新世界海军上将的地位，也保住了家族的未来。[9]因此，科隆对小册子威力的体会，促使他将其作为藏品收集的谜团，便不难解开了。

伊拉斯谟

当科隆与伊拉斯谟在1520年相遇时，这位伟大的人文主义者的声望正处在鼎盛时期，他既是一名学者，也是一位作家和思想家。伊拉斯谟颇具争议的希腊文译本《圣经·新约全书》和他编写的哲罗姆文集都获得了巨大的成功，巩固了他作为文艺复兴时期最负盛名的学者的声誉。伊拉斯谟还是一位多面手，虽然他的《基督教骑士手册》展现出他是一个非常虔信的宗教作家，但他最受欢迎的是通过自嘲表达人文主义思想的讽刺作品《愚人颂》和他在职业生涯中反复修订的警句格言合集《箴言录》。截至1520年，伊拉斯谟的著作已经有600多个版本，在欧洲北部几乎每座主要的印刷城市流传着；在某种程度上，伊拉斯谟可谓是那个时代的畅销书作家。

伊拉斯谟向我们证明了，一位有才华的作家，在书籍印刷的新时代里是可以赚到钱的，而且他本可以赚到更多。他同时受到了神圣罗马皇帝查理四世和法兰西国王弗朗索瓦一世的喜爱，这两位君主使出浑身解数，想让他像其他珍品一般，成为各自宫廷里的装点。人们不禁会觉得，像伊拉斯谟这样的人一定会建造起一座令人惊叹的图书馆；但实际上，情况恰恰相反。当伊拉斯谟在1536年去世时，他留下的藏书只有大约500本，三个货物箱便足以装下。[10]虽然这并非空穴来风，但是在发明印刷术的80年后，一个爱书的普通商人或律师都有能力收集到500本藏书，更何况伊拉斯谟呢？他可是欧洲当时最有名气的人，书籍印刷业发展的受益者，一生与书籍为伍，甚至可以说重塑了书籍世界。

为什么伊拉斯谟偏偏放弃了建造图书馆的机会？一种可能是，当他离开了小时候作为孤儿被寄送的修道院时，他成了一个四海为家的漂泊者。他早期著作的成功，为他带来了许多访问邀请，这对一个没有家族财产可依靠的人来说是一种幸运，但对一个认真的收藏家来说是一个诅咒。尽管为了协助鲁汶大学创办三语学院，伊拉斯谟在当地逗留了不短的时间，又在巴塞尔，与他最喜爱的出版商约翰·弗罗本结下了忘年友谊，但伊拉斯谟从未拥有过一处固定住所。他已经习惯了轻装旅行，书变成了一种负担，为他游历各地带来了很大的运输困难。

他的朋友们在一定程度上都愿意为他提供帮助。当伊拉斯谟在旅途中，或辗转于多地时，他的多年好友、安特卫普的行政官彼得·吉利斯，始终很乐意帮他安置书。只有在伊拉斯谟安顿好后，书才能进行寄送，通常由最后一个保管书的人来安排，或者由伊拉斯谟自己联系当地的书商派遣马车运送。不过，这种方式并不总是稳妥的。伊拉斯谟在摩特雷克与托马斯·莫尔住在一起时，曾向他抱怨过自己的书迟迟没有送达；而且很多时候，书好不容易送到了，他却已经再次启程了。

直到1521年，伊拉斯谟差不多打定主意定居巴塞尔，住在弗罗本为他提供的舒适住所里时，他才开始认真考虑建一座图书馆。然而，即便他有了舒适的住处，资金也很充足，他仍旧出奇地很少购买书。作为礼物赠送给他的书，要远远多于他自己购买的；在他的信件中，关于书籍采购的清单几乎都是一些在欧洲北部很难买到的希腊文书。对于书，他唯一在意的是内容，如果他能轻易地从弗罗本或者其他朋友那里借到一本手抄版，他就不需要专门去买一本。他对书的所有权毫不在意。通过弗罗本及其在巴塞尔（学术出版的核心城市之一）的熟人，伊拉斯谟可以得到大部分他需要的书。还有一些书是他的朋友或者年轻学者送给他的礼物，希望能给他留下好印象。

学者们也并不总是热情好客的，尤其是当他们的写作马上要到最终交付期限时。伊拉斯谟深谙国际书籍贸易的节奏，专耕于法兰克福书展。一年两度的法兰克福书展，自16世纪便成为最重大的出版盛会，来自欧洲各地的出版商会在书展上展示和推销自己的新书（至今仍是如此）。在弗罗林驱车前往法兰克福前的几周里，伊拉斯谟通常都在全力以赴地完成一本新书，因此，那时候的他，更希望收到书后，作者不会在他家里逗留太久。不过，有一位年轻的波兰学者扬·扎斯基，博得了伊拉斯谟的欢心。作为一个显赫贵族的后人，这位年轻的人文主义者，向伊拉斯谟提出了一个很划算的交易。他愿意先买下伊拉斯谟的图书馆，但这位伟大的学者可以终身使用这座图书馆。伊拉斯谟很快接受了这个交易，提前到手的钱对他有很大的用处，而扎斯基也很乐意延迟享受拥有这座图书馆的乐趣，并且很荣幸能够为伊拉斯谟效劳。

显然，这样的交易很可能会出现问题。书籍源源不断地运入图书馆，伊拉斯谟开始觉得他的图书馆卖得太便宜了。也许是出于这样的心理，他毫不犹豫地把图书馆中的藏书继续作为礼物赠送，即便从理论上讲，这些藏书已经不属于他了。伊拉斯谟从未对他的书进行整理，因为数量实在太少，他完全可以分得清。不过，在他去世后，有人制作了一份书籍列表，和这批藏书一起踏上了去往波兰扎斯基府邸的漫长旅途。从这张列表上我们了解到，被运送的这500本书中，有100本是他自己的著作（奇怪的是，一本伊拉斯谟出版作品的手抄书都没有）；剩下的400本，有四分之一来自弗罗本的印刷店，大概率是伊拉斯谟免费获得的；其余的四分之三，主要是标准的学术工作基本用书，以及几本大概是出于某些原因，已经被伊拉斯谟遗忘了的，用来搪塞年轻仰慕者的闲书。

后话

到1536年，已经有1.5万本书优雅地摆放在科隆新图书馆的书架上，对这个时代的藏书家而言，书架的使用是一次不错的现代尝试。直立摆放书籍在今天是很自然且合乎逻辑的，很难理解为什么过了那么久，这种方式才成为标准惯例。文艺复兴时期的图书馆更喜欢使用倾斜式的书架，这样每本书都能够单独展示，另外，还有许多藏书家仍在坚持使用传统的书箱存放书。鲜有人拥有足够的墙壁空间来安置书架，即便是那些收藏了数百本书的人，他们只能凭借记忆，在书箱里翻找需要的文献。书箱的方便之处在于，可以在不同房间或者不同房屋之间搬运。科隆作出的决定部分取决于他的图书馆的规模。如此大规模的藏书，为了防止丢失，使用书架以及排架分类是非常有必要的。对这位自诩为亚历山大继承人的收藏家来说，这种方式也更像是对古人归档管理方式的一种追随，只不过先前堆积如山的卷轴，现在变成了直立摆放的书籍。

科隆制订了宏伟的计划，建造了宏伟的图书馆，坐落在河岸附近。但是，塞维利亚是美洲贸易的一个主要港口城市，如果科隆想要打造全世界学者云集的学术图书馆，不管怎么说，这里都不是一个理想之地。这座城市仅仅是通往印度洋或美洲之路的一个中转站，经过这里的人大多不会再折返回来，其中更是鲜有对科隆藏书感兴趣的学者。塞维利亚在去往巴黎或者威尼斯的旅行学者眼中，并不是他们行程计划里的一部分，在这条线路上，他们更多会选择去拜访巴塞尔的伊拉斯谟，或者去参观斯彭海姆修道院的图书馆。

医疗水平的落后，致使16世纪的人们很容易面临死亡。意识到自己的生命短暂，为了使他的伟大设想永垂不朽，科隆开始了一系列狂热的计划。他的雄心壮志虽然有些不切实际，但也确实证明了科隆对那个时代书籍世界的理解十分深入。每年，来自罗马、威尼斯、巴黎、纽伦堡和安特卫普这5座城市的书商，都要向里昂运送价值12杜卡托的新出版书籍；里昂也会有一名书商，除了购买同等价钱的新书，还负责将这些书籍全部运送到西班牙的大型贸易城市梅迪纳德尔坎波，最后再从那里，转运到塞维利亚。每隔6年，科隆图书馆的一名工作人员，就会前往一系列小型城市进行书籍采购，包罗万象，满载而归。特别值得一提的是，这些书商需要遵循科隆的购买需求，优先选择小册子书籍。只有将能买到的小册子全部买到了，剩余的资金才用来购买其他更有学术价值的书籍。这样，科隆可以确保买到他最想要收藏的书籍，此外，他的图书馆还必须囊括“基督教世界内外的每种语言和全部主题的所有书籍”。[11] 这是非常激进的举动，在18世纪以前，个人和机构图书馆都会优先选择收藏拉丁文和其他学术语言的书籍。当地语言有时甚至被禁止出版，因此，使用当地语言写作的书籍，大多逃不了阅后即弃的命运，而非用于收藏。在这个方面尤其可以看出，科隆是一个有着超前观念的人。

科隆去世时没有直接继承人，他的一个侄子继承了这座图书馆，但对肩负起这个重担没有丝毫兴趣。书籍被送进了圣佩德罗修道院，之后经历了一场长期的法律纠纷，最终被送去了塞维利亚大教堂。然而，这里也远非一处安栖之地。大教堂有许多其他的用途，所以存放这批书籍唯一合理的场所，便是阁楼或者地下室。科隆的藏书在这个新家里仍然可以发挥余热，但这都是后话了。西班牙国王挑走了一些手稿和对开本书卷；如今，科隆的藏书只剩下4000本，在塞维利亚有着宽敞的摆放空间并向公众开放。具有讽刺意味的是，这4000本书中，法文小册子占了很大比例，是科隆在1535年至1536年的最后一次疯狂采购时买下的。由于这些小册子太过廉价，不值得小偷去盗窃，而且太过正统，因此奇迹般地存活了几个世纪，直到重新被发现并登记入册。这些小册子往往都是这类小型天主教虔信作品唯一幸存下来的版本，[12] 从这个角度来看，至少可以称其为珍贵的遗产。

尽管伊拉斯谟的志向远没有科隆那般远大，但他对自己的藏书采取的同样谨慎的处理方式，也很快遇到了麻烦。在与伊拉斯谟达成交易7年后，扬·扎斯基的处境发生了翻天覆地的变化。这位年轻的人文主义者开始转信新教，与他富有但传统的天主教家族关系破裂。扎斯基没有用于买书的资金了，作为一名人文主义学者，这比名声败坏更令他感到忧虑。1539年，他开始四处游历。扎斯基首先去了德国，在那里，他被任命为埃姆登和东弗里斯兰当地教会的负责人，之后又去了伦敦，成了新成立的荷兰和法国新教难民教会的第一任负责人。[13] 1553年玛丽·都铎继任后，他和新教信众遭到驱逐，在德国和波罗的海漂泊了3年，最终回到了家乡波兰，于1560年去世。

扎斯基绝非管理这批珍贵藏书的最佳人选，他甚至没有做出任何努力来保管好伊拉斯谟的藏书。当藏书的一部分被运送至德国时，扎斯基将其全部出售，用以筹集资金。但这也不是一件容易的事。伊拉斯谟的大部分藏书都是神学著作，这类书很常见，很多人已经拥有了；因为仰慕伊拉斯谟而购买他的藏书的人并不多。伊拉斯谟的声誉在16世纪中叶开始衰退，他的宗教合一观念与那个时代两极分化的宗教政治出现了分歧。一些购买了他的藏书的人，很可能会仔细抹掉关于他的任何印记，这在今天是我们几乎无法想象的。这就导致了，当初书籍列表上的500本运往波兰的书，如今只有25本可以完全确认曾经是伊拉斯谟的藏书。[14]

那么，特里特米乌斯的挚爱之作，斯彭海姆修道院图书馆怎么样了呢？可悲的是，这座图书馆的情况也没有比伊拉斯谟和科隆的图书馆更好。特里特米乌斯几乎刚刚离开，这座修道院的大门便紧紧地关上了，藏书工作也立刻停止了。大部分书籍或被卖掉，或遭到损耗，很快都不见了。这座修道院在1564年关闭时，只遗留下极少的书籍。不过，至少有一部分藏书的新主人是珍惜它们的；在今天，我们至少可以在16个大型图书馆中找到斯彭海姆的手稿。[15]

事实证明，这就是图书馆历史的常态。一个人激情的宏伟设想，对另一个无意担此重任的继承者来说，只是一种负担。不过，在印刷时代，失败从来都不是永久的。被遗弃、流散、烧毁或掠夺的图书馆，都可以以惊人的速度重生。这就是印刷术创造的奇迹。对任何有精力和决心建造一座拥有海量藏书的图书馆的人来说，有时候不需要花费太多金钱就可以实现。这个时期主要以个人图书馆为主，而非机构性图书馆。而在接下来的200年中，图书馆的命运将会掌握在几代学者、公职人员、律师、医生和商人手中，他们出于职业原因开始收集书籍，并逐渐演变为一种兴趣。这是职业人士的藏书时代，也正是他们，重新塑造了图书馆的未来。

第三部分

新一代藏书家

第6章　职业人士

1550年，也就是印刷术发明的100年后，书籍在欧洲随处可见。在这100年里诞生的书籍，比之前整个人类历史上的都要多。然而，颇具讽刺意味的是，在历史的这个时间节点上，机构图书馆成为社会建构的前景看起来是那么惨淡无望。欧洲的统治者面临着更棘手的宗教问题亟待解决，根本无暇顾及图书馆管理；手稿时代的大部分藏书都遭到了流散或破坏。费尔南多·科隆在印刷新时代首次尝试的世界性图书馆业已大门紧闭，空无一人。在欧洲北部的许多地区，第一个千禧年暗无天日的时间里，庇护着藏书的修道院被洗劫一空，无人问津，残书破页零落一地。即便在修道院仍受尊重的天主教地区，传统教会机构也在不断迎接着诸如耶稣会带来的新挑战。人文主义和宗教改革运动为传统大学课程带来的危机，雪上加霜地让图书馆残存的书籍变得越发多余。

机构图书馆若想在这个新世界找到适合自己的角色，尚需一段时日；在欧洲的一些地区，比如法国，大学图书馆直到19世纪才拥有了一定规模的藏书。但是一如既往，图书馆在一处碰壁，却在另一处觅得良机——欧洲新兴的职业阶层正热切地向这个收藏书籍的新时代敞开怀抱。正是他们，追求个人藏书的律师、公职人员、医生、教授和教会牧师，给予了欧洲蓬勃发展的书籍市场最热烈的欢迎。

对这些人来说，拥有书籍的乐趣是一种全新的体验。一个世纪以前，医生和律师还没有社交关系和资源去收藏手稿；他们也许有一本处方，或者一本《查士丁尼法典》，但都谈不上建立一个图书馆。现在，他们走进了奇迹般的印刷新时代。图书馆建造的核心地区发生了转变，由于这个藏书的新阶层绝大多数都是城市居民，于是城市成为主要根据地。有时候，图书馆也会在追求其他知识时得到意外的收获，比如一些人痴迷于收集家族档案、信函和财务文件，一些人则渴望深入了解古典学术或自然世界——这些都体现在了对珍稀藏书的狂热追求，[1]而这种追求需要更多的空间，以及更多的金钱。

数以千计的新的个人图书馆纷至沓来，也带来了新的挑战。新一代藏书家在拥挤的城镇里工作着，他们可没有尘土飞扬的城堡，或者专门的缮写室来存放书籍。若想在家里摆放和展示书籍，他们急需一处新的空间。1550年至1750年，这些职业人士的家中拥有一间图书馆已经十分普遍。于是，那里便成为书籍新的栖身地，并彻底改变了书籍世界。

市场新力量

大多数在手稿时代建立图书馆的人，都会在很大程度上依赖意大利（主要是罗马和佛罗伦萨）或欧洲北部（主要是巴黎和布鲁日）的准工业制作中心。理论上来说，任何地方都可以制作手稿，但运作大批量的书籍制作，不仅需要资金，还需要取得一系列的资质文件。15世纪进入英国市场的诸多精美手稿，大部分是跟随意大利的藏书家游客而来的，其余的则出自荷兰的作坊。[2]

1550年，印刷世界已经打通了一个全新的网络，欧洲主要印刷中心制作的书籍可以轻松流入国际市场。对像英格兰这种在某种意义上处于欧洲书籍世界边缘的地区来说，其影响是惊人的。这些地区的印刷业规模相对较小，仅面向国内市场，而且制作的书籍主要是各种皇家年历、皇家法令和地方方言写作的宗教作品。伦敦的出版商无法与巴黎、里昂、科隆或巴塞尔的出版商竞争任何重要的法学或者拉丁文学术文献。但如果这些书籍可以进口（英国的藏书家对书籍的来历毫不在意），伦敦、牛津和剑桥的书商十分乐于满足本地买家的需求，并从中获利。

从现存的文献来看，很明显，英国的收藏家不再需要冒险横渡英吉利海峡，就能收集到大量的藏书。我们可以从16

世纪留存下来的数百份遗产清单中清楚地看到这一点。一位名为大卫·托利的医生，1558年去世时，他的个人图书馆里有68本藏书。这些藏书全部是拉丁文文献，是在欧洲大陆印刷的。30年后，托马斯·洛金，一名执业医师、剑桥大学医学皇家教授，去世时收藏了589本书，其中既有最前沿的帕拉塞尔苏斯的医疗化学著作，也有各类经典著作。这种图书馆在藏书方面有一个显著的特征：剑桥居民的遗产藏书中至少涉及350名不同的医学作者。这个时代的人们始终为自己的健康感到忧虑；无论从事什么职业，大部分的藏书家一般都会收集几本医学书。[3]

16世纪的藏书人群中，生活在牛津和剑桥的人或许占据很大的比例，但是很显然，英国书籍收藏更普遍的特征是整体的稳步增长。一位名为莫特的男子，1592年去世时，收藏了500本非常精美的书，而与莫特差不多同一时代的伦敦的杂货店老板爱德华·巴洛，也收藏了近200本书，其中大部分是医学文献，用来支持他的另一家药店的工作。[4]在爱德华六世短暂的统治期间，有一个热爱阅读的人，名叫托马斯·巴克，他在1549年春季学期入学剑桥，但不到两个月就意外去世了。生前他已经收藏了75本书，其中包括希腊字典、希波克拉底的著作以及伊拉斯谟的《愚人颂》——其他30名剑桥居民的遗产藏书里也有《愚人颂》。[5]托马斯其他的遗产只有一些衣物和一个带锁的箱子，那个箱子据推测应该是用来存放书籍的。

这些藏书家大多是学者，或者受过大学教育的职业人士。但商人们也同样意图走进知识的世界，特别是当他们想提出一些自己的观点，并准备将其印刷出版的时候。商人作家杰拉德·马林斯为了影响政府在国际贸易上的政策，在他的书中引用了大量中世纪法学家和古典作家的参考文献，他的这个事例也鼓舞了很多人。杰拉德熟读亚里士多德，并对一些地理学家（比如托勒密和斯特拉波）和罗马历史学家的著作有着广泛的了解。他还读过托马斯·莫尔的《乌托邦》，乔叟的文学作品，德雷克和卡文迪什的航海记录，以及哥白尼的学说——不过，像大多数那个时代的人所认为的一样，他把哥白尼的理论戏称为“想象中的数学”。[6]

这是一个藏书的新时代，与15世纪手稿时代相比，这个时代的图书馆是卓越非凡的。但是再向前推进100年，在英吉利海峡的对岸，我们也许会看到一幅全然不同的画面。17世纪中叶，荷兰共和国哈布斯堡王朝的废墟上掀起了一股新力量。这里是欧洲城市化水平最高的国家，有着文化程度最高的人群和最有活力的经济。因此，这里也成了国际书籍市场的中心，这令法国、意大利和德国的这些老牌巨头大失所望。来自欧洲各地的书籍涌入阿姆斯特丹，填补了饥饿的国内市

图6　荷兰神学家雅各布斯·陶里努斯（1576—1618）骄傲地站在他的图书馆前。在17世纪的荷兰共和国，传教士藏有上百本甚至上千本的书并不罕见。这些图书馆往往比当地的机构图书馆还要大，同时起着私人和公共收藏的作用。

场，并从这里继续流入英格兰和苏格兰。欧洲最耀眼的新教大学莱顿大学，也成了学术出版的重要中心。凭借着先进的国内交通系统和新形成的运河网络，这里几乎任何一座城市都能够印刷书籍，并能很快送到客户手中。荷兰人均购买、出版和阅读的书籍数量比欧洲其他地区的都要多，他们理所当然地创造出了一些更为精致的图书馆。[7]

荷兰共和国藏书家的收藏模式与中世纪末期的大相径庭。这里基本没有地方贵族，即便有也不具有影响力。这是一个由商人和船员组成的国家，并且很快催生了一个受过良好教育的成熟的职业阶层，比如律师、医生和行政官员，他们中的大多数人都有藏书的爱好。与英格兰的情况类似，这里的职业阶层最初是把书籍作为职业工具；不过，他们没有放弃在高中和大学时期受过的古典教育。荷兰共和国见证了古典文化新的繁荣，阿姆斯特丹和莱顿的出版商几乎每年都会出版希腊哲学家、罗马历史学家和修辞学家著作的新版本。这个市场开发了各种尺寸的著作版本，比如适合收藏的庄严的对开本，用于学习的牢固的四开本，以及可以放进旅行包或者方便在驳船上阅读的袖珍本——驳船是一种奇怪的民主交通工具，在那里，律师可能会跟农民或者助产士挤坐在一起。[8]

这些新职业精英的藏书数量十分惊人。丹尼尔·海因修斯是荷兰共和国最著名的学者之一，但他那4000本藏书根本算不上稀奇，虽然这些藏书在1656年拍卖了1.5万荷兰盾（相当于一个传教士30年的年薪），创下了17世纪中叶的新纪录。更令人惊讶的是，他的儿子尼古拉斯·海因修斯在父亲去世后的25年里，藏书量居然达到了此前的3倍之多。1682年，尼古拉斯的藏书拍卖了24708荷兰盾。不过，这根本不算奇怪，在那个年代，1.3万本藏书相当于荷兰共和国仅有的5所大学图书馆的藏书总和。

更令人咋舌的是阿姆斯特丹的一个行政长官的儿子，科内利斯·尼古拉。虽然1698年，24岁的尼古拉不幸早逝，但他在那时已经收藏了将近4300本书，价值达1.1万荷兰盾。这些人都是国际性的学术精英，出于职业需要才开始藏书，最终却创造了一个世纪以前完全无法想象的藏书规模。我们今天可以了解到的17世纪荷兰共和国至少340名医生或者律师的藏书情况中[9]，最少的是多德雷赫特的医生艾萨克·范贝伯，只有265本藏书；最多的则是海牙的亚伯拉罕·范德米尔，拥有3572本藏书；而藏书量的平均值大约是1000本。

这些人博学多识。律师和医生的拉丁文或希腊文藏书的占比高达75%，明显高于教会的传教士。1698年，莱顿的酿酒商约翰内斯·德·普朗克去世时，留下了超过1000本藏书，虽然其中大部分是地方方言写作的书籍和小尺寸的书籍，但是不管怎么说，这仍然是一个数目庞大的藏书量。250本书的私人图书馆在100年前还相当罕见，但在这个时代已经十分寻常了；不仅荷兰共和国的情况如此，德国、瑞士、法国和意大利的繁荣城市里的情况亦如此。[10]这种转变很大程度上归功于书籍市场一项具有里程碑意义的创新举措——书籍拍卖会。这项创新对图书馆发展的意义之大，不亚于印刷术的发明。

锤音之下

自15世纪以来，逝者的书籍都是与家具、衣物和其他财产一起在拍卖会上出售的。[11] 荷兰是第一个单独举办书籍拍卖会的国家，而且这项交易完全由书籍市场自行管理。此外，拍卖会起初便配有专门的印刷目录，单独细致地列出待售的每本书。第一张拍卖目录出现在菲利普·范·马尼克斯的书籍拍卖会上。马尼克斯是奥兰治亲王威廉三世的挚友，也是荷兰起义的英雄，死于1598年。此后，拍卖目录普遍应用于书籍拍卖会，甚至在荷兰的一些城市成为法定文件。整个17世纪，荷兰至少举办了4000场书籍拍卖会，其中超过一半的拍卖目录被留存了下来。这些目录是一个巨大的宝库，蕴藏着至少200万本书的收藏与出售信息。不仅如此，书籍拍卖的创新举措还对欧洲书籍市场产生了深远的影响，而且为收藏家带来了极大的便利。最关键的是，人们可以在书店以外的地方买到书了。拍卖目录还经常会在荷兰境外广为传播；有些收藏家会委托朋友或者寄送信函参与竞拍。[12] 拍卖目录的用途十分广泛，即便在拍卖结束之后，藏书家也可以用这些目录来规划未来的收藏，或者标记他们想要或已有的书籍。在专业的收藏家眼里，最值钱的是那些在拍卖会上加价竞标的书籍。值得一提的是，现存的2000份荷兰的拍卖目录，只有不到10%保存在荷兰的图书馆里，大部分则分散在欧洲大陆的各个角落——拍卖目录在当时被寄送给各地的鉴赏家和图书馆馆长，方便他们了解书籍市场的情况。

书商最初对书籍拍卖会并不感兴趣，直到他们意识到这是一个赚大钱的机会。书商开始承接一些个人的遗产藏书业务，给书籍估价，编制目录，再放到自己的店里出售，抽取5%—15%的佣金。据传，他们有时会偷偷掺杂一些滞销的库存书，与那些珍贵的个人藏书混在一起拍卖。后来这种行为遭到普遍谴责，虽然频繁勒令禁止，但很难完全根除。书籍拍卖让藏书家可以更快地建立起他们的图书馆，并且对此感到心安理得。收藏家往往是贪婪的，有时候还不择手段，非常自私。书籍拍卖不仅为藏书家提供了更多的购书机会，而且还让他们感到欣慰——因为在他们死后，继承人可以轻松了解到这些藏书的价值。事实确实如此，书籍似乎很好地保有着自己的价值，拍卖的价格常常与二三十年前购入时的价格几乎一致。[13]有时候，拍卖的价格会比购入时更高，尤其是那些经过精美装订的书籍。一名医生或者传教士在拍卖一本想要的书籍时，知道这可以帮助刚失去亲人的悲伤的妻

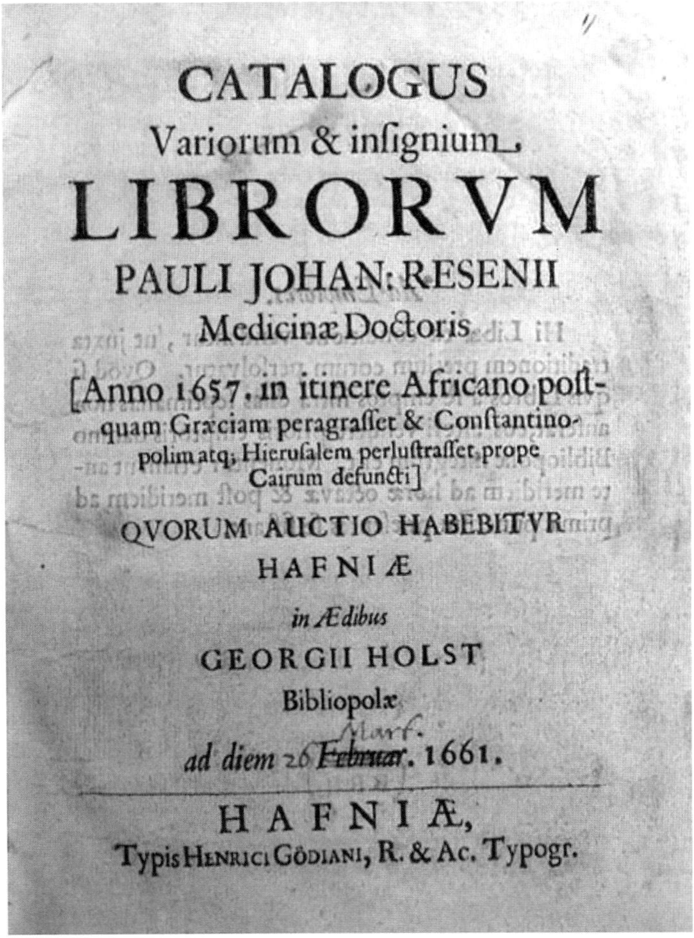

CATALOGUS
Variorum & inſignium
LIBRORVM
PAULI JOHAN: RESENII
Medicinæ Doctoris
[Anno 1657. in itinere Africano poſt-
quam Græciam peragraſſet & Conſtantino-
polim atq; Hieruſalem perluſtraſſet, prope
Cairum defuncti]
QVORUM AUCTIO HABEBITVR
HAFNIÆ
in Ædibus
GEORGII HOLST
Bibliopolæ
ad diem 26 ~~*Februar*~~ Mart. 1661.

HAFNIÆ,
Typis HENRICI GÖDIANI, R. & Ac. Typogr.

图7　丹麦的印刷拍卖目录（1661年）。拍卖目录对拍卖商和书籍购买者来说是一个很有用处的工具。拍卖目录加速了私人图书馆的建立，而且显而易见的是，这些目录往往是在17、18世纪装点了上千个家庭的藏书留存下来的唯一痕迹。

子和孩子们很快收回当初购书时花掉的钱；尤其是，拍卖会严格要求使用现金交易，所以他们可以立马拿到现钱。对这种主要通过信贷和债务运作的行业来说，回收款项不成问题，这却会困扰到许多看似成熟的出版商。[14] 书籍是职业人士生活中不可或缺的一部分，收藏书籍同样可以被视作他们精心规划的养老金使用方式。

这是一个讲求务实的市场。从拍卖售出的价格可以看出，珍贵藏书似乎并没有出现溢价的情况。例外的可能只是一些知名文献学家和学术学者的藏书，比如丹尼尔·海因修斯和尼古拉斯·海因修斯。因为购买者也许能从书中发现有价值的注释。除此之外，不管这些书籍是破旧的还是几近全新的，都没有额外的价值。专业的藏书家希望收藏的文献版本尺寸和质量都能如意；当最早一批的印刷书籍因其在印刷史上的特殊意义而被收藏家追捧之时，古书籍市场尚未诞生。如果你在1700年前后一个沉闷的日子里走进一场拍卖会，仍然可以用一罐啤酒的价钱，买到数本15世纪的普通书籍。[15]

在这个时间节点上，一方面拍卖会挽救了书籍市场；另一方面这个市场面临被大量销路不畅的库存书籍压垮的危险。当然，这也是一扇窗，让我们得以窥见书籍世界里本来大概率会被隐藏的一隅。从这些拍卖目录里，我们可以得到大量的信息，例如在这个早熟的城市化社会中，新兴阶层是如何处理事务和拓宽知识视野，以及怎样度过他们的闲暇时间的。这是一个人们清楚地知道灾难随时可能降临的时代。不管是作为职业工具、宗教慰藉还是医疗补救，他们的藏书都反映出一种现实的态度，乐观与忧虑交织于无法预测的人生。

传教与收获

在新一代的藏书群体中，我们不能忽视一个重要的组成部分：教会传教士和大学教授（由于很多大学仍然是宗教机构，所以两者的身份常有重叠）。他们的藏书往往多达上百本，有时甚至超过1000本；这显然令人产生疑问，一名传教士是如何负担得起这么多藏书的。荷兰共和国的神职人员薪水并不丰厚，1658年，一位不知名的传教士印刷了一本小册子，哀怨地列举了饮食、衣物和其他家庭开支。经过他非常详尽的估算，最后一年只能剩下25荷兰盾用于购买报纸、书写纸张、钢笔、墨水和书籍。这大概只够买20本小册子和1本诗篇，或者3本精美的对开本。[16]

这本小册子引起了神职人员强烈的共鸣，他们几乎立即要求印刷再版；然而实际上，传教士的收入并不仅限于基本工资。教区居民可能会给他们送去食物或者牲畜；市场、菜园和小农场也会给他们赠送肉类、牛奶、黄油和蔬菜。传教士的住宿是免费的，而且很可能是一个很大的城市住宅。最有才干的传教士可以将当地中学或者大学里的学生招为寄宿生，甚至提供私人辅导。这项臭名昭著的特权往往被大学教授所滥用，他们不再去大学里授课，而去做那些更有利可图的辅导，以至于有时会受到警告处分。因此，城市传教士的收入无论如何都不可能只有基本工资，如果再算上到当地大学里做的一些演讲，他们一年可能会赚1000荷兰盾，而这已经是普通神职人员薪水的两倍了。

传教士常常也是作家，还是印刷店的常客。他们会收到作为赠礼的许多书籍，有些是为了感谢他们提供的服务，比如校对一种不常见的语言，或者说服一个朋友把作品交给某个特定的出版商等。写作者也常常会收到自己作品的样书以代替版税，他们便会拿这些样书与朋友的其他书籍进行交换。

如果算上这些额外的收入，拥有1000本甚至更多的藏书就不难理解了。但这仍然是印刷术发明后第一代传教士在藏书上的巨大进步。梅赫伦、布鲁日和邓伯什大教堂的分会法政约翰内斯·德·普拉提亚在1489年去世时，留下了69本藏书，其中包括59本手稿和6本印刷书籍（剩余的4本无法辨认）。德·普拉提亚是一个富有教区的高级职员，15世纪70年代和80年代去世的其他两位法政牧师，个人藏书却分别只有35本和26本。[17]这些传教士大多是大教堂的高级神职人员，许多教区教士可能除了教会里的大量书籍，无法接触到其他书籍。宗教改革运动初期是书籍印刷的一个狂热时期，但苏黎世新教教会的领军人乌尔里希·茨温利的藏书还不足250本，虽然他在卡佩尔战场上因一次误判而过早战死，以至于他的藏书进程随之停止。他的藏书里有相当一部分马丁·路德的作品，是茨温利为了对其进行驳斥收集而来的。[18]即便是康拉德·格斯纳，第一本书籍印刷史研究著作《世界书目》的作者，也只有大约400本藏书。往来密切的苏黎世新教学者间经常会相互借阅书籍，格斯纳的《世界书目》里注释的100本关键参考书籍，便标注了借给他这些书籍的人的姓名。[19]

但是在100年后的荷兰共和国，情况已迥然不同。莱顿大学的神学教授、著名的善辩者亚伯拉罕·海达努斯去世时留下了3700本藏书，拍卖了1万荷兰盾，是传教士基本工资的20倍。安德烈·里维特虽然过着丰富的游历生活，但仍然收集了4700本藏书，这些书籍在他1657年去世后拍卖了9100荷兰盾。这些人全部是重要的公众人物，里维特甚至曾担任过奥兰治亲王弗雷德里克·亨德里克的宫廷传教士，薪水相当可观。因此，1000本或者更多的藏书量在这里是稀松平常的。最近一项关于17世纪荷兰共和国传教士藏书规模的学术研究显示，拍卖样本中的约450名传教士的藏书量平均值为1144本。[20]显然，这些人的藏书都很珍贵，值得印制专门的目录单独拍卖，但这个样本数差不多只有17世纪荷兰归正教会传教士总数的一成。大部分传教士的藏书量要少得多，不过基本上人人都会有一个用于工作的私人图书馆。

荷兰南部的一个小市镇奥德瓦特有一位名叫约翰尼斯·利迪乌斯的传教士，他被自己的婚姻拖累，有三个孩子需要抚养。在他的信件中，他伤心地抱怨过自己买不起更多的书籍。尽管如此，他在去世时仍然收集了1747本藏书。他的不满只能用一种实际情况来解释：他兄弟巴尔萨泽和他侄子的宏伟图书馆都拥有超过5000本藏书。[21] 尽管利迪乌斯自称拮据，但他作为一名传教士，能收集到这个数目的藏书，说明他显然拥有书籍收藏的关系网，可以交换到新出版的书籍，传播新印刷的小册子，以及参与拍卖竞拍。身处书籍市场顶级阶层的里维特，可以说服莱顿和阿姆斯特丹的爱思唯尔公司（欧洲当时最顶尖的出版公司）代表他参加拍卖会，而他在其他国家的朋友也愿意提供类似的服务。书籍世界里像这样的深度联结就可以很好地解释，为什么传教士的收入情况虽然一般，平均藏书规模却比其他职业人士要稍胜一筹。

自留地

克拉斯·科内利斯是16世纪50年代莱顿仅有的5名药剂

师之一，生活一直十分富裕。1586年他去世后，第二年他的妻子也去世了。在对他们的遗产进行清点时，发现阁楼的一个东方风格的箱子里，有65本“大大小小、好与不好”的书。此外，他的药店里有8本医药书籍、一本没有封皮的铁链书和一本希腊语法书；客厅里还有几本草药书和一本西塞罗的《论义务》。[22] 虽然把书籍存放在阁楼并不常见，但使用书箱这种中世纪的惯例做法，居然出人意料地能够延续如此之久。对于那些不是每天都需要查阅书籍的家庭来说，坚固的木箱可以最大限度地保护那些贵重的财产；箱子里除了书，还常常放有一些重要的文件和账簿。使用书箱收藏200本书很容易，如果有多余的箱子，甚至可以做一些基本的归纳分类。像克拉斯·科内利斯这样，把书分散放置在多个房间是很常见的。最常用的书一般会放在方便取阅的桌面上，而不会固定放在某个地方。

如果藏书的数量从最初的几百本增加到上千本，书箱显然就不再是一种合适的储存方式了，尤其是对于常用的书。上千本藏书也是一个人财力雄厚和学识渊博的有力证明，前提是，这么多书要能让人们看得见。最先面临这个难题的是16世纪那一代的学者和知识分子，他们自发成了收藏家——不仅收藏书籍，还收藏硬币、奖章、雕像、贝壳、植物标本、动物标本、宝石和矿物等。书籍虽然很少是收藏家的重点，但在打造一个独特的珍奇柜时，书籍又是必不可少的查阅工具。博洛尼亚大学自然哲学和自然史的教授乌利塞·阿尔德罗万迪是那个时代最著名的收藏家之一，他的情况就是这样的。阿尔德罗万迪在家中打造的自然历史博物馆，成了意大利游客的热门之选。为了支撑这项工作，阿尔德罗万迪收集了大量藏书，这也让他拥有了那个时代最宏伟的图书馆之一。他去世时收藏了3598本书，包括992册对开本。他的图书馆有两个房间，只能从博物馆进入（因为博物馆使用了整座房屋的主接待室）；由于他的家已经变成了公共展览场所，所以那两间图书馆，便成了阿尔德罗万迪的避风港。[23]

令人遗憾的是，荷兰共和国务实的职业人士，愿意留给书籍的空间实在少得可怜。建筑图纸上几乎见不到图书馆的踪影。我们很难知道在阿姆斯特丹的新运河区，绅士们居住的那些豪华的房屋里，有多大的空间是用来放置书籍的。由此，书籍也不是优雅的荷兰室内画作中重点描绘的对象；有些画师会在学者的书桌，或者学生居住的楼顶小屋里画上几本书，但从画作中我们仍然无法得知，上千本的藏书是如何存放的。医生和律师并不需要一间摆满书籍的书房给他们的客户留下好印象，因为他们通常是到客户家里去工作的；他们更有可能在某个公共房间，或者女主人的梳妆室里，安置一张写字台或者书桌。

至于传教士，我们可以合理地推测，他们已经用书架替代了书箱，作为存放书籍的首选。在一个归正教会领军人物的全套肖像雕刻中，人物的背后雕刻着一个有序摆满书籍的书架。当然，那不是一张照片，可能更多是一种对拥有学识的象征性表达，而且在雕刻设计上，有些地方的相似性令人对其真实性产生疑惑。这类作品有一个显著的共同点，书架前都会遮着一块半掩的帷幕。这块帷幕似乎是书箱过渡到书架的一个标志。缺失了书箱的安全性，帷幕可以提供一些保护，让书籍免受灰尘和手指的污染。这种帷幕也经常用于保护珍奇柜。

比起传教士自己的住宅，教区里常常有更多的空间可以用于存放书籍。这也给他们创造了把书籍存放在教会的机会。三十年战争期间，一名路德派日记作者写下了他的痛苦遭遇：一支路过的瑞典军队掠夺了他所在的小镇。居民们跑进树林里避难，当他们回到镇子里时，一名当地的牧师发现，他存放在教会祭衣间里的32本珍贵藏书全部被瑞典随军牧师偷走了。[24] 学校里的老师通常也会收集少量的文献书籍，卖给住在校舍里的学生，或者自己工作时使用。荷兰拉丁学校的校长便收集了大量的藏书。以保罗·琼为例，他是莱顿拉丁学校的校长，也是一个知名学者家族的后代，拥有1900本藏书；在他去世后，这些书拍卖了4500荷兰盾。

总的来说，这些零散的证据表明，需要大量书籍的学者和职业者，仍然要考虑各种临时的、兼具实用性与安全性的方法来存放书籍。其中最有创意的莫过于英国哲学家托马斯·霍布斯和约翰·洛克的做法，他们都把自己的书籍存放在了别人的家里。[25]霍布斯一生的大部分时间都在为卡文迪许家族的纽卡斯尔伯爵效力，先后担任过他的家庭教师、家庭顾问、图书管理员和家仆，方方面面皆有所涉及。霍布斯在德比郡哈德威克庄园的住宅里建造了一个藏有2000本书的庞大的图书馆，为他的贵族主人带来了学识上的名望。洛克也同样是在贵族家中度过了他的职业生涯，他先是担任了辉格党领袖沙夫茨伯里伯爵的私人医生，后来又成了他的护教士。随着沙夫茨伯里失势，洛克也在荷兰流亡了5年。在1688年回国后，他作为寄宿房客住进了埃塞克斯的朋友马舍姆的家中。也许是因为不愿意接受洛克永久居住在自己家中的可能性，马舍姆夫妇没有为他提供书架。于是，那些藏书便一直存放在工作间和阁楼的书箱里，陪洛克度过了余生。[26]

遗产书籍

吉安·文森佐·皮内利是16世纪最伟大的收藏家之一。但是在今天，他的图书馆被人们记住不是因为里面珍贵的藏书，而是因为他去世后藏书混乱的流转往事；这其实是非常不公正的。皮内利是一名博学多识的植物学家和数学家，有着敏锐的艺术眼光，一生收藏了6000多本书和许多珍贵的手稿。[27]皮内利的名气遍及欧洲，这也说明了他拥有庞大的人际网络，即便在家中也可以收集到各类藏书。因此，他的传记（可能是印刷时代第一本伟大藏书家的传记）出版于德国的城市奥格斯堡，而不是他生活和去世的地方（意大利帕多瓦），也就不足为奇了。[28]

皮内利的设想是，在他死后，用他的藏书打造一座新的图书馆，建造在那不勒斯朱利亚诺家族的府邸附近，这样，这个图书馆既可以作为他学识的永恒证明，也可以为欧洲这处藏书资源不太丰富的地区提供知识的源泉。然而，他的设想全部落空了。[29]像费尔南多·科隆一样，皮内利的继承人是他的一个侄子，而这个侄子没能继承他叔叔的远大志向。皮内利的藏书在运往那不勒斯之前，甚至连打包都还没有完成，威尼斯当局就介入了，他们拿走了一些手稿，声称里面包含国家机密。剩余的书被允许运走，使用了130个书箱，装载了三艘船只，结果，其中一艘船只又遭到土耳其海盗的打劫。当海盗发现箱子里的战利品不过是一些印刷废纸时，便把一些书箱直接丢进了海里。等到书终于送达朱利亚诺的府中，继承人却没过多久就去世了。书籍从大众的视野中消失，但没有逃过红衣主教费德里科·博罗梅奥的情报网，他正在为在米兰新打造的公共图书馆寻找杰出的手稿著作。博罗梅奥派去了一名代理商，但发现藏书受到了海水严重的损坏。交易的过程几乎是一场闹剧：朱利亚诺家族喜欢闹上法庭的亲戚们，先是要求有一名法官作监督，但交易始终无法达成，之后又经过了进一步的谈判，博罗梅奥拉拢了一名精明的当地书商，使了点手段，这才终于做成了这笔划算的买卖。最终，还能用的书籍继续存放在书箱里，搬入了博罗梅奥在米兰建造的盎博罗削图书馆。

皮内利在1601年去世时，他的图书馆是欧洲最大的个人图书馆。一个如此杰出的人物，无法确保象征着他一生成就的图书馆在他死后的命运，这似乎预示着，其他那些渴望自己的图书馆能成为人生纪念碑的收藏家，都很难如愿以偿。一般来说，死后如何处理藏书，收藏家有四种方案可选。第一种是最昂贵的，把自己的藏书转为公共收藏，但这需要有足够的资金来负担房屋建造和维护费用。很少有人会选择这种方案，并且，正如我们在皮内利和费尔南多·科隆身上所看到的，这种方案也常有灾难性的结局；不过，还是有一些收藏家跃跃欲试。[30]

更经济的方案是，把他们的藏书捐给一座已经建成的图书馆。这种方案有些时候是可行的，不过自负的藏书家们往往会开出一些难以满足的条件，比如藏书不能分散放置，或者必须用一个新房间来展示它们。博洛尼亚的乌利斯·阿尔德罗万迪就是这样做的。他把藏书留给了博洛尼亚政府，然而，过了12年之久，这些书籍才被搬去了锡耶纳市政厅的新住处。[31] 而威廉·哈维则将他的藏书的命运，直接交给伦敦皇家内科医师学会，还一并赠予了他在布尔马什的世袭遗产，用于建造新的图书馆和藏品的维护。不幸的是，这座新图书馆在1666年伦敦的一场大火中被完全烧毁，哈维的藏书自然也未能幸免，全都烧为灰烬。[32]

第三种，也是最容易的办法，把藏书留给家人或者朋友。虽然盼望着他们能珍惜自己的藏书，但大多数情况下都无法遂愿。约翰·洛克将他一半的藏书赠予了马舍姆夫妇，感谢他们的慷慨收容。可惜，马舍姆家族并不热爱书籍，那些珍贵的藏书随着几代人的流转，逐渐消失殆尽。其中最荒唐的莫过于《批判性评论》中所报道的：

> 大约在1762年，马舍姆勋爵刚娶了他的第二任妻子，便决定把约翰·洛克遗赠给他们的一部分古老无用的书籍和卡德沃斯神学博士的手稿统统扔掉，腾出空间来摆放一些体面的休闲书籍。[33]

《批判性评论》谴责了马舍姆勋爵，并称其为“正义、可敬的哥特人”，尽管他的家族为这些藏书提供了近一个世纪的容身之处，人们还是无法理解，为什么体面的休闲书籍会对他们更有吸引力。洛克将另一半藏书赠送给了他的朋友彼得·金。随着家族逐渐变得显赫，彼得·金频繁搬家，最终搬到了苏格兰高地阿赫纳欣的托里登庄园，但那是一个没有什么学者到访的地方。后来，保罗·盖蒂买下了那些可以确认曾属于洛克的藏书，在他去世后，这些藏书又被捐赠给了牛津的博德利图书馆。

最后一个选择，是在活着的时候尽量把书籍兑换成金钱，或者把这项工作留给自己死后悲伤的妻子和孩子。这种做法在荷兰共和国很普遍，因为那里的公开拍卖会可以确保交易的公正性，但在拍卖业并不太成熟的地方，这就不是一个很好的选择了。有些书商在承接这类交易时，开出的价钱完全体现不出藏书的真正价值。了解到这么多各种各样的不幸后，我们不得不称赞，伊拉斯谟当初的选择是多么聪明，既体现了藏书的价值，又使这些书籍得到充分利用；不过，他的图书馆也同样难逃在新主人手中消亡的命运。

这其中最根本的问题，在藏书的历史中始终没有得到彻底解决：从亚历山大时期到今天，没有一位继承人，会像当初收集书籍的人那样在意那些藏书。只有图书馆的创建者，才会记录下某本书是在哪里被幸运地发现的；某本书是由哪位善良的捐赠者赠送的；或者某本书是如何改变了他们的生活或者思想的。也只有他们，才能体会到寻得一本渴望已久的书时的兴奋，或者与朋友一同收集书籍的快乐。

抛开这些个人体验，书籍本身只能留下物质价值，而非情感价值。有时候，继承人已经拥有了其中一部分书籍；有时候，他们想建造一个不同收藏方向的图书馆。机构图书馆则面临着空间不足的问题，图书馆馆长往往更愿意获取知识，但接收和检查赠书的工作，已经远远超过了阅读新书带来的裨益。不过，哥本哈根的图书馆馆长托马斯·巴托林，却在捐赠书籍中发现了潜在的机会。1675年，他负责监督一场拍卖会，会上拍卖了3000多本印刷书籍，全部是由公民归属感强烈的哥本哈根居民捐赠给大学图书馆的，而拍卖获得的大量资金，又可以用于购买新的书籍。令人扼腕的是，巴托林作为一位极其杰出的学者，却没有机会来决定如何处理自己的珍贵藏书，因为他的家中发生了一场火灾，藏书被全部烧毁了。这一事件在当时被视作一场国家科学界的灾难。

火灾、疏忽、海盗的袭击、不懂得珍惜的继承人、粗心大意的侄子——从职业工具过渡到学识纪念碑的过程，是如此困难重重，难怪几乎没有一个职业人士的图书馆能够幸存下来，纪念这个在当时对图书馆历史至关重要的藏书群体。

历史学家自然会优先考虑记载有确凿证据的事件，对于藏书来说，最确凿的莫过于保存最完善的书籍，这种完善往往是因为使用得不频繁，而不是因为使用得格外小心。这也许能够解释，为什么在现代早期的藏书历史上，皇家和贵族的藏书记载如此突出。[34]大型的庄园和宽绰的豪宅拥有大量的空间可以存放书籍，但也更容易将其遗忘。除了欧洲大陆的名门望族，从17世纪起，英国的贵族也开始了一项系统性的活动，即改造他们乡村庄园里的房屋和花园；这种惯例延续到了今天，包括在一楼大厅附近建造一间图书馆。图书馆中的藏书不断增多，最受欢迎的是印有丰富的家族盾徽和装帧奢侈的书籍，而贵族对拍卖会的大力参与，也大大刺激了18世纪古书籍市场的繁荣。[35]

但是另外一个群体的情况就大相径庭了：如果一名医生或者律师去世了，即便他生前过着一种算得上富裕的生活，他的家庭也往往会因此落入艰难的境地；这主要是因为，在神职人员去世后，他的妻子和孩子必须搬离在教区的住处。即使这个家庭还支撑得住，藏书的继承人可能选择了不同的职业，也就不需要那些没用的职业工具书了。因此，那些专业藏书大多被随意地丢弃、赠送或者卖掉了，甚至不会留下任何记录。如果这些书籍是卖给了一名书商，然后被丢进了仓库里，那它们会彻底不知去向。值得庆幸的是，还有拍卖会的印刷目录，那么多的藏书才有机会在今天为世人所了解；比起贵族家族继承的藏书，这些书籍显然使用得更频繁。留存下来的印刷目录虽然很稀少，但它们仍然向我们揭示了收藏史上的一个关键时期：财力有限的个人所建造的图书馆，比当时许多机构图书馆的规模还要庞大。而正是在这个过程中，他们把建造图书馆的种子，播散在了下一个时代的人们心中。

第7章 “垃圾”书

1598年，牛津大学收到了一个意想不到的提议。托马斯·博德利爵士（Sir Thomas Bodley），一位退休的外交官，也是牛津大学的校友，想自费重建荒废已久的牛津大学图书馆。他宣称，要为这座图书馆“置办漂亮的桌子、椅子和书架等，尽其所能激发人们捐助的善举，吸引更多的书籍装点其中”。[1]这座修建于牛津大学的大厅，空置了几十年，曾经的书籍在宗教改革运动的动荡中早已不复存在，甚至连家具也在1556年被全部卖掉。在获得博德利的关注之前，那里唯一的用途，就是作为演讲的场所。

这次重建一共用了15年的时间。直到1613年去世，博德利一直见证着牛津大学图书馆的涅槃：从一具空壳，摇身一变成为欧洲最精美的机构图书馆。首先对建筑本身进行了修补，尤其是屋顶；1600年6月，图书馆大厅里搬进了橡木书架和配套的阅览桌；1602年11月8日，图书馆宣布正式竣工，此时藏书共计2000余本。1605年，当第一本藏书目录印刷出版时，藏书量已经达到5600本；而15年后，这个数字翻了4倍，达到2.3万本。如此惊人的增长速度，依靠的除了博德利矢志不渝的野心，还有学术与政治的完美结合。博德利通过自己的政治与外交网络，向同僚发起捐助的号召，而他的朋友们也纷纷慷慨解囊，其中包括沃尔特·雷利爵士（不久后被幽禁于伦敦塔）和莱斯特的罗伯特·西德尼伯爵。艾塞克斯伯爵刚结束与西班牙王室的海上交战，从葡萄牙法鲁一位主教的图书馆里掠取了252本书，他把这些书籍直接捐赠了。博德利修建图书馆投入的大量资金，主要来源于他雄厚的家底，不过，一位数年前便被他的魅力所折服的德文郡富有的寡妇，也作出了不小的贡献。[2]

博德利能够如此迅速地提升牛津大学图书馆的地位，也从侧面佐证了，当时整个欧洲的大学图书馆发展得并不乐观。大部分的大学根本没有建造图书馆。鲁汶和圣安德鲁斯等地有几座学院图书馆，但在这些学院图书馆建立后近两个世纪的时间里，都不曾出现过一座大学中心图书馆。比如巴黎的索邦大学图书馆，直到1762年才建造起一座中心图书馆，而那已经是建校的600年之后了。还有一些大学，像牛津大学，在中世纪时期确实建造了图书馆，但经历过宗教改革的早期动荡之后，图书馆的所有藏书都基本遭受了损伤、毁坏或者没收。

显然，16世纪的动荡所造成的影响是深远的。1605年，弗朗西斯·培根向博德利表达感谢，称他建造了一艘“诺亚方舟，让学术知识避开了灭顶的洪水之灾”。[3]欧洲大陆的学者，无论是天主教徒还是新教徒，也都有着同样的感受；1600年前后，已经建成和新建的大学，纷纷开始建造起自己的图书馆。然而，这些机构图书馆马上遇到了一些问题：如何选择收藏的书籍，（最关键的）谁来负担图书馆的开支等，各个方面都存在争议，并且无法得到很好的解决。1710年，德国学者扎卡里亚斯·冯·乌芬巴赫认为：“大型著作，即那些不是人人都能买得起的书籍，应该由［大学图书馆］购买；至于小型著作，则不必要，因为任何人都可以轻松买到。”[4]这是一个被广泛认同的观点。正如上一章所提到的，大学教授是新型藏书精英阶层的一分子，他们十分热衷于建造庞大的个人图书馆；在许多城镇里，教授的个人图书馆甚至比大学的机构图书馆规模还要大得多。同时，活跃的新兴拍卖市场，也让众多收藏家确信，在自己死后，藏书可以进行拍卖，而不是只能捐赠给一些当地相应的机构。即便他们自愿遗赠藏书，也无法保证这些书籍能够长久留存。大学课程的变化和宗教思想的变革对图书馆构成的巨大威胁，与大火和战争一样具有毁灭性。而大学选择如何应对这些问题，则将继续长久地影响着机构图书馆的未来。

禁火规定

托马斯·博德利毫无疑问颇有远见。在天主教徒玛丽女王的统治下，他在孩童时期就遭遇过流放，目睹了诸多学者坠落神坛，而当学者们匆忙逃离后，他们图书馆里的藏书旋即被没收或者遗弃了。博德利在日内瓦和牛津接受过上等教育，这让他认识到书籍的价值，不过，他也清楚地知道，如果收藏家不为自己的图书馆设计好未来，那么图书馆绝无可能在其死后存活，那些曾经的热忱也会随之消散。博德利似乎从早期收藏家的失败中汲取了一些教训，他要求牛津大学图书馆必须有充足的储备资金，除了地产和财产的租金，还要足够用于购买大量的书籍。如果一座图书馆要持续获取最新的学术著作，资金无疑是最为关键的因素。博德利对这一点非常确信，他认为正是由于缺乏足够的储备金，那么多充满雄心壮志的图书馆才难逃衰败的命运。

第二个关键的因素，就是必须禁止从图书馆借阅书籍。大学图书馆经常面临着书籍丢失的难题，一些书籍常常会被教授带回家，一些还会被访客悄悄拿走。书籍一旦被带出图书馆，便很难再归还。牛津大学图书馆彻底禁止借阅这一规定，在博德利去世后仍然得以延续；即便面对的是国王查尔斯一世，或者护国公奥利弗·克伦威尔的借书请求，牛津大学图书馆也坚决地拒绝了。博德利还坚持提出，牛津大学图书馆要欢迎来自世界各地的读者，而不仅是牛津大学的读者。这可能是博德利的远见卓识中最重要的方面之一。在那之前，大学或者学院的图书馆基本上只允许在那里就职的学者使用。某些杰出的访客也许会破例被允许进入，但往往要首先收到邀请。博德利推翻了这一惯例，尽管他禁止大学新生进入，但非常欢迎访问学者的到来。

牛津大学图书馆建成的第一年里，就接待了来自法国、丹麦、西里西亚、普鲁士、瑞士和萨克森的248名杰出学者。随着时间的推移，到访过这里的学者数量逐渐增多，他们大多是为了阅读那里的大量手稿书籍。博德利坚定地认为，手稿书籍，而非印刷书籍，才是这座图书馆最大的魅力所在。对神学家和人文主义学者的工作来说，手稿书籍是不可或缺的，而且显然更难以获取。大部分图书馆的手稿藏书量非常有限，而且有着严格的出入限制，但是牛津大学图书馆的地位，使它能够得到大量的手稿遗赠，比如大主教威廉·劳德就在1635年至1640年，向这座图书馆捐赠了1300本手稿书籍。[5]如此慷慨的捐赠，再辅以巨额的资金储备，不到半个世纪，牛津大学图书馆就收藏了无与伦比的，来自东方、盎格鲁-撒克逊和欧洲北部的手稿藏书。

牛津大学图书馆几乎是每一位外国游客的必到之地。尽管不止一个人曾经质疑，牛津大学的常驻学者为什么不经常出现在图书馆里，但是总体来说，到访者没有什么可抱怨的。另外，图书馆的开放时间非常之慷慨，甚至可以说史无前例——每天足足有6个小时；要知道，大多数其他的机构图书馆（如果它们真的对外开放的话），一周才为读者开放4个小时。那是因为博德利曾经坚定地要求，永远不要关闭这座图书馆，而这一指令也被严格遵守。

在博德利的设想中，这座图书馆应该由严肃书籍组成，书籍按照大学院系的传统等级排列：神学、法学、医学和高等艺术（哲学、历史、逻辑、语法和数学）。博德利还发现了小众语言写作书籍的收藏价值，在他给两名伦敦书商的第一份采购委托里，就包括匈牙利语、波斯语和中文的书籍。尽管如此，博德利不同意在图书馆的书架上放置他认为“不三不四的垃圾书”，即用英文写作的书籍。年历、时代作品以及游戏书，也统统不能登记入册。[6]他虽然勉强承认一些欧洲文学的里程碑著作，例如《堂吉诃德》，是值得收藏的，但莎士比亚显然不行——虽然没过多久，莎士比亚的名气就达到了巅峰。

遗憾的是，博德利的设想并没有完全得到实现，在他去世后，对英文书籍的禁令便解除了。事实上，如果这个禁令延续下去，将会使他取得的另外一项巨大成就变得毫无意义：

博德利曾与书商工会（当时占据英国书籍贸易主导地位的伦敦出版商联合企业）签订过一份协议，要求他们向牛津大学图书馆寄送每一本新出版的书籍。另外一项早期的禁令——大学新生不得进入图书馆——也在博德利死后解除。博德利还提出了一个影响深远的规定——图书馆必须保持安静。这也许是第一个现代图书馆的影子，与文艺复兴时期宫廷图书馆的嘈杂欢宴有着天壤之别。1711年，必须保持安静的规定被更为广泛地采用，其中以阿姆斯特丹图书馆最为严格，那里的读者进门之前会看到一首严厉的警告诗：

> 走进图书馆的这位先生，
> 不要用你那粗暴的手把门砰然关上；
> 不要用你那嘈杂的脚步制造出声响；
> 你会搅扰到缪斯！
> 如果你在图书馆里看见了熟悉的面孔，
> 请弯腰致意，沉默颔首即可！
> 不要与之闲聊，
> 在这里，只有死人才会与工作中的学者对话。[7]

博德利的藏书颇具现代性，他收集了大量的人文主义的学术文化书籍，但他同时仍然是一名虔诚的新教徒，所以他对图书馆的设想在很大程度上效仿了中世纪的缮写室。比如，缮写室里往往一片寂静，配有单独的工作台；但令人难以忍受的是，他把那里的寒冷也照搬过来。牛津大学图书馆严令禁止“任何明火或者热源”（今天仍是如此），这让这里冬天的工作环境变得更加艰苦，甚至可能导致一些过分执着的读者被冻死；当然，这也确实让这座图书馆避免了火灾的侵害，从而逃脱了欧洲北部众多图书馆（以及后来北美洲的哈佛图书馆）那不幸的共同命运。[8]

牛津大学图书馆相关的权威人物有很多，托马斯·博德利是第一个，而这座图书馆的第一任图书管理员，神学家托马斯·詹姆斯，也是一位极具影响力的学者。詹姆斯接受这一任职，主要是为了完成自己对教父文献的研究，然而他严重低估了博德利的野心，博德利的雄心壮志也体现在对图书管理员无穷无尽的要求中。[9]大量的访客和源源不断的新书，让詹姆斯几乎没有时间进行自己的研究。他还负责编纂第一版全馆的藏书目录，并且出色地完成了这项工作内容。詹姆斯制作的两版目录分别于1605年和1620年出版，虽然这并不是欧洲最早的图书馆藏书目录，但它在欧洲书籍世界里引发了强烈的反响，影响了之后两个世纪整个欧洲大陆图书馆的藏书方向。

英国在此之前一直是一个大型的书籍净进口国，但到了1606年，第一版牛津大学图书馆的藏书目录出现在了萨克森的小镇弗雷伯格，封面上还印有本地盾徽。[10] 牛津大学图书馆的藏书目录被许多其他机构和个人收藏家用于打造自己的图书馆。第三版藏书目录于1674年出版，由当时的图书管理员托马斯·海德制作，采用了对开本的印刷方式，两本之间可以相互参照；这是目录学历史上的一个杰作，也是藏书持续快速增长的一个佐证。[11] 许多其他机构会将1674年的第三版藏书目录用于自己的藏书目录，比如牛津的一些学院图书馆、剑桥大学图书馆，以及巴黎的马扎林图书馆。[12] 一些个人藏书家，比如哲学家约翰·洛克也是如此：他在第三版藏书目录中插入纸张，记录不在目录里的藏书。在他拥有的3641本藏书里，其中有3197本在牛津大学图书馆的目录中。[13] 虽然图书馆规定每一位新注册的读者都要购买一本藏书目录，这样可以有效地促进目录的流通，但覆盖的范围之广，传播到整个欧洲大陆的，唯有牛津大学图书馆的藏书目录。[14]

然而，讽刺的是，正是在1674年，第三版牛津藏书目录激发了欧洲收藏家的热情之时，牛津大学图书馆的势头却受到了打击。绝望于始终没有得到编撰新目录所承诺的加薪，托马斯·海德开始把精力更多地转向自己的学术工作上。一些学者甚至会找机会把一些藏书搬回自己的房间里做研究，因为那里可以生火，更为暖和。毫不意外，一些书籍就此再也没有出现在书架上——可以看出，博德利对借阅的严格禁令是多么有必要。

不过到了17世纪末，牛津大学图书馆的藏书规模已经相当庞大，偶尔遗失几本书籍，全然不会再影响到它的名誉和地位。凭借着博德利的大力收集和历任图书管理员的不懈工作，牛津大学图书馆在欧洲学术文化领域拥有了一席之地；这是793年林迪斯法恩修道院被摧毁之后，第一所位于英国的声名赫赫的机构图书馆。17世纪的荷兰学者约翰内斯·洛梅耶曾经这样描述牛津大学图书馆："一座拔地而起的柏树，俯视着脚下的灌木嫩枝。"[15] 只要图书馆持续购入新书，并且慷慨地延长开放时间，读者就会不断涌入这座图书馆。牛津大学图书馆在欧洲不断扩张的机构图书馆网络中，无疑扮演着中心角色，尽管效仿者始终存在，但其他任何一座图书馆都难以望其项背。

寻求捐赠者

17世纪初期，欧洲有近100所大学，其中35所成立于1700年之前。它们在16世纪撕裂了欧洲的宗教分歧，成为一股学术复兴的新生力量。因为每一方加尔文主义或者路德派教徒的领地，都希望能拥有自己的大学，培养忠诚而且具备完善理论知识的传教士和公职人员，吸引有相同信仰的外来人才。有的新建大学是专门作为反对宗教改革运动的宣传机构，尤其是由那些精力旺盛的耶稣会会士成立的大学。[16]学术文化蓬勃地发展起来了，大学图书馆的发展却离奇地具有不确定性。

宗教改革运动的动荡，让那些成立较早，位于如巴塞尔这样新兴的新教领地的大学，接收到大量来自天主教修道院和教会的藏书。1539年萨克森公爵加入路德派之后，天主教修道院图书馆的藏书被送入了莱比锡大学，于是，这所大学图书馆的藏书从600本增加到了4000本。但是新成立的大学，如荷兰共和国的大学，往往更依赖于赞助者的捐赠，因为修道院的书籍已经被城镇图书馆收入囊中了。[17]德国北部的黑尔姆施泰特大学成立于1576年，于1617年接收了当地公爵捐赠的个人图书馆，书约5000本，由印刷书籍和手稿组成。这些书大多是公爵从解散的修女院里拿走的。显然，他对这些书毫无兴趣，但把修道院里的书直接送给大学，可以使宫廷里有更多的空间摆放其他的战利品。这些在天主教神学中占主导地位的藏书，在黑尔姆施泰特大学图书馆里毫无用处。[18]

成立较早的大学，大多是在1500年前建造的，通常是学院制。学院制不利于中心图书馆的形成，原因很简单，大多数学院已经有了自己的图书馆。学院图书馆在很大程度上是数个个人图书馆的延伸，也是宝贵的团体资源，它们只向学院里的学者开放。另外，早期的大学还招收大量的外国学生，他们通常会成立“同乡会”之类的组织。有些同乡会也会有自己的图书馆，比如1685年的意大利帕多瓦大学，德国同乡会的图书馆就拥有5400本藏书。

鲁汶大学是低地国家中历史最悠久的大学，有40个学院及学生团体，而这些学院和团体几乎都拥有自己的小型图书馆。尽管如此，中心图书馆仍是十分必要的。鲁汶大学的著名教授尤斯图斯·利普修斯曾经撰写过一本赞颂古老图书馆的书，希望借此敦促一位富有的哈布斯堡贵族——克罗伊公爵，将他的藏书捐赠给鲁汶大学。[19]尽管这本书可以称得上是图书馆历史上的一个学术丰碑，但这一精心的文字暗示没能达到它的真实目的——克罗伊公爵去世后，他的继承人卖掉了他的藏书。直到1636年，利普修斯大胆创作书籍的30年之后，才有两名当地的学者将他们的大量藏书赠送给鲁汶大学，于是这所大学终于建造了一座中心图书馆。除了这两笔遗赠，还有一些来自鲁汶大学的教授和专业人士的赠书。1639年，为了庆祝中心图书馆的成立，鲁汶大学出版了一份藏书目录，每个书籍条目的后面都写有捐赠者的名字，以示对他们的感谢。[20]这种向捐赠者致敬的方法很普遍，也很有效，因为一次极其慷慨的捐赠，可能会激励到其他捐赠者，也可能会让一些人为自己的吝啬感到羞愧，从而捐出更多的书籍。托马斯·博德利在牛津大学图书馆的入口处放置了一本捐赠者登记簿，上面盖有每位捐赠者的盾徽印章。[21]像鲁汶大学那样，在每个藏书条目后标注捐赠者名字的做法，也会暴露一些真相，如某位教授仅仅捐赠了一本很便宜的书。

通过遗赠书籍扩建图书馆是一个缓慢的过程，而且会给运输带来难题，尤其当这笔遗产是一批规模巨大的藏书。1715年，英国国王乔治一世买下了已故的伊利主教约翰·摩尔的图书馆，并赠送给了剑桥大学，以对其在雅各布派起义期间表现出的忠诚表示谢意。人们以为剑桥大学会为此喜笑颜开，恰恰相反，这批超过3万本的大型藏书“堆积如山，经过了一代人的时间，既没有人编纂目录，也没有人偷走”。直到1758年，捐赠40多年后，这批藏书才被安置在一个专门建造的房间里。[22]值得一提的是，正是摩尔的这批藏书，让剑桥大学图书馆获得了一些极具时代开创性的科学作品，比如艾萨克·牛顿的《自然哲学的数学原理》和《光学》。而莎士比亚的全集著作随着这批藏书，首次进入了剑桥大学的图书馆。[23]

剑桥大学图书馆没有剑桥学者的著作，这种情况其实并不罕见。大学图书馆若想持续发展，唯一的办法就是预留购书预算，这样才能让最新的作品不断加入馆藏之中——正如博德利意识到的那样。可悲的是，即使是一些最伟大的学术机构，也很少会预留购书预算。不过，莱顿大学是一个例外。莱顿大学在荷兰起义时期作为加尔文派教徒的学术堡垒而创立，得到了荷兰政府的大力资助。17世纪初期，莱顿大学图书馆的图书管理员丹尼尔·海因修斯教授，是第一个被允许为图书馆自由采购书籍的人。1615年5月，他因为一年内花了1300多荷兰盾购买书籍而饱受苛责，尤其是买了很多“对图书馆毫无意义且没有用处的法文书籍”。自那之后，每年给他用于购书的预算缩减到不足400荷兰盾。[24]

不过这仍然是一笔许多图书馆梦寐以求的可观预算。如果使用得当，每年可以购入100本至200本新书。然而，在莱顿大学图书馆，大部分的预算都是用于购买手稿书籍的，手稿藏书被认为对一所大学的国际声誉至关重要。17世纪20年代，莱顿大学的阿拉伯语教授雅各布斯·高利斯被外派4年，到非洲北部和亚洲黎凡特去学习和采购东方的手稿书籍。后来，高利斯满载而归，为莱顿大学图书馆收入了230本著作，而这段重要的采购事迹也一如既往地传为了佳话。1595年，莱顿大学成为第一个出版藏书目录的大学。尤其是1610年出版的藏书目录，被视为这所大学最好的宣传册，被广泛流传并多次印刷再版。

至此，莱顿大学成为每一位学者或者年轻贵族游历之旅的必到之地。然而，许多阅读过赞颂莱顿大学图书馆的旅游

图8　这幅1610年创作的莱顿大学图书馆的美丽画作流传甚广，从而大大提高了图书馆藏书的声誉。然而，莱顿大学图书馆的准入规定却不似画作中描绘的那般宽松；而且，那里的立式读经台也不如牛津大学图书馆的阅读桌椅舒服。

指南的游客，在实际参观时却往往大失所望。牛津大学的一名英国学生威廉·尼科尔森在1678年曾评论道，“如果不是因为那些手稿书籍，这座图书馆实在不值一提”。[25]手稿书籍只能在图书管理员的监督下查阅，但图书管理员经常无处可寻。即便找到一名图书管理员，也不一定能成功查阅到手稿书籍。1769年，一位来自瑞典乌普萨拉的图书管理员，在到访莱顿大学图书馆时便大失所望；他虽然找到了图书管理员，但那位管理员又借口说需得到图书馆馆长的许可。“我很生气，同时对这些荒谬的规定感到好笑。”他还认为，这虽然是一项很大胆的规定，但对验证这所大学图书馆藏书的珍稀性有害无益。[26]

从另一个角度来说，这位瑞典游客能够进入莱顿大学图书馆，本身已经很幸运了。莱顿大学图书馆最初的准入规定相对宽松，但没过几年，便变得严苛起来。在最初的几十年里，学生是不允许进入图书馆的；到了1630年，学生即便可以进入图书馆，也只允许挑选一周里的两个下午，最多可以在里面总共阅读4个小时。一直到19世纪初期，莱顿大学图书馆的准入规定几乎没有改变，欧洲其他的大学图书馆也是如此。在图宾根，尽管规定上写着学生可以在教授的陪同下进入图书馆，但图书馆根本没有确定的开放时间。书籍借阅也总是有着严格的限制条件。一般情况下，教授可以把书籍带回家，学生却不可以。由于缺乏合适的书籍存放条件，许多大学图书馆的开放机会更加渺茫。很少有大学图书馆能够拥有像牛津大学图书馆那样的豪华书架和阅读桌椅。那些大学图书馆常常被设立在演讲大厅、教堂、小圣堂或者印刷室里，甚至是被安置在阁楼里。[27]这些无处不在的条条框框清楚地表明，大多数大学并没有把图书馆视作学生学习的必要资源；相反，大学似乎只会从潜在损害到藏书的角度来看待学生与图书馆的关系。讽刺的是，很多大学图书馆的图书管理员，对自己的职责却不那么用心。

从长远来看，这种谨慎保守的态度对大学图书馆是无益的；事实上，让访客漫步于书籍之间反而会带来更多的益处。过度依赖遗产赠书，导致图书馆藏书的收集极其不规律，也许会有很长一段时间没有新书入馆，或者重复收入某些学术著作。严苛的准入规定让许多教授和学生对大学图书馆失去了兴趣，转而开始建立自己的私人图书馆。在荷兰共和国，1700年前，没有一所大学的图书馆藏书量能够超过1万册。荷兰最年轻的大学，哈尔德韦克大学，在成立40年后，图书馆里的藏书还不足500本。从1671年到1690年，哈尔德韦克大学的图书馆只增加了11本书。[28] 德国，马尔堡、基尔、维滕贝格、杜伊斯堡和格赖夫斯瓦尔德大学的图书馆，藏书量皆不足5000本。[29] 图宾根大学图书馆的藏书更是不值一提，以至于1634年巴伐利亚公爵马克西米利安占领图宾根后，运走了符腾堡公爵的整个宫廷图书馆，却对图宾根大学图书馆不屑一顾。[30]

相比之下，那个时期的很多教授，基本上会拥有1万、1.8万甚至2.2万本藏书。[31] 例如，格罗宁根大学最博学的教授拥有1.1万多本书，而大学图书馆却只有4000多本藏书。曾经有两位德国的学者，在到访过这所大学图书馆之后写道，那里“受到了忽视，而且十分荒凉”（1710年），“令人悲伤”（1726

年）。[32]即便是在拥有欧洲最大的大学图书馆之一的哥廷根大学，1770年，那所大学里仍有一位教授产生过这样的想法：既然个人图书馆已经如此称心如意了，那么，大学图书馆是否还有存在的必要呢？[33]

其实，这种想法在当时十分普遍，也十分有害，因为大学图书馆的图书管理员往往就是那所大学里的教授。图书馆通常只允许教授进入，这看似明智，实则很少有教授会像托马斯·詹姆斯那样敬业。在一些机构中，图书管理员大多是一个挂名闲职，仅仅是晋升过程中的一个跳板。大学图书馆管理员职业的专业化，需要等到19世纪中后期才会出现。那些渴望成为全职图书管理员的学者，比如法国学者加布里埃尔·诺德，只能在宏伟的宫廷图书馆或皇室图书馆才得偿所愿。[34]而在大学图书馆里，他们的才能被轻易地浪费了。苏格兰传教士约翰·杜里曾经轻蔑地写道：

> 据我所知，大多数大学里的图书管理员，不，实际上是全部大学的图书管理员，他们不过就像雇佣军一样，看守着那些书籍，不被弄丢，或者借走不还；除此之外，几乎没有什么更多的用处了。[35]

荷兰弗里斯兰省的弗拉讷克大学的图书馆在建造后的120

年里，总共有21位图书管理员，每位图书管理员的平均任期不足6年。1698年，德国学者约翰·曼克在雅各布斯·伦弗德教授的带领下，参观了弗拉讷克大学图书馆，显然，他对那里的图书管理员几乎没有什么好印象：

他［伦弗德］有图书馆的钥匙，所以把我带进了那里，向我展示了许多令人惊讶的、珍贵的书籍；他向我抱怨，一个没有受过什么教育的人担任了图书管理员的职位，年薪居然有500荷兰盾，这钱还不如花在图书馆上。制作藏书目录花掉的200荷兰盾也毫无必要，虽然那目录印刷得很精美，但内容糟透了，根本拿不出手向任何人展示。[36]

由于图书馆的管理水平低下，偷书者接踵而至。17世纪40年代，弗拉讷克大学图书馆有100多卷对开本被偷，其中的56本为了防盗还专门用铁链进行了固定。[37]乌得勒支大学在成立后的半个世纪内，至少有1000本书被盗或者丢失。这些不幸的事件也只是进一步强化了大学图书馆馆长的想法：图书馆的准入规定，就应该限于大学里的教授，学生不值得信任。但实际上，在大多数情况下，正是这些教授拿走了许多书。

虽然看似有些矛盾，但是阻碍大学图书馆发展的根源，是市场出售的书过多。如果一名教授可以轻松建造起庞大的个人图书馆，那么他就根本不需要大型的大学图书馆。活跃的拍卖市场也逐渐削弱了向大学捐赠个人藏书的意愿。拍卖可以更快地回收资金，而且还可以让藏书家感到放心，藏书的下一任主人会懂得珍惜它们。

在那些距离欧洲书籍贸易中心遥远的地区，情况则有所不同。由于拍卖市场的缺失，更传统的书籍捐赠颇为普遍。在瑞典帝国的波罗的海领地，大学主要作为国家的文化堡垒存在着。在瑞典的乌普萨拉和隆德、芬兰的土尔库，以及爱沙尼亚的塔尔图，瑞典王室捐赠了大量资金用来修建大学图书馆。对于像塔尔图这样远离书籍贸易核心的城镇，拥有大规模藏书显然更加意义非凡，这使得大学图书馆成为职业阶层的阅读宝库，发挥着重要的作用。塔尔图大学成立于1632年，但20年后，因为外国入侵而关闭。直到1690年，塔尔图大学得以重新开放。当时，国王查尔斯十一世捐赠了2700本书，这批书非常具有现代性，其中就有牛顿物理学和笛卡儿哲学的著作，这类著作在许多其他的大学图书馆里都出现过。塔尔图大学的图书馆向所有学生开放，并且可以借阅。图书馆的借阅登记簿留存到了今天，因此我们可以了解到，每年至少有100余本书曾被借出。[38]塔尔图大学图书馆虽然没能在大北方战争中幸存下来，但它拥有过一段短暂而辉煌的历史。

作为瑞典人最强大的竞争对手的丹麦人，也拥有一座伟大的机构图书馆——哥本哈根大学图书馆。1603年，哥本哈根大学图书馆藏有大约600本破损严重的古书文献，到了17世纪80年代，经过教授、传教士、法学家和当地居民多次捐赠后，图书馆拥有了超过3000本藏书。一些捐赠者与这所大学没有任何关系，只是出于居民归属感和爱国主义，希望为这个缺乏机构图书馆的国家，尽可能地多贡献出自己的珍贵藏书。哥本哈根大学图书馆为了感谢这些慷慨的捐赠者，印刷出版了赠书目录，虽然后来一些捐赠的藏书又被图书馆卖掉了。当这座图书馆在1728年的哥本哈根大火事件中被烧毁时，近一个世纪的公民捐赠积累的3万本书也随之消逝了。[39]不过，波罗的海地区的大学图书馆因此受到了极大的关注，也成了机构图书馆重生的一个契机。即使是那些只有小型的、被冷落的大学图书馆的城镇，也开始萌生一个念头——任何一个有尊严的团体，都应该拥有一座图书馆，即便这个团体里的大多数人没有使用图书馆的必要。

“垃圾”书的回归

市镇议会或者管理者常常会向大学口头承诺，他们可以免费获得当地印刷厂出版的任何书籍。可以想象，这种承诺必定会受到出版商的痛恨，他们从不会乖乖地提供免费的午餐。这样一来，大学被迫自己去督促这一承诺的兑现，实际上他们也是很不情愿这样做的。这种不情愿，与其说是因为不想搞糟与当地印刷厂的关系（尽管这很重要），不如说是因为大部分的大学对印刷厂出版的书籍毫无兴趣。托马斯·博德利曾抵制过的“垃圾”书——通俗文学、年历、报纸、课本、诗歌等——是印刷行业的支柱，但大多数的大学图书管理员还是认同博德利的观点，这些用当地方言写作的时代作品，对藏书机构来说没有任何意义。有些大学的管理过分松散，甚至连学生答辩的毕业论文都没有留存。在1665年正式获得了印刷厂赠书这一承诺的权利后，牛津大学图书馆和剑桥大学图书馆便会定期赠送或出售一些这类书籍。[40]

假如大学图书馆对“垃圾”书的划分不那么严苛，也许藏书量的增长速度会加快很多。这就导致图书馆收藏了大量重复的学术书籍，正如前文所提到的，书籍常常被锁在教堂和阁楼里，无人问津。虽然当地出版商制作的书籍越来越多，但机构图书馆对市场上多种多样的书籍嗤之以鼻。一些私人藏书家，如日记作家塞缪尔·皮普斯，则抓住了这个新机会，开始收藏各类不同形状和尺寸的印刷书籍。皮普斯的藏书包括报纸、民谣和时代作品等，他将自己描述为“一个自娱自乐的独居者，无拘无束地在书海里遨游”。[41] 在他去世之后，他的藏书由他的侄子捐赠给了剑桥大学抹大拉学院。皮普斯的藏书里共有大约1800本民谣图书，直到今天仍然称得上是17世纪最精美的民谣图书馆之一。他的藏书得以留存到今天，无疑要归功于皮普斯杰出的政治生涯。而另一位精心收藏时代作品的藏书家，古文物研究者安东尼·伍德，则没有那么幸运了；他是一个忠诚的牛津人，在牛津大学图书馆度过了许多美好时光。然而讽刺的是，他的藏书最终也都进入了牛津大学图书馆，并在那里消失得无影无踪。

伍德1632年出生于牛津，一生都没有离开过这座城市。从牛津大学毕业后，他把研究这所大学的历史作为自己的主要课题。1674年，他写的《牛津大学的历史和古物》一经出版，便立刻名声大噪，这让他能够继续着手其他写作，例如牛津的名人传记《牛津的雅典娜》。他的作品让他在牛津圈子里拥有了一定的影响力，许多作家试图通过赠书（通常是他们自己的作品）来与他拉拢关系，确保自己能被他写入书中。这也可以解释，为什么伍德几乎没有固定收入，却能够拥有一个藏有大约7000本书的图书馆。[42] 不过，他的图书馆并不是大学机构或者教授所渴望的那种严肃正式的图书馆。相反，伍德的藏书（他几乎每天都在买书）反映出他对时代性的作品、小册子和宽幅印刷品（如报纸、广告）的迷恋，而这些统统是机构图书馆所不齿的。伍德纯粹是出于个人喜好、好奇心以及对当下时代的兴趣来选择藏书。

伍德收集藏品的方式，也许会令博德利大跌眼镜。有一些时代性作品是熟人免费送给他的；还有一些印刷品，则是他从咖啡馆或者大学的布告栏里撕下来带回家的。有时他会在海报或者小册子上写一条注释，注明是从哪里获得的。有一张告示上写着“大学里随处都在张贴”；另一张写着“牛津的各个角落都在张贴”。还有一张吸引他的广告纸上写着“牛津的每一个咖啡馆里都在张贴”，不过，这张广告上还有一处来自咖啡店店长的手写内容“请不要拿走这张广告纸”，但显然伍德还是带走了这张广告纸。有时候，他会在街上收到一些分发的印刷材料，比如一张书籍销售目录上写着“1685年4月13日于三一学院大门口塞到我手中”；在他的藏品里，还有200余份类似的珍贵的藏书目录。[43]

伍德的图书馆完全是自用的，因为很显然，他不允许参观者进入他工作、休息和存放书籍的顶层房间。但毫无疑问，他的藏品都经过了精心规划。只要他有一点儿零用钱，他就会用于购买精心挑选的小册子或者公告纸，并插入收藏用的活页夹子里。正是通过伍德的这些藏品，我们今天才有机会了解到那么多本不可能被系统地留存下来的时代作品，比如牛津大学的演讲名单、通知函和仪式手册。伍德收藏了171本年历，其中有一些用作了日记本（在当时很常见）。另外，藏品也反映出他对当代政治的浓厚兴趣，他收集了大量的报纸，包括他成为议会议员时期开始，连续30年的《伦敦宪报》。扔掉陈年的报纸，腾出书架空间来摆放更多当代新作品，或者历史和神学领域的新书，这种诱惑一定曾经让伍德感到十分困扰。在拥挤狭窄的顶楼房间里搭建更多的书架，费用是一个问题。但伍德就像所有真正的收藏家一样，非常喜欢囤积书籍。他在1681年按照自己的分类方式（比如游记、军事、农业与园艺等）为自己的图书馆编纂了长达112页的藏书目录；这意味着，一切都是完全按照他自己的心意来进行的，而他的藏书可谓是一部关于世间智慧与愚蠢的私人百科全书。这些丰富的印刷藏品，是了解17世纪牛津政治与居民生活情况的金矿。在伍德死后，它们被遗赠给了阿什莫林大学博物馆，并一直存放在那里，直到1860年被送入了神圣的牛津大学图书馆。

第8章　传教之地

在历史的进程里，尤其是上一个百年里，战争给图书馆带去了沉重的打击。大多数情况下，图书馆及其书籍受到的都是连带的伤害，然而地毯式的轰炸使它们无一幸免。不可否认，当其成为被憎恨的权力象征，或者需要被彻底毁掉的文化根基，图书馆自然而然便成了蓄意破坏的目标。在爱书人的眼中，图书馆只是无辜的受害者，但那些疯狂的战争行为既令人悲伤，又毫无道理。只是几乎没有人注意到，有时候图书馆也会是敌对的始作俑者。图书馆及书籍在意识形态的建立上发挥着重要作用，而不同的意识形态会导致信仰之间、民族之间，甚至国家之间的对立。与此同时，无论是在欧洲内部，还是在其新占领的殖民地，图书馆及书籍往往都是先头部队，向民众传递新的社会形态，传播新的宗教观念，或者夺回被敌对意识形态抢占的领地。这样的图书馆是具有特定使命的意识形态武器，肆无忌惮地在敌对阵地或者（殖民者眼里）尚未征服的领地上播撒着思想的种子；它们是征服者的精神堡垒与要塞，是征服意图的无畏宣言，也是横跨海洋征战的价值体现。

随着欧洲人在世界版图中的扩张，他们常常会在所到之处打造欧洲社会的缩影：建造欧式的建筑，穿着欧式的服饰，引入欧式的教育模式。第一批押送流放犯去往澳大利亚的船只上，还载有一台印刷机。不过，由于没有任何一名印刷商被成功说服加入这一趟危险的航行，那台印刷机被闲置了很多年。虽然如此，在不到30年的时间里，澳大利亚这处新的殖民地就出现了报纸和书店，并且很快也有了图书馆；这些文明社会里才拥有的设施，全部是跟随那批流放犯而来的——即便他们的祖国英国远在半个地球之外。[1]

第一个被带到西班牙美洲殖民地的图书馆是费尔南多·科隆和他的父亲一同出航时携带的一箱书。更多样的宗教机构随着教团的到来很快建立起来。一些书籍会被翻译成土著语言，成为推动宗教皈依的有力武器。即便是那些排斥欧洲社会的人，比如清教徒前辈移民们，也坚定地认同着图书馆和书籍是文明的重要标志。

新的定居者涌入欧洲之后，便对几乎所有土地宣称拥有居留权和统治权。他们通过书籍传播着思想文明，建造起新的图书馆，并最终在当地开设了印刷厂。大部分书籍都是从原居住国带来的，但新建造的图书馆对书籍的需求，远远超出了他们所携带的印刷机的产出能力，而且这种情况一直持续到18世纪末。但是，发生在殖民地的传教斗争，在欧洲内部本就有一个相似的舞台，这在图书馆历史的叙事中明显被忽视了，即发生在欧洲北部和中部地区，新教徒与天主教徒为争夺霸权所进行的斗争。在远离欧洲印刷文化主要中心的土地上，（往往是过早地）建造起的图书馆成了目的达成、庆祝胜利的宣言。每当权力发生转变时，图书馆都难以避免地被视为合理的打击目标，遭到洗劫或者拆除，借以宣称敌方主张的不合理性；而藏书也会随之被带走，成为胜利者装饰图书馆的战利品。

所有这些斗争，尽管其过程充满着痛苦，但也传达出对书籍所蕴含力量的敬意。没有任何一场斗争的主角，会怀疑书籍具有塑造一颗全新的心灵、改变一个人的生活以及驱逐一切疑虑的能力。这就是为什么书籍常会与许多传教士有着类似的命运，当他们的主张遭到质疑时，同时往往会遭受到非常公开的羞辱和频繁的毁坏。

教徒战火

“我们最近发现了一个新世界，面积不比我们的小，人口也众多，而且复杂多样……我现在非常担忧，我们的出现会大大加速这个新世界的衰落与毁灭。”这是米歇尔·德·蒙田于1588年所写的。没过多久，他的担忧已然成为现实。克里斯托弗·哥伦布首次航行归来，虽然带回了离奇的故事，刺激着人们的好奇心，但没有带回任何传说中的宝藏；他最大的成功是把这次航行包装成了爱国主义的胜利，为他的皇家赞助人描绘出一幅新帝国的辉煌图景。埃尔南·科尔特斯手提大棒，深入墨西哥腹地，真正看见了光彩夺目的特诺奇提特兰城，可以将传说中的宝藏搜刮掠尽的希望才重新燃起。阿兹特克帝国的统治者蒙特苏马为西班牙人献上了大量的黄金和珠宝，而死神就在那时来到了他的身边。

蒙特苏马为西班牙客人准备的宝藏中，有不少是书籍。这批书籍也是殖民历史进程里的第一批牺牲品。西班牙定居者意识到，他们面对的是一个复杂的文明体。阿兹特克人和玛雅人原本有很大的机会在数学和天文学领域取得重要成就。特诺奇提特兰地下城位于今天的墨西哥，堪称一个建筑奇迹，它大概比当代欧洲的任何一座城市都要大。要征服这样一个先进的社会，系统性地销毁他们的书籍和档案是必要的，一方面可以打击潜在的强大军事力量，另一方面可以推倒虚假的神明。在仔细研究过那些五颜六色的鹿皮卷轴和刻在树皮上的折叠画卷之后，西班牙人越发疑虑重重。玛雅人使用的是他们自己所熟知的字母系统，因此阿兹特克人书写的象形文字，很容易被当成一种巫术。

这种野蛮的权力压制对文明造成了破坏，大部分中美洲文明的遗产都遭遇了灭顶之灾。方济各会的胡安·德·祖玛拉加作为墨西哥城第一任主教抵达特诺奇提特兰城不久之后，便下令公开焚毁阿兹特克人的手稿。一群来自特拉斯卡拉的战士——他们是西班牙前辈对抗仇敌的盟友——永久性地毁掉了阿兹特克人在特斯科科城的档案。1562年，曼尼的主教迭戈·德·兰达将40本玛雅人的重要文献投入了火堆里。据他自己称："这些书里只有异端邪说和魔鬼的谎言，别的什么都没有。我们把书籍全部烧掉，可以让阿兹特克人记忆深刻，并且感到痛苦。"[2]

这一举动尤为令人悲哀，因为始作俑者从本质上来说也是爱书之人。第一代方济各会的托钵修士制作了诸多学习土著语言的必备工具书。1547年，安德烈斯·德·奥莫斯出版了一本纳瓦特尔语的语法书；1555年，阿隆索·德·莫利纳出版了一本西班牙语和纳瓦特尔语的双语词典。[3]这只是当时出版的十几种本地语言指南、教义问答和语法书的一部分。据估计，16世纪墨西哥出版的书籍中，有大约三成是用本地语言写作的。[4]而胡安·德·祖玛拉加主教正是此次出版运动的核心人物，他特意配备了一台印刷机随他从西班牙前往墨西哥。墨西哥第一批印刷出版的书籍中，有一本就是他撰写的关于基督教信仰的概述。[5]祖玛拉加为圣克鲁兹学院的成立也作出了重要贡献，使得原住民中有才能的男孩可以到学院接受培训，为教会供职。这也促使了1551年，也就是祖玛拉加去世的3年之后，墨西哥城建立了一所大学，设立了全部的欧洲传统院系，并且教授全部的欧洲学院课程。

这些都需要大量的书和图书馆，而墨西哥城只有一台印刷机，显然不足以支撑全部的工作。除了为天主教皈依者提供双语入门读物，大部分的印刷工作主要用于政府事务和当地法令法规的出版。[6]至于构成欧洲私人图书馆和机构图书馆主要部分的那些书，当时在美洲还没有足够的本地市场。

从一开始，大批量书籍进入美洲就是通过进口的方式。因此，主教祖玛拉加拥有一个藏有至少400本书、规模可观的私人图书馆，这一点并不意外。在他去世后，这些书被捐赠给了墨西哥的圣弗朗西斯科学院，而他在生前，也曾向圣克鲁兹学院捐赠过一些书。16世纪圣克鲁兹学院收藏的著作有近400本今天仍然保存在旧金山苏托罗图书馆里。对这些文献的现代研究发现，里面含有大量的（足以使任何学者藏品增色的）欧洲经典著作，比如亚里士多德、普鲁塔克和弗拉维奥·约瑟夫斯的作品。这些书来自巴黎、里昂、安特卫普、巴塞尔以及意大利和西班牙的出版中心。在祖玛拉加的藏书中，有5本是巴塞尔的约翰·弗罗本印刷的，弗罗本是这座被新教占领的城市里最著名的学术出版商。[7]一份对瓜达拉哈拉市圣弗朗西斯科修道院图书馆（这座图书馆今天已成为城市公共图书馆）的研究表明，馆藏至少有479本15、16世纪的书籍，其中有经典文献，也有西班牙宗教和神秘主义作品。里昂依旧是这些藏书的最主要来源地，但令人惊奇的是，其中还有大量书籍是让·克雷斯平印刷的，而此人是在日内瓦为加尔文主义服务的。

里昂的突出地位反映了那里的印刷商与西班牙市场之间有着密切的商业关系，这些书籍（以及印刷于巴黎和安特卫普的书籍）显然是经由塞维利亚运输的，因为塞维利亚的克伦伯格家族手握向美洲供应书籍的垄断权。克伦伯格在最初就密切参与了墨西哥的传教工作，并为祖玛拉加的新事业提供了印刷机和印刷工人。书籍垄断权是他投资的一项回报，也为书籍出海前设置严格的正统性检查制造了机会。

事实证明，这种预防性的检查，远没有托钵修士期望的那么有成效。那些早期移民的种植园主，身处陌生的社会团体，孤独地生活在缺乏欧洲气息的土地上，他们比在家乡时更渴望书籍的陪伴。这些新市民最想看的，完全不是基督教会图书馆里摆满的书籍，而是能点燃他们身为冒险家想象力的骑士小说。这类书籍原则上是被禁止运入殖民地的，但它们仍大量出现在船只上。1605年第一次出版的《堂吉诃德》

被大量带入墨西哥。秘鲁的情况也很类似：越来越多的律师、神职人员和皇家官员为利马的本地书商营造了一个健康的市场，他们也收集了大量来自西班牙的藏书。[8]可想而知，高级神职人员的图书馆规模最为庞大。1647年，利马大教堂的教士弗朗西斯科·德·阿维拉去世时，已经收集了3108本藏书，这显然是美洲规模最大的藏书，事实上，这甚至令欧洲的许多机构图书馆都相形见绌。1648年成立的阿雷基帕方济各会修女院的藏书，可以证明秘鲁市场流通着大量的欧洲书籍。到这座修女院遭到解散的时候，图书馆里已经收集了1.5万本藏书，大部分的历史可以追溯到16、17世纪。[9]

如果说西班牙美洲殖民地是道明会和方济各会的领地，那么葡萄牙巴西殖民地就是耶稣会的王国。那里呈现出一派书籍文化和图书馆发展的繁荣景象。虽然这并不是耶稣会创始人依纳爵·罗耀拉的初衷，但教育很快成为耶稣会宣教的核心，并逐渐成了该教团的显著特色。[10]耶稣会的每一所学院都会建造一个图书馆，而且“应当由院长决定，谁可以拥有钥匙”。[11]罗耀拉发现，除了学院机构，教师可能也有私人的图书馆；他们在去世或者离开这座城市时，往往会把藏书捐赠给机构图书馆。罗耀拉还意识到，一个运作有序的图书馆需要一名能干的图书管理员，这个观念在那个时代是相当超前的。在许多大学里，图书管理员被视作一个闲职，拿着尚且可以接受的薪水，随时准备着寻得更好的去处。相比之下，耶稣会的图书管理员则终日忙于采购书籍、编纂目录、管理贷款以及登记书目入册——在这里，图书管理员是一个重要且受人尊敬的职业。

耶稣会教徒1549年来到巴西，并在6个主要定居点建立了学院。葡萄牙国王向他们赠予了书籍以示支持。17世纪巴伊亚一个图书馆的藏书清单里写有3000本书，“包含各种类型的作品，一名勤奋能干的图书管理员老练地看护着”。[12]巴伊亚还成了内陆殖民地收集藏书的流通中心。任何一位开办学校的神父都可以安心地从巴伊亚订购书籍，并且很快就能收到。1759年耶稣会被驱逐出巴西时，他们在巴西的藏书总共有6万本，其中最大的是巴伊亚图书馆，藏有1.5万本书。对耶稣会的镇压也对巴西以及传教活动十分活跃的西班牙秘鲁殖民地的教育系统造成了毁灭性的打击。

然而，耶稣会教徒的这些努力，在赢得人心上又获得了多大的成功？17世纪的大部分时间里，葡萄牙人都在经历着复杂的两线战役——既要保住土著居民的忠心，又要驱逐荷兰争夺巴西的势力。当荷兰人凭借着略胜一筹的经济资源和海军力量，从葡萄牙人手中夺走巴西之时，欧洲人对此大为吃惊。荷兰占领了包括累西腓在内的重要战略港口城市长达20年之久，之后，当地的军队发动了两次灾难性的战争，对荷兰当局造成了致命的打击。不得不说，荷兰人并不是天生的传教士。尽管1643年荷兰向巴西殖民地运送了一台印刷机，但那里没有人会使用这台机器，结果就是，西班牙人和葡萄牙人投入大量精力的宣教活动受到了阻碍。荷兰语、葡萄牙语和图皮语三语的教义问答是一次不错的尝试，但最终还是以闹剧告终。这本书在1642年出版于恩克赫伊曾，尽管对翻译的质量持有疑虑，但书籍还是被运往了巴西。3年后，最初印刷的3000本书，仍然有2951本堆放在累西腓的图书馆仓库里；陪伴它们的还有另外5000本荷兰语的宗教典籍。[13]

移民者的感恩

1620年，当清教徒前辈移民从莱顿启航，前往马萨诸塞州时，他们将欧洲世界抛置身后是非常草率的。书籍显然是新生活的必备品，事实上，正是这批书籍让他们最终脱离了英格兰教会。罗伯特·赖斯在劝阻1630年前往马萨诸塞州的朋友约翰·温斯罗普时，曾这样警告道："一个在书籍和学者身边长大的人，要在一个野蛮粗鄙的地方生活，那是极其艰难的。"[14]为了应对这一难题，移民者拿上书籍，把他们的文明一起带过去。书籍成了"生命之粮"。在第一个饥饿寒冷的冬天，虽然许多移民者死去了，书籍却顽强地活了下来。

前辈移民带来了大量图书，之后的几年里，救济船和贸易船又为他们带来了更多图书。如果有人死去，他的书会与其他财产一起被清点，由社区回收和再流通。深入的研究发现，那时的藏书规模是相当惊人的。[15]其中最庞大的当数威廉·布鲁斯特的图书馆，他是莱顿社区以及后来的普利茅斯社区的领导者之一。1644年，布鲁斯特去世，留下了350本书籍，包括著名的拉丁文新教作品，如加尔文、贝扎的著作，以及崔梅流和尤尼乌斯的拉丁文《圣经》译本。值得一提的是，其中还有大量的英文小册子，而且许多书印刷于阿姆斯特丹、米德尔堡或者莱顿这样的异见地区，甚至连布鲁斯特自己撰写的书也是如此。[16]通常，这个时期的藏书清单里只会罗列出价值昂贵的书籍、《圣经》以及大尺寸的书籍。小尺寸的书籍往往会模糊地一笔带过，比如“5本缝制的小书”“几本未装帧的书”“厨房里的5本小书”“53本小书”或者“其余几本荷兰语书”。[17]至于为什么布鲁斯特的藏书清单描述得如此之详细，每本书籍都清楚明晰，最大可能的解释是，在他去世时，殖民地的书籍市场远小于20年后拉尔夫·帕特里希建造起大型图书馆时的书籍市场。[18]因此，布鲁斯特收藏的小尺寸书籍在当时很可能有着更高的价值；毫无疑问，他的移民同伴很感激他在定居地作出的贡献，也非常愿意收藏一些他的书聊以慰藉。在这样一个未知的社会里，移民前辈想要牢牢抓住已知世界的边缘，因此，书籍的价值便不仅在于其象征含义，同样在于其所承载的内容。[19]

早期定居点在处理逝者的藏书时，一律采用实用的回收再流通方式。1621年，维吉尼亚公司致函正在艰难求生的移民地，计划派送一名新的传教士，但不打算带去任何书籍："我们相信你们那里不缺书籍，逝者的藏书就已经足够了。"[20]回到英格兰的移民者也被呼吁留下他们自己的藏书，正如约翰·史密斯所言，"我们非常需要这些书籍"。史密斯是一名狂热的宗教传单写手，是著名的阿尔冈昆语《圣经》译本的作者，也是他人藏书的强力争夺者；在新英格兰地区，收藏家贪婪的天性可以合法地辩称为上帝赋予他们的使命。

目前，总共有510份1631年至1692年普利茅斯殖民地逝者的遗产清单。其中超过一半的清单里都包括书籍，有51份清单列出了《圣经》和其他几本没有详细说明的书，另外有39份清单只列出了《圣经》和《诗篇》。记录更为详细的清单里，往往会有一些耳熟能详的名字，比如欧洲宗教改革运动的元老约翰·加尔文和扎卡里亚斯·乌尔西努斯，以及一些英国清教徒作家（这些作家把许多著作翻译成荷兰语，因此在低地国家中颇负盛名）。如果说这些人的藏书看起来都如此严肃，没有丝毫印象中征服者对惊心动魄的传奇故事的喜好，一部分原因可能是前辈移民者本身就是较为严肃的人；消遣类的闲书很可能被归到小尺寸书籍中，而没有列入遗产清单。布鲁斯特的藏书里有一本威廉·卡姆登的《不列颠尼亚》，可能是他在夜里打发时间的读物；此外还有一本弗朗西斯·培根的《叛国惯例》和一本马基雅维利《君主论》的手抄本。这些书籍虽然不是休闲读物，但对于如何处理殖民地偶尔会发生的政治骚乱很有帮助。

这些书籍全部是私人藏书，虽然人们可能会认为，像布鲁斯特这种规模的藏书，本可以在一个联结如此紧密的小定居点里成为社区的公共资源。在殖民美洲的第一个世纪里，最重要的藏书是由领头的传教士收集起来的。而教堂会众里的俗世成员，只能在波士顿日益活跃的书籍市场中想办法建造自己的图书馆。1656年，有人试图在波士顿建立一座城镇图书馆，但这座图书馆再次被传教士独占，没能成为教堂会众共享的消遣去处。殖民地仍然视宣教为主要价值导向，因此，查尔斯顿的传教士约翰·哈佛在1638年去世时，把藏书遗产留给马萨诸塞州剑桥新成立的教学型学院的重要性就不言而喻了。

哈佛本人捐赠的藏书及款项数目之大，足以证明以他的名字重新命名学院是理所应当的。17世纪末，哈佛学院拥有着北美洲最大的图书馆。哈佛学院没有为书籍采买留出预算（现代以前几乎所有的高等教育机构皆是如此），因此藏书的稳定增长完全依赖于捐赠。1678年，伦敦的一位独立传教士西奥菲勒斯·盖尔捐赠了一大批书籍，为哈佛图书馆增加了三分之一的藏书。1698年，约翰·梅纳德爵士赠书的数量更为庞大，学院不得不把重复的书籍卖掉。在17世纪最初的几十年里，哈佛图书馆的藏书已经达到了3000本左右，远远超出了学院最初的储存空间。

1723年，哈佛学院委托出版藏书目录。[21]这个倡议是由几位英格兰友人提出的，如果这份目录在伦敦出版，情形也许会好得多。然而，受托人把这项工作交给了波士顿本地的印刷商巴塞洛缪·格林，而此人对拉丁文印刷毫无经验。他保守地选择了四开本尺寸，而这个尺寸无论是对印刷还是对装帧来说，都既费事又耗时。藏书目录一共印制了400份，其中100份由监督该项目的书商格里什出售，剩下的300份则由哈佛学院免费分发给校友和潜在的捐赠者。哈佛学院几乎立刻向英格兰送去了100份，希望能鼓励更多的捐赠善举。可惜收到藏书目录的虔信富商大多没有捐赠意愿。他们更多的是震惊于那里现有的藏书规模，而意识不到维持这样的规模需要持续性的捐赠。他们认为哈佛已经丰衣足食，完全不需要任何帮助。“（那里）已经非常富有，藏书量极其庞大，完全有能力买到任何想要的书籍。”[22]我们在今天找不到任何一张免费派发的藏书目录，大概是因为收到的人很快便把它们扔掉了。

一些对哈佛图书馆的管理情况有所耳闻的潜在赞助人，对其更是印象不佳。正如1725年托马斯·霍利斯在写给本杰明·柯林斯那封直白的信中所说，当时，哈佛的藏书目录在伦敦广为流传：

> 我听到一些了解哈佛图书馆的人说，你们那里的管理情况十分糟糕。你们想要用于阅读的桌椅，还想要像我们这儿的牛津图书馆或者伦敦的锡安学院那样的铁链来保管珍贵的书籍。但是你们任由书籍被读者拿回家，许多书籍就是这样遗失的。你们那儿（年幼无知）的大学生把书籍带回宿舍后，还会撕下书里的照片和地图来装饰墙壁；种种此类，都是非常不好的行为。[23]

然而，哈佛图书馆最终还得要感谢那些“年幼无知”的大学生。1764年，哈佛图书馆遭受了火灾的侵袭，藏书全部被烧毁了。5000多本书毁于一旦，而那些大学生借阅出去的书幸运地逃过此劫。这一次，英国的捐赠者表现得非常慷慨。1790年，在新的独立国家诞生之时，哈佛图书馆新出版了一份藏书目录，列有近9000本书。清单里最引人瞩目的是大量的小册子，也许，鉴于小册子在刚结束不久的革命事件中所发挥的宣传作用，这也不足为奇；不过，对于大学的图书馆来说，这还是十分罕见的。

重归正途

当16世纪第一个耶稣会教团成立时，它便承担起一系列的宏伟使命，来强化天主教在日本、中国、巴西以及印度群岛的全球影响力。彼时，旅行写作正值流行，那些关于冒险、异域的旅行作品在教团大量出版，也成了今天图书馆收藏的主要内容。[24]不过，这掩盖不了传教的核心使命始终是向欧洲传播福音，而且许多备受拥护的教皇都给予了教团前所未有的行动自由。1548年，第一所耶稣会学院落成于西西里岛的墨西拿。在这个世纪里，一张由200多所大学织就的传教网络覆盖了整个意大利半岛、西班牙和北欧。图书馆是每所学院的重要组成部分；诚如彼得·卡尼苏斯所言，“一所学院，宁可没有教堂，也要有自己的图书馆”。因为卡尼苏斯是第一位拥有出版书目的耶稣会作家，所以我们可以理解他会讲出这般狂热的话语。依纳爵·罗耀拉的秘书胡安·德·波兰柯的言辞则更为恳切：“对于书房来说，购买书籍与购买食物一样重要。书籍是服务上帝的工具。”[25]

耶稣会在16世纪60年代走到了一个新的关键时期——一

个前往波兰的传教团成立了。16世纪的波兰享有“宗教自由之地”的特别声誉，成为包括天主教、路德会和加尔文主义等许多教派的流亡者家园。但同时代的人们也同样深谙其在欧洲大陆政治和经济中的关键地位：波罗的海的贸易中心，以及与俄罗斯东正教接壤的西方基督教国家的堡垒。因此，耶稣会教团的到来可谓一个具有地缘政治意义的大事件，这是一次大胆的突进，意图恢复天主教在这个古老王国的地位。

这一战略的关键是1565年在布拉涅沃建立的耶稣会学院。这座学院坐落于波罗的海的海岸附近，是一个战略要地，位于德国两大主要贸易城市丹泽和克尼格斯伯格之间。其中，克尼格斯伯格是新教的据点，也是最东部的新教大学所在地和德语印刷的主要中心。耶稣会学院与这所重要的大学展开了明确且公开的竞争，不仅吸引了寻求天主教教育的波兰学生，同样吸引了来自立陶宛、鲁塞尼亚、俄罗斯和路德会北部要塞——瑞典的学生。这所学院的主要目的就是培训传教士如何袭击欧洲的新教徒，其中的哲学院甚至被直接称为“瑞典神学院”。死亡的巨大恐惧笼罩着布拉涅沃，直到1613年，这所学院被禁止招收来自瑞典的学生。

虽然从瑞典涌来的学生浪潮逐渐退去，但在高峰期，学院一年能收到300名报考者的申请。显而易见，这样的学院必然需要一座庞大的图书馆，从1565年至1620年前后，图书馆积累了大量的藏书。2600本书中，既有反对宗教改革的波兰本土作家的作品，也有教会神父和古典作家的名作。布拉涅沃的这座学院成为欧洲天主教的一流学府似乎只是时间问题。图书馆成为推动皈依和征服的重要工具，也是欧洲最复杂的宗教战场上争夺人心的关键武器。不幸的是，怀揣美好愿景的耶稣会图书管理员却遭遇了同样勇猛的上帝战士，一只北方雄狮——瑞典国王古斯塔夫二世·阿道夫。阿道夫是一名虔诚的路德会教徒，他正野心勃勃地企图在波罗的海建立起瑞典帝国。

1621年，古斯塔夫二世·阿道夫征服了里加（拉脱维亚现在的首都），那时波兰王权统治下的一个新教城市。里加的耶稣会图书馆首先成为被攻击的目标，支持新教的地方治安官毫不犹豫地为其打开大门。1000本书被打包运往瑞典。1626年，弗龙堡的教团图书馆也经历了同样的命运，之后便轮到了布拉涅沃的耶稣会学院。书被小心地归置装箱，随后运往波罗的海的新家。为了接收这些珍宝，皇家图书管理员约翰内斯·布鲁斯在斯德哥尔摩建立了一座中转站。中转站在收到书后进行分类整理，再分别运往皇家收藏室或瑞典的其他图书馆。最珍贵的藏书，例如来自布拉涅沃和里加的书，都由乌普萨拉大学收藏。对这所大学的图书馆来说，这其实并没有什么特别的，毕竟最初，这座图书馆建立的基础就是在宗教改革期间通过掠夺修道院得来的4500本书。现在，它又可以享用来自新仇敌的战利品了。为了存放这些书籍而新开辟的空间，反映了当时特有的时代精神。乌普萨拉大学的图书馆共有三层。最上层用来存放包括路德会神学在内的教学书籍；中间那层则主要存放天主教、加尔文主义或耶稣会的各类书籍——来自德国的战利品就放置在这里。[26]好书和坏书，学者当然都需要，尤其是如果他们想要加强对对手的防御；但有一点是真实的，只有那些信仰足够坚定的人，才有权查阅耶稣会的书籍，因为只有那样的人才不会被花言巧语蛊惑。二层和三层各有一扇锁着的门，外部有楼梯可以上达入口。只有那些信仰坚定的人才会被赋予信任，获得打开二层大门的钥匙。

随着瑞典军事实力的增强，乌普萨拉很快拥有了北方最宏伟的大学图书馆，尤其是在布拉涅沃的竞争消失的情况下。但它绝非在瑞典征服德国和波兰进程中书籍的唯一获益者；还有两所瑞典的大学：爱沙尼亚的塔尔图大学和芬兰的土尔库大学。韦斯特罗斯和林雪坪的文法学校也收到了一部分战利品；随后，斯特兰奈斯的大教堂图书馆同样分得一杯羹。[27]在这些书籍的新主人看来，这可不是掠夺，而是营救。耶稣会教徒囚禁了这些书籍，而现在它们得救了。用1642年瑞典大主教劳伦修斯·保利努斯·哥特斯的话来说：

在这场战争中，上帝时常会慷慨地帮助我们拿下敌人那些著名的学院和辉煌的图书馆，（耶稣会教团）抑制了真正的宗教，滥用了这些学校和图书馆。如今，一切都再次重归正途，感谢上帝的荣光。[28]

瑞典的图书馆建设制度在1643年瑞典财政大臣埃克塞尔·乌克森谢纳发布的指令中可以找到正式记载，尽管事实上，这种制度早已实行了将近百年的时间。指令中写道，每占领一座新的城市，瑞典军官都要通过当地的居民弄清楚本地档案、文书以及图书馆的所在地。而这些文档和书籍一旦被找到，就会被打包装箱，运回瑞典。[29]

1642年，摩拉维亚奥尔米茨的圣方济会托钵修道院和耶稣会学院迎来了新的收获时节。1648年，三十年战争结束，和平谈判落下了帷幕。瑞典人找到了布拉格著名的斯特拉霍夫修道院图书馆，但当地居民坚决抵抗，阻止瑞典人穿过查理大桥，最终挽救了下城区耶稣会大学的图书馆。1646年，土尔库大学图书馆收到了瑞典上将托尔斯滕·斯塔尔汉斯克的妻子克里斯蒂娜·霍恩的1092本巨额图书捐赠，其中还有248本对开本。斯塔尔汉斯克上将的藏书全部来自1644年瑞典征服日德兰半岛（今天的丹麦）的战利品。这些图书最初的主人是奥尔胡斯主教马丁·马蒂亚斯。游历广泛的马蒂亚斯曾经在巴黎、鲁汶、安特卫普、阿姆斯特丹、莱顿以及维滕贝格等地收藏书籍；如今，他的藏书栖身于瑞典的大学图书馆里。由此可见，即便是这位路德会的同伴，也难逃瑞典人对书籍的贪婪豪夺。

我们只能从1655年出版的一份土尔库图书馆藏书的早期目录中了解到霍恩的这一次遗赠；因为1817年，这座城市被一场灾难性的火灾摧毁，整座图书馆消失殆尽。还有更多被瑞典人霸占的书籍战利品，也湮灭在大火里——1697年，另一场灾难性的大火毁掉了瑞典皇家图书馆。这些火灾与其说是天意的复仇，不如说是在仍大量使用木材建造的城镇中难以避免的事情，特别是在北方，在寒冷的冬季必然会点燃火种。从里加和布拉涅沃运送到乌普萨拉的书籍则保存得更为完善，直到今天，在大学图书馆的书架上仍然清晰可辨。不久前，这些图书馆允许波兰和拉脱维亚的图书管理员来为他们以前照看的耶稣会藏书做目录，尽管他们对这些书籍的归处依然颇有微词。[30]

三十年战争的结束并没有为对藏书的掠夺画上句号。有一个事例可以证明图书馆仍在遭遇掠夺，以及耶稣会教徒仍有着非凡的韧性。1569年，应立陶宛贵族天主教成员的要求，一座耶稣会学院在维尔纽斯成立了。这所学院在这座天主教东部的要塞城市蓬勃发展起来，并急切地承担起在这里传教的使命。1572年，来自齐格蒙特·奥古斯特国王非凡图书馆的捐赠更是为其推波助澜，据称足有4000本之多；而1575年，学院又获得了一笔款项用以建立自己的印刷厂。[31]在接下来的100年里，这个印刷厂成了波兰立陶宛联邦重要的出版地之一，源源不断地印刷着拉丁语和波兰语的教育及宗教书籍。留存至今的诞生于立陶宛本土的最早一本立陶宛语书籍（毫不奇怪，是一本教义问答）就出自这座印刷厂。

维尔纽斯在三十年战争里逃过了最惨重的破坏，但战争的结束为波兰立陶宛联邦带来的是一个更黑暗的时期，史称“大洪水时代”。当瑞典人占领华沙和波兰大部分地区时，俄罗斯军队入侵了立陶宛，并占领了维尔纽斯，造成的后果可想而知；而在大北方战争（1700—1721）期间，瑞典的军队再次掠夺了维尔纽斯。1710年，欧洲暴发黑死病，这座本已虚弱不堪的城市又沦为受害者。至少3.5万人死于这场瘟疫，几乎是这座城市一半的人口。所有这些，再加上1715年至1749年发生的一系列灾难性的火灾，维尔纽斯的昔日荣光彻底化作了泡影。学院挣扎求生，图书馆自然成为掠夺的重要目标，特别是立陶宛大公国大臣莱夫·萨皮耶哈和他的三个儿子曾轰动一时地向其捐赠了3000本藏书。[32] 1773年，学院最终不堪重负彻底关闭，即便如此，那时的图书馆仍拥有4000多本藏书。有趣的是，这些藏书是当代波兰立陶宛联邦出版书籍研究的重要对象，因为那里面不仅有耶稣会出版的书籍，还有在华沙和克拉科夫出版的书籍。[33]幸好整个欧洲的出版速度在不断增快，把摧毁图书馆作为一种攻击的有效性逐渐衰减，因为图书馆藏书的不断重建变得越发容易了。

耶稣会教徒以其顽强的韧性继续着他们的使命，这让他们的对手——天主教徒和新教徒的心里产生了一丝敬意。而耶稣会教徒则把战斗带到了黑暗的中心，欧洲的新教国家，对此却毫不畏惧。17世纪初，耶稣会教徒在吕伐登开始了隐秘的传教活动，这里是荷兰共和国北部弗里斯兰省加尔文主义的坚固据点。为了完成传教工作，他们在这里收集了1200多卷书，大多是天主教神学书籍。[34]在整个荷兰共和国，天主教徒都能顺利地获得所需的宗教文献，这尤其要归功于乐于无视宗教界限而只追求利益的书商。

耶稣会教徒对于寻找对手防线的薄弱之处从不手软，他们撰写书籍出版，向荷兰共和国的天主教作品发起炮轰。位于马斯特里赫特、登博斯、鲁尔蒙德和布雷达这四个边界争夺城市中的耶稣会学院充当起了前线观察站的角色。荷兰占领登博斯使得耶稣会教徒失去了他们最得力的印刷厂，不过这一次挫败非常短暂。耶稣会的书籍通常会在荷兰共和国印刷，出版商出于尊重，会盖上安特卫普或科隆这两个安全的天主教城市的版权印章，借以掩护这些作品。[35]

在英国，天主教徒受到严酷的法律处罚约束，耶稣会教徒由于与谋害伊丽莎白女王和反对詹姆士一世的火药阴谋案有所牵连，而感到格外忧惧。英国耶稣会会长亨利·加内特是1605年试图炸毁国王和议会大厦失败后被处决的犯人之一。尽管如此，在17世纪，英国的耶稣会教团仍然建立了一个堪称卓越的秘密图书馆网络。赫里福郡的Cwm图书馆拥有336本藏书，收集自欧洲天主教印刷的主要城市。德比郡霍尔贝克之家图书馆的藏书量更是比之前增长了一倍。[36]这两个图书馆在1678年反天主教的疯狂浪潮中都被没收充公，当时据称天主教皇意欲谋害国王查理二世；不过据推测，当局在此之前早已知晓这两个图书馆的存在。

战场上使用的武器各式各样。有些是撼天震地的毁灭，有些则是隐秘的破坏。17世纪和18世纪的图书馆战争也是如此。图书馆可能因掠夺而被毁，也可能因吞噬城市的大火而泯灭。但更常见的情况是，图书馆成了胜利者霸占的目标。最著名的例子是1622年，德国最负盛名的中世纪图书馆海德堡大学图书馆被迁往梵蒂冈。[37]海德堡大学图书馆藏有5000本印刷书籍和惊人的3500份手稿，这是巨额的财宝，虽然瑞典人对此拒不承认，号称这种数量的图书馆对他们来说并不罕见。清教徒前辈移民靠着第一批船队的小船尽其所能携带的物件度过了一个又一个冬天，抱团取暖，对每一本书都视若珍宝。英国的耶稣会教徒更是谨慎地收集着藏书，而当他们的使命不再是向外界大喊大叫时，教团便蓬勃发展起来。相对幸运的荷兰共和国天主教徒则可以大方地享用阿姆斯特丹丰盛的书籍市场。从这个充满冲突、对抗和坚韧的故事中，我们看到最多的是，欧洲人民把书籍视作具有传染力的物件，它可以是信仰的灯塔，也可能是国家的病毒。然而，我们也可以看到，在新教图书馆对耶稣会书籍的抢夺过程中（反之亦然），那个时代的文化资本多少是共通的。不管是哪种信仰的学术人士都非常认可经典著作、教父文献、语法和字典的价值，在任何一座图书馆里，这些书籍都是数量最丰富的。这也就是为什么，胜利者只需要沉浸在占有的图书馆里，而不需要去翻找废墟。

第四部分

公共与私人图书馆

第9章　宏伟的设计

如果贝德福德郡忠诚的长老会牧师詹姆斯·柯克伍德（James Kirkwood）在17世纪80年代去过巴黎，他也很可能无权拜访那座宏伟的学术图书馆。柯克伍德是一名苏格兰人，在流亡时期生活拮据，艰难度日。对于许多宗教难民来说，流亡时期是收藏书籍的绝佳时机——只要有足够的资源，或者找得到新的赞助人。然而，柯克伍德却另辟蹊径，他没有将精力放在打造个人的精神乐园上，而是实施了一个宏伟的计划：他要在每个教区都建立起公共的图书馆，为苏格兰带去启蒙和知识。柯克伍德认为书籍能够带来无限的可能性，对此，法国最伟大的收藏家红衣主教朱尔斯·马萨林（Jules Mazarin）也感同身受——他创建了欧洲迄今为止最宏伟的图书馆之一。这二人对图书馆的未来都有自己的认知。由教会建立起的众多图书馆中，会有一座成为苏格兰诸多小型住宅区获取神学资源的首要场所，而其余的则会向访问学者开放，其体量堪比亚历山大的藏书阁。马萨林的图书馆能够如此广为人知，也是此类学者影响力深远的一个重要标志。

不难想到，马萨林对公共图书馆的认知可以归纳为两个关键词：贵族气派和精英主义。[1]就像罗马帝国的伟人一样，图书馆被视作建立个人追随者和保护遗产的（众多）工具之一，可以用来炫耀财力、权力和品味（品味方面主要由图书管理员加布里埃尔·诺德决定）。这座图书馆也是统领欧洲政局的大臣贪婪的纪念碑。国王赏赐给他最喜爱的臣子礼物、土地和金钱，让这座图书馆的建造和收藏规模远超最高级别的贵族。而当他们失势之后，像马萨林这样的伟大政治家的图书馆自然会成为民众宣泄怒火的靶子，因为这样的图书馆往往都是在那些声名扫地的大人物的支持下建造的。

柯克伍德的认知与马萨林大相径庭。宗教改革运动确定了把对人的训导作为新福音派运动的核心目标。伊丽莎白教会有一个广为人知的规定，即每个教区的教堂都要有一本福克斯的《烈士之书》和伊拉斯谟的福音释义。这些小型教区图书馆里的书籍逐渐取代了中世纪天主教会收藏的弥撒书籍。然而，柯克伍德和他的朋友托马斯·布雷清楚地知道，两个世纪以来，新教的布道、教理对答和宗教训导都没能将建造公共图书馆的愿景变成现实。除了苏格兰和英格兰（荷兰和德国北部也一样）发展出一个教堂、学校和城镇图书馆的拼凑品，并在很大程度上依赖着俗世虔诚者的捐助，其余的图书馆则很快变身为仓库，堆放着从遭到解散的修道院没收的教会书籍——大部分图书馆赞助人的预想显然并非如此。马萨林向文学共和国的学者们发出高贵而有限制的邀请，请他们来检阅自己在巴黎图书馆收藏的珍宝，这些显然都是对公共图书馆不充分的认知。这两种认知都无法拥有长远的未来。

遗产争夺

城镇图书馆的起源可以追溯到查理曼大帝时代。[2] 802年，亚琛宗教会议规定，教区教堂必须有礼拜仪式用书，因为礼拜、圣礼分发和布道都需要此类书籍，用以阐释《圣经》。一座教堂拥有20本或30本书才可以称得上储备充分，不过，神职人员还是期望流传下去的书籍会有更多。[3] 这是一项雄心勃勃的规定，并且难以有效监管；但它确实建立了一个以教区教堂为中心的图书馆建设范例。在印刷术发明之前，对于许多欧洲社会来说，当地的教堂图书馆很可能是唯一的，也是最大的图书馆。

图书馆能够并且应当为整个社区所用的想法直到14、15世纪前后才出现。意在造福大众的遗赠，很自然地选在了教区教堂，因为那里是公众最频繁使用的场所。教堂为存放、收藏、管理和公众使用书籍也提供了最有利的条件，那时鲜有资金会单独用于图书馆的建造。在欧洲大部分地区都可以找到牧师或者富裕公民将其藏书遗赠给社区的例子。例如1309年，牧师乔丹努斯将他的18本藏书留给了自己位于德国中部布伦瑞克的圣安德鲁教区。100年后，他的一位继任者又向那里遗赠了大约40本书。又过了一个世纪，布伦瑞克的政务抄写员哈默尔恩的格温又将336本藏书送入了仍屹立着的教区图书馆。[4]这种慷慨一部分源于对社区的自豪感，满足被同代人称赞的愿望；另一部分则源于希望在自己离世后，仍能在这个世界上留下一些物质遗产。

随着印刷术的发明，将书籍遗赠给社区的传统越发巩固，越来越多的公民得以积累起大量的书籍。然而，越来越多样化的书籍内容，意味着当地教会有时候不再是此类遗赠的最佳去处。在16、17世纪，我们发现越来越多的收藏家将他们的藏书赠予了城镇，并特别声明要建造一座市政或公共的图书馆。然而，要实现从个人图书馆到市政机构的转变，需要大量的财政支持。1564年，佛兰德神父弗朗斯·波坦斯将他的藏书遗赠给了科特赖克镇。在他临终前，波坦斯指定了两名市镇官员和参议员作为他的遗嘱执行人，但在他死后，地方法官却不愿意履行遗嘱上的条款。[5]这着实令人失望，而且弗朗斯·波坦斯远非唯一一位对藏书的处理有着如此周全的思虑，但最终仍不被理会的藏书家。

尽职尽责地照看他人的藏书已经令人不堪重负，将其发展成公共资源更是一个难以应付的挑战。在天主教地区，将藏书存放在教会机构、修道院或者新成立的神学院要方便得多。在欧洲新教社会，建立公共机构的尝试变得更为艰难，因为收集藏书最便捷的来源是那些被废除的修道院图书馆。这使得新建立的图书馆里放满了过时的经院神学，哪怕当地的牧师都对此兴趣寥寥。无怪乎大量的藏书很快被束之高阁，远离了公众的视线。

德国汉堡这个庞大、富有且非常独立的港口城市成功建起了一座大众化的城镇图书馆。得益于相对宽松的到访制度，市政图书馆在这里蓬勃发展起来。从1651年开始，这座图书馆每天开放4个小时，在其成立50年后，甚至允许市民借出书籍。藏书量从1704年的2.5万册增加到了18世纪末的10万册。[6]瑞士各州、苏黎世和巴塞尔的大型城市，在宗教改革时期教堂财产遭到破坏，阻碍了建立市政图书馆的尝试；但也是在这里，公民的自豪感最终占了上风。[7]苏黎世的汉堡图书馆成立于1629年，是4位年轻的商人发起的一项私人倡议。图书馆的扩增得益于市民慷慨的捐赠，尤其还有来自私人收藏室里的珍奇物件。[8]巴塞尔图书馆也收藏了大量此类物品，包括著名的伊拉斯谟的箱子，据说，伊拉斯谟使用此箱来存放仰慕者和祈求青睐的追随者赠送的礼物。[9]

离开这些大型城市，要想建立繁荣的图书馆则困难得多。由于藏书的来源通常是那些被废除的天主教修道院，因此很难证明，为一个不存在的“公众”收集成百上千本（主要是拉丁文献的）旧书投入花销是有必要的。这些城市没有德国那些自由城市所具有的显著的公民能动性，修道院的藏书为了方便就被运送到邻近的城市或留在原地。在小镇上，这类藏书的最终去处往往是当地的学校，而这些学校附属于重新跃上神坛的新教教堂。在宗教改革初期，马丁·路德曾言辞凿凿地呼吁建造学校来教育德国青年，而他的主张也得到了重视。当一个地区接纳路德教时，新的教会条例规定，新学校需要配备图书馆供学生和教师使用。一旦最激烈的天主教辩护者所写的书籍被剔除，新教会条例就成了囤积教堂和修道院里过时书籍的一个有效的借口。

18世纪，许多德国学校的藏书多达上万本，学术书籍极其丰富，但对年轻的学生们来说用途不大。他们更需要的是17或18世纪后期建立的那种小型教区图书馆，因为其藏有最新的德语灵修作品。梅克伦堡–波美拉尼亚州的教堂图书馆通常藏有50到200本书，其中一些来自当地牧师的精心挑选或捐赠，一些（比如萨克森州的萨尔茨韦德尔图书馆）则来自市长的遗赠。[10] 这些公共图书馆的成功与否最终取决于到访制度和当地牧师以及校长的热情。如果他们愿意将此类图书馆视为真正的公共资源，而不是个人收藏的附属品，那么教区和学校图书馆便会蓬勃发展。

如果说德国早期公共图书馆的历史叙事是一个喜忧参半的故事，那么荷兰的公共图书馆则完全令人感到遗憾。[11] 荷兰繁荣的商业中心在宗教改革前拥有悠久的教区和修道院图书馆历史，仅豪达镇就有不止11座。荷兰共和国独立并接受加尔文教为公认国教后，起义带来的苦难致使所有人受到了严重影响。荷兰东部聚特芬的城镇图书馆于16世纪60年代首次成立，就在冲突爆发前不久。在1572年至1591年，这座图书馆被掠夺了5次，藏品从357件减少至不足100件。绝望的图书管理员一度试图用水泥堵住图书馆的大门，但随后发现，这对前来寻找装帧上镀金扣子的士兵们来说根本算不上什么障碍。

16世纪90年代，新教在组成荷兰共和国的所有省份都根深蒂固，每个城镇的修道院财产很快都上交国家，用作新教教堂、孤儿院、学校、军火库或仓库的建造。图书馆越来越多地成为这类革新计划的一部分，既出于需要，也出于愿望。市议会和归正的牧师很快意识到，他们手头上有大量的修道院藏品，这些藏品经过了几个世纪的收集，现在需要使其物尽其用。这使得在1580年至1620年，一项非常有活力的图书馆建设计划完成了。凭借图书馆可以“提供公共服务”或者“为大众使用”这样的雄辩言辞，先前的修道院财产被转化为新的城市图书馆。大部分修道院图书馆藏有200到300本书，不过最珍贵的书籍往往已经被抢走或被遭到驱逐的修士带走。议员们意识到建立一座较为体面的图书馆需要额外的花销，并且大多数城镇都获得了大量资金用以扩增馆藏。在代芬特尔，一座拥有46本藏书的图书馆，其藏书数量在20年间增加到约600本。阿尔克马尔议会在1601年和1607年的两次拍卖会上花费了800荷兰盾为图书馆购买书籍。社区的杰出成员也被请求进行捐款，例如在乌得勒支，两次大型书籍遗赠使当地的公共图书馆增加了3000本书。

如此巨额的遗赠可以说并不多见。捐赠者之一的休伯特·范布切尔的家人对他在遗嘱中捐出自己的书籍，而不是在拍卖会上出售感到震惊。有限的购书预算通常被名人书籍、多卷地图集或者各种语言的《圣经》所占据，代芬特尔、奈梅亨、乌得勒支和阿姆斯特丹即是如此。攀比精神在这种性质的耗资巨大的采购中发挥着作用：阿姆斯特丹的图书管理员花费了400荷兰盾购买《海神法律》——一套16世纪80年代印刷于威尼斯，共有28卷的拉丁文对开本法学知识纲要；豪达的图书管理员拍卖了部分馆藏书籍，用以购买更多的地图集，来补充图书馆早期购买的两个蓝色地球仪；1608年，当鹿特丹的海军上将科内利斯·马特利夫从东印度群岛航行归来时，他向当地的图书馆捐赠了一份马六甲统治者赠予他的

《古兰经》手稿。

城市管理者显然认为，这类奢华的物品对一座城市图书馆来说是必备的。至于其他方面，公共图书馆在形式和功能上效仿了学术图书馆，成为文献作品的存放处。这使得市政机构必然会继续以拉丁文书籍为主。阿姆斯特丹市议会曾两次大举印制图书馆藏书目录以示庆贺，但馆藏中的荷兰语和德语图书只有区区几本，非拉丁文图书似乎从未被考虑过。购买《海神法律》的金额足以为图书馆添购近300本荷兰语作品，这显然会吸引更多的社会公众。不过，荷兰的市政图书馆仍然是公民自豪感的源泉，虽然没什么用处，但备受推崇。

城市图书馆摆满了相对来说价格昂贵的新书，因此不太可能免费向当地市民开放。一些市立图书馆最初的到访制度相对宽松。聚特芬向城市的主要成员分发了60把钥匙，但在荷兰起义后，这些钥匙被勒令归还。在多数城镇，到访规定从未明确，完全由被任命为图书管理员的牧师、议员或校长自行决定。豪达是为数不多的严格限制到访的图书馆之一：只要支付昂贵的6荷兰盾，或捐赠等同金额的书籍，城镇里的"尊贵人士"就可以进入图书馆。妇女和儿童被明令禁止进入图书馆。[12] 豪达的图书管理员意识到图书馆藏有不少可能会冒犯到新教读者的旧修道院书籍，因此提前警告访客，不得画掉书中他们不认可的内容。

对安全性的忧虑还促使市议会投入了大量资金购买书链，把书籍锁在讲台或书桌上。这种传统的方式（今天仍然可以在前身是聚特芬城镇图书馆的圣沃普尔吉斯教堂图书馆中看到）之所以仍在使用，有一部分原因是出于对古老的教会藏书模式的崇敬。虽然这些城镇抛弃了天主教修道院，但它们继承了天主教修道院的理念，即精耕细作的虔诚研究，一次只专注于一本书。这对城镇图书馆的发展产生了深刻的影响，因为需要空间来放置锁着书籍的读经台。无论是这样的书籍，还是那里的阅读环境，都几乎不可能吸引读者，图书馆里始终冰冷，且常常光线不足。因此，地方政府很快就失去了兴趣，在17世纪20年代之后便几乎没有再增加书籍了。例如，代芬特尔图书馆在1602年到1710年没有增加一本书。1698年，一位德国游客称这座图书馆“极其糟糕”，但仍然要比1704年到访阿尔克马尔城镇图书馆的外国贵族有着更好的体验，后者由于馆内落满了层层灰尘和污垢，访客离开后甚至需要清洗衣物。

英国教区图书馆

英国早期公共图书馆的出现晚于德国和荷兰。这里的图书馆也深受当地神职人员的影响，尤其是当地的传教士领袖。

一个典型的例子是，精美的伊普斯威奇图书馆自16世纪末便开始尝试建立，但直到1617年才找到合适的安身之处。[13] 建立这座图书馆的倡议来自威廉·斯玛特，一名议会议员，也是当地的英雄人物：斯玛特曾因阻止萨福克培根出口给低地国家莱斯特伯爵的军队而被短暂监禁，地方主义精神胜过了对国家的责任。他对图书馆的遗赠因法律问题和对书籍、手稿的争夺又陷入困境，最终剑桥大学赢取了胜利果实。因此，直到塞缪尔·沃德作为城镇传教士到来，这座图书馆才真正成为现实。伊普斯威奇还是红衣主教沃尔西（担任英国国王亨利五世的首席大臣十多年，颇具影响力）的故乡，拥有一座著名的文法学校，已经享有很高的地位。在剑桥大学争取到斯玛特的遗赠书籍，结束了关于本地男孩就读剑桥大学是否有奖学金的讨论后，议会便要求沃德和他的同事们“到医院查看是否有一些合适的房间，以便用作图书馆的建造”。

沃德优先考虑的事情更为传统，他要为自己和其他的萨福克传教士建立一个工作图书馆，而且他想到一个极好的点子，鼓励人们捐款而非赠书。沃德富有魅力的领导力吸引着源源不断的捐赠，1650年前参与捐款的当地公民超过了100名。捐赠人的名字都被记录在一个印刷的标签上。在沃德的游说下，议会在泰勒斯大厅的北面为他留出了空间，并且用公费进行了翻新和上釉，用以接收书籍。受到当地这位受人尊敬的传教士的鼓舞和公民自豪感的推动，图书馆里的藏书反映出两个不同的用途：既有庄严的新教评论书籍供神职人员研究，也有虔诚的英语文学作品供严肃的公民阅读。值得一提的是，这些书籍都没有上锁，就摆放在靠墙的架子上。

萨福克郡这个繁荣的羊毛小镇催生了一个非凡的教区图书馆网络，以两端的两个主要市场——伊普斯威奇和伯里圣埃德蒙兹为中心向外扩散。[14] 我们已知的图书馆有15座，堪称奇迹的是，其中有8座至今仍算得上完好无损。除去伊普斯威奇的城镇图书馆，目前现存的最大的图书馆是伯里的圣詹姆斯教堂图书馆（现为大教堂图书馆），该图书馆藏有大约481本书，大部分是拉丁文文献。留存下来的赠书目录记载了1595年至1764年向图书馆捐赠过书籍的117人的姓名，其中主要是绅士、神职人员、医生和校长，偶尔还有商人。添加到这些书籍上的文字清楚地说明了发生在英格兰省级图书馆中关于捐赠目的的冲突。1595年，赫塞特的校长安东尼·罗斯将一本1526年的珍稀巴塞尔对开本赠予了伯里图书馆，并声明是“供神学学生使用的”。1639年，文法学校的保皇党校长认为这本书的读者范围要更为广泛，可以“供文学共和国的成员阅读”。不过，这本书是《保罗书信》的一个版本，吸引的主要还是神职人员。[15] 萨福克郡的许多其他图书馆都是个人捐赠者的产物，为的是供当地牧师使用，而且有些图书馆直接建于牧师的住宅而非教堂。有时候，这种捐赠似乎并不明智。18世纪初，拉文纳姆附近相距1英里的两个小村庄分别收到了总计3500本赠书。这对它们的在任者来说是一个感到困惑的负担，这些书更应该成为拉文纳姆宏伟的羊毛教堂的装饰品。因此那3500本书在19世纪初便消失得无影无踪了，或许并非偶然。

正如萨福克郡的这些例子所表明的那样，这些新建立的图书馆大多都隶属于教区教堂，并由当地的神职人员掌控。图书管理员常常是当地的牧师。收藏的书籍在内容上也大多是神学，而且以拉丁文为主。牧师和俗世收藏家为了净化心灵，将书籍遗赠，以此纪念差点落入默默无闻的生活。1681年，约翰·特雷冈威尔爵士将他的藏书赠给了多塞特郡的米尔顿·阿巴斯村，为当地教堂建立了一座图书馆，此举“是为了感激上帝对他的怜悯和爱护，让他在从教堂屋顶跌落时没有丢掉性命”。[16] 这次侥幸的逃生让多塞特郡的这个小村庄获得了大量的珍贵藏书。

令人惊讶的是，伦敦几乎是英国全部出版社的所在地，但这里的公共图书馆的情况却异常糟糕。在17世纪中叶，伦敦仅有的公共图书馆是威斯敏斯特教堂图书馆、圣保罗教堂图书馆和锡安学院图书馆。[17] 也许是终于有人意识到了这一点，1684年，坎特伯雷大主教托马斯·泰尼森在伦敦的圣马田堂建立了一座神职人员的图书馆。据约翰·伊夫林所述：

> 泰尼森说他的教区里有30到40名年轻的修士，有的是绅士长官，有的是贵族牧师。他们有时会因为经常光顾小酒馆或咖啡馆而受到他的责备。泰尼森还说，如果他们有书可看，就能更好地学习和利用时间了。[18]

不过，这个图书馆的藏书量远不及拥有近8100本书和小册子的旧圣彼得教堂图书馆。1704 年，格林威治的教区牧师兼罗切斯特的副主教托马斯·普卢姆将藏书遗赠给了家乡埃塞克斯郡的马尔登，并保存在镇中心的旧圣彼得教堂。他建立这座图书馆，是为了“供邻近教区的牧师和神职人员使用；因为他们的教堂附近的空气不健康，所以这些牧师常会把马尔登镇作为他们的居住地”。[19] 但是，马尔登附近有着足够多的学识和足够强的求知欲，能够利用好如此丰厚的遗赠的牧师又有多少呢？事实上，像这样出于特殊私人原因的遗赠发展起来的全国性网络，几乎不可能满足对图书馆有着最迫切需求，也是最能利用好图书馆的城镇。似乎许多图书馆建设者会优先考虑他们自己的愿望——在他们的社区中立下一个纪念碑——而不去仔细考虑这些藏书的未来实际使用者。藏书家总是难以想象，他们付出巨大的代价和劳力收集的东西可能对一些人来说没有什么价值。出于这样的原因，像马尔登的普卢姆或者林肯郡格兰瑟姆的弗朗西斯·特里格那样个人遗赠的藏书很少会成为公共图书馆长久的资产。[20] 而这样做最终成功了的人，像莱顿的约翰内斯·蒂修斯和曼彻斯特的汉弗莱·切塔姆，都是极其富有的。建造图书馆是他们毕生的事业，也是他们品味和虔诚的纪念碑。他们不得不留下一大笔财产来支付图书馆的维护费用，以便在未来持续供公众使用。[21] 切塔姆的图书馆与大多数英国公共图书馆不同，因为它被交予了受托人而非教区或市议会。这一决定使他的图书馆免遭管理疏忽的损害，18世纪的许多小型图书馆都因此没能存活下来。[22] 但它仍然被视作一项宗教事业。直到18世纪末，詹姆斯·柯克伍德和托马斯·布雷这两位拥有远见卓识，并且坚韧不拔的藏书家才真正构想出一个可行的全国性图书馆网络，为公共藏书的繁荣播下了种子。

苏格兰的亚历山大

1700年，教区、学校和城市图书馆遍布欧洲。其中一些是建立在个人捐赠的基础上，一些是友人间共同建立，还有一些是靠地方当局建造的。大部分的图书馆依旧不尽如人意，不过，这并没有阻碍在不久的将来，把公共图书馆建成城镇和乡村广泛公众服务这一雄心勃勃的计划。1699年，詹姆斯·柯克伍德牧师向世界展示了有史以来最全面的图书馆计划之一：他将在家乡苏格兰的每个教区都建立一座公共图书馆。

柯克伍德的设想一部分源于欧洲拥有如此大规模的藏书量却普遍存在着的共用乱象。这种混乱在书籍世界的边缘地区尤为明显，因为那些国家几乎没有自己的印刷厂，而且显然书籍会更贵、更难获得。柯克伍德沉思："如果在苏格兰各地建起图书馆，这里将成为目前第一个也是唯一一个拥有大量规范且有用的书籍的国家……因此，学术将在我们这里繁荣起来，即便我们不是一个伟大或者富裕的民族，但我们将成为一个智慧和博学的民族。不错，两三百年后，这些图书馆将变得更为完备，世界上最著名、最宏伟的图书馆也不会超过这个王国任何一个教区中最简陋的图书馆。"[23]

新图书馆计划作为苏格兰爱国主义的源泉，还意在留住聪慧的年轻人，不让他们把所有的积蓄都花在国外的大学上。考虑到19世纪公共图书馆的使用者，柯克伍德提出，一个好的地方图书馆应当具备提高道德的作用，鼓励人们少把时间浪费在赌博和喝酒上，而是多多阅读。

为了说服他的同胞，柯克伍德出版了一本简短易懂的小册子，里面提出了12项计划。这些提议有些异想天开：柯克伍德提出，每位苏格兰牧师都应当将自己的全部书籍捐赠给当地教区，再将一份藏书目录送至爱丁堡“重要”的中心图书馆。每本书都会被估价，牧师们因此得到补偿。全部教区图书馆的书籍经过编目和检查后，他们会制定一张清单，列出每个教区或者长老教区图书馆所需的书籍，再进行购买或者在教区间进行交换。最后，最为夸张的是，每个教区图书馆都要收到每本印刷书籍的影印版。苏格兰公共资金将会资助7.2万英镑，这些资金出自每个教区的土地所有者的捐助和牧师的工资。还将设立一个中央办公室，定期检查哪些书籍印刷于欧洲，以便获取影印版，或者在苏格兰一家专门为教区图书馆提供书籍印刷的新印厂重新印刷。

像所有寻找失落的亚历山大图书馆的朝圣者一样，柯克伍德也是无可救药的理想主义者。让牧师交出自己的全部书籍，并等待以后获得补偿的想法是天真的。牧师对整个编目工作来说至关重要，从这一点上就可以断定这个计划不可能取得成功。苏格兰教会彻底无视了柯克伍德的计划。不过，这位坚持不懈的图书馆改革者并没有轻易气馁，1702年，他提出了一个更温和的计划。他提议仅在苏格兰高地建立图书馆，那里是苏格兰最偏远的地区，也是最缺乏大型个人图书馆或教育机构的地区。[24] 这一次柯克伍德只是向新教徒同胞强调了天主教传教士在高地游荡的威胁，并劝说了缺乏书籍的牧师和平信徒回到罗马的怀抱，便取得了成功。[25] 他的号召在伦敦引起了特别的反响，许多富有的新教徒对柯克伍德的福音事业深表同情，也对詹姆斯党煽动者怀有恐惧。通过不懈的竞选活动，除了许多私人书籍捐赠，柯克伍德还筹集了1300多英镑。超过5000册书从伦敦运往苏格兰，1704年至1708年，苏格兰高地及岛屿上共建起了77座图书馆，并向所有当地居民开放。

这是一个伟大的成就，但它的成功也是其毁灭的元凶。这些图书馆建造地区的当地居民对新教毫不关心，因此这些

图9　苏格兰最古老的借阅图书馆，坐落于珀斯郡的内佩弗雷。这座图书馆最初建于照片右侧小教堂楼上的一个小房间里，1762年搬至左侧房屋，上层藏书，下层供图书管理员居住。

图书馆也被怀疑是长老会的隐蔽机构。当柯克伍德于1709年去世后，图书馆运动的倡议也随之消亡，没有了高地地主的财政捐助，图书馆无法维持下去。至1730年，柯克伍德建立的许多图书馆都消失了。早在1715年，雅各布派叛军占领并摧毁了罗斯郡阿尔内斯，其中柯克伍德建立的两座图书馆就已经被摧毁。托马斯·奇泽姆——因弗内斯郡基尔莫拉克（天主教主导地区）的图书管理员，委托遗产执行人按重量出售教区书籍换取鼻烟包装纸。[26] 等到了19世纪初期，柯克伍德100年前开始建造的图书馆已经所剩无几。

尽管柯克伍德最终还是失败了，但他发现的需求是真实存在的。在乡村地区，图书馆使用者能够将书籍带回家至关重要，因为他们去往当地教堂的次数可能很少而且时间相隔很久。

住在柯克伍德图书馆20英里以外的任何读者都可以借阅一本小型书籍，最多可以借两周，如果是大而重的书籍则可以借阅更长的时间。出借权对内佩弗雷成功建立公共图书馆来说同样至关重要。内佩弗雷是珀斯郡的一个小村庄，由马德蒂的戴维·德拉蒙德勋爵于1680年创建，“目的是鼓励年轻学生并使其获益”。德拉蒙德的巨额遗赠确保了图书馆得以生存下去，这批近3000册的藏书流传至今，是苏格兰图书馆文化公认的宝藏。如今，内佩弗雷图书馆距离最近的城镇有4英里，成了散布在高地山脚下的一个宗教研习和消遣娱乐的社区中心。一份18世纪下半叶的借阅记录记载有1483次书籍出借，登记了287名读者，涵盖各个社会阶层，其中包括11名女性。[27] 内佩弗雷图书馆的学术气息浓厚（德拉蒙德曾是一位时髦的收藏家），但被借阅最多的书籍却是英语灵修作品和历史著作。许多图书馆创始人都没能意识到，公共图书馆成功的关键在于为读者提供他们真正想阅读的书籍。

托马斯·布雷的设想

柯克伍德在英国的同道中人是牧师托马斯·布雷（Thomas Bray）。两人是朋友，而且相互支持彼此的事业。1698年，布雷成立了促进基督教知识团。[28] 他致力于为乡村地区的教区教堂提供小型图书馆藏书，1709年，布雷提出在英国全部的捐赠贫瘠地区建立教区图书馆的提案，与柯克伍德同时期的方案在精神内核上颇为相似，但指导性略逊一筹。所有的教区都因此受惠，收到了一整箱书，箱盖内粘有一份目录和一份1708年教区图书馆法案的副本，布雷在这个法案的制定中发挥了重要作用。

布雷图书馆早期大约有52座，在他死后增加到了140座，图书量一般为62本至72本，使用橡木手提箱运送。[29] 每个图书馆的资金为20英镑，部分由促进基督教知识团的受托人支付，此外接收的教区还需要捐助5英镑。接收人需要经过精心挑选。在图书馆已经深受喜爱的萨福克郡，只有萨德伯里的圣徒才能作为接收者。即便如此，布雷图书馆在1903年的声望也足以使米尔登的教区长将他的2000多册藏书捐赠给这里，虽然当时这座布雷图书馆的藏书量还很少（1813年只有39本）。[30]萨德伯里的圣徒欣然接收这笔捐赠后，立即将其中最有价值的书卖掉，用以换取资金购买新书。[31]

布雷的图书馆实际上是为牧师而非教区居民规划的。这种图书馆的影响力逐渐减弱，因为恰是在1680年至1720年，许多社区都在积累自己的更为庞大的图书馆。和先前的许多事例一样，这样的社区图书馆通常是个人藏书家遗赠的成果，但有的时候，镇议会也能发挥更重要的作用。1658年，梅德斯通的镇议会购买了沃尔顿的六卷多语言《圣经》，放置在小教堂中，供全部居民阅读。1716年，教堂里积累了32本书，并且提供借阅。1731年，镇议会又买下了刚去世的托马斯·布雷的私人图书馆遗产，大约有559本书，也放进了教堂图书馆。多亏有图书馆的借阅记录，我们才得以知晓神职人员只占读者中的一半。在这样的图书馆中，我们看到了更贴近真正的公共图书馆的雏形，把书籍放置在教堂只是因为那里是更合适的存放地点。[32]

英国乡村的福音传道仅仅是布雷雄心勃勃的传教阵地的一半。1696年，布雷引起了伦敦主教亨利·康普顿的注意。康普顿为美洲殖民地圣公会的未来感到焦虑，任命布雷作为他的代理人，为这些遥远的社区带去秩序和援助。[33] 1699年，布雷启航前往美洲。在马里兰州，虽然他代表教会所做的努力很快陷入了殖民政治的泥潭，承诺的薪水也迟迟没有支付，但他仍然建立了30个教区，获捐成立了17座教区图书馆。布雷丝毫没有气馁，回到英国后，他继续建立了一个新的与促进基督教知识团紧密关联的国外福音传播团体。他还继续为他在美洲成立的图书馆积极筹集资金，获得了可观的5000英镑用于购买书籍。布雷提议，除了他的教区图书馆，每个殖民地还应该有一个州级图书馆和一批平信徒图书馆，包括《圣经》和改进的文学作品，存放在教堂里，以便出借给教会成员。

布雷筹集资金在美洲殖民地总共建立了38座教区图书馆，5座州图书馆和37座平信徒图书馆。其中藏书数目最可观的是马里兰州的安纳波利斯图书馆，拥有1000多本书，而教区图书馆有时藏书量尚不足10本。接收者并不总是感激不尽的。在北卡罗来纳州的巴斯，布雷图书馆在建成不足9年后就被彻底废弃了，据当地一位圣公会牧师说：“那些书全都没有装订过，有一段时间都当作废纸用掉了。”专供教区和平信徒图书

图10　国外福音传播团体的藏书票（1704年）。一位新教牧师在船头自豪地拿着一本书，向注定要接受基督教信仰教训的土著居民致意。可以肯定地说，这样的梦想并不总能成真。

馆使用的书也可能被盗用："州长妻子海德夫人把所有交付她看顾的书都卖给了我，换取黄油和鸡蛋。"[34]美国独立战争结束时，大多数布雷图书馆都彻底消失了，安纳波利斯图书馆最初藏有的1095本书如今也只剩下了211本。

在努力中坚持最久的不是图书馆，而是促进基督教知识团。之后的两个世纪里，该团体在英国工业化的城镇和不列颠帝国的各个角落分发着数百万份传教小册子。这个团体意识到，维多利亚时代众多理想主义者所不知道的是，如果想将新工业阶级带到上帝面前，就一定要把书籍带去人们身边，而不是坚持让人们去图书馆。前几代人的教区、平信徒或城镇图书馆的失败，是因为只顾着满足神职人员和有限的精英公民的需求。显然，公共图书馆时代的到来尚有很长的一段路途要走。

第10章　红衣主教之过

鲜有政治家的权力能与法国国王路易十三的首席大臣红衣主教黎塞留（Cardinal Richelieu）相提并论。在近20年的时间里，这位红衣主教指导着世界上最强大的国家之一。他能够做到这一点，不以耻辱结束自己的职业生涯，也没有把自己送上断头台，已经是一项了不起的壮举了，尤其是对于一个出身小贵族家庭、树敌不少并且为自己和家人积累了非凡财富的人来说，更是如此。黎塞留是新一代政治家、大臣中最成功的人物，他们在整个欧洲负责国家权力和政府工具的迅速扩张。他们以国王和王后的名义行使这一职责，但随着君主对大臣的依赖与日俱增，他们的权力也越来越大。这激怒了旧秩序的成员，尤其是贵族，优越的血统使他们一直在宫廷中占据一席之地。大臣也许出身贵族，但通常会在法庭就职或者成为牧师——他们的武器是笔，很少是剑。

红衣主教黎塞留积累财富和权力的同时，也对政府日益增加的官僚主义保持持续不断的关注。为了履行好职责，大臣需要大量的工作文书、法律书籍和法令条例。黎塞留请求学识渊博的学者在书籍中搜寻法律先例，与国外的图书管理员通信，为他们的赞助人购买新的书籍。[1]如此，在这些充满活力的工作中，发展出了越来越大的图书馆。如同君主一样，各国大臣也会收到书籍作为礼物，通常来自那些渴望被伟大政治家雇用的学者。令人眼花缭乱的权力高峰确实带来了其他机会。1628年，黎塞留征服了反叛的新教阵地拉罗谢尔后，国王路易十三授予了他整个城镇图书馆作为奖赏。以至于黎塞留晚年的时候，拥有了一座藏有6000多册图书的图书馆，希腊文、希伯来文和阿拉伯文手稿尤其丰富。他最大的对手——西班牙的首席大臣奥利瓦雷斯伯公爵卡斯帕·德·古兹曼，也拥有一座同样宏伟的图书馆，藏有5000多本印刷书籍和1400份手稿。[2]

从这些藏品的规模可以看出，大臣们可不只是被动的收藏家。他们耗费大量的资源建立起令人惊叹的图书馆，拥有珍稀的精品书籍和百科全书式的收藏范围。这些图书馆具有多种功能：既是一种大臣工作的档案补充，也是一种炫耀的方式，在一定程度上，还是一种公共资源。政治家的图书馆是隐秘公开的，因为它是在公共环境下运作的，而且许多伟大的藏书也是用公共资金购买的。两个世纪前，文艺复兴时期的红衣主教和政治家为自己小型而且神秘的藏书室感到自豪。比如乌尔比诺的费德里科公爵，那种私密的空间目的在于只招待少数的客人。17世纪和18世纪红衣主教和国家大臣的图书馆则完全不同：空间更大，铺张华丽，方便连接那些正确的人。这或许是无意识地模仿了罗马的帝国图书馆，成了艺术家和作家的聚集地。这些人在那里发挥着自己的作用：提升赞助人的声誉，保护其免受宫廷对手的攻击，并反击在街上无意听到的粗鲁笑话。古老的大型图书馆在欧洲不断扩张的官僚国家中得到了重生，扮演着与过去相似的角色，充当起获得赞助的源泉和维护关系的纽带。

大臣们必须认真对待背后的辱骂和酒馆的谣言，因为他们掌控的权力总是不稳定的。他们的新身份需要他们比宫廷里的对手拥有更多的资源，表现出更慷慨的给予和更华丽的炫耀，例如在宫殿、花园、艺术品收藏方面的大肆挥霍，以此显示出更庞大的家族和更忠诚的追随者。苏格兰和英格兰国王詹姆斯六世及一世在检视艾塞克斯郡奥德利庄园（他的高级司库托马斯·霍华德新建造的房屋）时评论道，这座房子对于一个担任如此高职的大臣来说已经足够了，但对于一个国王来说，它太大了。这一调侃表现出这位精明的君主的洞察力，他理解，也喜欢看到这些为他服务的人所做出的危险行径，却忽视了他们是否真的在尽心尽力为自己服务。

黎塞留于1642年去世，享年于巅峰时期。在他的遗嘱中，他将自己的私人图书馆遗赠给法国公众，以表明他的收藏一直是为了人民的利益而进行的。[3]这本应使法国在创建向公众开放的大型图书馆运动中跻身前列，但同时代的人只会想到三大公共图书馆：托马斯·博德利的牛津图书馆和意大利的两个天主教图书馆——米兰的安布罗西亚纳图书馆和罗马的安吉莉卡图书馆。对法国来说，黎塞留的收藏很遗憾注定无法加入这个万神殿。巴黎大学（索邦神学院）本应管理黎塞留的藏书，收到的指示却是，把这些书留在已故红衣主教的住所里。藏书中许多极为珍贵的书籍，比如希腊手稿，在几轮财产目录清点后都不见了。1660年，巴黎大学声称自己有权收藏这批书，并要求将这些书搬走。这多少有些不合常理，因为当时的巴黎大学图书馆并没有足够的空间容纳这么多藏品。黎塞留的藏书被粗暴地搬进仓库，随着时间的推移，许多书籍渐渐消失不见了。新的大臣上升到权力的顶峰，新的图书馆也建立起来。那些从前争先恐后要与黎塞留紧密相连的人们，则开始忙于自己野心勃勃的新计划，不再留意在仓库里腐烂的那些掠夺来的藏书。

按长度买书

黎塞留在去世前不久，从意大利召回了一位法国同僚——

加布里埃尔·诺德来管理他的藏书。诺德是一个非常受欢迎的图书管理员，他是这个新职业最鲜活的缩影，常被大臣雇来创建或建造图书馆。这种新型的图书管理员兼顾问常常是出身卑微的学者，他们能够以一种高等出身的人所不具备的热情为赞助人的雄心壮志倾心奉献。作为一个谦逊但受人尊敬的巴黎家族中早熟的次子，诺德最初是以作为巴黎议会的主席之一梅斯的亨利二世的图书管理员而闻名。在他的监督下，梅斯图书馆成了巴黎知识分子精英的聚集地，而当时才20岁出头的诺德为巴黎知识分子中最伟大的学者所熟知。在整理和编目了8000册藏书之后，这位年轻的图书管理员写了一本小册子，名为《关于创建图书馆的建议》(简称《建议》)。这本小册子在1627年出版，成为第一份直接面向潜在的藏书家的指南，讲解了他们应该收藏什么样的书籍以及如何整理他们的图书馆。[4]

这本《建议》是诺德在法国文化精英眼里的名片，与其说是赞扬他的赞助人的高雅收藏，不如说是赞扬他自己作为图书管理员的能力。诺德决定用法语而不是拉丁语写作，也暗示了这本小册子的受众：不是同行学者（他们可能是诺德在就业方面的竞争对手），而是富有的贵族和外交官（他们可能是比梅斯的亨利二世更杰出的赞助人）。诺德很清楚，对于这些精英来说，图书馆作为社会场所发挥的作用要比作为书籍仓库更大。吸引名人来参观图书馆是提升个人影响力和声誉的关键步骤。为了将这一信息传达给读者，诺德花了很长时间思考了大型公共图书馆缺失的原因，以及权贵建立这种图书馆的理由，并含蓄地表达出雇用像他这样博学的图书管理员是必不可少的。

诺德梦想中为权贵打造的图书馆是什么样的呢？他在《建议》中并没有完全走革新路线，而是用古老权威的表皮包裹着当代收藏实践的内核。他敦促他的赞助人仔细考虑图书馆应该装饰有哪些书籍，才足以反映出他的博学，但同时他也建议，一个伟大的图书馆应该包罗万象，收藏所有传统的学术类别。在这些既定模式的基础上，诺德推荐收藏家加入异端书籍，这一惯例在新教国家已经流行许久，但往往被天主教收藏家所回避。最具争议性的是诺德对收集时代作品的认同，“比如讽刺作品、抨击作品、（大学）论文、碎纸片、（印刷）校稿等”——正是托马斯·博德利爵士非常不希望进入牛津图书馆的那些材料。诺德的这一推荐还附带提出了一个实用的方式：时代作品应该被仔细地分类和装订，使其发挥真正的用处。最重要的是让全世界知道收藏家的身份，这样才会有源源不断的礼物涌入家中。而宣布收藏家身份最好的方式是买下一个著名收藏家或者他的继承者的图书馆，反正日后总可以卖掉不需要的书籍或影印版。

这种博学而实用的收藏方式成为书籍世界里的一股新鲜血液，于是，称赞诺德专业性的言论迅速传播开来。出版《建议》几年后，他的名声为他赢得了服务曾在巴黎结识的颇具影响力的意大利红衣主教圭迪·迪·巴格诺的机会。作为秘书兼图书管理员，诺德陪巴格诺回到罗马，在那里度过了10年。意大利拥有丰富的图书馆资源，是快乐的丰饶之地，也是一个可以有效与国内权贵赞助人维持社会信用的地方。在罗马，诺德能够找到法国所没有的书籍，并且展现出一个资源丰富且可控的形象。因此，在1642年，当红衣主教黎塞留想要一个图书管理员时，诺德自然成了候选人。

黎塞留的去世对刚被任命几个月的诺德是一个打击，但他的继任者，首席大臣红衣主教朱尔斯·马扎林（Jules Mazarin）立刻又为诺德带去了补偿。马扎林是诺德理想的赞助人：一个拥有无限资源，但仍需向法国政府证明自己的价值，并且证明从黎塞留继承巨大权力正当性的人。马扎林出生于意大利，因此他必须证明自己对法国的忠诚，而他着手完成这项任务的方式之一就是建立一个欧洲最富有、最全面的图书馆。[5]

诺德的工作必须加快，马扎林的工作人员已经努力地在红衣主教宫殿建造一座宏伟的图书馆，那里曾是红衣主教黎塞留的住所。诺德很快意识到，要想满足他的赞助人的要求，必须按体积大批量购买书籍，而不是他在《建议》中呼吁的

“精挑细选”。巴黎的150家书店为他提供了6000本书，随后，诺德又抢购了一个巴黎名人的图书馆，以2.2万里弗赫（是诺德年薪的10倍）的价格获得了6000本书。

有了这些藏书，马扎林图书馆便开始每周四向公众开放。1644年1月30日期的双周刊《巴黎公报》报道说，红衣主教马扎林的图书馆（后来藏书量已为王室藏书的两倍）如今已变成“为所有博学和好奇人士开设的学院，他们每周四涌入这里，从早至晚，在这座迷人的图书馆里细细品读”。不过，诺德的任务还远未完成。1645年4月，他前往意大利，在那里大批量购买书籍，并与书商拼命地讨价还价。据他的朋友吉安·维托里奥·罗西说，那位书商本想做成一笔好买卖。

但最终，诺德坚持不懈地，用恐吓、咆哮，甚至最终破口大骂的方法，得到了自己想要的价格，上好的书籍卖得比梨或者柠檬还便宜。而那位商人在后来仔细回想后抱怨说，他的眼睛被下了咒，手也被操控了，他本可以用这些书籍在需要用纸包香料或胡椒的香料商人，或者用纸包黄油、酱鱼或其他什么腌制品的杂货商那儿卖上更好的价格。[6]

诺德对此类悲叹充耳不闻，在佛罗伦萨、曼图亚、帕多瓦和威尼斯继续进行着大肆扫荡。8个月内，他收集了86捆书

图11　加布里埃尔·诺德是一位精力充沛的图书管理员，为了实现他的赞助人红衣主教马扎林的梦想，他按码数大批量购买书籍。尽管他关于图书馆建设的理论思考使他小有名气，但是他坚定的实用观点使他享誉书坛。

籍。“他对书籍没有好恶，”藏书家伊斯玛·布尔利奥在目睹了其中几次丧失理智的掠夺后说道，“他觉得每本书都很好，尤其是那些不知名写作者的书籍。”当诺德“洗劫”威尼斯的书店时，布尔利奥担心这座城市的书籍会所剩无几，当地居民将只能买到“启蒙读物和祈祷书”。

这位不知疲倦的图书管理员带着1.4万册书回到巴黎，而红衣主教只需支付1.2万里弗赫，这里面还包括诺德的个人开销。经过两年的疯狂奔波，诺德走过法国、瑞士、德国、英国和荷兰，为红衣主教马扎林建造了一座规模惊人的图书馆，据估计共有4万本印刷书籍和850份手稿。总开支为6.5万里弗赫，但诺德通过向巴黎市场出售影印版书籍，又收回了4000里弗赫。

在马扎林图书馆的开放日，有80到100名学者在图书馆里工作。诺德曾夸口说，有的外国学者在这里发现了他们从未见过的本国书籍，甚至流下了惊喜的泪水，即便人们对此表示怀疑，但也完全相信在前所未有的自由下收集的如此庞大的藏书，必然会吸引诸多仰慕者的到来。数年来，马扎林图书馆一直是世界上最大的公共图书馆。

可悲的是，这种盛况并没有一直持续下去。几年后，红衣主教马扎林就开始逃亡，在投石党反叛运动下被迫离开巴黎。这是一场经济困难时期针对马扎林和据传与其关系暧昧的摄政女王奥地利的安娜的复杂抗议活动。为了挽救这座伟大的图书馆，诺德及其他工作人员进行了漫长的保卫行动。最初，也取得了一些成效。尽管1648年法国议会没收了马扎林的物品和财产，但图书馆只是被上了锁，里面的书籍尚完好无损。即便是最针对他的批判者，巴不得这位红衣主教早日被处死，也能意识到他和他的图书管理员所创造的这座图书馆文化意义深远。就连年轻的国王路易十四也被呼吁来拯救图书馆。1652年12月29日，反叛运动快要进入尾声的时候，投石党人最终还是下令出售马扎林图书馆的藏品。

这个消息迅速传遍了国外，收藏家们早已对马扎林低价收集的藏品垂涎三尺。在英国，诺德向法国议会提交的请愿被翻译并印刷了出来。他恳求议员挽救“这座当今世界上最美丽、设施最完善的图书馆”。

先生们，你们能允许公众被剥夺如此有益而珍贵的东西吗？……如果这样的损失发生了，世界上不会再有任何人……能够修复它。请相信我，这座图书馆如果成为一片废墟，这将在所有的史书和大事记上被仔细地记载，更胜过征服君士坦丁堡。[7]

心碎的诺德倾尽所能来挽救那些藏品，甚至自己掏钱来购买其中一些书籍，但当他意识到自己已然无能为力时，这位忠实的图书管理员接受了前往斯德哥尔摩的邀请，成为瑞典女王克里斯蒂娜的皇家图书管理员。[8]

政局更替，风云变幻。1653年，红衣主教马扎林又回来了，并向诺德发出回国修复损失的邀约。诺德自瑞典出发，但未及到达巴黎便去世了。随后，重建法国最伟大的图书馆的担子落到了一位更有世俗智慧的政客肩上，让-巴蒂斯特·柯尔贝尔（Jean-Baptiste Colbert）。在马扎林生命的最后10年里，柯尔贝尔是他的财政主管，而当马扎林重新掌权时，修复图书馆是一个重要的优先事项。马扎林为柯尔贝尔提供了慷慨的预算，但作为一个精明商人的儿子和财务大师，柯尔贝尔总是慎重行事。许多在马扎林第一座图书馆的拍卖会上购买过书籍的人都非常愿意接受他的提议：如果马扎林免去他们过往的罪行，他们就归还那些书籍。于是，三位负责监督那次拍卖会并且中饱私囊的议员的图书馆被全部没收了。通过这些强力的示威，以及对预算的谨慎使用，图书馆很快恢复了约2.9万本的馆藏。[9] 然而这一次，红衣主教不再向不知感恩的公众开放他的图书馆了。

模仿游戏

马扎林图书馆的不幸命运在法国产生了深远的影响。1661年，红衣主教马扎林去世后，柯尔贝尔开始为国王服务。他开始考虑建立自己的财富、家庭和庄园。当然，图书馆也是规划的一部分。但首先，有一个障碍需要清除：政府的财政大臣尼古拉斯·富奎特（Nicolas Fouquet），原本被期望接任马扎林的人。富奎特出身于一个法学家庭，他的父亲弗朗索瓦有一个颇符合他职业风格的精美图书馆，富奎特又是巴黎议会的一名律师顾问，在一群有钱的法学家身边自然很容易就能收集到藏书。

当富奎特踏入马扎林的核心圈子，他便抓住机会建起了一座图书馆，以彰显他显赫的新地位。首先，他听从了诺德的建议，购买了许多奢华的藏品。富奎特任命皮埃尔·德·卡卡维作为图书管理员负责收集藏书。像马扎林之前做的那样，富奎特也打算向公众开放自己的图书馆。可当富奎特被捕入狱后，这一切都化为泡影，他如此张扬的展示引起了国王的怀疑，使他成了牺牲品。整整6年，在意欲抢夺这块“肥肉”的人们的虎视眈眈之下，这座藏有足足2.7万本书的图书馆又被上了锁，闩上了门。[10]

一旦发现富奎特难以东山再起，皇家学院的教授便提出他们的学院正是富奎特图书馆最合适的容身之所。考虑到学院与君主制之间的历史联系，这是一个合理的要求。但接替富奎特成为国王财政主管的柯尔贝尔有着自己的计划。一开始，1000本关于意大利历史的作品被移进皇家学院里，在当时仍比马扎林和富奎特的图书馆规模要小，并对公众关闭。这次购买得来的1万里弗赫让富奎特的债权人感到满意。这反映出一个事实，即在没有明确定罪的情况下（对富奎特的审判持续了3年，成为一个广受国际关注的争议事件），国王对完全没收大臣财产持谨慎态度。富奎特的前任图书管理员德·卡卡维被委派为皇家收集其他藏品，一直到了1673年，富奎特夫人最终被允许出售剩余的藏书以偿还丈夫的债务。

有趣的是，柯尔贝尔放弃了通过掠夺富奎特图书馆来大量扩充自己的藏书的机会。这位狡猾的大臣打着另外的如意算盘。他的兄弟担任皇家藏书管理员，这使他确保了自己能够任意进入图书馆。他无比准确地推断出，显赫的财富在富奎特的垮台中有着很大的作用。无论如何，柯尔贝尔打算为国王打造一个非同寻常的图书馆——一个文献资料的工作藏书室，以支持国家的公共管理事业。在柯尔贝尔任职期间，路易十四最主要的事业就是拓展法国领土。所有的夺取都需要合法的理由，而这相应地又需要寻找先例、政策和宗谱。柯尔贝尔的代理遍布法国各地，翻阅并复印各类档案。始终保持警惕的柯尔贝尔只是为影印版应使用的纸张类型和尺寸提供指导，以方便装订。这不是伟大收藏家孔雀开屏般的炫耀行为，而是为管理国家提供有力的工具。[11] 在柯尔贝尔的努力下，皇家图书馆迅速发展到藏有3.6万本印刷书籍和1万多份手稿，而这位大臣自己的藏书也扩充至近3万册。柯尔贝尔开发了一个有着目录和索引的百科全书般的系统来整理这些书籍，只要他能最大限度地挖掘图书馆的潜力，他就不需要来自公众的奉承。

柯尔贝尔对图书馆力量和张扬炫耀会带来危险的机敏理

解并没有传递给其他的政治家。在他去世很久之后，马扎林雄心勃勃的图书馆计划又激励着许多贵族、外交官、红衣主教和大主教建立自己的宏伟藏书，并向公众开放。他们雇用的图书管理员是像诺德这样的人文主义学者，而不是柯尔贝尔那样精明的管理者。招摇的展示所带来的磨难如此轻易地被人遗忘，这在很大程度上是一种持续的文化模仿导致的结果。没有一个收藏家希望被竞争对手超越，这种竞争精神受到图书管理员的积极支持，他们敦促收藏家仔细探究其他的伟大收藏家所拥有的藏品。诺德建议，收藏家应该通过获取他人图书馆目录的影印版来模仿和提升自己的收藏。[12] 这种模仿之所以可行，是因为伟大的收藏家都迫不及待地向来访者展示他们的图书馆。在外交活动和教育旅行中，著名的图书馆成为文化特使、大主教和年轻贵族的必访之地，借此积极地向全世界宣扬自己宏伟的形象。即便收藏家回国以后，在国外旅行时建立的联系也将继续发挥重要作用。一个值得信赖的，能够为其赞助人寻找并获取艺术品、珍品和书籍的通讯员，对于任何专业的收藏家来说都是十分必要的。[13]

获得大型图书馆的通行证通常取决于个人的社会信用。然而，在这个时代，图书馆的信息变得易于获取。借由目录（许多已经是印刷品）和导游手册，大型图书馆很自然地加入富裕游客的行程中。诺德的密友之一，加尔默罗会的修士路易斯·雅各布（Louis Jacob）和诺德一样，也成了红衣主教让·弗朗索瓦·保罗·德·贡迪的图书管理员。1644年，在诺德的鼓励下，雅各布出版了自己撰写的《最美丽图书馆的记述》。[14]这部作品描述了数百家当代的公共图书馆和私人图书馆，绝大部分是法国的图书馆。任何一位自豪的藏书家只要收藏有至少3000本书，就可以写信给雅各布，要求把自己的图书馆写进去。毫无疑问，这是一部爱国主义作品：

> 我的这本书首先将成为法国图书馆的指南，因为我们的图书馆比世界上任何国家的都要多。至于为什么我敢说仅巴黎的图书馆就比德国和西班牙加起来的还要多，你们从我的列举中自然看得出。[15]

这句话激怒了德国的学者，但雅各布这部作品最终成功地将法国塑造成了欧洲智慧、文学和文化的发源地。这本指南中最突出的一个特点是提出了法国省级城镇里贵族收藏家的重要性。到了17世纪，贵族家族的子孙已经断然要摆脱“文盲战士”的名声：为了学习法律，他们开始上大学；他们不仅在宫廷里竞争职位，也在地方政府竞争职位。他们收藏有大量的法律、历史和经典书籍，在维护普罗旺斯地区艾克斯等城镇的声誉方面发挥了根本性的作用（普罗旺斯地区艾克斯镇是法国最高等的法庭之一——最高法院的所在地）。[16]

雅各布的指南有好几个版本，其写作风格也被许多人模仿，其中最成功的是荷兰的一位校长约翰内斯·洛梅耶（Johannes Lomeijer）。1669年，洛梅耶的《论图书馆》对现代欧洲图书馆进行了一次全面的研究，但用作者的话说，选取的只是“那些著名的图书馆”。[17] 洛梅耶意识到虽然图书馆无处不在，但其中有些却因规模、外观、藏书稀有性和丰富性或者赞助人的名气脱颖而出，这些图书馆值得更多的关注。

洛梅耶的作品能够引人关注，主要有两个原因。他对古代图书馆的描述只是例行公事般地粗略带过，而这些图书馆一直是文艺复兴时期收藏者的主要灵感来源。他在作品里明确指出，现代收藏家应该模仿托马斯·博德利和红衣主教马扎林，而不是奥古斯都大帝。洛梅耶没有离开过荷兰便完成了这部作品，可谓是“坐在椅子上的旅行者”。有着如此多的印刷书籍可供阅读，洛梅耶足以收集到100多家现代图书馆的大量细节信息，因此，读者即使不亲自出远门，也可以迈入世界上伟大的收藏家的大门。

至少在一点上，洛梅耶是传统的。与路易斯·雅各布不同，洛梅耶最关注的是意大利的图书馆，因为在整个欧洲，意大利仍然被认作知识的发源地，具有高度的文化与智慧。所有的教育旅游都会将意大利作为目的地，其中最主要的城市始终是罗马。在洛梅耶出版其作品的5年前，两名意大利人乔凡尼·皮耶特罗·贝罗里和菲奥拉万特·马蒂内利在他们的小册子《博物馆的注意事项》中罗列了至少98座罗马的大型图书馆的信息。[18]这份声名显赫的名单中最伟大的收藏家是巴尔贝里尼家族。1623年，马费奥·巴尔贝里尼当选为教宗乌尔巴诺八世，这样的身份要求他展示出匹配的文化实力，彰显出家庭的显赫，毕竟这个为教会服务的家族里诞生过一位教宗和三位红衣主教。1627年，乌尔巴诺八世最喜欢的侄子红衣主教弗朗西斯科·巴尔贝里尼吸引了一位游历丰富、才华横溢的德国学者和语言学家卢卡斯·霍尔斯特（Lucas Holste）为其担任图书管理员。[19]拥有着几乎取之不尽的资金资源，霍尔斯特创建了一个在规模上堪与马扎林图书馆相媲美的图书馆。

与诺德不同的是，霍尔斯特可以利用与教宗的关系，从众多意大利修道院购买到稀有或重要的书籍。他通常会为这些书籍买单，但价格往往极低，而且并没有获得那些受到恐吓的保管人的同意。在一次旅行中，教宗向那不勒斯方济各会发出一条法令，禁止他们出售自己收藏的任何书籍，除非这些书籍已经经过弗朗西斯科·巴尔贝里尼和他的图书管理员过目。由于教宗有权没收所有未立遗嘱的过世牧师的书籍，他的侄子会定期收到大量捐赠品，用以扩增已经颇为庞大的巴尔贝里尼的收藏。

欧洲天主教的权力结构使这种贪婪的图书馆的建造成为可能：从15世纪最有名的书籍猎手波焦·布拉乔利尼时代起，不幸的修士们就已经发现，教堂遭到掠夺的次数和它获取书籍的次数一样多。在新教国家，在修道院被解散的意外收获之后，类似的机会并不多见。荷兰共和国的首席大臣阿德里安·帕夫试图创建一个公共图书馆的努力几十年来都并未成功，这提醒着人们，在一个不喜欢炫耀的社会里建造图书馆是很艰难的。[20]帕夫是马扎林的崇拜者，尽管他还是一个虔诚的共和党人，十分热衷于彰显贵族的气派。他对法国品味的热爱影响了他对法国的外交政策，导致了他在1636年的倒台。

在他的政治流亡期间，帕夫建立了一个藏有约1.6万本书的图书馆。17世纪40年代，当他恢复权势后，他利用每一次政治机会来获取更多的书籍：作为明斯特和平大会的荷兰谈判代表时，他获得了一份珍贵的柏拉图著作中世纪手稿。1649年，他作为特使被派往伦敦，为国王查尔斯一世的性命求情。让东道主感到震惊的是，在查尔斯被处决后，帕夫提出想要买下他的图书馆。他的出价被拒绝了，但3年后，他再一次提出这样的请求，而这一次，帕夫意欲购买已故国王图书馆的消息公之于众，荷兰引发的众怒使帕夫不得不再次放弃。

不听话的家庭成员加剧了帕夫政治上的挫折。尽管帕夫曾要求他的继承人将他的书籍收藏在一起，并在他死后向公众开放，但那位不那么爱读书的继承人认为，在帕夫的海姆斯泰德领地建造起一座宏伟的家族陵墓会让他们的氏族感到荣耀。1656年，也就是帕夫去世两年后，他的图书馆便被出售了。一个收藏家的不幸是另一个收藏家的福泽。帕夫图书馆海牙拍卖会上的一位大买家是一位隐居的德国王子，来自不伦瑞克–吕讷堡的奥古斯特。

奥古斯特公爵（Duke August）是德国北部一个不起眼的公国的富有君主，他是欧洲最成功的藏书政治家。[21]他在近20个商业中心拥有永久代理人——出版商、艺术交易商、商人和外交官，这些人的日常活动之一就是购买尽可能多的印刷新书，塞满公爵的书架。其他代理人，比如海牙的利弗维·范·艾泽马，负责在拍卖会上为他购买书籍；而另一名荷兰人亚伯拉罕·德·威克福特则负责从巴黎的图书馆（包括马扎林图书馆）中为他复印手稿和书籍。威克福特给公爵总共送去了大约400卷抄本，全部用精致的红色摩洛哥羊皮装订。尽管很少离开沃尔芬比特尔小镇，奥古斯特依然建造了一个图书馆，藏有3.1万册印刷书籍和3000份手稿——藏书包罗万象，有完整的经典作品，各教派的宗教作品，还有最新的医学、法律和历史作品、奥古斯特还偏爱收集时代作品，包括政治小册子、新闻报纸、葬礼布道文和婚礼诗歌等。

在他的收藏实践中，公爵接受了诺德的流派，这一流派当时正吸引着众多追随者。然而，奥古斯特在一个重要方面是独一无二的，这一点使他区别于那个时代的其他政治收藏家：他自己担任了图书管理员。奥古斯特广泛地进行收集，但从未购买过整座图书馆。他收藏书籍是因为他自己非常热爱书籍，而不是为了给访客留下深刻印象。他把访客的数量控制在最低限度。奥古斯特每天都会打开书箱，为书籍编目。他自己编制了所有的目录，并建造了一个巨大的书车，来放置6开本的总目录，共7200页。尽管公爵不情愿地让学者进入过他的图书馆，但他从来没有分享过图书馆资源的关键：这

图12　画面里奥古斯特公爵正在他最喜欢的地方——他的图书馆里。奥古斯特是一个真正的藏书家，他更愿意自己担任图书管理员，从不允许任何人查看他编纂的图书目录。

本恢宏的目录。在一个模仿的时代，保密可能是一个强有力的手段。和其他许多的收藏家一样，公爵无法控制后代的品味。与费尔南多·科隆不同，在这方面，他很幸运，因为他的继承人认识到他付出的巨大努力，便维持着这座图书馆，把它作为第一任创始人的纪念碑。伟大的收藏家常常渴望得到不朽的名望，但却很少有人留意到，这种不朽在沃尔芬比特尔小镇里悄然实现了。这座图书馆直到今天仍然矗立在那里，成为一个学术中心，同时提醒着人们，一些藏书者的梦想确实实现了。

巴洛克的辉煌

1729年5月22日，爱尔兰基拉拉和阿乔肯教区的大主教罗伯特·霍华德向他的兄弟休抱怨说："除非有非常合适的空间，否则处理一大堆书籍要比想象中更折磨人。"[22] 霍华德不是唯一一个传达出此般情绪的收藏家。在伟大的红衣主教收藏时代，图书馆的规模已经大为发展；如果一座图书馆要想从往往拥有数千本藏书的职业人士的图书馆中脱颖而出，这样的抱怨是不难想象的。在欧洲各地的城堡、宫殿和城镇住宅中建造了如此多的图书馆，必然需要新的设计解决方案。没有一个政治家能把2万册书全放进书柜里，即使可以，他们也不想这样做。如果有伟大的收藏家向朋友或者广泛公众开放他们的藏书，就必须花更多心思在放置书籍的房屋建筑、装饰和设施上。

在17世纪以前，大多数大大小小的图书馆占据的都是原本不是用来放书的空间。因此，当一座宏伟的大厅专门建造来放置一批藏书时，这成了一个有力的声明。建造一个实体图书馆需要花费大量的资金，因此可以借以区分伟大收藏家的图书馆与那些不得不把书放在家里的律师和医生的图书馆。这些贵族的图书馆不仅是为容纳大量书籍而设计的，还是一个社交空间，人们可以在那里接待访客或者谈生意，给客人留下主人博学而富有的印象。即使是不对外开放的图书馆，比如罗马的红衣主教贝尔纳迪诺·斯帕达的宏伟图书馆，也装饰有当时一些最伟大的艺术家的壁绘和画作。伟大图书馆建筑的建造标志着古典罗马理想的回归。从斯多葛派哲学家到好辩的耶稣会士，图书馆里的写作者都认同他们那个时代的伟大图书馆尽管会用巴洛克的画作、雕像和肖像画来提升价值，但还是应该模仿古典建筑。一些图书馆的建设者为了追求美感付出了非凡的努力。虽然罗马的萨皮恩泽尔图书馆只花了2年时间就建成了一座崭新的建筑，同时收集了上千本书，但仅对天花板进行壁绘装饰就花了4年的时间。[23]

耶稣会教授克劳德·克莱门特走在了图书馆视觉变革的

最前沿。[24] 1628年，即在诺德发表《建议》的一年后，克莱门特写了关于图书馆建筑的著作。这本著作与诺德的著作有两个显著区别：一是这部作品是以拉丁文出版的，面向国际天主教读者；二是大部分的篇幅无关乎书籍，而是建筑。克莱门特认识到，装饰奢华的巴洛克图书馆可能是天主教复兴的关键，是拥有者权力和财富的美学体现，在社会（通常是教会）等级中的地位，同时还是向上帝荣光的致敬。这一概念的核心是对图书馆空间的重新设计，使其变得更像智慧神庙般的教堂，而不是实际用于研究的房屋。

在欧洲北部的一些新教地区，有一些人对巴洛克风格的转变，最初是持犹豫态度的。诺德坚定地认为，收藏家不应过度在意奢侈的装饰，而应把钱省下来用于购书。沃尔芬比特尔的奥古斯特公爵的宏伟图书馆有两层，就建于马厩的正上方。不过这些不管是朴素还是奢华的图书馆，都有一个共性，即对书籍进行了重新整理。[25] 欧洲的图书馆不再使用中世纪学院和教堂图书馆的基本设施——主要是读经台和低矮的中央书柜——而是将图书馆房间改造成大厅，书架靠着墙壁摆放，书籍完全直立地插在书架上。虽然之前也有过这样的先例（费尔南多·科隆和西班牙国王菲利普二世也都曾尝试过类似的设计），但到那时这成了一种标准，有着强大财力的人们把这种设计发挥到了极致。

在一个读经台图书馆里，书籍本身是吸引读者眼球的重要成分：它们完全敞开在读者眼前，随时可以被翻开、阅读和研究。而在巴洛克风格的图书馆大厅里，读者的目光会更多地被装饰所吸引，书籍变得不起眼了，除非是大型的书卷，才会让人留意到。大厅中央呈现出的巨大空白空间，突出了整体的宏伟壮观，视线可以自由地在大理石地板上漫游，四周被一排排装订整齐的书卷环绕着，随着目光从地板游弋到穹顶天花板，书卷也随之被忽略了。为了给受到震撼的访客进一步留下印象，书架之间和上方的空间也被装饰得很艳丽，通常会使用金色、奶油色、蓝色或者淡粉色。天花板装饰有壁画，按照严格分类绘着教父、哲学家和知名作家的肖像。1609年至1618年，米兰的安布罗西亚纳图书馆中至少拥有306幅杰出作家的肖像画。[26]

在德国南部、奥地利和波西米亚的残存天主教修道院里，这种建筑潮流最具变革性。[27]与邻国意大利不同，许多德国修道院在改革的动荡中陷入了困境。[28]到了18世纪，它们迎来了建筑的复兴，这不仅是为了让修士们振作起来，也是为了恢复修道院曾经作为精神、知识和教育中心的地位。大型修道院的院长与巴黎的红衣主教大臣没有什么不同，他们实际上与拥有领地的王子无异，在财富、土地和地位上与许多俗世统治者相比毫不逊色。修道院图书馆向奢华的陈列室的转变，凸显出教会在学术和学识方面仍具有影响力，同时是神职人员仍然拥有权力的一种佐证。不过，即便是在18世纪的天主教地区，这种影响力依旧在不断受到攻击。

许多修道院图书馆确实需要重新修整。1722年，圣珀尔滕修道院的院长抱怨说，他必须重新改造图书馆，目前状态下“这几乎完全是荒谬的”，书籍都看不到几本。一些游手好闲的修士甚至把图书馆改造成了台球室。[29]这让院长感到尤为尴尬，因为对许多修道院来说，带领来访修士和权贵参观庭院和房屋是很常见的礼节，而访客们经常会要求参观图书馆。在中世纪的欧洲，缮写室和图书馆通常会放在参观的尾声。因为这些房间一般位于修道院建筑群中最安静、最僻静的区域。18世纪，这一布局戏剧性地改变了。正如圣珀尔滕修道院院长所提出的那样，新风貌的图书馆应该建在修道院的入口处，因为它“可以让客人和游客觉得更赏心悦目，而且不必像从前那样钻到角落里参观”。

壁画、绘画和雕塑形式的视觉装饰对巴洛克风格的修道院图书馆有着重要意义。这些形式都蕴含着丰富的《圣经》和古典寓言的元素，美丽但不易理解。1747年，圣弗洛里安的一位院长为他的修士们提供了一本有用的手册，因为“访客常常会问我们石墙上的图案，这个或那个样式下隐藏着什么故事、寓言或典故”。[30]还有的院长会把一些象征性的含义解释写在图书馆的桌子或者纸张上，供所有人阅读。其中最繁杂的建筑方案也没有花费太多就达到了预期的效果：塞腾斯特滕修道院的图书馆把所有书籍都用白色皮革重新包装，为的是与新铺的大理石相协调。这个过程花了足足30年的时间。[31]

新风貌的图书馆建造进程并不都像罗马的萨皮恩泽尔那样快，在斯瓦比亚的罗根堡，一个新图书馆于18世纪30年代开始规划，60年代开始建造，80年代才完工。之后，到了18世纪90年代，所有的书籍都在书架上摆好以后，才发觉这座新图书馆太小了。另外，有些图书馆重建以后规模之大，以至于修士们拥有的书籍只够填满一小部分空间。在下奥地利的阿尔滕堡修道院，其图书馆与维也纳宫廷图书馆的外形非常相似，当时的维也纳宫廷图书馆已经发展到藏有约20万册书籍。修士们拥有的书籍只占这个数字的一小部分，于是留下了许多只摆着几个书架的房间。尽管如此，这个48米长、3层高的建筑给人们留下了深刻的印象。直到今天，阿尔滕堡修道院仍然被认为是最好的巴洛克式修道院之一，铺设有原始的大理石、灰泥和壁画的图书馆房间是它的巨大宝藏。

巴洛克风格图书馆在视觉上给人带来乐趣，但为了追求美牺牲了用于学术研究的空间，并把书籍降低为与奢华的墙纸相同的地位。而那些读者的日常需求——书桌或者读经台——统统被牺牲掉，用来放置展现探寻奇观的珍稀物件。1758年，圣加伦修道院的巴洛克风格图书馆房间里放置有一具埃及石棺。更常见的是，图书馆里可能摆放有古董雕像、精密仪器、地球仪、建筑模型，或者装满硬币、宝石和自然珍品的展示柜。沃尔芬比特尔的奥古斯特公爵至少拥有70个钟表、日晷、星盘和望远镜以及一个放有珍奇物件的展示柜。从一封信件中，我们得知这个展示柜里有“一双土耳其靴子、一个皮革魔术袋、一把印度乌木剑、一个土耳其军舰的模型、一个龟壳制成的猎号”，以及一个可以通过隐藏机关打开的解剖鹿头。最后这个物件刚到沃尔芬比特尔时，上面的鹿角就断了。[32] 收集这些东西一方面是为了激发收藏家的思考，另一方面是为了使每个允许到访的游客发出惊奇的赞叹声。如今，这样的赞叹可以发生在极其美丽的大厅里，人们只要找到一张书桌坐下，就可以阅读到全世界所有的珍奇见闻。

从皇家图书馆到国家图书馆

1755年的万圣节见证了一个欧洲伟大首都城市的毁灭。里斯本先是遭遇了一场毁灭性的大地震，随后又经历了火灾和海啸。数以万计的人死去，欧洲最好的图书馆之一——国王约翰五世的图书馆也随之被损毁。这座建在巨大的皇家宫殿里，位于里斯本河边的图书馆，最后什么都没有留下。国王约翰五世是一个不折不扣的藏书家，一个身体孱弱但知识渊博的人，去世于5年前，这对他来说是一种幸运，不必看到自己毕生努力的悲惨结局。图书馆对于沃尔芬比特尔的奥古斯特公爵来说，是躲避三十年战争时期德国政治动荡的栖身之地，而对于年轻的葡萄牙国王来说，则是了解更加广阔的世界的一种途径，他的身体状况使他无法到处旅行。国王约翰五世常常要到下午4点才开始吃午饭，因为一整天他都在图书馆里全神贯注地读书。[33]

据说，国王约翰五世这个私人的静修区藏有7万册书，花费了高昂的费用，购买于各大书籍收藏中心。约翰的大使们经常会接到命令，放下其他任务先去拜访书店或者参加书籍拍卖会，为他们的国王竞标。这可能是一个不尽如人意的过程，因为巴黎、海牙或罗马与里斯本往来信件可能需要数周时间，因此常常是一本书已经售出了，才收到国王作出的购买决定。国王约翰五世可能会与其他国王、公爵或国家大臣竞标，比如萨伏伊的尤金、波兰的国王或俄罗斯沙皇的代理人。在一次拍卖会上，国王约翰五世从法国国王路易十五的首席大臣红衣主教纪尧姆·杜波伊的图书馆购买了6000本书。[34]就这样，大量的书籍从一个大收藏家手里流传到另一个大收藏家手里。在18世纪，人们认识到，国王和王子是不可能没有图书馆的。作为国家形象的代表，他们被要求表现出对学习、教育和启蒙的热爱，即使他们本人对这些概不关心。这归功于他们的首席大臣、政治家和神职人员，书籍才越来越多地出现在他们的面前。随着书籍在社会等级制度中地位的攀升，其数量也在成倍地增加，铺设出第一批国家图书馆的诞生之路。

第11章　古文物收藏家

收藏机构经过多年的收集难免会发现，有的捐赠作品有不止一份影印版。处理掉这些影印版有时是很有益处的，尤其对法兰克福的多米尼加修士显然很有吸引力，他们在整个17世纪都在把收藏里的影印版转卖给当地的装订商。这些纸张被用作“装订废料”，增厚捆绑的书籍，或者用作封皮套和包装纸。在我们看来有些不可思议的是，这些纸张里有许多都是古版印本，即15世纪印刷术刚诞生时期的产物。法兰克福的多米尼加修道院在附近的美因茨诞生印刷术时就非常繁荣，所以这座图书馆里有1000多本古版书，许多印刷在羊皮纸上。在今天，这样的古书可以售出天价。不过对多米尼加修士来说，它们的价值只在于可以对那些羊皮纸进行再利用。

经过多年的交易，修士们的藏书慢慢耗尽了。1718年，他们惊喜地发现，一个英国的买家愿意用90荷兰盾买下4本古版书，大概是这些“废纸”在他们眼中价值的10倍。[1]这名买家是一位名叫乔治·萨蒂的代理人，他是一名专业的手稿和珍本猎手，因为痴迷赌博，被英国流放。后来，他接受委托，周游欧洲大陆，为欧洲最富有的收藏家寻找珍稀书籍。他并不是当代的波焦·布拉乔利尼，曾在夜深人静的时候偷偷溜进修道院，偷走里面的宝藏；他为英国伟大的政治家之一、著名的艺术赞助人牛津第一伯爵罗伯特·哈雷猎取书籍。哈雷的儿子爱德华也是一个狂热的收藏家，1741年去世时，他的图书馆藏有7000多份手稿和5万册印刷书籍；后来，这些书籍成了不列颠博物馆（今天的不列颠图书馆）收藏的基石之一。

自古登堡时代以来，书籍贸易一直存在一个普遍的事实：并不是越旧的书籍，价值就越高。如果内容没有过时，充其量还能保值；最坏的情况是，旧书只能按纸张或羊皮纸的价值出售。这种方式的回收再利用可以用作各种各样的目的：墙纸、书籍装订纸、杂货包装纸或卫生纸。在肉商、香料商和蕾丝商的柜台里，人们常常可以看到印刷错误的纸张和过时的书籍。18世纪的阿姆斯特丹成了“淘书”的发源地，因为有大量无用书籍和陈旧纸张处理给了那里的批发商。[2]

人们开始愿意花一大笔钱仅仅因为年代久远而购下旧书，这是一个新发展，也是一个破坏性的发展。加布里埃尔·诺德曾建议不要为装饰奢华的书籍或者“古董书”花费过量的资金，但到了1720年，一些收藏家对此信心十足，全然忽视了这个建议。在萨蒂收购了4本美因茨古版书的两年后，其中一本早年间的美因茨《圣经》在海牙以1200荷兰盾的价格售出，这是当时家庭平均年收入的两倍。这让萨蒂的收购看起来是一笔十分不错的买卖。1722年，一本古登堡《圣经》在海牙以6000荷兰盾的高价被拍卖。[3]

这样的价格令人震惊，因为在17世纪，古版书几乎不可能卖出如此高昂的价格。1689年，在加斯帕·法格尔的图书馆拍卖会上，人们可以用一箱啤酒的价格买到两本古版书。1646年，一本1477年的科隆《圣经》在莱顿拍卖了3荷兰盾，是一本对开本《圣经》新书价格的五分之一。[4]1680年，牛津的书商摩西·皮特向牛津大学图书馆捐赠了一套由英国第一位印刷商威廉·卡克斯顿制作的四个版本的《圣经》。这套书在拍卖会上无人竞拍，皮特也找不到任何一位买家。然而到了1810年，一个卡克斯顿印刷的片段可以卖上5几尼，这是大多数工匠一个月的工资。[5]在这100年的时间里，早期印刷书籍的买卖已经成为一个复杂的古文物市场中的一部分。

这是一个对图书馆未来产生重大影响的发展。18世纪出现了科学思维模式、启蒙哲学和现世主义的新概念。这种思想上的巨变降低了建造百科全书式大型图书馆的吸引力。新一代的收藏家开始打造一种精挑细选的图书馆，把自己标榜为拥有新学识的人。但与此同时，也出现了另一类收藏家，他们通常来自贵族阶层，或许有着崇高的抱负，但对书籍的内容不感兴趣，而是去追逐外观、形式和年代感。这些收藏家中的许多人仍然会购买新书，收集成千上万卷的藏书，但随着书商的针对性宣传，他们就把更多的精力花在寻找“稀有和优质的书籍”上。一个图书馆是否优质越来越取决于那些有着珍稀插图、出版年代久远、装订奢华甚至是出版商名气更大的书籍。

这是由英国贵族首先确立的一种趋势。在印刷业的最初几个世纪里，英国在书籍生产中处于边缘地位；如今，在英国经济增长和全球贸易的推动下，英国的收藏家走到了舞台前。他们揣着钱包来到国外，肆意地挥霍，为旧书建立了一个新的市场。这些收藏家为代理人和中间商创造了新的身份，也为教授和学者创造了新的机会，引导着富有但天真的收藏家的品味，并为他们指明获取最优质书籍的方向。这些技能在竞争最激烈、最不稳定的书籍行业中被反复锤炼，他们为欧洲一些最挑剔的客人提供着服务：猎取手稿的收藏家。

锁好你的手稿

1650年6月7日上午，阿姆斯特丹的中心水坝广场一如往常，是市民的活动中心。一家颇受欢迎的书店“燃烧的圆柱”门外，喧闹声尤为引人注目。一场书籍拍卖会从早上开始，将持续整个星期。那时候的拍卖会已经十分平常了，但那天早上的气氛却不同寻常。正在拍卖的图书来自一名隐居的律师、诗人、藏书家和著名的窃贼。[6]

萨弗里杜斯·西克提努斯（Suffridus Sixtinus）一生收集了超过2000本书，数目虽然庞大但称不上非凡，最突出的是里面有一些版本经过精心挑选的经典著作。[7]最令人垂涎的是，西克提努斯藏有大量学者几十年来都不曾见过的手稿。大部分学者都会随意分享和吹嘘自己收藏的珍宝，而西克提努斯自1627年来到阿姆斯特丹以来，就把他的书籍藏了起来。许多人都知道他这样做的原因：坊间传闻，西克提努斯最珍贵的手稿是盗窃得来的。

1622年，西克提努斯闯进了海德堡著名人文主义学者贾纳斯·格鲁特（Janus Gruter）教授的房子。格鲁特的藏书室是他的骄傲和愉悦之地，也是他名望的主要来源，但在哈布斯堡军队发起猛烈进攻之前，他被迫逃离了城镇。西克提努斯在士兵到来前抓住机会，偷走了里面最珍贵的物品。得知藏书失窃后，在图宾根流放的格鲁特写信给一位朋友，表示对西克提努斯对自己的藏书犯下的暴行感到绝望：“每天都有人告诉我西克提努斯做出的那件可怕的事情。他们说，他为了满足自己的欲望，拆毁了我的图书馆。”[8] 西克提努斯本可以辩解，他其实拯救了最无价的珍宝。因为在他离开后，哈布斯堡的士兵掠夺了格鲁特的房子，把他的藏书和帕拉蒂尼大图书馆一起运走了。1625年春天，当格鲁特回到家乡时，曾经引以为豪的图书馆已经成了一片遭到践踏的遗迹：“见到那番景象，就连石头也会流下眼泪。”

再无人见过西克提努斯盗走的那些手稿。由此可以想象，1649年他去世的消息像野火一样传遍了整个国际文学世界。他的藏书之所以没有立即进入市场，是因为一直没有确定遗产的继承人。幸运的是，最终的继承人，一个哥德里亚贵族，也非常希望把那些书籍卖掉。这是一个不可错过的大事件，但工作安排和旅行的费用使一些著名的学者无法前来参加，因此他们按照惯例请朋友或代理人替他们竞标。相互间的信任和尊重支撑着学者圈子里的关系，但贪婪有时也取代了体面。三位著名学者——约翰·弗里德里希·格罗诺维斯（Johann Friedrich Gronovius）、尼古拉斯·海因斯（Nicolaas Heinsius）和艾萨克·沃修斯（Isaac Vossius）——都分别委托了语言学家弗朗西斯科·朱尼尔斯（Franciscus Junius）在拍卖会上替他们竞拍。不难想到，竞拍的价格很高，但在关于拍卖过程的报告中，朱尼尔斯对自己获得的成果含糊其词。格罗诺维斯和海因斯都不清楚朱尼尔斯为他们拍下了什么。不过第三位学者艾萨克·沃修斯则了解得颇为清楚，因为朱尼尔斯是他的叔叔，自然会让他先挑选想买的书籍。当格罗诺维斯意识到这一事实后，他抱怨沃修斯“会先留下他想要的书，不喜欢的才会给我们”。[9]最终，格罗诺维斯只收获了3本书。

然而，狡猾的沃修斯也大失所望。他最想要的手稿是恺撒《高卢战记》的一份手抄本，它被富有的收藏家简·西克斯以极高的价格拍下。这份手稿在9世纪或10世纪写于弗勒里修道院，是现存已知的恺撒主要著作最古老的版本。[10]这份手稿之所以成了贾纳斯·格鲁特的收藏，是因为他的一个朋友当时正在研究一本恺撒著作的新版本，于是将其慷慨地借给了他。当他的这位朋友去世后，不管是有意还是无意，格鲁特留下了这本著作，直到西克提努斯将其据为己有。

我们可以从这个自私自利、背信弃义和盗窃手稿的卑鄙故事中学到很多。根据沃修斯的说法，西克提努斯显然是个怪人，而且是个酒鬼，但正如故事所揭露的那样，他并不是唯一一个侵吞书籍的收藏家，只不过是最厚颜无耻的那一个。这些珍稀抄本是古典学术的命脉，学者们可以通过对这些最好的早期手稿进行细致研究，再出版自己的新版本经典文献。自薄伽丘探访蒙特卡西诺修道院的图书馆废墟时起，这一直是人文主义学术的核心宗旨。尽管17世纪发生了科学改革，但古典文献并没有失去它的魅力。手稿也因其蕴含的神学意义而受到重视。乌得勒支的神学教授吉斯贝图斯·沃伊提乌斯（Gisbertus Voetius）要求他的学生积极寻找手稿和早期版本的神学文献，以抵御天主教会“危险的清除浪潮”，认为那是“文明没有开化的野蛮人行径，特伦托会议上那些神父和审查员提出的邪恶计划”。[11]

除了牛津大学图书馆和莱顿大学图书馆，17世纪拥有大量手稿的收藏机构仍然是罕见的。像格鲁特、海因斯、格罗诺维斯或沃修斯这样的学者必须自己搜集藏品。在获取和归属一片混乱的世界中，需要无情而坚定地利用好他们作为当时最杰出学者所拥有的机会。艾萨克·沃修斯是一个真正的博学者，他写作的主题从弹道学、光学、气象学、地理学再到《圣经》年代学，对古典文献学作出了重大贡献。在他职业生涯的一个高光时刻，他同时受雇于荷兰政府、英国国王查尔斯二世和法国国王路易十四。沃修斯出生于一个杰出的学者家庭，年轻时在英国、法国和意大利旅行了3年。他结识学者，获取文献，参观图书馆，最重要的是，他购买了手稿。在他27岁时，沃修斯已经拥有了400份手稿。

他的博学和丰富的藏品吸引了欧洲最富有的君主之一，瑞典女王克里斯蒂娜的目光。1648年，沃修斯离开阿姆斯特丹，前往斯德哥尔摩拜见了这位女王，并被邀请在她的宫廷里居住，担任其私人家教，每年的薪水为2000里克斯达尔德。这个薪水是荷兰共和国最顶尖教授的5倍。在斯德哥尔摩，他进入了一个声名赫赫、竞争日益激烈的学者圈子，也是女王克里斯蒂娜为使瑞典成为欧洲新文化中心而规划的宫廷装饰品。为了实现这一目标，她花了大量的金钱吸引知识分子来到斯德哥尔摩。她的宫廷与大部分学术中心距离较远，而瑞典的冬季又寒冷异常，于是这些邀约变成了一种危险的诱惑。勒内·笛卡儿在她的宫廷里死于感冒并发症；克劳德·萨马伊斯在斯德哥尔摩时常年缠绵病榻；雨果·格罗修斯也因为听从这位女王海妖般的呼唤而付出了生命的代价——在从瑞典返乡的海上不幸遇难。

克里斯蒂娜之所以能够吸引这么多的知名学者，是因为三十年战争期间瑞典军队在德国收获的战利品为她带来的那笔可观的继承收入。正是这次文化掠夺，数以千计的藏书，吸引着沃修斯来到她的宫廷。很快，他不仅成为女王的教师，还担任了她的图书管理员。他帮助女王打开了1648年从布拉格鲁道夫二世城堡夺走的31桶书籍，里面有6世纪译成哥特语的福音书《银法典》。克里斯蒂娜和沃修斯一样热爱古典文学和手稿，但这批战争的战利品并不能满足他们的胃口。沃修斯被委派前往巴黎购买书籍，以增加王室的藏书，并可以任意支配国库资金。在其中一次旅行中，他一次性购买了2000

份手稿。[12]沃修斯在瑞典仔细整理了这些手稿，尽管他更喜欢阅读稀有手稿，而不是对其进行编目。“编目这种工作更适合德国人来做。”他对一位朋友如是说道。[13]

克里斯蒂娜图书馆是当今欧洲最好的图书馆之一，藏书量无与伦比。然而，这位女王的爱好主要是购买书籍，而不是建造一座向游客炫耀的图书馆。比起穷困潦倒的学者，王室贵族更不愿意前往斯德哥尔摩。克里斯蒂娜对图书馆失去了兴趣，沃修斯却因此得利。由于女王已经拖欠他多年承诺的高薪，所以决定用书籍来偿还对他的欠款。

沃修斯欣然接受了这个提议，尤其是当时克里斯蒂娜即将退位。沃修斯匆匆翻遍了女王的图书馆，挑走了许多他替克里斯蒂娜购买的书籍。包括《银法典》在内的许多来自布拉格的手稿都被他收入囊中，走海运运回了阿姆斯特丹。在这批宝藏抵达荷兰后，古典学者约翰·格奥尔格·格雷维斯写道：

> 天哪！多么熠熠生辉的图书馆！多么丰富、多么珍贵的藏品！这些手稿中除了有希腊、法国和德国作家的作品，还有几乎所有最好的拉丁著作，以及非常特殊、非常稀有的各类版本。那些见多识广的人都向我保证，在荷兰，没有任何一个公共图书馆可以与之相提并论。[14]

瑞典的廷臣显然对此很不情愿。他们宝贵的战利品被抢走不是因为对方的武力更强，而是被一个对这批宝藏了如指掌的学者，通过诡诈和不择手段的魅惑骗走了。

回到荷兰以后，沃修斯发现手里的书籍实在太多，于是决定在自己的图书馆举行两次拍卖会，共售出3500本藏书。[15]此举不太可能是因为缺钱；而是书籍没有存放空间的问题亟待解决。幸运的是，他是个具有实用技能的人，喜欢动手做书柜。也许是为了抚慰他的前主顾，沃修斯把《银法典》卖给了瑞典人，但价格高达1250荷兰盾。沃修斯热爱书籍，但他对每本图书本身的价值毫不在意。对他来说，手稿自始至终都是一种学术工具，需要研究和整理，但他也知道如何利用其在商业市场上的神秘吸引力。借助着瑞典国库和年轻女王的突发奇想，他拥有了欧洲最好的手稿图书馆之一。现在，他准备将其兑现了。

虽然在手稿的获取方式上，沃修斯无疑可以比卑鄙的西克提努斯更自由地展示出来，但在他之后的日子里，这批藏书始终笼罩着一团迷雾。1689年，沃修斯去世，他在遗嘱中规定，他的图书馆要整体出售给四个机构图书馆之一：牛津、莱顿、剑桥或阿姆斯特丹图书馆。牛津的博德利热衷于收购图书馆，为此出价3万荷兰盾，条件是继承人不得拿走其中任何一份手稿。沃修斯的侄子向莱顿告知了博德利的报价，莱顿立刻把价格提高到3.3万荷兰盾。如今，沃修斯的藏书被视作莱顿大学的瑰宝之一，在1690年为莱顿图书馆增加了近800份手稿。但当这批藏书初次到达他们的新家时，那里的教授一致认为沃修斯的侄子一定留下了一些最珍贵的书籍，他们请来当地的书商进行估价，认定现有的书籍只值支付价格的三分之一。[16] 这场官司打了15年之久，直到最终各方都满意为止。

这个旷日持久的传奇故事波及了学术界一些最受人尊敬的大人物，展现出当书籍不再按照传统书籍贸易的既定原则进行估值时，会释放出多么危险的力量。由那些具有商业头脑的学者和图书管理员主导的手稿市场日益蓬勃，为一个动荡的古文物市场的形成铺平了道路。

创造标准

1675年6月7日，阿姆斯特丹书商安德烈亚斯·弗里修斯写信给佛罗伦萨美第奇图书馆的图书管理员，讲述了他对三位当地收藏家的评价。第一位是他最喜欢的主顾，一个“对好书有着全面判断力的人”；第二位是一名市议员，他“买书就是为了赢得声誉，沉溺于炫耀”；第三位是一个含着金钥匙出生的收藏家，完全不懂书的好坏，无论是书籍、画作还是瓷器，什么贵就买什么。[17]

弗里修斯是一位经典学术著作的出版商，认为这三位顾客还不如他本人。但在1650年至1750年，像第二位和第三位顾客这样的人，彻底改变了收藏的历史。随着个人图书馆数量的增加，收藏几百本甚至上千本图书已经不值得夸耀了。他们希望用精美的瓷器、画作和室内装饰来丰满自己漂亮的藏书，更愿意寻找那种格外昂贵、美丽、稀有甚至印刷久远而使得自己的藏品与众不同的书籍。

手稿显然属于这类可以提升图书馆格调的书籍，但许多收藏家买不起，也没有能力找到价格合适的手稿。有知名学者手写注释的印刷书籍也值得收藏，在拍卖会上要价也很高，但这类书籍同样供不应求。像这一类的书籍大多都已经被大学图书馆或者艾萨克·沃修斯这样的著名学者收入囊中了。一个市长、法官或商人则可以致力于打造一个藏有目前最佳印刷版本的书籍的图书馆。但是，如何确定一部作品的最佳版本是什么样的呢？起初，这个问题与年代无关。在18世纪以前，具有历史气息的第一版印刷书籍的独特魅力很少受到人们的追捧。事实上，最新版通常才是首选，在学术和机构收藏里尤为如此。莎士比亚作品的《第三对开本》问世时，牛津大学图书馆立刻卖掉了《第一对开本》（顺便说一句，《第一对开本》在今天，是所有图书馆藏书中最珍贵的书籍之一）。[18]

渐渐地，一批更敏锐的收藏家出现了，他们发现，学者或商人有时会对由某些特定印刷商制作的和有着更精美排字的书籍格外上心。阿尔杜斯·马努提乌斯是意大利斜体字的发明者，也是1500年左右威尼斯最成功的印刷商之一，他印刷的书籍刚一问世就广受追捧。他经典的优雅风格被后来的法国和荷兰出版商竞相模仿，他们创造的一些排字能够成为标准，更多的是靠运气和商业头脑，而不是天生的才能。活跃在莱顿和阿姆斯特丹的荷兰埃尔塞维尔出版社在营销他们的版本时非常成功，因为他们是阿尔杜斯·马努提乌斯在当代的继承者，虽然他们的设计与许多当代印刷商的很相似。[19]

到了17世纪下半叶，意大利、法国、德国和荷兰等地最著名的印刷商大行其道。拍卖商在对书籍进行描述时，也开始加入了著名印刷商的信息：阿尔杜斯·马努提乌斯、克里斯托夫·普兰廷、韦赫尔家族、艾蒂安、布劳和埃尔泽维尔。从这个时期开始，我们发现，一些个人图书馆，比如莱顿校长保卢斯·朱尼尔斯的图书馆，开始主要由这些印刷商制作的书籍组成。当时最精致的个人图书馆之一是塞缪尔·凡·胡尔斯的图书馆，他是海牙的一名市长，1730年拍卖了自己的藏书。[20]胡尔斯连一个拉丁文或希腊文字都看不懂，但他收集的5000多本书里大部分是拉丁文书籍，其中包括50本对开本的《圣经》和几乎所有著名印刷商的图书。

胡尔斯这样的收藏家常常会遭人讽刺。早在1710年，约瑟夫·艾迪生就向《闲谈者》的读者讲述了一个名叫汤姆·福里奥的人的收藏习惯，此人“对阿尔杜斯和埃尔泽维尔比对维吉尔和贺拉斯还要尊敬”。[21] 20年后，亚历山大·蒲柏嘲笑了一位贵族收藏家对古文物的兴趣：

> 他的书房？有哪些作者的书？
> 莫谈作者，猎奇才是目的；
> 洛克或是弥尔顿都不值一看，
> 书架上不欢迎任何现代书籍。[22]

对印刷样式的迷恋使人们对印刷术的早期历史产生了兴趣。这与更广泛的古文物学术潮流相吻合：对古代物品和实体遗迹所蕴含的历史来源的兴趣。在这种大环境下，早期印刷书籍开始可以作为历史的研究来源。[23]爱国学者，特别是德国和荷兰的学者对最早一批印刷书籍的研究也证明了这一点——他们争先恐后地宣称自己的国家才是印刷的诞生地。尽管越来越多的证据可以证明，美因茨的古登堡的所有权是正当的，但荷兰学者坚持认为古登堡从哈勒姆的劳伦斯·詹斯·科斯特那里偷走了印刷术。

随着人们对早期印刷书籍的兴趣越发浓厚，代理商也注意到了这个商机。1688年，荷兰书商科尼利厄斯·伯恒制作了一本约200页的小册子，名为《印刷术的摇篮》。[24]这是代理商为收藏家提供书籍清单的初次尝试，但最勤奋的书籍买家可能已经自己编制了愿望清单，方便他们与国外友人联络或者在拍卖目录中搜索值得留意的书籍时做参考。人们对古版书和其他珍稀书籍的兴趣在书商、拍卖商和代理商的煽动下愈演愈烈。1742年，海牙的书商皮埃尔·戈斯制作了一份目录，他根据书籍的稀有性，用从少至多的星号进行了标记：一个星号代表“我认为不太常见”，两个星号代表“我认为较为稀有”，三个星号代表“我认为极其罕见”。[25]正如他的同事普罗斯珀·马钱德所说的那样，这样的描述空泛且毫无用处，完全无法体现书籍的真实价值。[26]然而，这种言过其实的价值评估依然有人买账，因为有些头脑不那么清晰的买家还是会被这种虚假的评估所蛊惑。当艾萨克·沃修斯在拍卖会上出售他的部分藏书时，他在拍卖目录中增添了夸张的描述，据他的侄子透露，有一次，这样的方式使他卖到了20倍于书籍实际价值的价格。[27]

随着对稀有性的追逐越来越流行，销售的手段也越来越卑劣。1757年，阿姆斯特丹的一名英国书籍代理人被判有罪，因其篡改了早期印刷书籍的出版年份，使其看起来像是古版书。[28]这一罪行的受害者是另一位专门经营稀有书籍的书商彼得·凡·达姆，他只举办古版书的拍卖会。他能够从事如此单一的书籍贸易，是因为到了18世纪中叶，有足够多的顾客专门只购买稀有书籍。

书商离古版书的起源地——德国和意大利的修道院中心地带——越近，他们就越能获得更高的利润。修士可以用修道院里那些早期印刷的书籍赚到大笔的钱，而书商可以在法国、英国或荷兰共和国以更高的价格再卖掉这些书籍。著名的艺术家、书商和银行家约瑟夫·史密斯1700年定居威尼斯，代表英国政府担任领事。在那里，他走遍了意大利的村镇，为自己和委托他的英国贵族收集藏书。[29]1751年，他建起了一个大约有1.2万册书的图书馆，并大批量印刷目录，为出售他的藏书做宣传。目录中有一部分专门介绍了史密斯最骄傲的古版书藏品，还附有足足280页的序言。这是一个国王才配拥有的图书馆，史密斯也确实把它卖给了一位国王——英国国王乔治三世。

不开明的启蒙运动

18世纪晚期，为英国、荷兰共和国和法国的图书馆提供了大量古籍的新书籍代理人，在天主教中心地带修道院图书馆的大面积解体中获益颇丰。在启蒙运动的旗帜下，这一进程将大量的手稿和古籍以极低的价格推入市场，结果却导致图书馆遭遇了“二战”前最具破坏性的劫难。

第一个重大的打击随着耶稣会的解散而来，这一过程自18世纪50年代开始，1773年教皇正式下令结束。耶稣会学院和学校的全球网络一直是重要的学术中心。耶稣会解体后，附近最大的图书馆往往会遭到掠夺，书籍被运走、出售或者遗忘在废弃的建筑中慢慢腐烂。1773年，布鲁塞尔耶稣会学院的书籍被王室侵吞。由于皇家图书馆没有空间摆放，原打算将书籍存放至耶稣会的教堂，结果发现那里到处都是老鼠。当地文学社团的干事被安排来解决问题：他适当地挑选了一些“有用的书籍”放在了教堂正厅中央的书架上，其余的则零散地丢在地板上，作为唾手可得的食物吸引老鼠的注意。[30]

许多城镇的其他宗教教团会接收到分派来的耶稣会书籍，或者甚至是整个图书馆。藏书虽然有了一个新的住所，但那里往往也不是长久的安身之地。修道院社区是政府现代化议程的首要目标，政府官员被启蒙运动能够带来社会和经济改革的可能性深深吸引。在所谓的“启蒙君主”（普鲁士、俄罗斯和奥地利的君主）的宫廷里，启蒙的理想最为流行。他们在理性哲学中看到了强化权力控制、将自己的领土转变为现代化国家的方法。与那些寻觅古籍的英国贵族相比，这些统治者对古文物不感兴趣，甚至对继承的传统也不甚尊重。18世纪启蒙运动的最高理想之一是将知识从过往的束缚中解放出来。新启蒙运动的图书馆将由有用的书籍组成，而不是那些强调传统学术或教会等级制度的书籍。这使得当时在大多数天主教地区仍然作为大量书籍存放处的修道院图书馆，直接成了最先被攻击的对象。

最大的灾难发生在奥地利。18世纪80年代，皇帝约瑟夫二世实施了有史以来最激进的社会改革计划之一。在理性哲学的魔咒下，约瑟夫推出了一系列雄心勃勃的政策，旨在使哈布斯堡帝国的社会结构现代化，包括废除农奴制、削弱工匠行会、普及义务教育和镇压天主教会。奥地利领土上的众多修道院拥有富饶的土地和藏书丰富的图书馆，是君主推进现代化的首选目标。1782年至1787年，约瑟夫解散了大约700座修道院，占总数的三分之一。[31]

这些修道院的图书馆起初是打算纳入哈布斯堡的宫廷图书馆，但由于书籍的数量过于庞大，这种设想变得不切实际。遭到解散的机构都被要求将藏书送至离他们最近的大学或者学院。于是，学院里堆满了大部分对他们来说无用的书籍。“没用的祈祷书”被化作纸浆，而那些被认为不重要的“15世纪旧版书”或者“只是为了炫耀想象力或放纵自我”的书籍都被卖掉或丢弃了。[32]

布拉格郊外的斯特拉霍夫修道院在其漫长的历史中遭受了多次掠夺，其中包括1648年瑞典人的一次野蛮来访。这一次，修士们决心要把他们的图书馆从统治者释放的毁灭力量中拯救出来。他们成功了。修士们从哈布斯堡领土上其他弱势的修道院里拿走了数千本书籍，并立即着手梳理，按照要求，建造起了一座与院内宏伟的“神学图书馆”相媲美的“哲学图书馆”。他们还在新建的大厅里放置了一座约瑟夫二世的半身像。皇帝很高兴这些修士对启蒙事业表现出如此的崇敬，随即宣布斯特拉霍夫修道院图书馆十分有价值，不能摧毁。[33]

今天，斯特拉霍夫图书馆是布拉格最著名的旅游景点之一，虽然它是在许多没那么幸运的修道院机构的尸体上建立起来的。博尔扎诺的多米尼加修道院图书馆先前共藏有6400本书，包括300本古版书。这些书籍被送去了因斯布鲁克学院，但学院只对其中的335本感兴趣，其余的则低价卖给了当地的一家酒馆老板。阿尔达格修道院将包括94本古版书在内的最有价值的书籍进行了拍卖，其余的则直接卖给了一个奶酪制造商用作包装纸。拍卖会只有两个人参加，一个是牧师，另一个是附近修道院的图书管理员。这位图书管理员用自己一个月的工资就把全部的书籍都买下了，并立刻以拍卖总价的一半卖掉了94本古版书中的一本。显然，并非所有的图书管理员都是淳朴、不谙世事的，他们很清楚地知道人们对这类藏品的兴趣正在增长。沃斯修的狡诈交易已经充分体现了这一点。

这样的投机交易显然可以赚到大笔的钱，尤其是那些为本国赞助人广泛撒网的英国和法国书籍代理人。毫无疑问，他们的首要目标是珍稀手稿和古版书。瓦尔德豪森图书馆始建于1147年，1806年，一位到访的游客对他所见到的景象感到绝望：

> 图书馆……举目所见皆残破不堪。成窝的老鼠四下流窜，到处啃噬。因为已经有太多人挑走了里面的好东西，要是你在角落里能找到一本10世纪或11世纪的精美手稿，那真是天降好运。[34]

奥地利修道院的战利品被瓜分后，古文物收藏的黄金时代加速来临。伴随着漫长战争的法国大革命，使得许多法国的修道院意识到他们手中上好的手稿的价值正如日中天。1798年，雷根斯堡圣詹姆士本笃会修道院的苏格兰图书管理员亚历山大·霍恩向斯宾塞伯爵赠送了图书馆里的几件藏品，其中包括一本1457年美因茨印刷的圣诗集。[35]

最大的动乱即将到来。1789年法国爆发革命，修道院的全部财产都被没收为国有。到那时为止，法国的修道院图书馆尚幸免于难，有些图书馆的藏书量极其庞大。1789年的巴黎，圣女热纳维耶芙修道院有6万册藏书，圣日耳曼德佩修道院有5万册藏书。[36]这两座图书馆和法国其他的图书馆都被立刻下令移交给当地市政府，作为教化解放了的法国大众的工具。

在革命的刺激下，情绪十分高涨的时代，有大量的书籍需要处理，这不可能是一个有序的过程。士兵洗劫了图书馆，蓄意而荒唐地进行破坏，用从书上撕扯下的纸“点燃烟斗，燃起炊火”。[37]但许多市镇议会都认真完成着自己的任务，虽然他们并没有严格遵守国民议会下达的指示。神学书籍和支持王室或贵族制度的书籍不得保存下来，因为这些书籍在教育革命群众方面几乎没有什么作用。任何装订有盾徽的书籍也必须被销毁，因为完全没必要纪念那些丧失名誉的贵族。地方当局很快意识到，这是一项不可能完成的任务，艰巨而且容易适得其反，因此大多数情况下，他们将修道院的图书馆全部并入新的市政图书馆。并入逃亡和被判处死刑的贵族的图书馆后，新市政图书馆的规模就变得非常庞大了。革命爆发后，亚眠图书馆的藏书增长到4万册，马赛和鲁恩图书馆各有5万册藏书。[38]这些书籍是否是公众真正想阅读的，这在19世纪的大部分时间里都是一个令人困扰的问题。[39]

革命中的法国还热切地接受了教化欧洲其他国家意识形态的使命，这一使命的开端是使巴黎成为世界上无与伦比的文化中心。公共教育委员会主席在1794年写道："为我们的敌人立起丰碑的奴隶，将在我们这里获得赞颂，这是一个专制的政府永远无法给予他们的。"[40] 法国政府采用了迄今为止最集中，也是最有效的图书馆掠夺方式。政府专员可以放开手脚为法国收集被占领地区最稀有的书籍。这些专员都是真正的古文物专家、图书管理员或者书商。那些在革命前从修道院购买手稿并转售的人，现在拿着薪水为法国政府效力，通过武力胁迫抢夺书籍。专员大刀阔斧地推进着这项工作。1794年，比利时在法国革命战争早期的一次战役中被法国军队占领。两个月后，马扎林图书馆的图书管理员报告说，他去了8个图书馆，挑选了8000本可以带走的书。此外，已经打包并发走的书有5000本，包括旧勃艮第图书馆的929份手稿。专员们格外热衷于寻找以前的皇室、贵族和修道院里的藏品。有时他们会整体没收一座图书馆，但在大多数情况下，他们的藏书搜集工作进行得很快，只要找出手稿和古版书便立即送往巴黎。

随着第一次法国革命战争接近尾声，1796年至1797年，那里的策略也发生了变化。在意大利成功地攻城略地，占领了大量的公国和极其丰富的图书馆，这为他们提供了新的机会。法国人没有强行进入图书馆，而是把每个国家必须拱手送给法国的手稿数量写进了停战协定的条款中。摩德纳公爵上交了70本；威尼斯共和国政府和教皇各交了500本。博洛尼亚失去了506份手稿和94本古版书。法国人没有放过任何一座中世纪遗留下来的宏伟图书馆：米兰、乌尔比诺、帕维亚、维罗纳、佛罗伦萨和曼图亚都遭受了损失。专员们带着精心准备的清单来到这里，他们的品味经过了一个世纪的古文物收藏的熏陶。有些人，比如巴黎国家图书馆印刷书籍的管理员让–巴西勒–伯纳德·凡·普拉特，“几乎不会选择1500年后印刷的书籍，除非是印刷在牛皮纸上”。损失最惨重的是拥有完善目录的图书馆。负责纽伦堡城市图书馆的专员的书籍清单上，甚至还有书架号的标注。[41] 在滑铁卢战败（1815年）后，法国被迫归还了一些书籍，但普拉特把一些最有价值的手稿藏了起来，或者声称已经遗失了。此外，他还用劣质的影印版来替换他偷走的古版书。

在法国大革命之前，书籍具有精神和道德价值，被认为是学识、社会地位和宗教信仰的象征。18世纪的古文物热潮创造了一种新形式的历史资本，象征着荣耀和国家威望。最具讽刺意味的是，这些古籍在内容上大多赞成当时革命知识分子试图推翻的哲学。不过，对于那些将这些书籍商品化、任意操纵价格的书籍代理人、拍卖商、投机的图书管理员和富有的收藏家来说，这种讽刺从来就不存在。

这种过程在其他国家一直持续到19世纪。葡萄牙和西班牙在19世纪30年代解散了他们的修道院，意大利在19世纪60年代也紧随其后。在同一时期，波兰大批的修道院在俄罗斯的控制下消失了。再一次，穷困潦倒的修士们为了生存卖掉了他们的图书馆。早期的印刷书籍涌入市场，成为绅士居所和机构图书馆书架上的装饰品，这大多发生在英国和美国，因为在那里，它们才可以被重新包装成古代学术和文明的象征。

疯狂的书

1748年，切斯特菲尔德伯爵给儿子提供了一些有用的建议：

> 要买好书，认真阅读。最好的书是最普通的，最新的版本往往是最好的，除非编辑是个蠢货，想靠旧版本赚钱。但要注意，不要太在意版本和标题扉页。那都是徒有虚表的东西，不是真正的学术。我确实也有猎奇的书籍，但也没有几本。不要成为藏书狂。[42]

疯狂竞购早期印刷书籍最好和最稀有影印版的藏书狂，是18、19世纪最富丽堂皇的个人图书馆延续最持久的影像。这被谴责为一种精神疾病，蛊惑着年轻的贵族，让他们把家族财产挥霍在购买那些他们甚至都看不懂的15世纪的书籍上。近乎盲目地购买旧书被视作炫耀性消费的巅峰。

在1812年臭名远扬的罗克斯堡拍卖会上，藏书狂的狂热达到了顶峰，罗克斯堡公爵图书馆的一些书籍以天价售出。这位公爵收藏的1471年第一版的薄伽丘《十日谈》的影印版以2260英镑的价格售出，这是一个经验老到的商人一辈子的收入。出版界对此愤愤不平：贵族把钱砸在狩猎和赌博上是公认的事实，但是买书！相比之下，当政治家查尔斯·詹姆斯·福克斯以每匹2330英镑的价格售出了他的两匹赛马时，却无人置喙。[43]

罗克斯堡拍卖会诞生的天价被证明是一个转折点。古董书籍的价值已经高得离谱，在之后的半个世纪大幅下跌。但随着价格重趋稳定，藏书狂又找到了新的玩法。罗克斯堡拍卖会结束时，一个私密的藏书家小组成立了，名为“罗克斯堡俱乐部”，成员都是英国古文物收藏的精英。其中一位名为理查德·希伯，拥有8座堆满了书籍的房子，他宣称：

一本书，必须有三份影印版。一本用于展示，可以放在乡舍的别墅里；一本用于阅读和参考；除非你可以接受失去这本自用的书籍（这会造成诸多不便），或者冒着最好的影印版被损坏的风险，就必须有第三本专门用于借给朋友。[44]

虽然俱乐部的成员主要是贵族，但它的创始人和最忠诚的成员却是一名牧师——托马斯·弗洛格纳·迪布丁（Thomas Frognall Dibdin）。作为一名书籍代理人和富豪的书目编制者，迪布丁热情地贡献出自己的一些智慧，与更广泛的公众分享藏书家的活动和他们的激情。他出版了一本关于大量稀有经典版本的指南，以及两篇关于书目学的论述:《藏书狂和他们疯狂的书》（1809年）和《书目十日谈》（1821年）。这些大量印刷的作品进一步渲染了罗克斯堡俱乐部的古怪气氛，但同时，也激发了更普遍的人群对旧书价值的兴趣。[45]

在这一点上，技术变革的颠覆性浪潮帮助了他。1812年，罗克斯堡拍卖会的同一年，蒸汽印刷机首次试行。到了19世纪，书籍生产和流通的面貌发生了根本性的变化。怀旧情绪和对现代性起源的迷恋使许多人，尤其是图书管理员，全身心地投入对手稿和最早一批印刷书籍的研究中。古版书成了机构图书馆最理想的收藏目标。虽然牛津大学图书馆在1789年前只购买了一本古版书，但到了1860年，又收集了1700多本。[46] 1902年，拥有7万册藏书的阿克顿勋爵的图书馆运入剑桥大学图书馆时，馆长向一位朋友喟叹道，“没有一本书能引起我的兴趣”，这是因为，阿克顿勋爵从不在意古版书。[47]

政治变革给图书馆的历史带来了不可避免的挑战，而潮流的起起落落也同样如此。19世纪末，早期手工印刷时代的书籍，尤其是初期实验阶段的作品，再度成为国家、收藏机构以及美国富有的私人收藏家的宠儿。在这方面，古文物爱好者对书籍文化价值的理解要优于启蒙运动的革命爱好者，后者决心要建立一种新型的图书馆，清除掉一切非理性的书籍。和以往一样，宗教图书馆最害怕清除“多余”的书籍。不管我们如何看待藏书狂的愚蠢，那些富有的私人收藏家为“多余”的书籍提供了暂时的栖身之地，直至启蒙运动的革命热潮开始消退。当这些“逃亡的”书籍在19世纪末和20世纪重新出现在乡舍别墅和贵族的收藏中时，那个时代的大背景是，印刷时代初期的书籍可以在拍卖市场上售得高价。而这一点，直到今天都没有改变。

插图1 对古代传奇的现代致敬：亚历山大图书馆内部，拍摄于2018年。图书馆的内部装潢精致，藏书却杂乱无章，提供资金支持的主要政治参与者也颇为不择手段。

插图2　重建外墙的塞尔苏斯古罗马图书馆，位于以弗所古城（今土耳其），是为数不多幸存的古代图书馆建筑之一。这座图书馆既是存放古卷的地方，也是一座陵墓。在古罗马帝国时期，图书馆常作为纪念其创始人及其家族成就的纪念碑。从这个角度来看，图书馆不过是另一种用于提高政治声望的手段而已。

插图3　这幅微型画描绘了以斯拉正坐在一个书橱前进行抄写，源自《阿米亚提努抄本》（8世纪初）。在古罗马帝国灭亡后的第一个千年里，书橱和书柜仍然是存放书籍和建立图书馆的常见方式。

插图4　军人藏书家。这幅肖像画（约1475年）描绘了乌尔比诺的费德里科公爵和他的儿子圭多巴尔多。公爵身着华丽的军装，专注地阅读着他收藏的一份珍贵手稿。虽然他在藏书上投入了巨资，但在他去世的100年后，他的图书馆却遗憾地成为一片废墟。

插图5　这幅帕尔米季亚诺约于1523年创作的肖像画是文艺复兴时期众多肖像画作之一。画中的人物手持一本精美装帧的图书，这不仅象征着他的财富，也代表着他的知识追求。

插图6　德西德里乌斯·伊拉斯谟的肖像画，由康坦·马赛斯于1517年创作，背景是一个杂乱的书橱。尽管伊拉斯谟的生活离不开书籍，但在建立图书馆方面，他却显得十分漫不经心。他认为，能够阅读书籍远比拥有它们更重要。

插图7　这是一张1912年李比希牛肉浓缩精的商业广告卡片，上面印有完全虚构的旅行书商形象。16至17世纪，随着书店和流动小贩在欧洲大陆的蓬勃发展，书籍贸易的扩张为更多人带去了拥有书籍的乐趣。

插图8　汉弗莱公爵最初留给牛津大学的藏书遗产在宗教改革中遭到了严重破坏，直到托马斯·博德利重建了图书馆大厅。巨大的读经台书架让这里成为一个适合工作的地方，但在寒冬时节，缺乏取暖设施导致一些坚持工作的学者不幸离世。

插图9　哥廷根大学图书馆是18世纪欧洲最大的公共图书馆之一。图书馆内允许交谈清楚地表明，这里仍然是社交的场所，而不仅是研究的场所。也许这就是为什么一位哥廷根教授指出，在大学里设置图书馆并没有那么必要。

插图10　圣弗朗西斯科修道院图书馆的内部，位于秘鲁利马，建于1673年。在天主教统治下的西班牙美洲殖民地，修道院作为教育、研究和藏书中心发挥着重要作用。

插图11　奥地利阿德蒙特修道院图书馆的主厅。这座图书馆俨然已成为一座巴洛克式的神殿，展现出纯粹的壮美。重新设计后的德国、奥地利和波西米亚修道院图书馆都力图给访客留下深刻印象，而馆内几乎没有可供翻阅书籍的书桌。

插图12　随着古籍收藏的兴起，书籍拍卖处往往被嘲笑为藏书家挥霍财富的场所。在这幅约1810年的画中，一本图书正在被展示，潜在的买家围坐成一圈，评估着彼此的情况。

插图13　流通图书馆因为向女性读者提供轻松读物而备受嘲讽。《寻找知识中的美》（1782年）的一幅插图中，展示了一位时髦的年轻女士的选择。《流通图书馆》（1804年）的一页插图则描绘了读者们聚集在已经空空如也的“小说”“爱情”和“故事”书架旁，而布道书的书架却摆满了书籍。

插图14　大英图书馆的两个场景，展示了外围的金属书架设计和人满为患的巨大圆形阅览室。古典宫殿式的穹顶与创新的排架方式相结合，令人赞叹不已，成功转移了人们的注意力，让人暂时忘却对未完成编目的担忧。

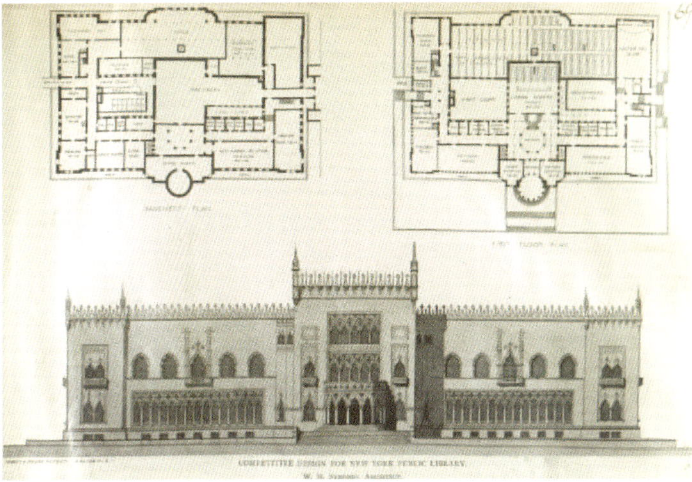

插图15　1897年纽约公共图书馆的88份竞争设计方案之一，以及1915年从东42街和第五大道交叉路口斜对面所看到的最终建筑形态。

插图16　在每个时代，图书馆都面临着无处不在的危机。1986年，消防车正在与吞噬洛杉矶中央图书馆的大火作斗争。

第五部分

虚构文学

第12章　清醒的头脑

1727年的秋天，宾夕法尼亚州费城的几位好友聚集在一起，讨论着他们共同感兴趣的阅读话题。这些人并不是费城的社团精英。这群人中有三个是同一家印刷厂的工人，其余的包括一名玻璃工、一名测量员、一名木工和一名商店店员。他们因求知欲和提升自我的强烈愿望而紧密联系在一起，尤其是本杰明·富兰克林（Benjamin Franklin），他是这群人中最主要的推动者。[1] 富兰克林建议他们把手里的书籍都汇总到一处，这样所有人都可以自由取阅。1731年，富兰克林计划进一步扩大社团，向更多的费城公民开放：只需要支付一笔入会费和年费，用于建设成员共同使用的图书馆，便可以加入社团。这就是世界上第一个会员制图书馆——费城图书馆公司的诞生。与许多其他类公司不同，图书馆公司蓬勃发展至今。

在之后的100年里，会员制图书馆的数量在美洲殖民地、英国和欧洲大陆迅速扩增。与此同时，现实世界和书籍世界都发生着翻天覆地的变化。欧洲和美洲经历了人口的大幅增长，受教育率也稳步上升。新的交通方式将孤立的社区连接到一起，创造了一个阅读之国。蒸汽印刷机制造出大量新型的阅读材料：书籍、杂志和报纸。政治改革、企业化和工业化改变了人们对社会和政治的期望，人们要求更多地参与决策，并在自己的劳动创造的财富中获得更多利益。这一切都对图书馆的发展产生了很大的影响。新兴的阅读阶级大多被会员制图书馆安逸的中产阶级社交圈拒之门外。因此，他们依赖于一批新型的商业流通图书馆，那里为读者提供虚构文学和消遣文学，让他们得以远离织布机或工厂车间，享受宝贵的闲暇时间。

这些新型的、更民主的流通图书馆最初由书商经营，是他们日常工作的附加功能。19世纪中叶，最成功的流通图书馆已经发展成为庞大的藏书机构，可以与会员制图书馆的规模和影响力相媲美。这两种图书馆的特点也迥然相异。会员制图书馆的规模可能较大，为特定的会员群体服务，藏书由受托委员会精心挑选，那些人往往秉承着费城图书馆社团最初提出的提升自我的宝贵原则。他们的布告和藏书目录中大多是提升类的主题书籍，如历史、科学、农业、地图和地图集。他们也为社团成员提供了一些轻松的读物，但没有做太多宣传。只有在流通图书馆里，读者才可以尽情地享受休闲轻松的读物。这类书籍绝大多数是虚构文学：小说、推理和浪漫传奇故事，以及一些基于现实生活的冒险奇遇等。[2]

所有这些都表明，以往那种严肃、秩序井然的图书馆世界正在发生着巨大的转变。直到18世纪中叶，收集藏书仍然专属于一个相对狭窄的社会群体：贵族和王室、主教和宗教团体、大学学院及其毕业生，以及建立私人图书馆的职业人士。这些少数的幸运儿有钱用于买书，并且有时间用于阅读。刚刚踏入阅读之国的数百万名新成员中，无论男女，过去都几乎或根本没有机会接触图书馆。即使有机会，他们也不会对那里的藏书产生任何影响。会员制图书馆，以及它没有那么体面的小兄弟——流通图书馆，让读者第一次能够真正地掌控书籍。他们可以加入会员制图书馆自行挑选书籍，也可以进入把盈利放在首位的流通图书馆，那里会为他们奉上他们最想要的书籍。

这在图书馆世界引起了相当大的骚动。藏书家和机构图书馆的管理员不会轻易放弃他们守护学术和定义品味的传统角色。公众应该在多大程度上耽于享乐，而不是阅读提升自我的书籍，这是贯穿18、19世纪的一个备受争议的话题。尽管如此，除了虚构文学、报纸或杂志在收藏中所占据的地位引发着怒火，到了19世纪末，图书馆已经完全是一副新模样了。

首先，也是最明确的是，图书馆终于摆脱了拉丁文作品的长期霸权。富兰克林为费城图书馆新订购的书籍都是英文书籍，而这也是大多数会员制图书馆和商业流通图书馆所有藏书的共同点。拉丁文的研究仍然在学校里有其重要地位，学术图书馆的书架上也依然摆满了古典语言的书籍。然而，即使是在这些地方，从19世纪开始，伴随着课程现代化的迫切革新和科技教育的快速发展，人文主义学术的传统地位也开始摇摇欲坠。

这一重大改变还伴随着另一个重大革新的开始，图书馆开始从欧洲大陆驶向其他地方。其中美国在图书馆的发展中发挥着越来越重要的作用，会员制图书馆的创新就是一个很好的例子。在19世纪，美国在推动公共图书馆的复兴方面发挥着主导作用：阅读之国中早熟的民主、工业化和日益多样化的人口的迅速发展，使得“公共”一词有了新的定义。欧洲大陆帝国的扩张也在世界其他地区埋下了欧洲图书馆文化的种子，并为后来的图书馆供应全球化留下了第一批脆弱的嫩芽。[3]

随着会员制图书馆和流通图书馆数量上的快速增长，借书开始成为买书之外看似合理的一种选择。这也是一个关键性的改变。当然，在每个时代，人们都曾因为想要阅读或者研究而向朋友借过书，但在18世纪以前，借书基本上只是拥有自己图书馆的藏书家之间的一种礼遇。如今，由于新型图书馆机构提供了更方便的获取书籍的途径，读者可以尽情地阅读，而不必担心家中会堆满他们可能不愿意再次翻开的书籍。因此，在19世纪，书籍拥有者和阅读者之间的联结，比以往或之后的任何时代都要薄弱。

所有这一切——书籍易获取性的大幅提高和读者数量的大幅增加——都为公共图书馆的发展提供了所需的动力。显然，人们强烈地意识到惠及公众的重要性：有太多图书馆打着“公共”的名义存在，但实际上访问规定却十分严苛，还有些甚至要收取会员费。如果我们以现代词汇的语境来看待“公共图书馆”，即由纳税人资助建造的设施，向所有当地居民免费开放且提供免费借阅——这一概念直到19世纪末才取得了长足的进展。会员制图书馆和流通图书馆的成功，在很多方面都阻碍了免费图书馆的发展。那些赞助人要么喜欢更独享的会员制图书馆的社会氛围，要么喜欢在流通图书馆可以随意翻找消遣书籍，而且没有一脸怒气的图书管理员来监督。在这个时期的大部分时间里，公共图书馆是会有一个光明的未来，还是会像其他同样出于善意的事业（比如17世纪的教区图书馆运动）一样走向灭亡，人们还远未看清。

对于那些致力于推广书籍和阅读的教育价值的人来说，这是一个越发急迫的问题。那些躲藏在图书馆身后蠢蠢欲动的大量消遣读物，正越来越多地抢夺着出版业的注意力，并在书商的销售额中占据着很大的比例。[4] 在19世纪，新工业阶层对虚构文学的喜爱，使其单独成为一个产业。犯罪、浪漫和侦探故事创作的速度飞快，价格又十分低廉，读者看完便随手丢弃。[5] 这种“一分钱小说”和“一分钱恐怖故事”给图书馆带来了麻烦：图书管理员决心不让赞助人见到此类书籍，而大众想要阅读此类书籍的决心也同样坚定。这种提升自我与娱乐自我之间的拉扯，以及更为微妙的，如何区分虚构文学中的琐碎俗事与不雅之实的争辩，困扰着图书馆受托人和新的专业图书管理员，直到20世纪。

会员制图书馆

与费城的本杰明·富兰克林聚到一起热切谈论书籍的工匠朋友，并不是会员制图书馆的典型成员。北美洲的大多数社交图书馆都是由城镇精英赞助的，他们是第一批股东里的大多数，并因此定下了社团生活的基调，他们依然把守着图书馆中书籍的边界。最大范围的图书馆增长发生在新英格兰的前清教徒殖民地，这并不奇怪。从第一个定居点开始，那里就形成了一个热爱书籍的社会。城镇里还有着最密集的图书馆网络，波士顿与正位于河对岸的哈佛，是美洲文化的两座重要的灯塔。

1733年，费城图书馆公司成立两年后，康涅狄格州达勒姆郡的8名公民又合伙建立了一个图书馆，他们希望能“通过阅读有用和有益的知识”丰富自己的思想。[6] 1747年，罗得岛纽波特的雷德伍德图书馆成立之前，康涅狄格州有5个社区建立了图书馆。亚伯拉罕·雷德伍德慷慨捐赠的500英镑，为社区图书馆的成立提供了第二种可能：来自当地某位富有居民的赠礼。波士顿的第一批图书馆、普莱斯图书馆和1758年成立的新英格兰图书馆都是用托马斯·普莱斯遗赠的款项建造的。新汉普郡朴次茅斯的公民还找到了第三种方式——公众彩票，并筹集到了资金。到1780年，新英格兰有51个乡镇都拥有了图书馆。[7]

独立战争结束后，图书馆逐渐恢复元气。1786年至1815年新增了576座；而到1850年前，又新增了465座。一些图书馆面向更特定的人群，比如儿童或青年图书馆，马萨诸塞州康科德的农业图书馆，以及颇有影响力的机械和学徒图书馆。这些图书馆无疑为提升自我的文化氛围和文明社会的发展作出了重大贡献。

将图书馆视作民主派的代表机构显然是高估了它的地位。大多数情况下，图书馆的成员人数仍然很少，而且很大程度上仅限于当地的商业精英，由那些自17世纪以来就在收集藏书的职业人士阶层所支撑着。在美洲，将资源聚集到一起更具吸引力。因为19世纪以前，除了最常见的书籍，其余的都必须从伦敦进口，而这大大增加了成本。因此，这些社交图书馆里的书籍数量仍然很少。已知的1045个图书馆中，只有81个拥有超过1000本书，这个数量放在17世纪的荷兰共和国，一名律师或者牧师都能够做到。对许多人来说，社交图书馆主要的吸引力在于那里提供了一个融洽的空间，可以阅读杂志，或者与镇上其他的精英公民会面。但这种轻松的社交环境被杰克逊时代激烈的政治争斗所破坏。例如，缅因州朴次茅斯的民主派为与朴次茅斯雅典娜图书馆竞争，又成立了自己的图书馆。[8]到1850年，新英格兰的许多城镇都建有不止一个社交图书馆，这推动了派系间的分离。

就像朴次茅斯的民主派图书馆一样，并非所有这些图书馆都能够存活很长时间，许多图书馆在其创始者离世之后便几乎无法维持。只有13%的早期新英格兰图书馆在成立50年后仍在运作。[9]今天，我们去认识会员制图书馆，只能通过那些少数的幸存者——费城图书馆公司、纽约社交图书馆或波士顿雅典娜图书馆——这或许是难以避免的。在东北部以外的地方，查尔斯顿图书馆公司成立于1748年，出资者希望“收集英国偶尔会出版的那种新型小册子和杂志”。[10]还要再过一个世纪，美洲出版业的发展才能实现可靠的本土作品供应，最终切断这条脐带。

会员制图书馆在英国的发展速度相当缓慢，这在一定程度上可以归因于内地丰富的其他类机构。咖啡馆在18世纪初期曾风靡一时，店内供应各类报纸，有些还积累了大量的书籍，内设了一个图书馆。书籍大多是关于当代政治热点的小册子和讽刺诗，正吸引着那些聚集在伦敦城或律师学院周围的咖啡馆里熟稔时事的顾客。常客可以成为那里的会员，只需要支付1先令会员费。不过图书馆也向偶然到访的顾客开放。詹姆斯·鲍斯威尔失望于在出版商处没有发现一本自己的著作，却很高兴地在章节咖啡馆里轻松找到了自己的书。[11]

人们在咖啡馆可以方便地接触到当代文学作品，而无须成为会员制图书馆，甚至是更短暂的读书俱乐部的成员，承担所伴随而来的社团生活的责任。大部分的读书俱乐部已经从图书馆的故事中消失了，但在乔治王时代，似乎有成百上千个读书俱乐部存在。[12]读书俱乐部在小镇里蓬勃发展起来，当地的读者十分渴望拥有想象中大型城市或郡镇所拥有的那种知识交流。读书俱乐部通常由6到12名好友组成，他们有时在家中见面，有时在当地的酒馆见面。用会费购买的书籍在年底会被处理掉，成员们无意建立长久的收藏。与咖啡馆相比，读书俱乐部更欢迎女性成员。

值得一提的还有更加非正式的读报社团，通常是一群邻居聚在一起购买一份报纸阅读。读报社团在19世纪的头几十

图13　照片为柱廊图书馆的阅览室之一。柱廊图书馆成立于1806年的曼彻斯特，是一个会员制图书馆，至今仍然存在。这座图书馆由400名会员创建，收集有大约2万册书，大部分是非虚构作品。收集的书籍避开了神学著作，以尊重其成员的不同信仰。

年里非常流行，但在图书馆漫长的历史上几乎没有留下什么痕迹。但这样的社团也成了更昂贵的会员制图书馆另一种形式的竞争对手，因为会员制图书馆里的许多成员看得更多的也是报纸和期刊，而非书籍。

尽管如此，会员制图书馆在1750年至1850年，仍成了中坚力量，尤其是在英国迅速崛起的北方工业城镇和港口城市。1758年，新成立的利物浦图书馆喊出口号：为促进绅士和女士的知识进步。到1800年，有100个这样的图书馆遍布英国。这一数量虽然远远少于美洲殖民地，但这些图书馆仍对日益增长的公民文化自信作出了重大的贡献。成立于1806年的柱廊图书馆吸引了400名会员的加入，是一座在曼彻斯特市中心建造的精致的新古典主义建筑。1814年，一家本地的报纸表示，如果不加入柱廊图书馆，就是把自己置于“曼彻斯特文化圈之外”。[13]改革者理查德·科布登是柱廊图书馆的早期成员；小说家伊丽莎白·盖斯凯尔的丈夫——一神派牧师威廉·盖斯凯尔是柱廊图书馆任期最长的会长。第一任干事彼得·马克·罗格就是在柱廊图书馆开始写作他著名的《英语同义词词典》。曾两次任职英国首相的罗伯特·皮尔和1819年率领铁骑攻陷彼得罗的休·霍恩·比伯利，都是柱廊图书馆的成员。也许影响最深远的是自由派议员詹姆斯·海伍德的加入，他也是1850年第一个公共图书馆法案的发起人。

正如上文所述，大型工业城镇的图书馆吸引了大量的会员，因此它们能够收集到大量的藏书。利物浦图书馆在1800年有893名会员，之后不得不停止新会员的招募。这促使了利物浦雅典娜图书馆的建立，到1820年，该图书馆又增加了502名成员。许多图书馆发行了印刷目录，既为了方便会员，也为了宣传馆藏。令人沮丧的是，这些目录很少能保存下来，但是有其他资料表明，1830年的利物浦图书馆有2.14万本书，而布里斯托尔图书社团在1798年拥有5000本书。今天，曼彻斯特的柱廊图书馆收藏了2.5万本书，几乎全是19世纪的书籍。

许多规模更大的会员制图书馆位于快速发展的北方工业城镇，新兴的机构和新的市政建筑标志着那里的繁荣。在约克、什鲁斯伯里或兰开斯特等郡镇，会员制图书馆为乡村的单调生活带去了大都市的繁华亮丽。这些图书馆吸引了各种类型的成员：习惯在图书馆歇脚的乡绅、退休的海军军官和士兵、乡村律师和圣公会牧师等。这显然会对图书馆里的藏书产生影响，与工业城市的图书馆相比，这里的神学作品和布道书籍要多得多；循道宗的影响力与意见迥异的教会让工业城镇的土地上充满着争议。郡立图书馆也特别欢迎女性会员。会员制图书馆的会员中女性只占10%至20%，显然，更多的女性选择向男性亲属借阅。在18世纪，女性读者迅速成为不断扩大的书籍世界中的一支主要力量。

渡过磨难

英国的会员制图书馆在18世纪末经历了一段艰难时期，而在拿破仑战争结束后激进派的骚动中，又再次历经磨难。由于担心激进主义可能会从法国渗透进英国，那里的私人社团成员开始受到怀疑，这似乎也波及了读书俱乐部和图书馆。许多会员出于谨慎而选择退出，不过到了19世纪20年代，这些社团又重新焕发出活力。然而这一次，图书馆并没有成为任何特别措施的针对对象，对书籍挑选人员的严格审查被普遍认为已经是反对激进情绪的充分证明。欧洲大陆上的情况则大为不同，会员制图书馆被视作自由派煽动政治改革的罪恶温床。

法国的演讲厅介于英语国家的会员制图书馆和书商经营的流通图书馆之间。这种大厅通常收取年费（其中有一些对临时访客有另外的规定），并设有阅览室。一些大型的演讲厅会有独立的报纸阅览室和书籍阅览室，但与英国的会员制图书馆的不同之处在于，演讲厅的所有者（通常是书籍贸易的从业者）全权负责挑选书籍。赞助人还可以把书籍带回家阅读。

从1815年君主制恢复后到1848年“二月革命”爆发前，法国在战争的间歇中得到了迫切需要的喘息机会。但法国的政治气氛仍然很激烈，拿破仑对出版业的严格管制也丝毫没有放松的迹象。任何想成立演讲厅的商人都必须获得警方的批准，因为警方坚信这种机构会滋生敌对情绪，必须对其进行严格审查。1818年，诺曼底卡昂的地方警长在报告里写道，一家演讲厅的经营者在传播煽动性作品；但他也承认，这个人不是出于任何个人的激进情绪，而是纯粹为了赚取利润。他还在报告中附上了一份危险书籍的清单。在司汤达的小说《红与白》中，一位年轻的警长因保护南锡城的一座演讲厅而受到严厉斥责，他的上校认为那里是激进共和主义的堡垒。事实上，这位倒霉的警长一直在阅读一本关于莫扎特《唐璜》的歌剧评论。[14]

当然，像司汤达这样的小说家会痛斥对阅读的任何限制。但出版商亚历山大·尼古拉斯·皮戈罗不得不警告他的顾客："演讲厅正受到警方最严厉的监视。他们决心要清除掉小说类的书籍。"这将是一项相当艰巨的任务，因为演讲厅的藏书主要是虚构类作品，既有通俗文学，也有严肃文学。艺术家、学生和职业人士是其最大的受众群体。像英国的会员制图书馆和流通图书馆一样，演讲厅吸引顾客的正是虚构文学，这里让大多数读者都能更方便地接触到小说作品。法国保守的出版商不愿意投资能节省成本的新型印刷技术，这更进一步推动了演讲厅的发展。演讲厅的数量迅速增加，从1820年到1850年，巴黎的演讲厅从32座增加到226座；而在法国的其他地区，至少还有400座。[15]一些未受监管的方式可以更多样化地服务顾客，比如以每本10生丁的价格租阅小说。

18世纪也是德国图书馆文化的艰难时期。355个中小型政权的存在，不利于建立起一个整体性的市场，也很难借鉴法国经常尝试的那种全国性的图书馆改革。[16]一些著名的学者图书管理员，比如歌德，曾先后担任魏玛和耶拿的宏伟公爵图书馆的管理员，这或多或少掩饰了德国图书馆世界整体缺乏活力的状态。[17]大多数读者仍然与大学和王室宫廷的藏书相隔绝；城镇图书馆本就被继承的大量藏书压得喘不过气来，更是对更新书籍没有任何动力。

拓展阅读途径最有力的手段是18世纪的阅读社团和19世纪出现的流通图书馆。阅读社团最早出现于18世纪20年代，从18世纪中叶开始成为一种普遍现象。到1800年，德语地区至少有600个阅读社团，共计25万名会员。[18]阅读社团规模普遍较小，服务于各类不同的赞助人。有些本质上就是由书商管理的流通图书馆，另一些则专注于期刊。较富裕的文学社团会租用房间或购买专用的房产。尽管阅读社团在政治方面似乎并不特别活跃，但许多更开明的成员对当代政治的兴趣不可避免地引起了当局的怀疑。阅读社团最重要的作用就是缓解崛起的中产阶级对贵族和王室宏伟收藏难以接近的沮丧感。

虽然阅读社团仍旧相对私密，但依然可以建立起商业性的流通图书馆。与其他地区一样，这种机构可以是多种多样的，有些顶配的流通图书馆甚至拥有专门的营业场所，设有阅览室、新书展示空间，甚至是咖啡厅或音乐室。许多流通图书馆会出版藏书目录，从中可以看出，与其他地区的流通图书馆一样，小说的地位是无法撼动的。这些藏书目录还显示出公众品味的稳步转变，从追捧大仲马和沃尔特·司各特的骑士故事转而热衷于阅读犯罪小说。[19] 1777年，苏黎世的霍夫迈斯特提供了4617卷1600部作品。其中有一套《女士欢乐记》和《鲁滨孙历险记》，这是一种被《鲁滨孙漂流记》的成功所鼓舞而形成的文学体裁。[20] 虽然沃尔特·司各特在法国也有相当多的追随者，但英语文学作品逐渐蔓延的影响力在德国的流通图书馆藏书中得到尤为明显的体现。随着19世纪接近尾声，德国的读者接触到了越来越多的法语和英语作品：1882年，维也纳的迪恩伯克的全部藏书中，外国作家的作品占据了四分之一。

非常适合教坏所有的年轻女性

英国和美国的会员制图书馆、德国的阅读社团和法国的演讲厅都广泛受到好评；但流通图书馆就没那么幸运了。当人们在为可能陷入的家庭矛盾、学徒或仆人风波，以及易被蛊惑的年轻人而烦恼时，流通图书馆发现自己正身处一场风暴的中心，而阅读市场的急剧增长更加剧了这一场风暴。流通图书馆被谴责为色情作品和无脑废话书的传播者。19世纪，当图书馆被赋予了道德守卫的新职责时，它们同样被斥责为假正经的审查者。这在19世纪下半叶的英国尤其突出，当时，高质量文学的市场完全由两位杰出的维多利亚企业家——查尔斯·爱德华·穆迪（Charles Edward Mudie）和W.H.史密斯掌控。这两位图书馆经营者对书籍市场的影响创造了图书馆历史上最不同寻常，也是值得更广为人知的片段之一。

书商租借书籍或者收取少量费用提供店内阅读的例子，最早可以追溯到1661年，但第一家正规的流通图书馆是由爱丁堡的诗人艾伦·拉姆齐（Allan Ramsay）创建的。1725年，拉姆齐开设了一家年度会员制的借阅图书馆。1726年，佩尼库克的约翰·克拉克爵士开具了一张10先令的发票，明细为"年度阅读"。[21] 书籍的借阅可以超过一天。1740年，拉姆齐把他的图书馆卖给了约翰·耶尔，建立起一种典型的图书馆流通模式。尽管我们可以找到数百家图书馆遍布英国各地，但许多图书馆的寿命相对较短，藏书常常在新的经营者手中流转。尽管如此，从19世纪中叶开始，流通图书馆将对读者的阅读习惯产生革命性的影响。

流通图书馆时代的真正来临大约开始于拉姆齐退休时，那时候，伦敦的一众老牌书商几乎人人都开设了一个流通图书馆。这并非巧合，因为那时也是小说出版激增的开端：1750年至1779年，至少有800本新书问世。[22] 流通图书馆的许多经营者本身就是出版商，最著名的是弗朗西斯兄弟和约翰·诺布尔，他们在1744年至1789年出版了至少200本小说，其中大部分都进入了流通图书馆。

诺布尔出版的许多作品都并非文学巨著。当范妮·伯尼听到修改《塞西莉亚》结尾的建议时，她尖刻地回应道："诺布尔先生流通图书馆中的任何一本小说的最后一页，都可能拿来当作我的小说的结尾。一场婚礼，一次和解或者一夜暴富，这些写的全都一个样。"[23] 文学评论界的态度也同样尖酸刻薄。1773年诺布尔出版的《当他离去》被《伦敦杂志》贬斥为"一部专为流通图书馆而写的作品，非常适合教坏所有尚未堕落的年轻女性"。[24] 亨利·麦肯齐也是一名小说家，他同样进行了谴责："那堆最普通的小说（流通图书馆的可悲产物）……不值一读，只配视之如草芥。有些伤风败俗的内容必须严令禁止。"[25]

人们开始呼吁对流通图书馆中的书籍进行监管，甚至应当彻底关闭这类图书馆，因为那里会带来有害的影响。1773

年，有消息称："议会将会很快通过一项法案，取缔流通图书馆，并宣称其经营者皆是赌徒、流氓、流浪汉、道德败坏者之流的害群之马。"[26]流通图书馆还常被视作烟花柳巷。大众心中的这种道德恐慌与小说的大肆流通有着密切的联系。1789年，高产作家玛丽亚·埃奇沃思曾写道："虽然我与你一样热爱小说，但我担心它对心灵造成的影响，会像威士忌对身体造成的影响一样。"[27]然而，如果我们仔细查看流通图书馆出版的书籍目录，小说所占的比例却出人意料得少。1755年，伦敦河岸街上的书商托马斯·朗德斯提供的书籍目录中有几千本，其中包括一部分意大利文和法文作品。历史、文献学和神学作品的数量与小说、诗歌和戏剧一样多。希腊和罗马作家的著作尽管都是英译本，但也相当丰富。

伦敦各大流通图书馆的藏书通常为5000册到1万册，不难想象，大都市的读者通常有更多样化和复杂的阅读品味。经营者也很清楚，人们对流通图书馆的过分自由提出了尖锐的批评。因此，大范围地宣传非虚构书籍是一个明智的预防措施。不过，我们不应该期待这类书籍会像小说一样成为书架上的常客。流通图书馆也不可能为一本非虚构类书籍制作超过25份的影印版，而这个数量对一本小说来说是十分常见的。在朗德斯的书籍目录的标题页上，他还向会员承诺，会提供"迄今为止新出版的所有小说和其他消遣书籍"。[28]

有些图书馆，比如18世纪60年代谢菲尔德威廉·沃德的流通图书馆，会有意识地去吸引更高尚、更雄心勃勃的读者。但总体来说，图书馆越小且服务的社区越小，那里的读者对小说的依赖性就越强。1793年，詹姆斯·比蒂教授参观了邓迪的一家书店，并惊讶地发现那“仅仅是一个小说的流通图书馆”，而店主声称“在邓迪，读者只爱看小说”。[29]

伦敦的经营者在贸易市场里显然享有优越的地位，能够妥善处理好书籍销售、出版和流通图书馆运作之间的收入和现金流关系。作为批发商，他们在流通图书馆形成的网络中获取额外的利润，流通图书馆在英国各地区迅速传播，从温泉和海滨胜地，再到各郡镇。在18世纪的某个时期，什鲁斯伯里至少有10个流通图书馆，约克有22个。北方工业城市里高贵的会员制图书馆，有着优雅的客户和伟大的藏书，但也无法抵挡住流通图书馆的吸引力。有研究表明，18世纪的曼彻斯特有41个流通图书馆，伯明翰有46个，而利物浦的数量更为惊人，有88个。[30]这可以充分地解释，为什么会员制图书馆也会收藏小说，虽然官方对此通常都闪烁其词，小心辩解。莱斯特的文学社团借助于时间的神圣性来为收藏此类作品开脱：“小说或戏剧不得进入图书馆，除非它们经受了时间的考验，并且已经赢得了声誉。”[31]颇具讽刺意味的是，通过这种方式，会员得以接触到像菲尔丁的《汤姆·琼斯》这类在19

世纪末没有通过公共图书馆审查的书籍。

像巴斯这样的温泉小镇里的图书管理员对向顾客提供各种各样消遣书籍全无顾忌，流通图书馆很快就在时髦的娱乐活动的花名册上占据了一席之地。在会员名单上写下自己的名字，就像发出一张名片一样，大声地宣告自己的到来（还可以趁机了解镇上的其他来客）。巴斯、马尔盖特和斯卡伯勒的流通图书馆通常都是大型、典雅的建筑，会员们可以在那里逗留、阅读或者闲聊。1782年，巴斯的施林普顿的流通图书馆为女士和先生们提供了单独的阅览室。流通图书馆还成了会员制图书馆妥帖的替代品，为来自伦敦俱乐部区的流亡者提供了新的落脚点。1780年，普拉特和克林奇流通图书馆向会员提供了13份伦敦的和22份其他各区的报刊。[32]两种图书馆间的竞争并不是特别激烈：18世纪70年代，巴斯的流通图书馆的会费从每季度3先令提高到4先令，效仿的是伦敦7家大型会员制图书馆在1767年统一以12先令的价格提高了会员年费。[33]对于那些流放到各区的人来说，伦敦的会员制图书馆还为其提供了邮递服务。书籍用上锁的箱子装好，通过马车运输。图书馆免费提供箱子，但会员需要支付运输的费用。[34]

沃里克的塞缪尔·沃德的书店让我们得以洞察英文书籍世界遥远角落里的阅读生活。[35]沃德留存下来的1770年到1772

年的记录非常珍贵，我们因此有机会将他书店里的书籍与他小型流通图书馆里的藏书作比较。从中可以证实，读者更多是借阅而非购买小说的假设是真实存在的。书店售卖的书籍主要是儿童读物和民间小册子。女性确实会借阅小说，但男性同样如此。没有一名读者呈现出成瘾性的小说阅读状态，因此无法证实人们对此的频繁怀疑。事实上，一些借阅者会认为小说并没有什么吸引力，以至于在借阅过第一卷后便不再继续。这个时期出版的小说通常由两到三卷组成，这在很大程度上增加了成本。通常被认为是危险群体的仆人和学徒，在沃德的借阅人登记册中并不常见，沃德的流通图书馆的主要顾客仍旧是绅士和职业阶层。他们在超过两个世纪的时间里，都是书籍世界的核心人群。

我们看到，这个时期消遣阅读市场的整体规模发生了巨大的变化。在沃德的小型流通图书馆的天平的另一端，伦敦的贝尔流通图书馆（以“不列颠图书馆”自居）在18世纪末已经拥有了10万册书。这远远超过了当时最大的个人图书馆和几乎所有的机构图书馆。拥有5000或上万本书的流通图书馆已经不足为奇，而这个数量在会员制图书馆里仍算得上凤毛麟角。这是英国书籍行业经济中心发生的重大转变，并且在未来也没有发生逆转。

穆迪

英国流通图书馆的发展很快在美洲殖民地也收到了回响。1762年，安纳波利斯的书商威廉·里德以每年27先令的会费为马里兰州的读者们提供了一个流通图书馆。他的藏书量很少，只有150本，但都是精选的已经大获成功的畅销书。里德的尝试虽然以失败告终，但并没有阻止其他人的脚步。不到5年的时间里，流通图书馆出现在了查尔斯顿、纽约、波士顿和费城，以及不久之后的巴尔的摩。这些流通图书馆都附属于书店运作。这是一个巨大的优势，流通图书馆可以在书店的营业时间里开放，与早期的社交图书馆形成了鲜明的对比，因为后者通常只允许在每周六的下午开放4个小时。

书商从一开始就很清楚，和在英国一样，小说将成为他们事业的基石。这里的流通图书馆也鼓励女性会员的加入。总体来说，在美国独立战争爆发前的17年里，11个流通图书馆成立了，大部分的存活时间都相对较短。战争结束后又开始了新一轮的成立浪潮，从新罕布什尔州到佐治亚州，19个城市共建起39个流通图书馆。在一位狂热的观察者看来，这似乎就是图书馆的未来，具有深远的社会影响力：

读者的数量难以估量，甚至在每个小镇都比比皆是。就文学而论，这里的老百姓与欧洲的中产阶层站到了一起。他们都会阅读、写作和算术。现在几乎每个小镇里都有一个流通图书馆。[36]

一些写作者敏锐地察觉到，人们对流通图书馆的态度过于乐观了。在1789年伦敦出版的一本书中，清楚地指出了流通图书馆快速增长所面临的主要障碍：长期需要从英国进口几乎全部书籍。美国流通图书馆的黄金时代是19世纪上半叶，当时美国出版业的能力正呈指数级增长。美国作家也因此迎来了一个重要的新机遇，虽然当时还没有人能与沃尔特·司各特比肩，他在美国、法国和德国都大受欢迎。在这一时期，美国第一次出现了女性图书馆经营者，比如波士顿的玛丽·斯普拉格（她在自己的女帽店里设立了一个图书馆）以及塞勒姆的汉娜·哈里斯。流通图书馆也建立在典型的美国式地点上，比如密西西比河的内河船和伊利运河的驳船上。

美国内战结束后，流通图书馆的数量下降了，这并不是由于公共图书馆的发展，而是书籍价格下跌，使得核心的中产阶级顾客群开始认为买书比借阅更具吸引力。在这一点上，英国读者和美国读者的认知出现了分歧。因为在英国，这正是流通图书馆的黄金时代，至少，是穆迪的黄金时代。自书籍出版业公会（Stationers' Company）实行铁腕统治以来，未

图14　照片为一张典型的穆迪图书馆标签，贴在一本影印版的罗伯特·路易斯·史蒂文森的书籍封面上:《写给家人的信》第一卷（伦敦：梅休恩出版社，1900年）。很少有一个商业图书馆能对世界上最大的文学市场之一产生这样的影响。

曾有一个商业机构像穆迪的流通图书馆那样，对一个国家的阅读产生同等的影响力。书籍出版业公会是位于伦敦的出版商协会，在16世纪和17世纪担任行业监管机构。1844年到1894年正是维多利亚时期散文写作的黄金时代，穆迪在高质量虚构文学的供应上处于近乎垄断的地位。

查尔斯·爱德华·穆迪是伦敦一个文具商的儿子，他的父亲在店里以每卷1便士的价格租赁书籍。22岁时，穆迪也有了自己的店铺。1842年，他在店里建立了一个流通图书馆，1852年，搬到了新牛津街拐角处的一个更大的店面。1860年，他的生意规模越做越大，又建造了一个新的书籍购物中心，开业时，伦敦的大部分学者悉数到场参加。1853年至1862年，穆迪图书馆的藏书量增加了96万本，令人咋舌。[37]一位记者惊叹不已，他在1863年曾参观过新牛津街的总店，相比之下“就数量而言，著名的牛津大学图书馆也黯然失色，罗马教廷的图书馆也难以望其项背”。据《泰晤士报》报道，到19世纪末，穆迪图书馆已经藏有700多万册书，其中许多仍然存放在他深不可测的仓库里，这还没有算上经常以大幅折扣出售的陈旧书籍。[38]

穆迪是一位企业家，他成功的关键在于购买了大量新书。1855年，穆迪购买了2500本新出版的麦考利《英国历史》第3卷和第4卷的影印版。他也受益于才华横溢的作家浪潮，比如狄更斯、萨克雷、特罗洛普、盖斯凯尔夫人、乔治·艾略特和迪斯雷利。尽管如此，他的商业模式的基石是新虚构文学的价格体系，在穆迪占据英国市场的整整半个世纪里，他一直坚持将价格维持在极高水平。

1780年至1830年，新虚构文学的价格持续上涨，法国革命战争给这一产业带来的压力在战后萧条时期进一步加剧。沃尔特·司各特的历史小说非常受欢迎，价格也达到了新的高度。司各特的新小说以1.5几尼（31先令6便士）的价格面市，这个价格只有最富有的顾客才负担得起。为那些不愿意再等待一年的顾客，以6先令的价格提供一份新书的重印本，成了流通图书馆的主要商业服务项目。到19世纪40年代，图书馆每年的会员费达到了4几尼至6几尼。

穆迪大胆地加入了这个市场，但每年只收取1几尼的会员费，这使得他迅速地收获了大量的新会员。1864年，穆迪图书馆成为一家上市公司，资金进一步增长。到那时为止，穆迪已经能够向出版商提出自己的条件，坚持只收购传统的三卷册小说。他还将售价统一定为31先令6便士，即使是那些远没有沃尔特·司各特那么有名气的作家的作品。

这是一个给各方都能带来好处的贸易模式。读者一年只需要支付1几尼，用比购买一本新小说还要低廉的价格，便可以阅读到大量书籍。出版商也可以确保销量，因为穆迪会购买大量的首发版书籍。500份影印版书籍已经可以为出版商带来可观的利润，而穆迪通常会订购1500份知名作者的作品。出版商会在印刷前与穆迪通信，并确定印刷量，这大幅降低了滞销风险。穆迪定期推出的新书推荐清单也让出版商省去了宣传的费用和精力。作家也可以从中受益：出版商承接新书项目的风险系数不高，因此许多新作者也有机会将他们的书籍推向市场。穆迪坚持自己的收购价格，几乎不会以超过18先令的价格收购三卷册小说。最重要的是，穆迪会将三卷册分别租借，保证三卷册的利润是单本小说的3倍。实际上，穆迪在新虚构文学作品的出版上获得了全国性的垄断地位。他不想要的书籍就不会出版。

1858年，穆迪错失了一个重要的机会，他拒绝了W.H.史密斯的邀请：代表史密斯运作铁路图书馆网络。在19世纪40年代混乱的十年铁路争夺之后，史密斯在伦敦的报纸发行中占据了主导地位，他想要建立一个铁路书亭网络，出售报纸和廉价消遣文学也是顺理成章的。随着旅行的时间越来越长、次数越来越频繁，人们对旅途读物的需求也越来越大，史密斯看到了把书亭转化为流通图书馆的可能性。如果乘客在书亭中没有找到心仪的书籍，可以从中央车站订购，书籍会通过铁路运输到某个站台，以便乘客在下次途经时取阅。[39]

穆迪拒绝了他的提议后，史密斯决定自己经营新的流通图书馆，并就此开办了一个持续到1961年的全国性机构。这并没有给穆迪带去真正的压力。虽然他的全国性图书馆网络也在不断扩大，那些标志性的铁角书箱遍布各大主要城市，而且逐渐蔓延至乡村，但这两家企业并没有真正处于竞争之中。旅途中的读者更喜欢便携的、单本的、发行后大约一年就能买到的再版书（相当于现代的平装本）。因此，穆迪对三卷册小说的垄断地位仍然无可撼动。而且，这两个人的行事风格极为相似，他们都是虔诚的慈善家，维多利亚时代商人公民美德的活化身。史密斯继续追求着他的政治事业，并最终被任命为海军大臣。对此，最著名的讽刺作品是吉尔伯特和萨利文创作的《皮纳福号军舰》。[40]两人都非常认真地扮演着维多利亚时代道德的守护者，而且鉴于他们现在都是这个国家阅读品味的塑造者，这给作家和出版商与他们的亲密关系也带来了越来越大的压力。

穆迪对三卷册的执着，无疑是造成19世纪大量小说冗长的重要原因。写作者要倾尽全力将自己的小说填补到所需要的篇幅长度。像安东尼·特罗洛普这样经验丰富的专业人士掌握了一种技能，即提前计划好每天的创作字数，但更多的写作者却很难在保持灵感和戏剧张力的同时，满足每卷6.6万个单词，总共22万个单词的字数要求。如果我们奇怪于为什么那么多19世纪的小说要在中途部分展开两个边缘人物错综复杂（但质朴）的爱情故事，这就要归咎于查尔斯·爱德华·穆迪造成的“困难的第二卷”的难题。如果所有的手段都用上，写作者还是无法写够要求的字数，出版商就会采用更大的印刷字体和更宽的页边距来拉长篇幅。

激进的作家们推开了维多利亚时代品味的封锁线，发现穆迪是一个越来越荒谬的人。乔治·摩尔，一位尖锐而多产的批评家，曾说道：“我们这个时代的文学抗争并不在于浪漫主义和现实主义小说的流派之争，而是为了摆脱一个文盲图书管理员的挑剔。”[41] 威尔基·柯林斯在听到穆迪要求出版商修改《新摩德林》的书名时终于忍无可忍：“没有任何理由能让我修改这个书名。如果他不是一个老蠢蛋，那么这个提议十分无礼……但这件事情严重的一面是，这个无知的狂热分子把我的发行量掌握在他伪善的手中。”[42]柯林斯是一个老牌作家，他还会有其他的发表途径，比如查尔斯·狄更斯开创的期刊连载。但对于那些需要努力打开市场的写作者来说，他们必须满足穆迪的要求。作者和出版商会根据穆迪的计划来更改他们的写作和发行时间表，就像16世纪那样，写作者会为了赶上下一届法兰克福书展而拼命赶稿。有的出版商与穆迪的通信往来不断，为他们的写作者辩护，对穆迪提出的折扣要求表示抗议，但这往往都是徒劳的。也有许多出版商对这些都不太在意，因为他们自己也成了穆迪公司的股东。

W.H.史密斯甚至更为挑剔。1896年，韦克菲尔德大主教谴责托马斯·哈代新近出版的《无名的裘德》，史密斯便撤回了发行的影印版。[43]这是一种与公共图书馆所经受过的一样隐匿的审查制度，但没有带去任何的痛苦。穆迪和史密斯之所以能够成功，一部分是因为他们的财务实力，还有一部分是因为他们对会员喜好的判断非常准确。穆迪意识到，会员们从不阅读任何可能会让他们震惊的东西。

这一切对后世几代造成了不利的影响，就像当时的激进作家所面临的情况一样。但是，必须承认的是，穆迪和史密斯作出了一项重要的贡献：净化了英语小说。1794年，来自传统阅读阶层的评论员严肃地呼吁要禁止流通图书馆。虽然经过了100年的时间，穆迪的儿子才放弃了对三卷册的执着，但穆迪经营了50年的1几尼会费图书馆，已经使小说成了图书馆书架上的座上宾。考虑到那么多有着冗长拖沓的第二卷的小说，这还真是一个了不起的成就。

第13章　建筑帝国

1844年，英国新西兰公司的一名宣传人员奋力招募移民者的加入。这家公司是新西兰定居点的商业先驱。他煞费苦心地向世人证明，新西兰不是一个罪犯聚居地，也不是一个肮脏的商业贸易站，而是一个文化人的社区，他们致力于留下最好的东西来塑造他们居住的世界。这种社会移植里一个关键的元素就是图书馆：

> 一个正派的移民者，必定是一个读书的人：母国那些消遣娱乐活动被剥夺，除了读书，或者去质量低下的酒馆，没有其他方式来缓解移民生活的苦闷。没有人比那些居住在新移民地的人更能体会到拥有一本新书的价值；我们大可以保证，没有哪个移民地比新西兰这里的更懂欣赏文学：正如那些身份高贵的移民者所期望的那样。[1]

许多移民地、贸易站或定居点猖獗的酗酒现象说明那里的状况未必是一片祥和。新西兰自然也是如此。不过，不可否认的是，人们认为书籍和文明之间存在强烈的联系，移民招募者强调了这一点，移民地社区的欲望和心愿也证明了这一点。1840年至1914年，英国王室与北爱尔兰毛利人酋长签署了《怀唐伊条约》，新西兰的定居者人数从几千人增长到了100万人，同期，新西兰移民地新建立起了769个图书馆。1878年，大约每1529人就有一个图书馆。所有这些新建立的图书馆，本质上都效仿了会员制图书馆的模式，这种模式在19世纪的殖民社会中备受欢迎，因为它鼓励将个人的藏书汇集到一起，实现共同的利益。在新西兰边远的移民地，几百本书可能是移民者与母国为数不多的实物联结之一，也是他们用以打发时间、面对无可避免的困境和梦想美好未来的重要方式。

我们已经知道欧洲的书籍是如何在第一次美洲航行中被带走的，以及书籍如何成为英国清教徒和西班牙耶稣会士最宝贵的财产之一。[2]对于携带书籍航行的那些人来说，书籍既是文明的图腾，也是在新居所培植欧洲文化的工具。直接获取有价值的新书是很困难的，但书籍在移民地上必然会积累起来，因为当主人去世后，书籍便几乎没有其他去处。因此，像约阿希姆·冯·德辛（1704—1761）这样精明的收藏家，作为南非开普殖民地逝者物品拍卖的监督者，获取了近4000

本书。他死后将这批藏书捐赠给了开普敦一座本地教堂，并要求向公众开放。书籍可以出借，每周进行一次检查。[3]能够激发苏格兰和德国的牧师将自己的书籍捐赠给社区的那种当地公民自豪感，在开普敦、澳大利亚或加拿大也同样出现了。

在海岸角堡（今天的加纳）的英国殖民哨所有一个庞大的图书馆，供城堡里的军官使用。图书馆中英国文学、历史和法律书籍的存在，提醒着人们，这些军官显然渴望着文明和教养，这与他们日常生活中的暴行形成了诡异的对比。[4]与此同时，在开普敦和加勒比海地区传播福音的18世纪基督教传教士试图建立起自己的图书馆，用以传播上帝的话语。一些人，比如摩拉维亚新教的教友，付出了格外的努力来教导奴隶阅读和写作，在这个过程里，奴隶经常会与“奴隶主”发生冲突。[5]

对奴隶来说，识字被视作通往颠覆和最终解放的危险道路。奴隶虽然有着不同的视角，但也相信书籍具有解放的力量。在开普殖民地，许多被释放的奴隶会参加拍卖会购买书籍，收集自己的藏书，作为他们自由身份的强力象征。[6]

19世纪中叶奴隶制废除之后，对于接触书籍的紧张气氛并未就此消散。在南非，黑人政治活动家看到了图书馆是解放的一个关键工具，但政府对解放事业始终毫无同情心让他们感到失望。[7]另外，在荷属东印度群岛，殖民政府积极赞助图书馆的成立，在1918年至1926年创建了至少2500座公共图书馆，还专门为马来人、爪哇人和巽他人收藏了本国语言作品。事实证明，这些举措非常受欢迎，推动了识字工作的真正进步。对荷兰殖民政府来说，这些书籍还是灌输支持殖民统治思想和宣扬西方价值观的工具。在这方面，他们没有获得完全的成功，因为当原住民接触到西方的自由、自主和民主观念，便立刻将这些观念应用到了自己身上。[8]

19世纪是图书馆走向全球的关键时期。随着帝国的扩张和欧洲人的全球殖民，欧洲文化向海外输出的速度也在加快。将欧洲图书馆移植到加拿大、印度和澳大利亚并非全无困难，最终取得的成果也无法与伦敦或巴黎的图书馆文化相媲美。与此同时，新成立的国家图书馆赞颂着帝国的辉煌，大量的书籍被摆上书架，庆祝着每个欧洲国家的文化和文学成就。这些图书馆的规模不断引起国际上的竞争，也使它们成了那个时代的庞然大物。它们是第一批能够超越最精美的个人图书馆的机构图书馆。然而，这没能阻止新一代图书馆建造者——飞速工业化的美国的强盗大亨——追寻成为智慧之子的梦想。他们通过收集藏书来洗刷罪名，建立起文化遗产，企图抹除掉人们对那些商业掠夺行为的记忆。

海滩上的小说

1757年至1818年，英国东印度公司从一个只有几个沿海贸易点的商业公司，摇身变成整个印度次大陆的贸易主宰者。当英国军官开始在这片广阔的土地上担任管理者时，他们发现了一个有着丰富文学传统和伟大皇家图书馆历史的国家。自阿克巴一世（1542—1605）掌权以来，莫卧儿帝国就一直簇拥着演说家和诗人，他们在帝国图书馆里收集了数千份手稿，大部分都书写在棕榈叶上。[9]这些收藏品主要由阿拉伯语、波斯语和乌尔都语组成。许多书籍都经过了宫廷画家的精心装饰，书中通常绘有皇帝及其随从的庆祝肖像。帝国图书馆的诗歌和文学作品往往会进行朗读，供统治者及其廷臣欣赏，但阿克巴皇帝本人从未学会阅读或者写作。莫卧儿王朝的图书馆建造计划无疑是排他性的，印刷技术从未吸引过这些伟大的统治者。他们在印刷方面的经验主要通过观察那些笨拙但坚韧不懈的传教士获得，他们在果阿贸易站为庞大的印度人群制作天主教书籍。从传教士使用的语言和文字来看，过分复杂的印刷技术会带来相当大的风险。一些王室成员也会出于好奇而收集一些欧洲的印刷书籍，比如坦焦尔的王公赛佛吉二世拥有一个藏有30433份棕榈叶手稿和6426本欧洲印刷书籍的图书馆，这是他的王朝300年来的收藏成果。

另一个伟大的图书馆，迈索尔苏丹的图书馆，在1799年塞林伽巴丹陷落后被英国人占领，牛津大学、剑桥大学和威廉堡学院（位于今天的加尔各答）瓜分了这一战利品。这是帝国时代英国掠夺的众多印度藏书馆之一。莫卧儿帝国图书馆的残骸也于1859年落入英国人手中，但经过一个半世纪的掠夺和疏忽，藏书量已经大大削减。带走这些图书馆是一种胜利的游行示威，虽然这与17世纪瑞典掠夺天主教图书馆有所不同，但也是英国在牛津、剑桥和伦敦建立全面的亚洲作品收藏的一份努力，可以帮助学者和管理者接触到英国统治下的异域文化。并非所有的图书馆都适用于这种人类学研究目的。果阿的奥古斯丁修士的大型图书馆收藏有约1万册书，但没有给孟买的审判长詹姆斯·麦金托什爵士留下什么好印象："我从不知道这个世界上已经出版了1万本如此无用和有害的书，甚至还建立了一个大型图书馆。真是奇怪，一本有启发性或优雅的书都没有。"[10]

毫无疑问，在反天主教情绪的推动下，这座图书馆遭到了相当不公平的解散，毕竟这些藏书的收集历经了几个世纪的磨难。然而，麦金托什的怒气也有迹可循：在当时的大背景下，迫切需要为越来越多的英国士兵、军官、管理人员和印度商人提供"有启发性或优雅"的书籍。[11]长期以来，收集藏书发生在商业堡垒和传教团里，主要是公司员工的个人收藏，以及从伦敦派发的《圣经》和祈祷书。关注英国士兵的福利，提高他们的军事效能，需要更系统的方法。驻印度英军是世界上第一个获得永久图书馆的部队，比他们在英国的战友早了20年。到了19世纪20年代，印度的每支欧洲军团都配备有一名教导员、一名阅读教师、一名写作教师、两名助教、一名图书管理员和一名儿童女教师。[12]

英国国内的报道里经常强调，这些慷慨的人员配备是十分必要的，因为印度的气候炎热，需要耗费体力的娱乐活动不切实际。1832年，迪纳普尔驻扎地的随军牧师说道：

我认为，使用图书馆的士兵，他们的思想得到了更好的管理，他们的行为更像男人和基督徒。在印度的欧洲士兵很难找到有益的活动来打发可以自行支配的闲暇时间。[13]

当每个主要驻扎地都建起了专门的图书馆大楼，图书管理员教会了士兵们如何解决噬咬书页的白蚁问题后，官员和牧师一致认为，图书馆应该允许借阅书籍，而不是只能在拥挤的图书馆房间里阅读。如果允许他们借阅书籍，能够安静地在自己的营房里读书，图书馆的使用率就会大幅提升，士兵们的心情也会得到很好的改善。在书籍内容的问题上，军队图书馆也比同时代超前了一步：成了第一批用小说填满书架的机构图书馆。小说家玛丽亚·埃奇沃思认为，英国的士兵和水手应该读一些关于英雄主义、冒险和苦难的故事，这些故事可能向他们灌输美德（大概她自己写的书籍尤其适合）。关于沉船和艰难航行的故事也受到了推崇，“（他们可以）从所有故事书中最有趣的《鲁滨孙漂流记》开始，这是一个鼓励了许多年轻人出海航行的故事”。[14]

这不仅是畅销书作家自私自利的主张，印度公司的官员也完全同意这一观点。军队图书馆的书架上摆满了小说，包括笛福的《鲁滨孙漂流记》以及沃尔特·司各特和莎士比亚的小说。就连印度的牧师也注意到，军队士气的提升不能仅靠宗教作品。尽管每个图书馆都有宗教著作，但基本上都没有人阅读，沦为了白蚁的食物。

1791年至1810年，从英国出口到印度的书籍价值急剧上升，从8725英镑增至6.618万英镑。到19世纪60年代初，这一数字已增至31.3772万英镑。[15]军队图书馆只占据这一市场的一部分，主要城市加尔各答、马德拉斯（今天的金奈）和孟买也有许多个人需求。到1831年，加尔各答拥有了5个商业图书馆，主要为约1.2万名白人提供服务，其中三分之一是英国人。[16]在这里，小说仍占有主导地位。所有这些书籍都是伦敦提供的，尽管从英国寄出的书籍比抵达目的地的要多得多。1835年，旅行作家艾玛·罗伯茨宣称：“据说在好望角，有时候海滩上也到处散落着小说。听闻是帕特诺斯特街仓库运输书籍的一艘船只在岸边搁浅了。”[17]

19世纪30年代，孟买（1830年）和加尔各答（1836年）都出现了大型会员制图书馆。两者的性质都是“公共图书馆”，尽管收取会员费，但费用刻意维持在较低水平。加尔各答图书馆向贫困学生免费开放，而孟买图书馆则号召“应不加区别地向任何地位、阶级和种姓的读者开放。举止端庄并严格遵守规则，是进入图书馆的唯一必要条件”。[18]这些举措展现出印度本土居民和殖民地精英都可以自由使用图书馆。在加勒比地区，人们不太去担忧文学会产生的激进影响，而更多在意如何促进一个有能力的西化印第安阶层快速成长，以协助殖民政府的管理。这两家图书馆迅速积累起藏书，尤其是加尔各答图书馆，接收了1838年威廉堡学院废除后的所有欧洲书籍。这些图书馆还吸引了许多当地赞助人的捐款，其中既有英国人也有印度人。19世纪下半叶，印度会员占有图书馆会员的20%。[19]最关键的是，印度会员也进入了图书馆委员会。会员制图书馆还受到了更排他的会员的重视，例如亚洲学会的会员制图书馆。这类图书馆是更具包容性的“公共图书馆”，其数量在19世纪大幅增加。1903年，加尔各答图书馆成了帝国公共图书馆的中心，其数量在之后直接成了现代印度国家图书馆，表现出英属印度政府对加尔各答图书馆的尊重。

印度图书馆的发展模式在英国其他殖民地也得到了复制。[20]最突出的是其对私人资助的依赖，一般也会得到政府的补贴和支持。在开普敦，一家政府资助的公共图书馆成立于1822年，7年后，由于葡萄酒贸易关税的资金来源回撤，便改为了一家会员制图书馆。[21] 1833年，该图书馆收藏了2.6万册书，是当时英国殖民地最大的图书馆之一。开普敦可以建立相对较快地积累起如此大批量藏书的图书馆，是因为这里始终是去往东方航运路线的繁忙中转站。

在加拿大，会员制图书馆得到殖民地政府的积极鼓励，并获得了大量资金。蒙特利尔有4个会员制图书馆，其中最大的藏有3800册书。[22]到1858年，有143个私人图书馆协会受到了政府的援助，主要是用于从英国购买书籍的资金。在魁北克和蒙特利尔，图书馆被当作向法国地区灌输英国价值观的手段，而在不列颠哥伦比亚省的金矿田，人们希望图书馆能够为崎岖的边疆哨所带来秩序、文化和尊重。[23]这两种情况下的尝试都没有完全取得成功。蒙特利尔和魁北克的法国居民联合起来建立了自己的法国图书馆，而不列颠哥伦比亚省的矿工并不太在意地方当局对图书馆的宣传，声称那里是年轻工人的“另一个家”。不列颠哥伦比亚省还面临着另一个挑战，这个挑战也同样出现在加利福尼亚淘金潮时代：成千上万的移民会在一个地方定居几个月甚至几年，随后便又收拾行囊，搬往下一片矿田，而图书馆却被留在了原地。

到了19世纪中叶，加拿大乡村随处可见图书馆的身影，但很少有图书馆能保持长久的影响力。在小型社区，本土会员制图书馆的生存往往依靠少数人煞费苦心地去维持。安妮·兰顿在安大略省斯特金湖附近努力为移民者经营着一家图书馆，她在1842年反思道："我认为我必须得接受用1磅黄油或几个鸡蛋作为（会员制图书馆的）会费，然后自己拿出6便士。不然，恐怕我得一直催着（追着）某些会员支付会费。"[24] 新西兰见证了大英帝国所有殖民地中会员制图书馆的空前繁荣，但三分之一的图书馆成立于1914年前，存活却尚不足20年。许多小型社区间的孤立加剧了这种脆弱。在北奥克兰的芒格卡拉米亚，第一个移民者来到这里的20年后，1878年，一家图书馆成立了，拥有26名会员。随后会员的数量逐渐减少到个位数，但到了1938年，这家图书馆仍然活跃着，拥有18名会员和2050本书。[25] 在这家图书馆的活跃期间，社区人数也从未超过350人。

直到1929年，私人会员制图书馆才得到了新西兰当局的财政支持。尽管它们多有限制，但人们仍明显地感觉到这些图书馆提供了一种备受欢迎的公共服务。图书馆学会积极地提升这一声誉，并成功地吸引了政府的资金投入，主要是因为政府官员很可能也会成为会员。在帝国的大型城市里，最大的会员制图书馆后来成了公共或国家图书馆的基石。讽刺的是，在新加坡和澳大利亚，这导致了小说和轻文学的消亡，而正是这类作品最初使这些图书馆大受欢迎。[26]不过，也是小说使英国出版商注意到海外市场的潜力。出版商发现澳大利亚或印度的图书馆远不在穆迪的垄断控制下，便将每本书降价1先令，并运送出大量的新版小说。1870年至1884年，英国向澳大利亚出口的书籍增加了4倍，运送时间也缩短到了40天。[27]

麦克米伦出版社的诞生便是充分利用了殖民市场提供的机会，该出版社在1843年由一对苏格兰兄弟创立。1886年，麦克米伦出版社推出了殖民图书馆，里面的书籍只允许在英国的海外市场销售。30年后，殖民图书馆收集了680本书，有着独特的统一装帧，其中632本都是虚构类图书。[28]《印度时报》对此发表了一篇赞扬其美德的文章，毫不奇怪，这篇文章被出版社兴高采烈地传播着。

如今，只需花费两三英镑就可以建立一个有价值的图书馆，而且只要时不时地再多花一点钱，这个图书馆就一定能紧跟时代的步伐。对于社团、学校图书馆和本土读书俱乐部来说，“殖民图书馆”是无价之宝，我们真诚地赞颂它，这是我们见过的最有成效的努力，为在这里的英国读者提供了与他们在母国类似的阅读条件，即便他们母国的同胞可能居住在穆迪的某个图书馆代理机构，或者W.H.史密斯的书亭附近。[29]

出版社极力强调，殖民地读者和英国读者一样受到它们的重视，有着同等的礼遇。这在很大程度上是真实的：麦克米伦出版社没有利用殖民图书馆作为抛售陈旧或滞销书籍的工具。他们也很快意识到，在英国畅销的小说并不一定也能引起殖民地读者的共鸣。殖民图书馆最初的两本图书——玛丽·安妮·巴克尔的《新西兰的营地生活》和《在南非一年的家政生涯》——销量就很差。这些关于家庭和旅游的叙述虽然对欧洲移民群体有一定的吸引力，但人数大得多的印度读者却没有什么兴趣。很快，人们就清楚地发现，在英国现实主义虚构类书籍里占主导地位的主题，在最大的殖民市场印度并不受欢迎，因为它们讲的不是印度读者的现实生活。相反，印度读者更喜欢强调伦理道德、艰难抗争、压迫与解放等主题的小说。最受欢迎的是乔治·威廉·麦克阿瑟·雷诺兹的小说，其中许多都是围绕19世纪伦敦社会的不公展开的。

虽然雷诺兹并没有得到文学评论家的青睐，但麦克米伦出版社懂得如何经营，也了解他们的目标读者。麦克米伦的成功并没有被忽视。1895年，其他8家有着“殖民地特供系列”书籍的英国出版社，也像麦克米伦一样制作了统一的装帧，售价比在英国低1先令。这并非巧合，1886年至1901年，印度的流通图书馆和会员制图书馆的数量迅速增加：孟加拉管辖区从49个增加到137个，孟买管辖区从13个增加到70个。有些图书馆是由新兴的印度职业阶层创办并专门为之服务的。[30] 日益增多的图书馆彰显了一种日益增长的自信心，这种自信将在20世纪印度的独立运动中发挥重要作用。

国家图书馆

1753年，英国皇家学会会长汉斯·斯隆爵士（Sir Hans Sloane）将毕生的藏书献给了不列颠民族。在遗嘱中，斯隆以2万英镑相对较低的价格将他的图书馆（包括4万册印刷书籍和3500多份手稿）出售给了英国政府。他的藏品里还包括无与伦比的古董、奖章和珍品，以及植物、动物和矿物标本。这是一个千载难逢的机会。虽然伦敦已经成为当时世界上最伟大的城市之一，但它缺乏与其全球声誉相匹配的文化吸引力。伦敦图书馆虽然藏书量不低，但与牛津大学图书馆相比显然相形见绌，更不用说巴黎著名的国王图书馆了。

英国国会任命了一个由41人组成的受托委员会来监督斯隆的藏品交易，并组织了一次公众彩票来筹集所需的资金。这次募集最终成功获得了逾10万英镑。多余的资金还可以用于购买一笔大额的捐赠基金，以英格兰银行年金的形式，此外还附加一处布卢姆斯伯里市中心的蒙塔古府邸，用于存放藏品。尽管那座府邸需要大规模翻新，仍有剩余的资金可以用于购买哈利家族的手稿——这位牛津的伯爵收藏了近8000份手稿。还有两个规模虽小但同样杰出的图书馆也被国王收入囊中，一并送入蒙塔古府邸。随后，国王乔治二世决定向全国人民展示他这座拥有至少9000本图书的皇家图书馆。[31]

1759年，大英博物馆正式成立。进入博物馆是免费的，但需要一张凭证，必须提前几天申请。旅游团很快出现在蒙塔古大厅里，为这座府邸增色不少。形形色色的学者在阅览室里工作着，据说那里的潮湿环境令他们颇感困扰。府邸内有15名工作人员，学者常与他们一同抱怨，参观的游客推搡喧嚷着，瞪大眼睛对斯隆的藏品感到不可思议。他的兴趣涉猎如此广泛，既有异域情调的鞋子和武器，也有精美的珊瑚碎片。博物馆的两大荣光——图书馆藏书和天然古董标本——之间的紧张关系，始终潜藏在表面之下。一个绅士收藏家通常习惯于把藏书和珍奇柜放在同一个地方，斯隆非凡的藏品也证明了他有着包罗万象的收藏抱负。[32] 对他来说，书籍与标本彼此间是相辅相成的。实际上，由于图书馆使用者的需求与博物馆参观者的需求不同，大英博物馆的两类藏品逐步趋于分开。然而，这两类藏品对于彼此的成功也是必不可少的：参观珍奇物件的人数维持着府邸大受欢迎的声望；而书籍则为那里赋予了一种智慧卓越的气氛。受托人和工作人员显然知道自己更常与书籍站在一边，他们大部分的努力和资金都花在图书馆上。另外，斯隆的许多著名分类学标本在19世纪初被烧毁，因为从蒙塔古府邸地下墓穴渗出的腐臭越来越让读者无法忍受。[33]

尽管存在这些初露端倪的问题，大英博物馆的成立仍是一次成功的壮举。在1973年成立大英图书馆之前，大英博物馆一直是国家图书馆藏书的存放地：直到1998年，大英博物馆才搬到专门建造的位于圣潘克拉斯的大楼里，最终将藏书与古董分离开来。这是第一批被视作国家资源的藏书和藏品，也被读者和游客视为不列颠民族自信、威望和雄心壮志的体现。图书馆长期以来一直被当作文化差异的象征，但这一概念能够直接与民族和国家联系到一起，是19世纪独有的发展。[34]

虽然大英博物馆受到了其他国家的赞赏，但很少有国家效仿将图书馆和博物馆结合在一起。这在一定程度上是出于遗赠行为和收藏资源的匮乏，像汉斯·斯隆这样的收藏家并不多。相比之下，大多数国家都能找到一些可以声称归属于国家的古老藏书，尤其是在皇家图书馆的遗迹里。这些藏书为国家图书馆奠定了坚实的基础，不一定是因为它们的规模庞大，还可能是因为它们的前任收藏家声名卓越，或者拥有着丰富的手稿藏品。

国家图书馆扩充其藏书往往是通过杰出的个人图书馆。荷兰和比利时的情况就是如此，小型皇家图书馆可以借此增加成千上万册图书。私人收藏家或者将书籍免费捐赠给王室，或者廉价出售。王室对国家图书馆的支持也有所助益：在英国，国王乔治三世为大英博物馆购入了3万册英国内战时期的报纸和小册子（这在图书馆首次出版的目录中单独用一个条目进行了简洁的描述），他的儿子乔治四世随后在19世纪20年代向博物馆赠送了其父亲的个人图书馆，其中包括6.5万本图书和2万份小册子。同样受欢迎的还有来自爱国公民源源不断的捐款。1759年至1798年，大英博物馆收到了超过1000件书籍赠礼，通常是一两本珍贵的图书，有时也会是一些小型的藏书。[35]

另一种扩充藏书的方式，往往发生在天主教国家，是对修道院和教堂图书馆藏书的无情占用。法国国家图书馆虽然在当时已经是欧洲最大的图书馆之一，但在法国大革命期间，它的藏书量又增加了50万册，总量达到至少80万册，被重新命名为“国家图书馆”。[36]葡萄牙也出现了类似的情况，相对年轻的希腊亦是如此。希腊国家图书馆成立于1828年，即希腊独立之年，拥有1844册书，源于革命友人的慷慨捐赠。这座小型的藏书馆很快得到了扩充：一项新法令规定，希腊东正教修道院、教堂和国内其他图书馆的所有有价值的手稿和书籍都应存放到新的国家图书馆中。[37] 19世纪60年代，复兴运动中的意大利，一个非常分裂的新国家，成立了至少7个国家图书馆。有研究显示，这些国家图书馆的藏书得以扩充，完全是来自刚被取缔的修道院图书馆。[38]

如果自己国家的图书馆无从掠夺，也许就会向其他国家下手。1794年，当俄罗斯第三次瓜分波兰立陶宛联邦时，它的军队将著名的扎卢斯基图书馆从华沙带走了。1747年，扎卢斯基图书馆是欧洲最伟大的图书馆之一，藏有近30万本书。它归波兰最后一位国王斯坦尼斯瓦夫二世·奥古斯特（1732—1798）所有。当俄罗斯摧毁波兰政府，这座图书馆被他们视作圣彼得堡新帝国公共图书馆最合适的基石。[39] 尽管运输不便导致从华沙到圣彼得堡的途中至少损失了4万册书，但俄罗斯一跃成为拥有欧洲第二大图书馆的国家。

俄罗斯帝国的贪婪源于对西欧文化的自卑感，这种自卑感只能通过掠夺性的收藏来修复。[40] 然而，竞争蔓延在各国的国家图书馆间，因为国家图书馆本就是国家智慧追求的体现。这种竞争不是通过藏书内容来体现，而是主要通过图书馆的规模。有史以来第一次，机构图书馆的规模要远远超出最好的个人图书馆。[41]大英博物馆的图书管理员安东尼·帕尼兹（Antonio Panizzi，1797—1879）于1835年在下议院宣称，与法国和德国的大型图书馆相比，大英博物馆的规模相形见绌。“必须超越巴黎”成了议会为购书争取追加资金的呐喊口号。[42]具有讽刺意味的是，帕尼兹出生于意大利，这一事实也激怒了人们：大英博物馆的主要图书管理员怎么可以是外国人?

然而，正是帕尼兹最明晰地阐述了国家图书馆应发挥的作用。名义上拥有属于国家的藏书显然是不够的：藏书应该反映出本国的文化价值观，更重要的是，要收藏和保存本国的文学。国家图书馆应该百科全书式地收藏各类本国书籍，包括在本国出版的书籍，由本国作者写作的书籍，用本国语言写作的书籍，以及关于本国语言和文化的书籍。至关重要的是，这些原则与19世纪的民族主义运动产生了共鸣。即使是那些没有获得独立的国家也按照这些原则建立起自己的国家图书馆。在19世纪的特兰西瓦尼亚，即便在奥地利哈布斯堡帝国的统治下，德国、匈牙利和罗马尼亚这三种不同的语言群体也各自建立起自己的“国家图书馆”，赞颂他们的历史、语言和文化。[43]

在大英博物馆，安东尼·帕尼兹还表达了一个愿景：大英图书馆作为世界上“最伟大帝国中最伟大的图书馆”，应该藏有世界上所有图书馆中最好的外语作品。帕尼兹希望“英国的国家图书馆不会陷入普通书籍的泥沼中。这个机构的名字本身就意味着稀有和珍奇物件的收藏”。[44] 国家图书馆作为一个储藏室应该包罗万象，但在获取古文物书籍时要格外精挑细选，因为图书馆的声誉就是从这方面建立起来的。[45] 尽管手稿和早期印刷书籍很早就开始流行，国家图书馆是最早重视本国语言作品而非拉丁文和希腊文等学术语言作品的机构图书馆之一。虽然出版的馆藏目录的扉页和前言仍是用拉丁文书写的，但国家图书馆积极推动着本国语言作品的收藏。如果有必要，国家图书馆也会增加报纸和期刊的收藏。在掠夺国外藏书的基础上建立起的俄罗斯帝国图书馆，在这方面面临的挑战尤为艰巨。1808年，图书管理员阿列克谢·奥列宁对图书馆藏书的内容进行了一项调查，他发现，在238632本印刷书籍和12000份手稿中，只有8本书是用俄语或教会斯拉夫语（俄国正教会用于礼拜仪式的语言）写作的。[46]

国家图书馆的收藏策略还伴随着慷慨的准入制度。大部分的国家图书馆都长期向国王的友人或宫廷名人开放。当勃兰登堡–普鲁士的选举人腓特烈·威廉在1661年向公众开放他的宫廷图书馆时，这座图书馆被安置在城堡的顶层房间里：对于勃兰登堡的普通市民来说，那可不是一个进得去的地方。[47]大英博物馆正规的预约要求对那些不习惯上流社会的读者来说也是类似的挑战。然而，当这座博物馆的藏品规模在19世纪初期发展壮大，获得了罗塞塔石、埃尔金大理石和许多其他的希腊、罗马、埃及以及亚述人古物等著名的战利品后，它的名气变得如此之大，以至于每年有数十万名游客前往参观。尽管时常能听到诸如“没文化的人”“无聊的好奇心”的抱怨声，但用一位国会议员的话来说，国家图书馆也许可以“提升低俗阶层”。[48]

国家图书馆的起源已经预见到实现这些抱负将是一场持久的斗争。17世纪和18世纪的个人图书馆（更不用说修道院图书馆）基本无法满足帕尼兹这样的愿望。几乎没有图书馆能拥有像巴黎的国家图书馆和大英博物馆一样广博的藏品，而即便是这两座图书馆，与期望之间也有明显的差距。只有持续稳定的购入和法定送存权的强制执行才能补救这种情况。然而，事实证明，各国政府普遍不愿意提供定期的书籍采购预算。直到19世纪末，大多数国家图书馆都没有这样做，它们最多可以为特定的书籍采购提供资金。在伦敦，国会的资助相对慷慨，1845年投票通过了每年1万英镑的书籍采购补助金。[49]但在收入较低的国家中，比如阿根廷，资金仍然难以获取。尽管1810年阿根廷宣布独立时成立了一座国家图书馆，但在19世纪的大部分时间里，这座国家图书馆一直处于被忽视的状态。[50]一些政府虽然授予了国家图书馆法定存放权，但在实践中却难以施行。自最早的印刷时代起，政府就曾试图迫使出版商将出版书籍的复印本交予机构图书馆收藏，但鲜有成功。这种做法引起了书籍贸易市场的极大不满，面对着出版商顽固的不服从，政府通常就会让步。在英国，期望落空感到绝望的帕尼兹，要求将追究出版商法律责任的权力直接交予他。在那以后，他便开始向顽固对抗的出版商发起旷日持久的斗争，形势也开始慢慢转变方向。

成功蕴含着挑战。国家图书馆吸收了资金，还获得了法定存放权，送入那里的书籍数量开始失控。如何才能梳理清楚如此大量的藏书呢？哥本哈根的皇家图书馆在1820年至1848年获得了超过10万册书；大英博物馆图书馆从1823年的12.5万册增加到1848年的37.4万册。3年后，大英博物馆的藏品又增加了10万册。[51]这种混乱的情形只能通过快速的扩建来解决。1823年至1857年，大英博物馆就像一个建筑工地，蒙塔古大楼逐步被拆除，取而代之的是一座宏伟的新古典主义宫殿，它的主体构造至今仍为游客所赞叹。这座建筑最辉煌的设计是圆形阅览室和书库，仿照了罗马万神殿的圆顶，占满了先前空荡荡的四方院。阅览室周围的铁书架可容纳约150万册书。[52] 1857年夏天，当圆形阅览室开放时，足有6.2万名游客在傍晚时分前来参观，惊叹于为容纳国家书籍而建起的这座优雅宫殿。

和今天一样，在19世纪，伟大的建筑项目比书籍编目更容易吸引到资金。虽然大英博物馆的新阅览室可以容纳300名读者，但这些读者不得不争夺一份阅览室目录，才可以找到他们想要的书籍。而大英博物馆没有印制全部藏书的目录。帕尼兹极力主张制作一个按字母排序的目录，取代更传统的按主题分类书籍的方法，因为那里的书籍数量太过庞大，根本无法按主题梳理清楚。虽然这个主张最终成功了，但帕尼兹没能活着看到成果。按字母排序制作目录早在1834年就已经被提出，当时人们认为这个工程需要五六年的时间才能完成。在帕尼兹去世一年后的1880年，制作仍然没有完成，还有16万条书目需要修正。最终到了1905年，才印刷出一份完整的目录，包括397个分类和44个附录，约有450万条书目和索引。[53]对于一些读者来说，这份书籍目录来得太晚了，尤其是那些放弃了这座图书馆，转而投向会员制图书馆，也就是伦敦图书馆怀抱的读者，在那里他们的需求才能够被满足。

在伦敦，大英博物馆绝不是唯一一个延误出版书籍目录的图书馆。许多图书馆会优先考虑更专业的书籍，比如古版书和手稿，而不是给全部藏书进行编目。圣彼得堡图书馆的阿列克谢·奥列宁就偏爱这样的方式，直到俄罗斯教育部长命令他制作一份按字母排序的全部藏书目录。[54]10年的时间里，图书馆的工作人员一直在吃力地制作着，直到那位部长卸任，这项恼人的工作也便悄然终止。

没有编目的藏书成了盗书贼的好目标，这在自由进出的国家图书馆里是令人头疼但无可避免的。然而，其中最大胆的，是巴伐利亚神学家阿洛伊斯·皮克勒（1833—1874），他曾是圣彼得堡皇家图书馆声名赫赫的图书管理员。[55] 1869年8月至1871年3月，皮克勒从图书馆中偷走了大约4500本书籍和手稿。他是这样做的（虽然听起来十分荒唐）：他把书籍藏在身上笨重的大衣里，而那件外套他从不脱掉。当皮克勒被抓获受审时，他承认，慕尼黑的一位学者曾教他如何制作布袋，然后粘在外套里面。皮克勒被判流放西伯利亚。在伦敦，许多不那么有名的盗书贼也被处以类似的监禁和苦役：因为他们是从国家的图书馆里偷书，这样的罪行被认为是对国家的不忠。

国家与图书馆之间象征性的关联在“国家图书馆”这一概念上得以延续。然而，与民族、公民、文化和语言之间的强烈联系，以及建造在首都的突出位置，也使国家图书馆成了战争的首要目标。秘鲁国家图书馆在1821年国家独立后的30天建立，又在1879年的太平洋战争中被智利军队完全摧毁。[56] 波斯尼亚国家图书馆在1992年的巴尔干战争期间被塞尔维亚军队蓄意炮轰；2003年伊拉克遭到入侵的初期，伊拉克国家图书馆就遭到了烧毁和洗劫。一个受到威胁的国家比皮克勒博士和他的外套口袋更可怕。

书籍大亨

国家图书馆的发展受到了大西洋彼岸的赞赏和羡慕。然而，美国走过了19世纪的大部分时间，才发展出自己的国家图书馆。由于党派政治在联邦政府的权力关系和奴隶制废除问题上存在分歧，留给建造一座从名义到内容上为全体美国公民服务的图书馆的努力并不多。国家图书馆的支持者确信国会图书馆的未来将会充满希望。1800年，当国会搬到华盛顿特区时，获得了一个约有3000本书的图书馆，其中主要是法学和政治著作，用来为国会议员的工作提供帮助。这个图书馆在1814年被英国军队烧毁，而它的替代品（加入了托马斯·杰斐逊的个人收藏）在1851年又遭到了部分的焚毁。由于这座图书馆是为国会服务的，它的藏书在党派方面不能有所偏颇，因此便无法进行广泛的收集，而收藏有大量专门讨论奴隶制问题的书籍和期刊，又使得这座图书馆面临的困境进一步加剧。[57]

美国南北战争（1861—1865）结束了围绕图书馆身份的争论，此后的几十年里，国会图书馆承担起国家图书馆的角色。[58]才能出众的图书管理员、慷慨的资金投入和强制执行法定存放权，让这座图书馆以惊人的速度扩张，书籍几乎要从国会大厦的房间里涌出。1897年，国会大厦后身矗立起一座巨大的图书馆建筑，占据了整个街区，用以容纳藏书。它的设计灵感来源于大英博物馆大楼和它的全景式阅览室，其圆顶内有一幅名为《文明的进化》的壁画，将美国描绘成科学和文化进步的最终化身。

美国能够迅速建造起世界上最昂贵的图书馆大楼，以及它所展现出的对自己命运的自信，是19世纪最后几十年“镀

图15　一座彰显出全球新力量的图书馆：美国国会图书馆。照片拍摄于1902年。大楼里有一幅壁画，描绘了美国即将为世界带来的最先进和最辉煌的文明。

金时代”的显著特征。那是一个恣意发展的时代，美国的财富似乎在无限地扩增。随着这个国家在半个世纪内通过铁路、钢铁、石油和移民进行变革，新的大都市开始崛起。然而，让人们感到忧虑的是，这种经济成就缺乏一种文化上的补充，用以赞颂美国人通过决心和才智获得的成就。

这项任务非常适合那些在“镀金时代”积累了财富的建筑商、投资者和投机商。美国的实业家和金融巨头希望自己的国家在智慧上能与欧洲并驾齐驱。尽管强盗大亨经常遭到媒体的取笑，因贪婪而备受诟病，但他们的资金投入在将美国变成世界文化领袖上作出了巨大的贡献。大学、博物馆、画廊和图书馆是美国富豪最青睐的受益者。20世纪最初几十年，在芝加哥（纽贝里）、纽约（摩根）、圣马力诺、加利福尼亚（亨廷顿）和华盛顿特区（福尔杰）兴起了大量的大型研究图书馆。一个明显的特征是，除了纽贝里图书馆，其他这些图书馆都是在创始人个人的图书馆基础上创立的。[59]这些图书馆的规模都没有国家图书馆那么大，内容也没有那么广泛；它们更类似于文艺复兴时期王子的精致图书馆，里面装满了价值巨大、装饰奢华，更重要的是，稀有罕见的珍品。受手稿、古版书、初版书和其他稀有书籍的古物风潮影响，美国伟大的收藏家们竞相争夺最好的藏书。他们的图书馆也同样具有私有性。尽管政治精英称赞这些图书馆为美国公众提供了无与伦比的公共收藏，但它们只面向社会上有限的绅士学者阶层开放。石油公司高管亨利·福尔杰（Henry Folger，1857—1930）在讨论他位于华盛顿特区的图书馆的阅览室条款时，只提出需要5张桌子。当建筑师建议他增加到8张时，他这样回答：

它不会像一般的阅览室那样真的用于阅读，甚至也不会用于研究，因为我们的图书馆本质上太过特殊，藏书如此昂贵，面向的人群有限——我们的藏书不应该免费提供给所有的来访者，图书馆不应该被当作普通的阅览室或舒适的休息室。[60]

福尔杰最大的竞争对手，铁路大亨亨利·E.亨廷顿（Henry E. Huntington，1850—1927）把他的研究图书馆建在他那位于加利福尼亚州圣马力诺占地600英亩的庄园上，离他的府邸只有一步之遥。这个选址显然也不是为了吸引大量的访客。[61]亨廷顿和福尔杰对于开放他们的图书馆保持缄默，因为他们是真正的藏书家。他们会阅读和研究自己的藏书，珍视它们而无法忍受其四处流散的可能。因此，把藏书安置在一座公共建筑里，并为将来提供慷慨的捐赠，是唯一的解决方案。

尽管如此，这两位藏书家还是有所不同。亨廷顿收集藏书快速而涉猎广泛。他积累了大约15万本书，完全来自他购买的200个私人图书馆。而亨利·福尔杰和他的妻子艾米莉却非常痴迷莎士比亚的著作（各个时代都有印刷版本）以及和莎士比亚的人生与作品相关的评论书籍。[62]这对夫妇一心一意地收集着这类藏书。他们没有孩子；据称，福尔杰把他的藏书称为“孩子们”。尽管他非常富有，但福尔杰很少向慈善机构捐款，也没有担任医院、大学、剧院或其他民营企业的赞助人。标准石油公司的行政会议很少会被打断，除非是因为亨利·福尔杰正在寻找的一本莎士比亚作品出现在一座英国的城堡里。他与近600名书商通信，在晚上与艾米莉一起仔细研究书籍目录和剪报，寻找优惠的书籍，或者某本著名书籍即将被拍卖的消息。

福尔杰一生中大部分时间都背负着债务，他不断借石油库存作为担保，获取购买书籍的资金。直到1928年，也就是他去世的两年前，福尔杰夫妇才有了自己的房子；他们之前就住在布鲁克林不起眼的出租屋里。他们很少举行豪华的晚宴，没有购置豪车，也没有沉溺于任何与石油大亨身份相匹配的奢侈品——这确实引起了一些人的关注。虽说收集藏书已是公认的奢侈品消费形式，但很少有人只有这一种嗜好。J.D.洛克菲勒曾问过福尔杰，他在报纸上读到，说福尔杰花

图16　照片为福尔杰莎士比亚图书馆中的一本《第一对开本》(该图书馆内共有82本)。阅览室内的装饰风格凸显了伊丽莎白时代的辉煌，与图书馆外部的新古典主义艺术装饰形成鲜明的对比。

了10万美元（近乎他的年薪）买了一本莎士比亚的书，这是否是真的，福尔杰回复他，实际的价格要低得多；出于某种必要的解释，洛克菲勒又说道：

> 嗯，我很高兴听到你这样说，亨利。我们——也就是我和我的儿子，还有董事会——都很不安。我们不希望像我们这样一家大公司的总裁，是那种愚蠢到支付10万美元去购买一本书的人。[63]

福尔杰并没有说谎，但他确实经常为购买一本珍贵或罕见的影印本书籍而花上1万美元，有时甚至是4万或5万美元。然而，这种豪掷千金的行为使他在藏书家中无疑首屈一指。福尔杰夫妇共收藏了1400本莎士比亚著作，其中包括200本17世纪的书。这些作品中有82本是著名的1623年版《第一对开本》的影印本，其中一些还曾被国王、女王和像塞缪尔·约翰逊、威廉·皮特这样的名人收藏。讽刺的是，《第一对开本》并不是一本非常罕见的书，在今天全球仍存有200本影印本。不过，福尔杰凭一己之力就能获取不止三分之一的数量，也是非常卓越的成就了。

福尔杰成功的关键是脱离了新潮收藏家公认的标准，即只收藏“干净”的书籍，没有任何标记或瑕疵。纽约银行家

J.P.摩根曾绝望地认为，不“干净”的影印本好比“图书馆里的麻风病人”。这导致了19世纪一种可悲却普遍的做法：“清洗”稀有书籍，去除任何遗留的标记或前任收藏家的痕迹。福尔杰一如既往地逆势而行，兴高采烈地买下了这些“脏书”。[64]而且，福尔杰对这些采购都守口如瓶。1901年，学者西德尼·李对莎士比亚《第一对开本》进行第一次调查时，福尔杰没有填写给他的三份调查表。在调查成果出版后，福尔杰利用了这个机会：他知道在哪里可以买到更多想要的书籍了。他给英国35位拥有《第一对开本》的收藏家写信，请他们提出售出的价格。所有人都拒绝了他，但福尔杰一如既往地坚持提出这项交易，并在最终取得了成功。当这些书籍送入福尔杰的图书馆后，它们就被隐藏了起来。福尔杰从不允许任何学者进入他的图书馆，大部分书籍都保存在金库里。这使得1932年，也就是亨利·福尔杰去世两年后，华盛顿特区福尔杰莎士比亚图书馆的落成典礼，成了一个轰动社会的热点事件；胡佛总统也是出席人之一。在福尔杰的故事里，诡计也起到了重要的作用。福尔杰夫妇希望他们的图书馆拥有最好的地理位置。他们先是在国会图书馆对面的一条街上定居下来，然后在接下来的9年里秘密购买了14所相邻的房子，随后又将这些房屋推平，建造起他们向莎士比亚致敬的图书馆。

图书馆建成后，福尔杰的藏书由一队装甲卡车从纽约运出。路人以为，那些由配备着来复枪、机枪和催泪瓦斯的警卫驾驶的车辆里，一定装载着黄金或者钻石。车内装载着的确实是一大笔财富：一笔收藏的遗产，经过孜孜不倦的追索和不计成本的投入。而也正是这样的财富，构成了图书馆的内核。

第14章　在工作后阅读

如果说从公共图书馆的成功可以联想到一个人，那一定是安德鲁·卡耐基（1835—1919），苏格兰邓弗姆林的城之骄子。卡耐基幼时移民美国，在美国成为世界经济强国后，他也在钢铁供应领域形成了准垄断，并因此发家致富。卡耐基因为慈善事业结交了很多朋友，也因为经商的方式结下了很多敌人。劳工组织对他的厌恶之情，居然到了游说当地社区不要接受他的捐款的程度。[1]比起为自己建立一座王室般的图书馆，卡耐基认为图书馆应该有更大的价值。为了与美国商业新贵的朋友们一同享用，他提出了一项经过深思熟虑的方案，向中小型社区提供捐款，建立一个供所有人使用的图书馆。捐款不是无条件的，卡耐基要求市政府承诺永久将捐款数额的10%用于大楼维修和员工薪资。卡耐基也没有提供任何书籍。不过，他提供了一系列的建筑设计方案，这些设计方案使图书馆空间优雅而且实用。这座图书馆没有多立克柱和螺旋楼梯这种美国新美第奇家族为波士顿、纽约和其他地方的公共图

图17　公共图书馆最伟大的创始人——苏格兰人安德鲁·卡耐基，正在自己的图书馆里阅读，拍摄于1913年。他与同时代的许多其他富豪不同，卡耐基并不是为自己收集藏书，而是为数百万名其他公民，并最终建立了3000座卡耐基图书馆。

书馆设计的装饰。卡耐基没有想过把图书馆作为公民自豪感的来源。他的设计是方形低矮的构造，对图书管理员来说有着很好的视线，方便他们在赞助人翻阅和取放书籍时进行管理。

卡耐基没有为图书馆事业平添多少传奇色彩，但延续了他在赚取商业财富时的清醒与理智。1901年，当他把库存全部清给约翰·皮尔庞特·摩根，完全投身于慈善事业时，他已经是美国最富有的人。这种使命感正是卡耐基在1880年至1919年最活跃的时期里，公共图书馆运动所需要的。图书馆数量在19世纪激增，以应对迅速增长的书籍需求，这是激进的社会发展和技术变革的产物。书籍变得更廉价、更丰富，越来越多的男人和女人通过阅读获得娱乐、获取信息和推动社会进步。然而，书籍的丰富也带来了挑战。如果书籍变得没有那么昂贵，那么在18世纪和19世纪头几十年里，促进会员制图书馆和流通图书馆发展的借阅优于购买的必要性，也就不复存在了。公共图书馆在图书馆世界里必须找到一个发展动机、一批读者受众和一个容身之地。在卡耐基出现之前，无人知晓公共图书馆事业是否能够成功。

半便士的房产税

1850年2月14日，威廉·埃沃特先生在英国议会上提出了一项法案：给市议会赋权，建立公共图书馆和博物馆。[2]这被认为是公共图书馆运动历史上的关键时刻，尽管实际的实施过程缓慢得令人苦闷。在向他的同事呼吁这项法案时，埃沃特不仅动之以情，还呼唤着他们的爱国主义。他认为，与德国、法国、意大利甚至美国相比，英国的图书馆服务显得严重不足。在欧洲大陆上，没有一座大城市里没有图书馆：在亚眠、鲁昂和马赛等城市，大量的工人阶级频频光顾这类机构。正如我们稍后要谈到的，这显然夸大了法国市政图书馆的吸引力，但它作为论据被提交给了议会特别调查委员会，为这项里程碑式的立法铺平了道路。1848年，大英博物馆一位隐居的图书管理员爱德华·爱德华兹对欧洲和美国的图书馆情况进行的统计调查，也同样产生了重要影响。调查结果表明，除了大英博物馆、牛津和剑桥的图书馆，在310个拥有大型图书馆的欧洲城镇中，几乎再也看不到英国的名字了。[3]

公共图书馆的建立并不完全是由这种国际竞争压力推动的（尽管它确实有所助益）。随着英国成长为全球超级大国，政治家和活动家也把注意力转向了这一成功背后的阴暗面：糟糕透顶的工作条件，一贫如洗的产业工人，以及必须教育这些新公民如何遵循繁荣的中产阶级所享有的理性和文明的追求。考虑到这般雄心壮志，图书馆法案的条款似乎相当温和。它的用途完全是许可性的。任何市政或区议会，只要他们愿意，都可以将半便士的房产税增加到本地税收中，用以支付建立图书馆的费用。这些资金不能用来买书。如果市政当局能够提供合适的场所，资金将用于维修和安置职工。令法案支持者惊讶的是，如此温和的条款也遭到了激烈的反对。我们也许可以理解为何来自林肯郡的议员西布索普上校会反对增加税收，而且“他一点儿也不喜欢读书，尤其是在牛津的时候”。其他的反对者，包括牛津大学和剑桥大学的成员，一部分是因为这项法案没有购置书籍的规定；这样建立的图书馆就像教区和城镇图书馆一样，将不得不完全依赖捐赠。还有人提出，这类图书馆的主要受益者很可能只是中产阶级读者，他们可以自己购买书籍，而会给穷人带来更多的税收负担。[4]法案最终通过，但增加了两处弱化了的，却起到决定性作用的修改：将该法案的施行范围限制在居民人数为1万及以上的地区；必须有三分之二的地方纳税人在公开会议上表示同意，法案才可以施行。

经过修正后，法案在应用方面显然受到了很大的限制。诺维奇和温彻斯特迅速获得了纳税人的许可。布莱顿通过了一项私行法案，允许他们更慷慨地收取4便士的房产税：对于一座海滨城市来说，图书馆显然更有用处。到1860年，共有25个地方议会通过了该法案，其中包括北部大型城市曼彻斯特和伯明翰；在1855年新增的一项修正法案的帮助下，原始法案里的限制性条款略微得到放宽。市民自豪感和慈善活动都有利于增加图书馆的藏书量。曼彻斯特图书馆于1852年开放，共收藏了2.5万册书，小说家查尔斯·狄更斯和威廉·萨克雷也参加了开馆典礼。第一年里，借阅部便接待了4841名读者，年均每人借阅了20本。[5]

然而，曼彻斯特是一个非常特殊的案例，即使没有立法的帮助，它可能很快也会有自己的图书馆。第一批图书馆几乎都位于大城市或者繁荣的郡镇，那里的议会成员原本就支持这一法案。至于其他地方，增加房产税的提议被彻底否决，比如巴斯、格拉斯哥和黑斯廷斯。伦敦工薪阶层地区的反对尤其强烈，这些地区一直是图书馆是否能给工人带来帮助和启发的争论核心。在兰贝斯，1866年首次尝试通过该法案的行动，在咆哮和喧嚷中以失败告终。选择在霍恩酒馆举行会议也许是不明智的。直到1886年，兰贝斯的法案才得以实施，只需要支付半便士，而不是当时批准的1便士的房产税。即便如此，建起这座图书馆花费了杰迈玛·杜宁·史密斯夫人捐赠的1.05万英镑——这座图书馆正是杜宁图书馆，活动家自20世纪90年代起一直在努力维持开放的图书馆。[6]

港口城市布里斯托尔提供了一个有用的示例，证明了公共图书馆的支持者正在与之抗争的力量是多么强烈。布里斯托尔有着受过良好教育的中产阶级、富有的慈善家和充分的公民自豪感，但仍然没有依托1850年的法案建立起一座公共图书馆。1871年，这里建起了一座博物馆和图书馆的联合建筑，但对社区产生的影响并不大。保守的图书馆委员会只征收了批准的房产税费的一半。布里斯托尔和其他许多城市面临的问题是，公共图书馆必须与越来越普遍的休闲机构竞争赞助资金和客户：比如市政浴室、游乐场、节制会、教堂传教、夜校、音乐节和展览。体育运动和音乐厅的发展对阅读作为首选休闲活动的地位也带来了进一步的挑战。对图书馆支持者来说非常重要的“自由文化”理想，只激励到了一小部分人。[7]

北部工业地区的情况虽然大不相同，但同样表现出公共图书馆运动的进展极其缓慢。约克郡西区的两个城镇，哈利法克斯和哈德斯菲尔德，分别在1882年和1898年建起了公共图书馆。这并不是因为市民对阅读缺乏兴趣，而是因为这两个繁荣的磨坊镇，作为勤劳的工人阶级文化的堡垒，已经拥有大量的图书馆。向工人普及科学的机械学院成了成人教育的基石和重要的社交活动中心。哈利法克斯和哈德斯菲尔德的学院都有大量的图书馆，还有单独的期刊和报纸阅览室。哈利法克斯学院有一个专门的青少年图书馆，哈德斯菲尔德有一个专门供女性成员使用的图书馆。在附近的罗奇代尔诞生的合作社运动还为地区图书馆提供了赞助，不仅包括哈利法克斯和哈德斯菲尔德，还包括山谷内的许多工业村。哈利法克斯图书馆于1872年开业，藏有3000册书，许多当地的工人进行了捐助。[8]

在19世纪下半叶，为满足本地职业阶层的需要而建立的会员制图书馆催生了各种文学和科学社团，有些社团拥有规模相当大的图书馆。哈利法克斯文学和哲学社团就收集有2万册藏书。哈德斯菲尔德有一个法律图书馆、一个医学图书馆和一个专门研究外语作品的图书馆。这些更加学术化的机构也被迫面对人们对虚构类书籍永不满足的需求，一般是向穆迪或W.H.史密斯的公司进行订购。在市场的另一端，许多存活时间较短的商业图书馆也提供着大量消遣读物。更成功的是一些由当地印刷商经营的图书馆，比如威廉·米尔纳，他为伯恩斯、拜伦和朗费罗的作品制作了大量廉价的重印本；还有威廉·尼科尔森，畅销书《哈利法克斯奶酪商之歌》的出版商。

如果我们把主日学校的图书馆也算进去的话（在免费小学教育普及之前，主日学校的图书馆是工人阶层识字的重要场所），再加上教堂机构经营的大量图书馆和当地大学的图书馆，我们可以看到，在工业地区，阅读对经济改善和政治赋权至关重要。大量报纸阅览室以及订阅激进报纸的咖啡店的存在，进一步削弱了建造要由纳税人资助的公共图书馆的吸引力。

尽管在1850年的议会辩论中，美国也被引用为可效仿的对象，但那里的公共图书馆的发展也是不充分的。决议的通过取决于各州和市政府的纳税人，因此地方文化在图书馆运动成败与否上发挥着关键作用。再一次，图书馆运动掌握在两个有影响力的团体手中：一些人支持图书馆作为抵御罪恶的盾牌（用一位英国国会议员的话说，“这是史上最便宜的‘警察部队’”），另一些人相信图书馆是文明社会的重要标志。这种动机在美国尤为强烈：新兴的超级大国需要图书馆，就像需要剧院、歌剧院和博物馆一样。问题是，纳税人是否必须来为此买单。

公共图书馆在新英格兰最具吸引力，这不足为奇。第一批定居点奠定了书籍共同所有权的原则，在整个19世纪，人们对阅读带来道德力量的信念仍然很坚定。1672年，马萨诸塞州的康科德便拥有了一座市镇图书馆，但遗憾的是，里面的藏书鲜为人知，因此很难说这是否可以成为一个公共图书馆。在托马斯·布雷的组织下，出于自发性资助而建成的大量教区图书馆，为许多社区带去了藏书，虽然并不是所有人都懂得珍惜这些图书馆。[9]建立起第一个真正意义上的公共图书馆的是新罕布什尔州的彼得伯勒小镇，1833年，一笔为当地学校发展提供的资金用于创建图书馆，免费向公众开放，由地方税款资助。[10]在这个图书馆发展的时代，公共机构迈出的最重要的一步是1854年波士顿公共图书馆的成立。这座图书馆足足酝酿了13年，最初由到访波士顿的法国演员尼古拉斯·瓦特马尔提议。他认为可以借鉴法国的模式——将几个当地的图书馆合并为一个公共机构。1848年，相关法案颁布。然而，将已建成的雅典娜图书馆进行合并的尝试失败了，这使得公共图书馆的建成又延后了6年。

1848年，约翰·雅各布·阿斯特向纽约市捐赠了40万美元用于公共图书馆的建立，这进一步推动着波士顿的公共图书馆项目。波士顿的文人雅士不愿被叫嚣的商业对手击败。虽然阿斯特的捐赠转而用于建造一座杰出的文献图书馆，但因此引发的全国性效仿，让波士顿向大众开放公共图书馆最终成为现实。在接下来的40年里，慈善事业和公民自豪感成了美国图书馆建设的双引擎。1882年，伊诺克·普拉特为巴尔的摩带来了一座精美的图书馆（附有6个分支图书馆）；安德鲁·卡耐基首批大额捐款之一为费城建成了一张图书馆网络；1878年，当地征收的房产税为旧金山带来了一座公共图书馆；西雅图于1891年建成的一座公共图书馆在10年后被烧毁，但很快一座宏伟的卡耐基图书馆拔地而起。这种效仿文化（更不用说竞争）的强大力量，可以从洛杉矶的公共图书馆运动中得到印证，这座城市相对较晚才加入拥有公共图书馆的城市俱乐部。1921年，当有人提议发行债券来建设一座漂亮的新建筑时，公共图书馆的支持者毫不犹豫地站了出来。“洛杉矶，你已经长大了。你该拥有自己的公共图书馆，并在进步城市中占据一席之地!”“纳税人先生们，只需要每年支付50美分，就能抹去洛杉矶名字上的污点。”一张传单上的内容直接展示出西海岸主要城市间的差异。“每个有自尊的城市都该有自己的图书馆。旧金山和西雅图有着属于自己的漂亮的图书馆，这让我们看起来像一个乡巴佬。图书馆是文化和发展的最好证明。”债券发行议案最终以71%的支持率通过。[11]

辛劳之子

1890年，卡尔·贝德克尔（Karl Baedeker）委派英文编辑詹姆斯·F. 缪尔黑德（James F. Muirhead）为他的美国旅行指南第一版收集资料。缪尔黑德严谨地做了调查，尽管他最关注的是美国的东海岸和中西部地区。只有一座人工建筑被贝德克尔评为不容错过的双星推荐：华盛顿的国会大厦。在众多一星景点中，有16座图书馆。指南中提及了26个纽约的图书馆，11个马萨诸塞州的图书馆。但最值得关注的是，16个一星图书馆中只有半数是公共图书馆。纽约的星级图书馆包括阿斯特图书馆、雷诺克斯图书馆和奥尔巴尼的纽约州图书馆。[12]令人惊讶的是，建于42街、堪称美国典型缩影的图书馆巨头，著名的纽约公共图书馆，在这本指南出版的20年之后才建成。

从贝德克尔对图书馆的迷恋中，我们可以看到图书馆对公民社会产生的强大影响力，以及公共图书馆运动持续缓慢发展的原因。除了公民自豪感的体现需求，纽约确实不需要一个由纳税人出资建造的中央公共图书馆，因为纽约已经拥有太多具备优质图书馆设施的大型权力机构。这些机构里的图书馆有的也向公众开放，但它们未必是我们理解中的“公共图书馆”。在18世纪，一座图书馆可能是“公共的”，就像公共场所（酒馆）或公共交通工具（公共汽车、有轨电车）一样。任何人都可以使用，但必须为其提供的服务付费。还有一些图书馆只为特定会员提供服务，其会员通常是一些有着共同兴趣爱好或相似职业的人群。波士顿理想中的图书馆，即为全社会谋取更大利益，向所有公民免费开放的图书馆，不得不与根深蒂固的社会现状作斗争，一个极具商业头脑的社会正在进入繁荣和扩张国际影响力的黄金时代。

在检验这种为了公共责任和公共事业而斗争的意愿上，纽约提供了一片完美的实验地。1796年，州议会通过了国家第一部公共图书馆管理法案，允许公民联合购买和共享书籍，那时的纽约是一个大约有3.3万名居民的城市。居民都是同种族的英国人和荷兰人，并不十分热爱阅读。18世纪，约翰·夏普曾抱怨说："如此热爱经商的天才们……非要把书籍强行塞给他们，这不仅不是他们想要的，而且还未经他们的同意。"[13] 波士顿和费城是这个年轻的国家最重要的文化中心。

1850年，纽约已经拥有50万名居民；到1876年，有了100万名居民。这种增长速度在人类历史上是前所未有的。这样的人群几乎在各个方面都会呈现出多样化，这里的商业阶层和世界上任何一个阶层一样富有，大量贫穷的移民涌入肮脏的公寓。到19世纪中叶，纽约将近一半的居民都是外国人，资产阶级开始向曼哈顿迁移。劳动阶层也许会被压迫，但他们并不沉默。1822年，州宪法授予所有成年白人男性选举权，但杰克逊的民主精神并没有为纽约社会图书馆这类机构带来帮助。纽约社会图书馆由三名雄心勃勃的辉格党年轻律师创立于1754年。[14] 时代的精神更多地体现在1820年由机械和商人总协会创办的学徒图书馆和商业图书馆协会。到1855年，商业图书馆成了全市最普及、最受欢迎的流通图书馆，藏有4.2万册书，拥有4600名会员。1870年，商业图书馆的发行量在美国所有图书馆中位居首位，成为美国第四大图书馆。

实际上，这是一个转折点。19世纪的纽约，时代精神变化很快。到了这个世纪的最后25年，19世纪50年代在曼哈顿南部建起的图书馆，被北部富裕的读者所抛弃。这段时期最典型的机构是库珀联盟学院，该学院由一位颇具远见的慈善实业家建立，拥有一个储备丰富的大型阅览室和一个小型文献图书馆。库珀联盟学院每天从上午8点30分到晚上10点开放，1860年的访问量为219710人，1880年的访问量为403685人，1900年的访问量为516986人。学院免费为读者提供436种期刊，其中包括84种美国各地的日报和31种外语期刊。那里的图书管理员记录了每天常见的三类读者。清晨，失业者会来阅读报纸上的招聘广告；白天，长期失业和没有财务压力的读者常常会泡在图书馆里；晚上，则多为严肃的学生、职员和商人前来研究和阅读文献。库珀联盟学院从未得到公共资助，但它确实提供了许多在其他地方由城市图书馆及其分支机构承担的功能：一个温暖的场所，在这里既可以坐着，也可以阅读书籍。

19世纪中叶是机械学院的鼎盛时期：威廉·里斯在其具有里程碑意义的《美国公共图书馆手册》中，记录了23个学徒图书馆和34个机械学院。[15] 这代表了欧洲图书馆世界里发生的一次有影响力的发展，但是在英国，这次发展有着非常不同的政治背景。在纽约所有的成年男性都被赋予选举权的3年前，曼彻斯特的一群人聚集起来，要求议会改革，随后被骑兵部队镇压，这也就是臭名昭著的彼得卢大屠杀。1832年，工人被排除在特许经营权改革之外，引发了顽强不屈但最终徒劳无功的宪章运动。两年后，来自多塞特郡的6名农业工人联合起来，抗议行业工资的下降，最终被判处流放。

对于像亨利·布鲁厄姆这样的自由派改革者来说，成人教育是提升新工业穷人的关键。机械学院的讲座和夜校都在改进，似乎正是一处理想的学堂。到1850年，欧洲共有702所机械学院，其中英国的610所会员总数为10.2万人。这类图书馆的藏书约有70万册。现有政党的拥护者将这些新机构视为煽动叛乱的潜在温床，这有些杞人忧天了。图书馆建立时的目标受众是工人阶层，但工人们很快发现自己遭到另一个读者阶层的驱赶。早在1840年，约克郡机械联合会的学院报告里便写道，他们的成员中只有不到20个是真正的工人，其余的有“手工业贸易的高层次人群、办公室文员，而数量最多的是从事自由职业的年轻人”。[16] 实际上，机械学院提供的讲座内容往往更多是面对在校大学生，而不是那些刚刚结束了一天12个小时工作的人群。曾有人这样说：“要知道，我们整个白天都在别人的看管下，我们不希望晚上也是如此。”[17]

许多男女工人都喜欢光顾流通图书馆，用种类越来越多的廉价小说来消磨宝贵的闲暇时间，虽然正如我们先前所谈过的，许多没那么富裕的读者也会购买大量更便宜的重印版《鲁滨孙漂流记》、狄更斯的小说以及伯恩斯和拜伦的诗歌。

对优秀文学作品的渴求并不局限于富人或受过高等教育的人群。即便如此，工人们发现，与其让上层社会来决定他们的阅读需求，不如自己联合起来，建立起他们的社交和教育机构。最有力地体现出这一发展的机构，是在南威尔士煤田建立的矿业机构图书馆。[18]这些图书馆完全由矿工自愿捐款资助，因此会员可以选择自己想读的书籍。虚构类书籍占主导地位，但矿工们也会阅读一些与政治和社会政策相关的重要文本。自力更生的传统精神发展得足够强烈，以至于彭赫瑟堡村在1903年拒绝了安德鲁·卡耐基提供的捐款，尽管此人为扩张英国和美国的公共图书馆网络作出了大量贡献。地方政府的支持也一样受到冷落，这让那些意欲在威尔士建立起全面的公共图书馆网络的人们感到沮丧。

德国图书馆世界也有着类似的特征，那里的工人图书馆网络也是由工会运动建成和维护的。到19世纪末，这成了公共图书馆一种令人印象深刻的替代品，位置方便，为工人提供着数量不多的藏书（通常是1000至5000本）。1911年至1912年，社会民主党及其工会运营着547个图书馆，其中至少有57个位于工业和无产阶级根据地莱比锡市。[19]这些图书馆提供了各种提高思想意识的文学作品，以及一些合适的小说。不过，好心的（或者说家长心态的）赞助人的期望又再次落空了：1910年的德伯尔恩图书馆里有187本关于政治和社会主义的图书，但只出借过60次。106本有关工会的图书只出借了3次。与此同时，361本文学和戏剧作品被检索了1633次。[20]

如果这说明了工人们更感兴趣的是让他们放松的读物，而不是思想意识的提升，至少从图书馆创始人的角度来看，比起廉价的小册子虚构类书籍、美国侦探小说和异域冒险故事，提升思想的书籍本该更具有启发性。在20世纪初期，“廉价恐怖故事”书卖出了数百万本。这些书籍受欢迎的程度使图书馆团体感到不安，这类书籍可以从任何一个书报亭或烟草店里买到，此外还有带插画的报纸和高发行量的杂志。埃里克·舒尔茨曾写道：“德国和奥地利大约有2000万名‘思想家和诗人’，他们从4.5万名叫卖廉价恐怖故事的书贩那里汲取知识养分，这是不是太可耻了。”这是当时真实情形的写照，代理书贩会在德国的村庄和周围的小镇挨家挨户地兜售耸人听闻的连载故事，每期售价10便士。这种在19世纪下半叶短暂繁荣过的“小说叫卖贸易”确实让书贩们赚取了惊人的利润。一本名为《柏林的刽子手》的小说销量之高，据说让出版商赚了300万马克。[21]文化评论员很难理解这些低级小说的吸引力，一个漫无边际的故事在结束前，甚至可以连载150多期。德累斯顿的图书管理员沃尔特·霍夫曼哀叹道：“比起自己国家底层人民的生活状况，我们可能更了解半开化的非洲人。”[22]

1918年，当君主制的崩塌为社会主义德国的建立提供了机会时，这种狂热的消遣活动所造成的后果也暴露在社会主义运动的领导人面前。然而工人们并没有意识到这一点。一位疲惫不堪的知识分子说道：“尽管德国社会主义已经存在了50年，但绝大多数德国工人对社会主义国家的生活状态毫无概念。”实际上，工人图书馆也已经存在了50年。[23]

书籍之墓

当英国和美国的学者以及社会改革者试图推动公共图书馆的建设时，他们常常从法国和德国寻求灵感。欧洲大陆的图书馆规模之大、专门为他们陈列出的藏书之丰富，令外出游历的美国经商家族的后代惊叹不已，沉湎其中。在英国，当下议院议会委员会在听取呼吁1850年《公共图书馆法》通过的论据时，富有同情心的议会成员，对他们与欧洲大陆馆藏的这番相形见绌感到十分尴尬：德国拥有公爵图书馆和大学图书馆，大革命为法国带去了无与伦比的市政图书馆网络。这其实多少有些讽刺，因为在许多方面，法国图书馆的运作模式并不是公共图书馆该有的样子。的确，就规模而言，它们令人印象深刻。一次1828年的调查显示，里昂公共图书馆藏有11.7万本书，波尔多图书馆藏有1.1万本，普罗旺斯艾克斯图书馆藏有8万本。在19世纪中叶，这些数字是惊人的，另外12个省级图书馆的藏书量也至少有4万册。[24]这些公共图书馆往往运行不良，维护不善，编目也极其糟糕。最重要的是，虽然拥有如此丰富的藏书，很少有当地居民愿意来阅读。

这是受法国大革命影响的遗产。正如我们所提到的，修道院遭到解散后，政府突然意识到需要管理数百万册的古籍藏书。其中大部分的命运本应该是被毁掉。但当大量的书籍被装载到货运马车里时，当地的图书管理员发现这是一个不可能做到的事情；仅仅因为不符合俗世革命运动的原则，就毁掉精美而有价值的书籍，这违背了任何一名学者的天性。幸运的是，在他们看来，革命热情的爆发往往转瞬即逝。但不幸的是，在战争、经济崩溃和思想动荡的时期，很少有市政精英愿意把建造新的公共图书馆作为优先事项。书籍最终找到了栖身之地，被摆放进图书馆的书架里，但始终无人问津。像17世纪那样用于修道院使用而收集起的书籍，作为真正的公共图书馆的基础显然是不充足的。这些图书馆成了当地的学术精英和偶尔到访的游客的伊甸园，那里的图书管理员也习惯了过一种平静的生活，无须担心热心读者的打扰。

图书馆史上最卑鄙的丑闻之一，生动地揭露了这些图书馆未能得到良好的管理：一位几乎公然无视后果的著名学者对它们进行了盗取。艾蒙事件在整个欧洲引起了轰动，吸引了一系列杰出人物的关注，包括法国第一部长基佐，大部分的巴黎贵族以及声名赫赫的国际书商，比如大英博物馆的安东尼·帕尼兹。[25]

吉恩·艾蒙（Jean Aymon），因盗书事件而臭名昭著。他是一个意大利人，但成年后的大部分时间都在法国度过。作为一名颇有名望的学者，他在数学领域发表过重要著作。当他被任命为佛罗伦萨一所学术图书馆的负责人时，他开始对稀有书籍产生兴趣，并从那里拿走了300本书。也许正是因为对书籍的盗取过于容易，艾蒙甚至大胆地公布了法国市政图书馆真实的藏书情况以及书籍的保管方式是如何充满疏漏的。在法国，艾蒙同时担任了两个教授职位，但在充满诱惑的稀有书籍面前，单调的教学变得格外乏味。在基佐部长的赞助下，他得到了一个机会，被任命为调查即将倒闭的省级图书馆的众多官方委员会中的一名成员。那里的图书管理员不想暴露出自己的疏忽，这让拥有了任意进出许可证的艾蒙发现了一些真正重要的藏品，尤其是900份未列入特鲁瓦藏书目录的古代手稿。他在知名的《学者杂志》上公布了自己的发现，顺带呼吁要加强图书馆的安全管理。他把许多最珍贵的发现带到了巴黎，与他的文学好友分享。过了很久人们才发现，艾蒙还会在公开市场上出售其他一些窃取的有趣书籍和手稿。

从1842年开始，巴黎就流传着一些关于艾蒙不当行为的传言，但艾蒙依靠势力强大的朋友得到了保护。当地的图书馆馆长在受到问询时，自然会否认他们藏书有所缺失：因为他们基本也不清楚藏书的具体情况，否认显然是目前最安全的选择。1845年，艾蒙制作了一份包含有近2000本手稿的令人眼花缭乱的书籍目录。若不是大英博物馆没有答应他的要价，这批藏书本来会送入那里的图书馆。最后，英国的阿什伯纳姆男爵花费8000英镑（约20万法郎）买下了整批收藏，并成了欧洲最伟大的图书馆之一的基石。

1847年艾蒙出版的一本书籍目录引起了更深的怀疑，因为图书管理员更容易追查到这些书籍。1848年，艾蒙逃到了伦敦，利用那里正在发生的革命动荡，与他的部长赞助人基佐和国王路易斯·菲利普一起流亡。在伦敦，他大肆传播小宣传册，声称对他眼红的对手在策划一场阴谋。他的朋友，包括帕尼兹和小说家普罗斯佩·梅里美（他的情妇——典型的法式风情——正是抓捕艾蒙的警察局局长的妻子）都站出来表示支持他。直到1883年，法国国家图书馆的图书管理员利奥波德·德里塞尔才揭露了这一骗局的全部真相，几年后，阿什伯纳姆又把手稿小心地送回了巴黎，至今仍保存在那里。

艾蒙是唯一一个利用了市政图书馆管理疏忽的人，但这也暴露出一个系统性的问题：尽管那些图书馆都很漂亮，而且摆满了珍稀手稿，但它们完全没有实现为市民提供藏书的初衷。经过委员会多次调查、重组和劝告（但没有实质性资金支持），法国政府决定通过建造并行图书馆来解决这个问题。这些图书馆包括3000个所谓的“大众”图书馆，提供市政图书馆里没有的廉价方言书籍。针对乡村地区，将在学校建造小型图书馆，但只对本地成年人开放。[26]无论从哪方面来说，这都被证明是一个严重的错误。首先，大众图书馆的存在让市政图书馆卸下了现代化发展和提升服务的职责，对访客数量的增加毫无益处。其次，并行图书馆让本就稀缺的资源更加紧俏。在一个充满希望的开端之后，特别是巴黎建立起一整个图书馆网络，购置新书的资金业已用完。学校图书馆也是如此，规模依旧很小，通常由一名教师来管理，被看作一项不受欢迎的额外工作。当地的成年人很快就读完了他们感兴趣的藏书，然而几乎再也没有新书增加了。并行图书馆导致的最终结果是，法国市政图书馆陷入了被忽视和地位下降的半衰期。这种情况一直持续到第二次世界大战结束，随后才得到了彻底的修复，变成了今天这样充满活力、库存充足、引人注目的多媒体图书馆。

卡耐基

法国迫切需要的不是更多的官方指令，而是安德鲁·卡耐基的愿景和资源。在19世纪最后几十年，美国和英国公共图书馆网络发生的变革表明，一个强大而头脑清晰的企业家可以做出改变。1880年，安德鲁·卡耐基回到苏格兰，欣赏他向自己的诞生地邓弗姆林第一次捐赠后的成果——用5000英镑建起的一个游泳池。安德鲁·卡耐基这时已经45岁了，非常富有，正在摸索着走向慈善事业道路，并支撑他度过生命的最后30年。在与老一辈市民的探讨中，卡耐基提出，如果这里能通过《公共图书馆法》，用征收房产税的方式来支持新图书馆的建造，他可以再捐赠5000英镑。理事会欣然同意，于是在1884年，邓弗姆林便出现了卡耐基3000家图书馆中的第一家。[27]

邓弗姆林图书馆的建筑设计，反映出卡耐基对公共图书馆的设想中存在一些实验性的特点。到1904年，图书馆规模已经太小，必须进行改造和扩建。女士阅览室改为儿童图书馆（总体来说，女士更喜欢去综合阅览室），先前分配给图书管理员的公寓也被纳入平面图的空间规划。卡耐基图书馆仍然门庭若市，一部分原因是扩建后的图书馆可以俯瞰宏伟的大教堂，同时还保留了历史城中区的地理位置。卡耐基为苏格兰建起了40个图书馆，包括位于丹地的5个，以及花费25万英镑在爱丁堡建造的一个公共图书馆。他同样慷慨地向英格兰进行捐赠，英国和爱尔兰的卡耐基图书馆总数达到660个，包括伯明翰和曼彻斯特的整个图书馆网络和一些郡县图书馆。

邓弗姆林图书馆成立后的15年里，卡耐基参与的大部分建设都仅限于与他有着密切个人联系的地方，比如他为自己的一家钢铁厂建立了一个工人图书馆。当匹兹堡的市政人员拒绝了他的提议，不愿意承担卡耐基坚持的匹配资金时，卡耐基又转向了宾夕法尼亚州的阿勒格尼市。那里有一位安德森上校，卡耐基十几岁时，曾在这位上校的私人图书馆里如饥似渴地读书。阿勒格尼新建成的大教堂般的图书馆，有些怪异地模仿了罗马风格，映射出美国图书馆设计理念的稚嫩。1889年，懊悔的匹兹堡理事会向卡耐基发出邀约，卡耐基毫无怨言地答应了。于是，匹兹堡的卡耐基学院里新建起一座图书馆，耗资500万美元。

1899年，卡耐基又向纽约公共图书馆系统捐赠了520万美元，用于建立67个新图书馆，这十分令人惊讶，卡耐基似乎准备把他的慈善事业提升到一个新的水准。新图书馆包括曼哈顿、布朗克斯和史丹顿岛的39个，布鲁克林的21个和皇后区的7个。作为回报，纽约市政府承诺为这些图书馆提供场地，匹配充足的资金以雇用工作人员和维护建筑，图书馆除周日外每天上午9点至晚上9点开放。卡耐基找到了适合他与潜在受益者谈条件的模式。1899年，他把捐助扩大到宾夕法尼亚州的31个城市。1901年至1903年，他一共提供了460项赠款，其中包括一笔给费城的可观费用，费城的图书管理员有些羞怯地向他请求新建30家新图书馆，这可以建立一个与纽约相媲美的图书馆系统。他认为所需的费用为每个图书馆2万至3万美元。卡耐基对此有不同看法。他认为这还不够：

这些图书馆里还应该设有演讲室，我在匹兹堡获得的经验是，这方面我们投入的钱还不够。所以，我认为你们花5万美元建造这些图书馆大楼是很好的，但我很乐意为你们提供150万美元。

这也意味着，费城市政府同意“每年花费不少于15万美元的费用”来维护图书馆。[28]

如果一个小型城镇接收到1万美元的捐赠，不仅说明这里的社区有阅读需求，还说明这里具备承担用于图书馆维持的匹配资金（每年1000美元）的实力。正是在美洲大陆的小城小镇里，卡耐基图书馆对社区的文化生活和居民自尊产生了最具变革意义的影响。[29] 1900年至1920年，蒙大拿州新建了17座卡耐基图书馆。蒙大拿州是一个矿产丰富但耕作困难的地区（至少在灌溉之前是这样的），直到1898年才成为美国的一个州。之后的20年里，在矿藏开发和铁路的刺激下，那里的人口翻了一番。城镇发展迅猛，却疏于规划。城镇精英很快发现图书馆是一种必要的文明影响工具。社会控制问题和图书馆计划背后的驱动力在他们与卡耐基的秘书詹姆斯·伯特拉姆的通信中频繁出现："实际上，这里是一个铁路中心……给这座城市带来了大量未婚男子，他们渴望阅读好书，和一个适合阅读的地方。"[30]这些信件都没有将图书馆提升为一种知识力量：卡耐基图书馆是社区人群走向成熟的象征。

后期的小型图书馆浪潮也对图书馆建筑独特风格的发展起到了关键作用。到目前为止，图书馆建筑往往反映出本地

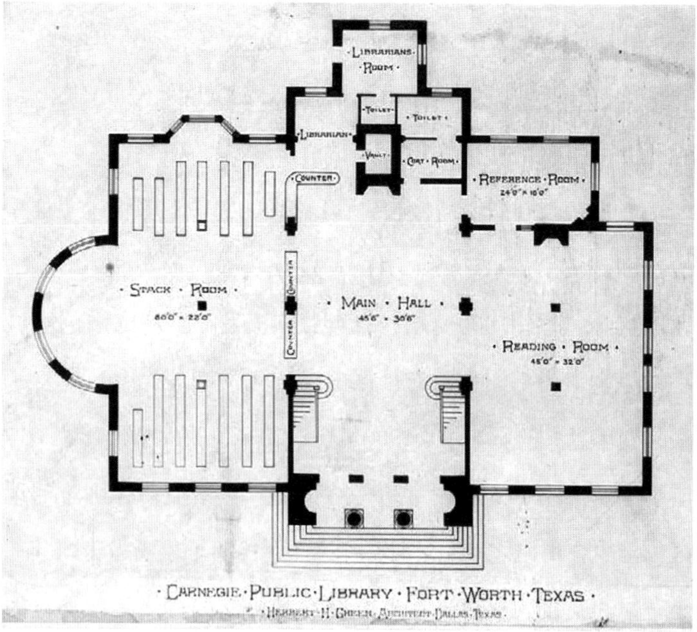

图18　得克萨斯州沃思堡的卡耐基图书馆的平面图（约1900年），在卡耐基计划中属于不太紧密的一种布置，正厅旁边有一个单独的阅览室。更大的卡耐基图书馆通常还设有一个单独的儿童阅览室。

捐赠者的个人意愿，或者与东北部大型图书馆纪念碑式的风格相呼应。慈善家可以把自己塑造成社区的仁慈之父，全权委托建筑师来实现他们的愿望。一些图书馆，比如马萨诸塞州沃本的温恩图书馆，创造出一种大教堂式的风格，“中殿”里有着很高的屋顶和嵌入式的壁龛用于藏书。显然，在这样的空间里，读者是不可能受到监督的，馆内温度也由于气温的影响而无法控制。大多数大型城市的图书馆要么效仿波士顿的意大利文艺复兴风格，要么跟随纽约的纪念碑式古典主义风格。室内高耸的天花板、华丽的楼梯和宽大的柱廊，显然是把外观设计置于有效利用空间之上。

这种设计对于“批量”建设的卡耐基图书馆来说是行不通的，正如詹姆斯·伯特拉姆在其撰写的《图书馆建筑建造笔记》中明确提出的那样，卡耐基图书馆浓缩了20年来卡耐基与大西洋两岸各城市理事会谈判的经验。[31]笔记里所提出的建设模型强调的是最大限度地利用空间，以及对书架旁的读者进行最有效的监督。一座不算大的建筑也可以为演讲厅、儿童屋以及地下室的锅炉房腾出空间（所有的卡耐基图书馆都是供暖的），舍弃掉的是一些捐赠者所钟爱的华丽构想，比如一个大门廊或壁炉。伯特拉姆也是正门装饰柱的反对者，这显然也是一笔无用的开支。卡耐基图书馆的设计并不是一成不变的：伯特拉姆认识到，不同情况下，选址的类型和馆

图19　照片为拍摄于2014年的布赖恩卡耐基公共图书馆，这座图书馆成立于1902年。最初在得克萨斯州建造的32座卡耐基图书馆有13座留存至今。卡耐基精力充沛的秘书詹姆斯·伯特拉姆不喜欢宏伟的新古典主义门面，但许多市镇理事会偏爱这种装饰，可以凸显他们本地新图书馆的威望。

藏的规模都会让最终建筑有所不同。但他确实让一种新的务实、民主的图书馆建设方式成为可能，将读者和图书管理员的需求置于捐赠者和受托人的愿望之上。

1909年，贝德克尔出版了他新版本的美国旅行指南。24家图书馆获得了他的星级推荐，包括匹兹堡、阿勒格尼和亚特兰大的卡耐基图书馆。纽约公共图书馆刚开放两年，甚至也被授予了星级。也许更重要的信息是，他在指南中轻描淡写地评论道，纽约现在“差不多能有”350家公共图书馆。[32] 这在很大程度上是卡耐基的功劳，他不仅为纽约、波士顿、曼彻斯特和伯明翰近乎核心建筑的宏伟图书馆提供了资金，还把图书馆带到了工人阶层的居住区和发展迅猛的工业城市里向郊区蔓延的中产阶级社区。卡耐基头脑清晰、持久而富有同情心的图书馆建设运动，真正为公共图书馆开启了黄金时代。

爱上小说

公共图书馆运动为陷在无休止战争中的虚构类书籍带来了冲突的进一步扩大。自印刷术发明以来，把书籍当作道德工具的运动，几乎一直把矛头集中在虚构类书籍上。16世纪，西班牙当局禁止向美洲出口骑士文学，但收效甚微。每一代图书馆的发展都在努力去除那些既蛊惑人心又腐化头脑的有害消遣工具，即托马斯·博德利爵士口中“不三不四的垃圾书”。批评家并不能提供小说具有有害影响的确切证据，虽然他们确实有过这样的尝试。1840年，纽约学会发行了一本小册子，声称阅读小说是“精神错乱的可靠原因之一”，并引用了“一些法国精神病院的报道”。[33]不得不说，精神病院并不是一个权威的取证渠道，尤其在那里，如果要为图书馆作宣传，“除了宗教或道德相关的作品”，其余所有的虚构类书籍都会被排除在外。

尽管有这些荒谬之处，但当虚构类书籍成为19世纪出版业的绝对基石时，人们仍然坚信阅读小说会带来不良后果。简·奥斯汀完美地捕捉到了爱好阅读小说与小说的有害影响之间的复杂关系。在她的作品中，沉迷于小说的女主角被浅薄的男人所吸引，并与穿着英俊制服的少尉私奔。然而，奥斯汀也非常关心公众是否会阅读她的小说，同时还会光顾更高档的流通图书馆。[34]

售卖虚构类书籍的流通图书馆几乎不会有良心上的不安，因为这类作品是他们的命脉和存在的原因。像穆迪那样的图书机构可能更有鉴别能力，不仅偏爱历史、旅行文学和古典文学，还偏爱一些免受粗俗污染、被捧上文学经典圣坛的作家。穆迪很乐意凭借他统治整个行业的经济实力，充当高雅文学的精神守门人。但困难更多来自不断激增的廉价恐怖故事和一角硬币小说，而他对此束手无策。

然而，毫无疑问，无论是哪个阶层的读者都希望能深入探索自己那个时代里富于想象力的作品，于是人们的防备心逐渐瓦解。会员制图书馆的受托人认为，购买虚构类书籍也是一种培养阅读习惯的方式，这些新手读者之后便能转而阅读更严肃的书籍。这种乐观的预测反复被提出，尽管所有的证据都是与之相反的。纽约机械学院的年度报告经常暗示人们对小说的需求在下降，但没有支撑的统计证据。后来，会员人数确实开始下降，于是在1871年，机械学院的图书馆购入了至少700本本杰明·迪斯雷利的《洛泰尔》——当下最流行的小说新作。

公共图书馆作为由纳税人资助的机构，在一定程度上远离了迫在眉睫的经济压力。1870年至1920年，虚构类书籍的无情战争被推向了高潮，新的国家图书馆专业机构——英国图书馆协会、美国图书馆协会和法国图书管理员协会——引领着这场战争。这些机构的成员并不是这个世界里天生的战士。在第一次世界大战前夕，美国图书馆协会正在召开成立40周年的庆典会议，伯顿·E.史蒂文森认为：

> 这是一个传统包装下的乏味专业组织，思维习惯守旧，主要专注于技术细节问题。这里的成员沉稳、没有攻击性、举止端庄，共同呵护着相同的爱好。他们除了对发行量大是优点还是耻辱有所分歧，对其他所有事情都看法一致。[35]

因此，尽管原则上公共图书馆依然青睐严肃的历史、地理和通俗易懂的科学技术书籍，但在19世纪90年代，公共图书馆报告里称，65%到90%的借阅书籍都是虚构类书籍。[36]这一趋势太过明显，不容忽视。图书管理员的关注点转向引导读者阅读正确的小说上。他们还意识到琐碎俗事类的小说是可以容忍的，但“邪恶堕落”的小说不可以——虽然这类廉价、耸人听闻的小说发行量激增，并且在欧洲和美国大受欢迎。

1893年，美国图书馆协会为小型图书馆提供了一份指南，包括5000本推荐书目。其中只有803本是虚构类图书。推荐的书目里有一些当代作家，比如亚瑟·柯南·道尔爵士和阿尔弗雷德·乔治·亨蒂，但没有霍雷肖·阿尔及尔和奥维达这类老牌作家。经典作品也经过了筛选。菲尔丁和斯特恩的作品被包含在内，但理查森和斯莫利特的没有。[37]在英国，虚构类书籍之争与闭架书籍转为开放阅读有着密切关系。许多读者发现，在目录中勾选好书籍交到借书台，这个过程让人感到惴惴不安——自由取阅的优势凸显了出来。图书管理员对自己的管理职能被削弱而感到遗憾。他们还担心，如果不加以干涉的话，读者除了虚构类书籍，不会再选择其他书籍。一种普遍采用的解决办法是，读者可以自行取阅非虚构类书籍，但虚构类书籍只能通过图书管理员。另一种更狡猾的办法是，将这两类书籍混合摆放在一起，这样，读者在寻找小说时，也会接触到更高等的书籍。[38]在美国，图书管理员通常会把更具争议性的书籍留在中央图书馆，而不流通到其他分支图书馆。[39]

英国和美国图书馆社区的一个重要区别是，工作职员之间的差异越来越大。在美国，小型社区图书馆突然激增，出现了一波雇用女性图书管理员的浪潮。第一次世界大战爆发时，美国图书馆的工作人员中有85%是妇女。而在英国，这一比例恰好相反。诚然，许多女性多受雇于从属职位（而且工资比男性更低），但也并非总是如此。1880年至1905年，洛杉矶的公共图书馆由7名女性图书管理员管理。当其中的最后一位，玛丽·莱蒂西亚·琼斯——洛杉矶第一位从图书馆学校毕业的图书管理员，被勒令辞职为一个男性让位时，她拒绝了。她的案子得到了全国的支持，洛杉矶的妇女还发起了示威游行。直到琼斯前往宾夕法尼亚州的布林莫尔学院任职图书管理员时，这一僵局才被打破。[40]

大量的女性图书管理员对公共图书馆有何影响？当然，图书馆界的一些知名人士抱怨说，图书馆的气氛变得过于女性化。这主要是因为人们开始担心，图书馆是否对无家可归者和失业者过于热情。1894年，美国图书馆协会主席约瑟夫斯·拉内德向那些来图书馆读报的人询问，是否阅读过其他书籍。“他们中的大多数，不都是散发着恶臭的流浪汉吗？他们待在阅览室里，难道不会让许多能在这里获得更多益处的人望而却步吗？”[41] 但1894年美国图书馆协会调查的主要问题是由一名女性——纽约自由流通图书馆的负责人艾伦·科提出的：“你反对目前这种对虚构类书籍的痴迷程度吗？”虽然女性图书管理员在将儿童书籍（以及阅读房间）引入图书馆方面发挥了重要作用，但她们似乎和男性图书管理员一样坚定地反对图书馆里不适宜的虚构类书籍。

美国图书馆协会不得不删减和改变指南里的内容，接连推出新版。托马斯·哈迪、亨利·詹姆斯和左拉在1904年的新版本里都被拒之门外，但《红色英勇勋章》和赫伯特·乔治·威尔斯的《世界大战》在1908年的版本里幸存了下来。有时候，要求删减的呼声来自读者，而且随着图书管理员对虚构类书籍的处理方式变得越加不受约束，这样的情况也就愈演愈烈。第一次世界大战期间，为军队提供虚构类书籍打破了许多禁忌，战后共产主义带来的挑战将焦点也转移到了非虚构类书籍上。在20世纪，反共产主义风潮和色情读物似乎比亚瑟·柯南·道尔爵士的夏洛克·福尔摩斯小说具有更大的威胁。

直到第一次世界大战之后，图书馆才摆脱了在19世纪作为社会改革工具的身份，尝试性地被接纳为娱乐行业的一分子，并被赋予了精神启蒙、提升和救赎者的新角色。这甚至是在它与通信时代的新威胁——广播、电影和电视——开始斗争之前。人们拥有了更多阅读之外的诱人选择。随着20世纪的消逝，人们逐渐清楚地认识到，虚构类作品实际上是图书馆对抗被时代淘汰的主要防御手段。爱上小说才是图书馆的生存之道。

第六部分

战火里的书籍

第15章　在20世纪生存

1917年4月6日，在美国向德国正式宣战之时，美国图书馆界放下了三年来尴尬的中立态度，全身心地投入了保卫国家的事业中。于是，图书馆也成了战争的引擎，在爱国主义热情的催化下，与其他机构竞相使出浑身解数。图书管理员首先发挥起实质性作用，确保公民能够获取了解战争根源的书籍。随着对德语、德国文学甚至德国食品的全面冲击（德国泡菜被称为自由卷心菜、法兰克福香肠被称为自由香肠），亲德派书籍被谨慎地从发行计划里撤出。[1]时任图书馆战争委员会西南分会负责人的埃弗雷特·佩里要求他的图书管理员，去除掉任何“歌颂德国文化”的书籍。[2]图书馆作为众所周知的公共建筑，全力推广战争债券，并成了红十字会人员招募办公室的路标。对美国图书馆协会来说，战争是证明其价值的一个重要机会。1918年11月，在基督教青年会和卡耐基基金会的合作下，美国图书馆协会已经在每个美国训练营设立了书籍充足的图书馆，并向在法国的美国远征军运送了超过100万册的图书。[3]

1941年，日本对珍珠港的袭击也引发了类似的书籍爱国主义热潮。洛杉矶图书馆馆长阿尔西娅·沃伦专门请了4个月的假，去推动“胜利图书运动”，这一全国性的活动旨在为军队阅览室、军事医院和训练营收集藏书。[4] 1942年3月，600万册图书已经打包好，准备运送给海外的部队使用。当罗斯福总统在1942年的美国图书馆协会大会上发表主旨演讲时，这些努力全部得到了认可。英国的图书管理员也同样参与了两次战争。图书馆延长了开放时间以适应新的轮班工作模式，并向驻外部队发放了临时阅读卡。甚至对于逾期罚款，肩负神圣职责的图书管理员有时也会对这些穿军服的人格外宽容。

在战争时期，尤其是对于那些站在战场直接冲突之外的人来说，无力感可能和恐惧一样具有腐蚀性，而图书馆能够帮助他们倾泻爱国热情带来的无限能量，因为完全战争状态下的经济和人类需求给生活节奏带来了根本性的变化。在这种动荡的时代，书籍是人们熟悉的锚，既是安慰之地，也是避难所。

希特勒也同样关注到了图书馆。1933年他上台后的第一个行动便是宣布一项新的公共图书馆计划，特别是针对小型城镇和村庄。在此之前，德国公共图书馆主要依靠捐赠和本地拨款来收集藏书，建立起的收藏常常是过时的，对读者没什么吸引力。现在，公共资金的大量注入改变了公共图书馆的面貌。1934年，德国拥有了9494家图书馆，到1940年，这一数字已经增至13236家。[5]

当然，这一切都有着明确的意识形态目的。不合时宜的书籍或者遭到反对的作家出版的作品，比如埃里希·玛丽亚·雷马克的《西线无战事》，都被从发行计划中删除；尽管这些指示的实际执行力度取决于当地图书管理员的爱国热情，以及他们对库存的了解程度。[6]在战争期间，他们更愿意投入为战士收集书籍的任务中。1939年秋天，德国的公共图书馆为军队运送了800万册图书。德国空军在空军基地开设了1000多个新图书馆，所有这些图书馆都亟待填满藏书。虽然战争的态势对德国有利，但主要图书馆的馆长被临时调派到德意志帝国征服下的欧洲城市的图书馆，寻找德国文化的代表性作品并将其运送回国。一些被德国选中灭绝的群体，他们的文化瑰宝也因此遭到屠杀，被连根拔起，彻底从世界上抹除。

20世纪的工业战争最终给欧洲大陆的图书馆带来了可怕的伤害。但在我们计算炮火轰炸和针对性打击带来的损失之前，最好先记住这一点：图书馆不仅是战争的受害者，也是战争的积极参与者。大学和实验室里的科学和技术图书馆尤其如此。保护这类藏书是战争中的优先选项，因为必须限制科学数据在国际的流动。在和平时期代表科学交流的正常贸

图20　在第一次世界大战期间，向士兵提供书籍成为一项全国性工作。数百万本书被运送到军队图书馆、军事医院图书馆和军用卡车图书馆。这张照片拍摄于1917年前后的得克萨斯州。

易如今变成了受到严格管控的国家机密。[7]公共图书馆对此也作出了自己的贡献：在盟军准备对北非、意大利和法国发动反击之际，纽约公共图书馆和大英博物馆无可比拟的地图收藏提供了最精密的相关信息。

最重要的是，图书馆在鼓动公民参与战争方面发挥了关键作用。1939年7月，德意志帝国图书馆服务部就要求公共图书馆购买13本关于波兰德裔民族的书籍。同年，有人发出指令，“审查内容涉及英国和法国的书籍，确保这些书籍具有鼓舞德国继续战斗并最终取得胜利的倾向”。[8] 1939年8月签署了《德苏互不侵犯条约》后，纳粹接管时遭到清除的马克思主义和亲苏派书籍悄然恢复发行（尽管这段时期很短暂）。图书馆界对这些措施并没有表现出不情愿，也没有引发读者的大范围抗议。1917年，美国图书管理员争先恐后地表达着自己对布尔什维克主义的强烈厌恶，并将书架上任何与社会主义思想沾边的书籍清扫一空。[9] 同样积极的爱国主义在“冷战”期间也表现得很明显，且更具争议性。

战争带来了边界感的模糊和品味的粗化；这同样也反映在战时图书馆的历史叙事里。战争爆发初期，读者醉心于寻找历史书籍，但到了1943年，德国图书管理员注意到，“故事鼓舞人心”的轻小说出现了压倒性的需求。伴随着炸弹如雨点般落下，阅读书籍成了逃离当前困境的一种手段，一种绝望的方式，在被迫再次面对现实之前让人们可以短暂地消除忧虑。战争态势的加剧也把激昂的群情、胜利与恐惧以及灾难推向了顶峰。图书馆界分享了这种经验，并在提振人民情绪方面再次发挥了至关重要的作用，战场上的士兵和战场外为之呐喊的本国人民都颇为感动。在和平时期，这对图书馆来说几乎是不可能做到的。图书馆从来都不只是战争的无辜受害者：它们也成了一种武器。在全面战争时期，图书馆的作用比以往任何时候都更重要。

全面战争

图书馆一直都是军队征服的目标，但19世纪军事技术上的进步第一次让平民卷入了全面战争的恐怖之中。1765年，让-丹尼尔·舍普弗林将他的个人藏书提供给了当地社区，斯特拉斯堡因此相对较早地建立起一个公共图书馆。与法国境内的其他城市一样，这座图书馆在法国大革命期间被充公，并大大扩充了藏书。[10]到1846年，那里的藏书已增至8万册，与大学图书馆合并后又进一步增加；在搬入新庙教堂的新址时，这座图书馆已经拥有30万册书，包括5000份古版书和1600份手稿。新教神学院的藏书也存放于这座教堂，约有10万册，其中包括宗教改革时期珍贵的小册子。1870年8月24日夜间，德国大炮发射的燃烧弹将这座教堂彻底摧毁。[11]

在1681年被路易十四吞并之前，斯特拉斯堡一直是德国的一座城市，而且实际上是神圣罗马帝国最伟大的城市之一，也是德国书籍制造和知识分子生活的核心地区。将它从法国手中复原是1870年至1871年普法战争的主要目标之一。因此，当普鲁士军队在色当和梅斯击败法国军队时，斯特拉斯堡被全面包围。自中世纪以来，这种围困一直是战争中的常见手段；罕见的是，这次工业化武器对平民造成了严重摧残。当普鲁士军队在这个中世纪城镇的中心发射他们的大口径火炮时，这标志着战争中军事战略的决定性变化。

在接下来的一个世纪里，欧洲工业化国家发动着残酷的消耗战，类似的悲剧还有很多。城市变成了废墟，民不聊生，图书馆也遭受着破坏。这种破坏从来都不是偶然或随意的。1871年法国投降时，阿尔萨斯和洛林被割让给普鲁士王国。斯特拉斯堡大学重建为恺撒·威廉大学，斯特拉斯堡的公共图书馆也在1895年被重新安置在一座新的建筑中。到1875年，至少有2700个机构和个人（几乎全部是德国的）响应了征集书籍和筹措资金的号召，共捐赠了40万册书。慷慨的年度书籍预算使得这座公共图书馆在1918年阿尔萨斯和洛林回归法国怀抱时，藏书已扩增至超过100万册。那完全是一个德国图书馆，是德国人对斯特拉斯堡宣示主权的有形印记。那个再德国化的计划在很大程度上是成功的：1918年的时候，阿尔萨斯只有四分之一的人口能看懂法语。这激发了1918年后同样坚定的阿尔萨斯法语化运动，而这一运动以创建800个新的法语图书馆作为开端。到1927年，法语化运动已经向2275家图书馆提供了20万册法语图书。[12]产生像这样为国家建设服务的图书馆政治运动，在被争夺的边境地区是不可避免的。

第一次世界大战的机械化特征，意味着临近前线的城镇难以避免地会遭受到重大打击。频繁的炮火严重破坏甚至摧毁了一连串法国北部城市的图书馆，包括阿拉斯、贝蒂讷、蒙迪迪耶、埃姆、鲁瓦、佩罗讷、梅济耶尔、圣康坦、苏瓦松、贡比涅、勒泰勒、努瓦永、蓬塔穆松和兰斯。极其残酷的事实是，南锡大学图书馆在停战10天前已经丧失了15.5万册图书。[13]迄今为止，最声名狼藉的破坏事件发生在比利时鲁汶大学的图书馆，并成了一项广受关注的国际性争议事件。前进中的德国军队侵犯了保持中立的比利时，引起了国际社会的强烈抗议，1914年8月25日，德国军队对鲁汶这座中世纪城市造成的巨大破坏进一步引发了人们的恐惧，并加剧了抗议活动。大火烧毁了整个大学图书馆，那可是欧洲最古老、最著名的图书馆之一。[14]

当炮火声在1918年终于沉寂下来时，对鲁汶大学图书馆的重建成了战争可以永远消失的希望的象征。《凡尔赛条约》要求战败的德国人赔偿被毁坏的书籍，在之后的3年里，45万册新书被送入馆中，其中有21万册来自德国。每本书都附有一个标签，上面标注了对应的赔偿金额。来自世界各地，特别是美国的捐款源源不断。新的大学图书馆由一位美国建筑师设计并由美国出资建造完成。有人提议在栏杆上题字，“被德国的怒火摧毁，用美国的礼物重建”，但由于考虑到德国仍然是他们的邻居，这项提议遭到了大学管理部门的反对。[15]德国军队在1940年卷土重来时，说明这种外交意识上的自我克制行为几乎毫无意义。

尽管对遭受重创的幸存者来说，第一次世界大战看起来似乎是“结束所有战争的战争”，但间接损害主要发生在临近前线的城镇。而第二次世界大战带来的是一种全新秩序下的破坏。这是一场轰炸机的战争，从天而降的死亡之雨。对于被困在地面上的人们来说，这带来了夜夜的恐惧、疲惫和死亡。对城市地毯式的轰炸基本不会区分工厂还是住宅，铁路还是民用建筑，港口还是图书馆。

德国入侵波兰为欧洲带去了第一次梦魇般的体验。1939年9月1日，德国军队踏过边境，无人防守的维隆镇被俯冲轰炸机摧毁。华沙国家图书馆因此遭到严重破坏。第一次世界大战后人们便知道，阻止轰炸机攻击目标的可能性几乎为零。法国、比利时、英国和荷兰的文化机构开始谨慎地将最贵重的藏品转移到安全的地方。起初，这些保护措施主要集中在贵重的文学著作上。人们后来才普遍意识到，许多家庭因战时服役而分离，其他形式的娱乐也受到限制，而图书馆在维持平民士气方面发挥着重要作用。因此，事实上，当1940年5月德国国防军向西方发动进攻时，图书馆的大部分藏书几乎都没有受到任何保护。

荷兰遭受的第一次空袭摧毁了港口城市米德尔堡的图书

图21　1940年，荷兰米德尔堡图书馆的正面遭到炮火轰炸，被彻底破坏但仍然屹立不倒。在第二次世界大战期间，欧洲许多大型图书馆都遭遇了被炸弹和大火摧毁的悲惨命运，这是图书馆历史上最具破坏性的时期。

馆，并将鹿特丹的整个老城区夷为平地。1940年5月16日，鲁汶图书馆再次化为灰烬，这一次损失了100万册书。1914年，德国将摧毁鲁汶图书馆的炮火归咎于一名比利时狙击手的挑衅：93位德国知名的科学家、艺术家和学者被诱骗签署了一份文件，宣称支持这一言论，并赞同德国军队的还击。1940年，一个德国调查委员会提出谴责，表示是撤退中的英国军队烧毁了鲁汶图书馆。然而这两次发言，都没有引起国际舆论的反响。[16]

德国入侵法国后，占领了博韦和图尔的市政图书馆，那里是卢瓦尔河地区的重要通信中心。康城遭受的轰炸给市政和大学图书馆造成了50万册图书的损失。法国政府宣布巴黎为不设防城市，自愿放弃抵抗，挽救了这座首都城市里珍贵的图书馆。法国撤退的混乱实际上就足以说明，将书籍运送至安全地点是危险重重的，逃往南方的难民有时会把道路彻底堵住，几批藏书也因此丢失。法国很快放弃抵抗，降低了战争在这个阶段对法国图书馆造成的破坏。但在随后的占领时期，情况变得更加糟糕。[17]

法国战败后，希特勒把注意力转向征服英国。德国空军受命率先摧毁英国皇家空军的防御体系；之后才逐渐将袭击重点转移到伦敦、主要工业城市和港口上。1940年11月，考文垂被毁，城市图书馆里的15万册图书以及大量的科学技术文献被摧毁。这一标志性事件极大地催化了英国后来对德国城市发动的暴行。维多利亚时期慈善事业的另一个创举——兰贝斯的米内特图书馆也受到袭击，1.8万册书被毁。坎伯威尔图书馆也没有例外。汉普斯特德图书馆的文献室被破坏，损失了2.5万册书。除了伦敦，曼彻斯特文学与哲学学会的全部5万册藏书在市中心受袭时被毁掉了。[18] 在战争爆发后的第一个冬天，最严重的灾难发生在帕特诺斯特大街上并排建造的出版业仓库，这些仓库连同附近的圣保罗大教堂，都遭到了轰炸。17家出版社500多万册书全部被大火吞噬。由于当时制造纸张的木浆进口渠道受限，这成了一次致命的打击。[19]

不列颠空战给英国本就有限的军事资源带来了可怕的损失，在敦刻尔克大撤退时，英国的战备资源就已经严重耗损。但这场战役的主要目的是让希特勒放弃侵略计划，而它确实做到了。在当时的背景下，直面攻无不破的德国空队，这就已经足够了。为了表达对机组人员英勇的敬意，温斯顿·丘吉尔曾在下议院发表过著名的演讲，一本适时发行讲述不列颠空战的小册子也传达了国家的感激之情。人民对好消息的渴望使这本小册子一炮走红，成为畅销书。初版发行的5万份在几个小时内迅速售罄，很快又增印了30万份。带有动作照片和说明图的插图版售出了70万份。至1942年4月，《不列颠空战：1940年8月至10月》共发行了24种语言，43个版本，并在全球各地的报纸上登载。在英国国内和国际舆论中，这本书将这场破釜沉舟的险胜战役塑造为落败者四面楚歌下的必然结果，这也从侧面说明了，英国对如何做好宣传了如指掌。[20]

尽管如此，德国的轰炸仍有增无减。从德国控制下的法国或低地国家机场起飞，没有一架驶往英国的飞机，飞行时间能超过1小时，许多城镇饱受折磨。普利茅斯是英国南海岸的一个重要海军基地，1941年4月，普利茅斯的市政图书馆遭到重创，全部10万本藏书也随之被摧毁。同年5月，利物浦中央图书馆遭到攻击，损失了20万本书。大英博物馆的图书馆8次遭到烈性炸弹轰炸，多次被燃烧弹击中；令人惊讶的是，图书馆只损失了23万册书，算不上特别严重。1942年，在臭名昭著的贝德克尔盗窃时期，轰炸机再次驶来，因此受损的主要是大教堂城市和其他拥有精美建筑物的地方。同年5月，埃克塞特城市图书馆被毁，超过100万份文献和图书遭到破坏。

图书馆找到了适应这种环境的生存方式。书籍运动带来了上百万本的捐赠图书，用于挽救被毁掉的藏书，并为受到战争摧残的图书馆和新建立起的、供驻扎在世界各地的英国军队使用的图书馆作储备。每天夜里，当警报声响起时，数

图22　伦敦肯辛顿的荷兰屋图书馆在1940年被德国燃烧弹摧毁。这里曾是政治家查尔斯·詹姆斯·福克斯的府邸，虽然整体构造几乎全数尽毁，但图书馆的大部分仍然完好无损。这张照片中的3名读者在废墟中随意翻阅着书籍，成了官方广泛传播的宣传照，传达出战争后方群众的泰然自若。

以百万计的伦敦人涌向他们新的地下避难所。地方当局在废弃的地铁车站铺设了床铺、食品站和小型流动图书馆，陪伴市民度过漫漫长夜，直到警报解除。马里波恩的49个庇护所收藏有50至350本书，贝夫诺格林则设立了一个藏有4000本书的大型图书馆，为每天夜里近6000名的来客提供服务。[21]其他在爆炸中幸存下来的图书馆，也都成了因轰炸而无家可归者的聚集点。

斯大林格勒战役之后，随着反对德国的呼声愈烈，1943年为后方群众提供了一线喘息的机会，随后在1944年9月，德国又发射了V1飞行导弹（原型为无人驾驶飞机），以及强大的V2火箭，开始了新一轮的轰炸。1945年3月之前，德军向伦敦发射了1400多枚V2火箭，造成2000多名平民伤亡，并造成新一轮的图书馆被毁。许多瞄准伦敦的炸弹偏离了方向，导致肯特郡和伦敦南部遭到严重破坏。斯特里特姆、泰晤士河畔京斯敦和克里登的图书馆都遭受了毁灭性的突袭，这一阶段的冲突使英格兰的公共图书馆总共损失了200多万册书。[22]

V2火箭的威力极大地打击了平民的士气，当时很多人萌生了即将恢复和平的妄想；这在某种程度上，也让人们理解了英国最高指挥部为什么会格外重视对德国技术学院及其图书馆资源的攻击。考虑到与大学之间的联系，这些机构很多都不可避免地建在了市中心。还有一种合理的担忧是，如果德国真的在研制原子弹的多国竞赛中率先胜出，那么胜利会在原子弹造成的可怕后果里被瞬间夺走。这种担心并非毫无根据。在两次世界大战间歇的时间里，德国，特别是哥廷根大学，巩固了其作为世界领先理论物理研究中心的声誉：1933年，美国只获得了8项诺贝尔奖，而德国获得了33项。令人尴尬的是，纳粹里最杰出的科学家有很大一部分是犹太人。而这些人中有许多最终会去往美国，为美国的战争作出自己的重大贡献。[23]

书籍大屠杀

书籍大屠杀是闪电战带来的间接损害。随着战场形势的不断变换，美国、英国和苏联也相继给德国的图书馆造成了严重的破坏。然而，这些破坏实际上只占这场全球战争里书籍激增数量的较小比例。千年帝国的观念意识下，纳粹政权对书籍和图书馆的规划更为雄心勃勃，并且一直以惊人的韧性推进着，直至战争结束。规划的第一部分，即是彻底抹杀某些被选中群体的全部文字记录：这种对文化的攻击，将其从世界上完全抹去，被描述为“书籍大屠杀”，使某类书籍彻底消失。第二部分与第一部分自相矛盾，德国纳粹系统地收集了大量敌对的意识观念书籍，以便在纳粹主义的长期统治下，可以研究这些“思想恶魔”。

这些书籍和档案的发现、挑选、分类、运输和重新编目催生了庞大的官僚制度，纳粹雇用了成千上万的军队、货运火车、奴役劳工，以及能够辨认并挑选出重点书籍的学术专家。许多图书管理员和档案管理员自愿投身于这项事业，一部分是因为他们在意识形态上致力于追随纳粹主义，一部分是因为他们认为与这些卓越文献共事所带来的乐趣，可以让他们轻易克服大规模侵占欧洲文化资源所带来的道德不安。一些人无疑认为编目书籍是相对安全的工作，毕竟另一种选择的结局几乎一定是死在东部前线。不过，图书馆职业也确实诞生了一批真正的信徒，而且毫无疑问，图书管理员是天生的收藏家。

历史上从未有过这样的时刻，收集的欲望可以如此放纵，而不必担心遭到报复。即便如此，德国的图书馆——大学图书馆、公共图书馆和市政图书馆——为了获取欧洲各地纳粹仓库中堆放的战利品而展开激烈竞争，呈现出的渴求之容令人不适。有时候，这种掠夺被伪装成了交易，犹太藏书家或书商在逃离家乡之前会匆忙清算资产，给出的价格仅是市场价值的零头。还有的时候，德国图书馆会免费收到大批纳粹新研究机构不需要的书籍，用来更替被轰炸摧毁的书籍。战争结束时，盟军的胜利者和幸存的图书馆工作人员在搜索变成废墟的图书馆建筑时，好似在探索阿拉丁藏匿贵重物品的洞穴，欧洲大部分地区的书籍都遭到了无法修复的毁坏。在战争结束后的75年里，这些书籍几乎都未能再回到它们原来的主人手里。可能主要是因为书籍的原主人都没能幸存下来，接收被归还的藏书。

纳粹种族主义意识形态带来的全面冲击在波兰得到系统性的暴露。德国征服者带来了一份预先准备好的名单，写有6

万名波兰上流社会领导人的名字。这些人遭到围捕和射杀，其中包括政客、工会领袖、军官和教授。波兰人被设想为附属的低等农工和可约束的工业无产阶级；与此同时，犹太人则被彻底地消灭。

要想切断波兰的文化根源，就需要关注那里的书籍。1939年12月，德国新政府颁布了一条法令，除了德国同胞拥有的藏书，其余所有的书籍一律上交。波兹南的圣迈克尔教堂被用来接收没收的图书馆；有人曾经看到那里堆有至少100万册书，其中包括波兹南大学图书馆的绝大部分藏书。教堂里一些在1944年空袭中遭到损毁的书籍被送去制作纸浆。波兰主要的国家机构图书馆基本不对当地居民开放，但德国人大步走了进去。在华沙，对占领国有用的研究材料被整理为藏书；其余的则被销毁，包括波兰公共图书馆和学校图书馆的大部分书籍。

后果是毁灭性的。据估计，学校和公共图书馆损失了90%的藏书，私人和专题图书馆损失了大约80%。即使是前进的苏联红军带来的歼灭恐惧，也不能使德国占领军偏离他们的毁灭之路。著名的扎卢斯基图书馆曾在1794年被俄罗斯帝国盗窃，在20世纪20年代归还了一部分，又在1944年10月华沙起义期间被摧毁：40万册的藏书中，只有10%幸存。国家图书馆的早期印刷书籍也遭到毁坏。就在1945年1月德军准备撤离这座城市的时候，携带着火焰喷射器的军队被派往主要公共图书馆，确保没有留下一本书。

这种纵火命令自1939年起就一直应用于犹太人的藏书。在波兹南和本津，德军烧毁了犹太教堂以及里面的书籍。1939年9月6日，德国军队抵达克拉科夫后，那里的犹太图书馆几乎立即遭到破坏。克拉科夫是波兰历史悠久的文化中心之一，占人口四分之一的犹太社区是波兰知识分子生活的中心。1837年，犹太商人及市议员亚伯拉罕·甘普洛维奇在克拉科夫建立了第一个商业借阅图书馆，该市也是最早的犹太公共图书馆之一——以斯拉图书馆的所在地，开放于1899年。除了附属于犹太教堂的图书馆和附属于犹太学校的图书馆网络，这里还有更多的专题图书馆，比如犹太社会主义图书馆和人民图书馆。[24]

在两年的时间里，所有这类图书馆都被系统性地洗劫、掠夺或摧毁。藏有4.5万册书的两个甘普洛维奇图书馆被勒令关闭，藏书也随之消失了——里面的英语、法语和德语书籍大概被德国士兵掠走了。当犹太学校遭到关停时，图书馆也被摧毁；德国人还关停了所有的犹太文化、教育和政治组织，以及他们的图书馆。以斯拉图书馆的全部藏书和雅盖隆大学图书馆的犹太书籍都被拨给一个新成立的德国国家图书馆使用。1943年犹太人区遭到清算后，人们发现了犹太教堂藏匿珍贵卷轴的地方（其中许多在德国刚占领不久就被烧毁了），但不顾一切的抢救仍旧是徒劳无功，卷轴还是全部损毁了。

像发生在克拉科夫这样的对犹太文化的彻底破坏行为，在包括波兹南和维尔纽斯在内的波兰所有的犹太社区里不断重演。[25] 1941年，欧洲最大的犹太神学图书馆之一，卢布林犹太神学图书馆里的珍贵藏书《塔木德》被付之一炬。1943年，对华沙犹太区暴动的镇压，在大犹太教堂的巨型爆炸中达到了极点。大犹太教堂遭到关闭后，一直被用作仓库，存放从这座城市里没收的犹太书籍。就这样，教堂里的全部书籍在爆炸声中彻底消失了。执行这项任务的工程师指挥官后来这样回忆他在这个“胜利时刻”的激动感受：

那是多么奇妙的景象。一场绝妙的戏剧。我和我的员工站在远处。我拿着能同时引爆所有炸弹的电子设备……我把这种悬念多延长了一会儿……就按下了按钮。伴随着雷鸣般震耳欲聋的爆炸声和五颜六色的视觉冲击，炽热的烟团冲向云层。这是对我们战胜犹太人的致敬，令人难以忘怀。[26]

德国人很清楚这种瓦格纳时刻的力量。对卢布林神学院的破坏为公众带来了新一波的高潮，庆祝再一次对犹太文化的歼灭。

> 我们把偌大的图书馆里的书籍统统扔出窗外，包括《塔木德》，然后拉到集市上，在那里放火焚烧。大火持续了20个小时。卢布林的犹太人聚在一块儿，痛哭流涕的，让我们有些不知所措。我们召集了军乐队，士兵们欢欢喜喜地叫喊着，盖住了那些哭声。[27]

忧心如焚的犹太人很清楚他们所目睹的这一切的意义。这是两种文化之间关乎存亡的斗争，而且这两种文化都深知书籍的价值。正如华沙的一名犹太教师哈伊姆·卡普兰在1939年所说的那样："我们面对的是一个文化水平高度发展的国家……纳粹既有书籍又有剑……"[28] 用布拉格犹太博物馆的图书管理员米夏尔·布舍克的话说："纳粹知道书籍对犹太人有多重要。阅读使一个人成为真正的人。他们想通过夺走对他们来说最重要的东西来摧毁犹太人。"[29] 在那个时候，纳粹确实同时掌握着书籍和剑：他们有能力在欧洲大部分地区彻底清除犹太文明的文字记录。他们没有选择这样做，在某种意义上也代表着一种矛盾的愿望，想要保留敌对意识形态的文字记录以备将来的研究。这成了希特勒的首席理论家阿尔弗雷德·罗森伯格（Alfred Rosenberg）的"宏伟计划"。

ERR任务小组

阿尔弗雷德·罗森伯格1893年出生于雷瓦尔，也就是今天的爱沙尼亚首都塔林。他起先在莫斯科做研究，后来定居德国，加入了纳粹党。德国在1939年和1940年轻松征服了对手，伴随着战争，罗森伯格开始为纳粹在整个欧洲统治的延续做准备。其中至关重要的是为下一代"纳粹精英"发展出新的教育体系。在1940年，希特勒要求罗森伯格开始做必要的准备工作，"特别是在学术研究和图书馆建造方面"。[30]

这句简短的话语引发了对于欧洲图书馆里所需书籍的大规模掠夺，并催生了庞大的官僚机构——国家领袖罗森伯格任务小组（Einsatzstab Reichleiter Rosenberg，简称ERR任务小组）。到战争结束时，ERR任务小组在柏林、法兰克福和拉蒂博尔的大仓库里存放有至少500万册书。当德国人投降时，许多书还没有拆掉包装盒。

由于ERR任务小组在1940年才开始承担起这项任务，它错过了对波兰的掠夺。罗森伯格也招募了一些学者来筛选机构图书馆的收藏和没收私人藏书。有些图书馆，比如阿姆斯特丹的犹太图书馆、埃茨海姆图书馆和罗森塔利亚纳图书馆，全部被搬空。著名的巴黎移民图书馆、以色列联盟图书馆、俄罗斯屠格涅夫图书馆和波兰图书馆也面临了同样的命运。[31]

意大利罗马的拉比学院图书馆被运往法兰克福；另一个大型的犹太图书馆，以色列图书馆，则彻底消失在运输途中。

ERR任务小组的搜刮非常彻底：荷兰遭受了2.9万次突如其来的掠夺，其中大部分目标是富有的犹太人住宅，共抢走了70万册书。在法国，ERR任务小组共没收了723个图书馆，总计170万册书。[32]他们的工作速度也非常之快。这一点是十分必要的，因为罗森伯格的组织面临着大量的竞争者。[33]难以想象如此大量的书籍横越欧洲来到德国，分派至4个主要的接收站：法兰克福的新犹太研究所、南部的纳粹党高中、位于柏林的ERR任务小组东部图书馆和前共济会艾森纳赫大街分会处的RSHA警队图书馆。到1943年，这4个接收站各收到了100万至300万本不等的图书，法兰克福的研究所因此成为欧洲最好的犹太图书馆。随后，西里西亚拉蒂博尔的一个新接收站又积累了200万册图书；这个接收站建造的目的就是处理从东部涌入的图书。[34]

在战争后期，罗森伯格的注意力越来越多地转向了东部前线。那里的战利品是如此巨大，最先纳入考量的是将其作为公共收藏。维尔纽斯，东部犹太社区的心脏，有时被称为“东耶路撒冷”，受到了特别的关注。在那里，收集和歼灭这两个原则融合在了一起。YIVO图书馆，即意第绪语科学研究所的图书馆，被打包送往德国。一个由在斯特拉辛图书管理员手下工作过的犹太囚犯组成的小队，仔细地搜寻了1885年捐赠给维尔纽斯犹太社区的斯特拉辛图书馆。4万册书被挑选出来，送往德国，其余的则化为纸浆。与此同时，图书馆外街道上的维尔纽斯犹太社区也遭到了清算。[35]

"因为戈德施密特先生是犹太人"

随着战争的进行，德国的图书馆也越来越多地使用着被奴役的劳工：他们分拣、搬运货箱，从空袭中燃烧着的建筑物里抢救书籍。[36]但是，如果没有学者和德国图书馆职业人士的自愿参与，ERR任务小组的工作是不可能完成的。法国沦陷后，国家图书馆的馆长朱利安·凯恩，一个犹太人，被立即解雇了。叛国学者伯纳德·法伊顶替了他的位置，由一批从德国调派来的图书馆官僚领导着——柏林国家图书馆的馆长雨果·安德烈·克鲁斯、他的同事赫尔曼·福克斯以及弗罗兹瓦夫图书馆的馆长欧内斯特·韦姆克。斯特拉斯堡和阿尔萨斯的图书馆再次被德国占领，受柏林调派的彼得·博哈特监管。[37]

继续留在德国的图书馆工作人员找到了从德国丰富的书籍中获利的方式。柏林国家图书馆和弗莱堡大学都从法国获取了相当大数量的图书：据法国学者估计，法国图书的总损失量为1000万至2000万册。柏林国家图书馆还向ERR任务小组索取了3万册与犹太种族和犹太教有关的著作。[38] 柯尼斯堡图书馆的图书管理员承认，他们没收了普洛克的天主教神学院，使自己的藏书增加了大约50万册。[39] 在柏林，新机构不需要的书籍被移交到帝国交易所，图书馆可以在那里参加拍卖；汉堡图书馆在1943年受到盟军毁灭性的轰炸后，竞拍了3万册犹太藏书用于重建。[40] 同年，柏林城市图书馆向市政典当行申请了4万册图书。他们希望能免费得到这批礼物，但该机构坚持要求其支付4.5万马克，并声称，这笔收益将用于“解决犹太人问题”。难以想象，在战争的这个阶段，大肆使用奴役劳工的图书馆统治集团，竟然不知道这意味着什么。他们付了钱，拿走了书籍。1945年4月20日，当苏联军队向柏林市中心发动猛烈炮击时，柏林城市图书馆正在对这些书籍进行编目。战争结束后，编目工作仍在继续，尽管分类账目上不再把这些书籍描述为犹太书籍，而是“礼物”。[41]

一种更为隐蔽的剥削形式是，在战争开始前与陷入困境的犹太人做交易，刻意压低价格，而他们必须在逃离之前清算掉自己的资产。图书馆馆长、收藏家和书商之间的关系往往很密切，因此图书管理员对书籍的真正价值和书籍所有者的脆弱易变性有着明确的认识。有一个极具代表性的例子。亚瑟·戈德施密特是一家牲畜饲料生产企业的继承人，热衷于收藏书籍。1932年，他收集了一套特别的藏品：17、18世纪的插图年历，总共近2000本。这套著名的收藏里最珍贵的是歌德出版的历书，这引起了位于歌德的家乡魏玛市的安娜·阿米莉亚图书馆的兴趣。图书馆馆长汉斯·沃尔意识到自己的机会来了。戈德施密特对这套藏品的估价是5万马克；沃尔遗憾地表示，图书馆最多只能为每本书支付1马克。沃尔沉浸在胜利的喜悦中，承认这是“一笔极其划算的买卖。很明显，因为戈德施密特先生是犹太人”。[42]

战争结束后，曾是纳粹党成员的馆长沃尔很快又转向效忠新政权。一封证实了德国图书馆界普遍不愿意正视的掠夺书籍带来的遗留问题的信件，直到2004年才进入大众的视线，适逢安娜·阿米莉亚图书馆遭遇了一场大火，推动了对幸存书籍的全面审查。戈德施密特的继承人最终因这一无价的传家宝获得了10万欧元的赔款。柏林城市图书馆（当时已重新改造并更名）的工作人员利用了战后50年的时间，清除掉了可疑书籍上的所有权痕迹。在他们窃取的数千本书中，最终只有500本找到了原犹太主人。

罪孽的代价

1943年，事态发生了变化并开始转向，德国的书籍仓库变得极易受到盟军的报复。在战争早期，德国的大部分图书馆很少会把藏书转移到安全的地方。1939年的官方指示非常有局限性，只把手稿、古版书和珍贵的早期印刷品列为撤离的优先物品。那不是一个动态图书馆管理的时代。前线的征召把图书馆的工作人员挖空了，留下来的人大多已经年迈或者身体虚弱。正如前文所提到的，一些更能干的图书管理员都被调派去了国外。1941年9月，卡塞尔遭到袭击，该省图书馆87%的藏书被摧毁，合计40万册。官方要求完全封锁这一消息，如德国图书馆协会前任主席乔治·莱赫所说，“《文摘》（一份图书馆商业报纸）上不应该登载任何关于图书馆遭受轰炸的报道”。[43]

1943年轰炸的加剧意味着无法再继续掩盖造成的破坏。7月，汉堡的大火吞噬了那里的大学图书馆和著名的商业图书馆。慕尼黑的80万册书被毁。在莱比锡，几乎整个出版业的库存都在熊熊烈火中燃烧着。图书馆现在迫切需要将藏书转移到安全的地方——任何地方，只要是安全的。有时，对转移书籍的选择显得十分荒诞。达姆施塔特拥有一座世界上最伟大的音乐图书馆之一，被送走的书籍却是园艺、烹饪和时尚杂志，而无价的亨德尔、莫扎特、维瓦尔第和贝多芬的亲笔签名手稿只能生死由命。1944年9月11日，这座图书馆被毁，损失了40万册书。[44]那时，即便是意志最坚定的人也感受到了不幸的预兆：罗森伯格法兰克福研究所将100万册书送往北方31英里的洪根市，又分配给了38个书籍仓库。1945年，美国人就是在那里发现了它们。

1944年1月，柏林国家图书馆闭门谢客，一名骨干人员在废墟中继续工作着，寻找幸存的书籍。克鲁斯馆长居住在地下室里，1945年4月27日，随着苏联军队的临近，他选择了自杀。在那时，柏林国家图书馆里的书籍已经分派给了29个单独的仓库，大多位于偏远的城堡或深矿区。由于美国和英国的轰炸机来自西方，所以书籍一般向东部运送。这大大降低了他们返回西部的可能性。德国苏联占领区的建立，以及波兰西部边界的调整，意味着许多书籍都不可能再返回原地。柏林国家图书馆的那29个藏书收容所，有12个位于苏联占领区，11个在波兰，还有1个在捷克斯洛伐克。[45]战后的几年里，考虑到德国多年的侵略行为和2500万人的死亡，苏联并不会考虑对其宽大处理。据苏联学者估算，他们的图书馆损失了近1亿册书。作为补偿，数百万本书连同其他文化战利品和工业机器从德国的东部运往苏联。拉蒂博尔仓库里的200万册书很容易成为攻击目标，逐渐暴露出来的地下储藏室也是如此。[46]同柏林城市图书馆一样，位于德国苏联占领区的柏林国家图书馆，据估算，向苏联运送了200万册书。柏林城市图书馆之前还将大部分的藏书撤离到了波兰和捷克斯洛伐克，最终也几乎都没有归还。不过，他们至少可以从私人住宅和纳粹部委的图书馆废墟里收集到一些“无主”图书，用以重建图书馆收藏。

苏联战利品营地的工作非常彻底：可谓过于彻底，以至于从德国运回的数百万本图书都没有立即投入使用。当然，其中许多图书原本就是德国从西欧、苏联和整个欧洲大陆的犹太人那里掠夺来的。苏联解体后，俄罗斯及其他原苏联国并不打算承认这种细微的差别：所有在德国找到的图书都用作对他们的补偿也不足为过。[47] 1989年后短暂的开放期带来了一个惊人的发现，250万册未经整理的战利品图书只是被堆放在乌特科耶的一所教堂里。到那个时候，这些书籍已经腐化成难以辨认的纸糊。开放期后，俄罗斯的图书馆再一次开始语焉不详。2009年，柏林国家图书馆在藏书目录中首次列出了丢失在俄罗斯和波兰的图书，以及它们目前的所在地。但仍有数百万本德国运往东部的图书，至今不知所踪。[48]

英国和美国占领区的图书馆及书籍仓库有时可以很快被归还，特别是如果装载书籍的箱子还没有打开。埃茨海姆图书馆和罗森塔利亚纳图书馆的藏书顺利返回了阿姆斯特丹，以色列联盟图书馆的书籍也回到了巴黎。美国人从奥芬巴赫的书籍仓库寄回了250多万册书，英国人从坦森伯格的仓库寄回了50多万册书。[49]

就某些方面而言，这不是占领国面临的最紧迫的图书馆问题。同样重要的是，幸存的图书馆应该再次被净化，而这一次，需要清除的是纳粹主义的意识形态。关于如何实现这一目标，占领国进行了多次焦灼的讨论。美国人尤其担心自己无法参与其中；而与此相反的是，德国的图书管理员是否有权加入敏感的书籍清除工作，令人有所质疑。[50]最终的折中方案是发布一份指导性的清单，列出需要清除的书籍种类；实际上，许多图书管理员已经清除了那些书籍，甚至更多。在这次事件中，德国的公共图书馆损失了大约400万册书，占近乎一半的库存。其中有100万册左右，包括一些简要的纳粹宣传书籍，被拨给了华盛顿特区的国会图书馆。1945年，图书馆被普遍视作国家安全的重要机构，为未来做储备似乎是明智的选择。[51]

6000万册书和未能存在的图书馆

拥有1000年历史的文化遗产可能遭受如此重大的破坏，而且大多是刻意为之，这个残酷的事实动摇了欧洲人对其文明生存能力的基本看法。破碎的建筑、残缺或烧焦的藏品、流离失所和饥饿的人民，这些问题都比书籍更为紧迫，许多人开始怀疑这种毁坏程度的文化遗产是否还值得修复。除了遭到破坏，数以百万计的书被转移到远离家乡的地方——遭到掠夺，（同它的收藏者一样）消失了，或者被送往安全但已由新任统治者掌控的地方。在战后岁月里，返回家园的困难和所有权的争夺带来了新的痛苦和责难。即便到了2013年，俄罗斯和德国在峰会上还会为了文化归还的问题而吵得不可开交。

有些问题如此棘手，只能通过中立的代理人介入才能解决。这正是联合国教科文组织希望发挥的作用，它对德国受损图书馆重建问题的干预，准备十分充分，而且思虑周全。西方列强很快排除掉赔偿的选项，这是非常明智的。正如联合国教科文组织图书馆部的负责人爱德华·J.卡特所言："不能采用没收德国和意大利书籍的方式来补偿英国或法国的图书馆，这样严苛的赔偿政策将是灾难性的。"[52] 教科文组织还明确表示，他们的首要任务不仅是将书籍归还原处："图书馆不应一遭到毁坏，就自动索求国际上的善举。必须评估其在当前和未来图书馆系统中的角色。"联合国教科文组织多少跳脱出了占领国眼下最关切的问题，因此可以看得更长远，例如，意识到分裂的欧洲新政治将带来新的危机。

比匈牙利在第二次世界大战中所失去的更重要的是，书籍和报刊评论上传达的那些民主国家的文化输出，事实上并未能真正抵达这里。匈牙利需要成百上千原本来自英国、美国和其他国家的书籍。[53]

这的确是事实；但是对英语文化的关注，虽然在读者中广受欢迎，却引起了人们对新帝国主义的恐惧。无家可归的犹太书籍也是一个棘手的问题。美国和英国的占领军手中还留下了至少100万本书，它们的主人也同样无迹可寻，通常是因为整个家族都被消灭了。现有的议定书建议，此类书籍应当归还所有者家庭住宅的所在国。如果一本书的主人是犹太人，之前定居在德国，这在道德和政治上都是无法想象的。这一困境为一个善意的计划开辟了道路，即无家可归的书籍应当成为世界犹太人图书馆的基础。阿姆斯特丹和（提出强烈要求的）哥本哈根自荐作为这座图书馆的建造地。联合国教科文组织中这项计划的支持者惊讶于反对的声音如此强烈。反对者认为，丹麦和联合国教科文组织试图从犹太组织手中夺取书籍的控制权。捷克人明确表示，他们将把自己的书籍送往巴勒斯坦或其他地方；最终有10万册书从中欧和东欧运到了以色列。在这一事件中，建立世界犹太人图书馆的计划未始即终了，这些无家可归的书籍大多被送到了以色列或美国。

这一出于善意但最终夭折的提议激发的热情表明，在经历了10年的动荡之后，图书馆政治给欧洲大部分地区的书籍库存带来了长期的困境。俄罗斯损失了1亿册书，法国损失了2000万册，波兰损失了其全部书籍库存的三分之二。甚至在英国，据说仅在1943年一年就有6000万册书被毁掉——这是一个惊人的数字，而且这是在闪电战结束后，V1和V2炸弹的轰炸来临之前。1943年英国几乎没有遭受过轰炸，怎么会有6000万本书被毁掉呢？

答案是，这些书籍几乎都是在救援行动中收集起来的——由书籍的主人自愿提供，用于循环和再利用，作为他们为战争作出的贡献。[54] 救援卡车将这些书籍拉进帐篷或大厅，志愿者快速地进行检查，挑选出可用的书籍，用于补充因战争破坏的图书馆，或者送往海外部队。1942年，英国国王乔治六世为了树立爱国主义模范，捐出了1吨废纸，其中包括“大量从皇家图书馆运来的旧书和手稿”。[55] 在救援行动中收集回英国的是大量当时在欧洲发行的书籍、杂志和报纸。彻底失去16、17世纪的稀有和珍贵书籍，对图书馆和学者来说是一个沉重的打击，但对广大读者来说，他们想看的书籍可以轻易得到补充。一旦纸张供应恢复，建筑大楼得以修复，生活也将回归正常，毫无疑问，图书馆便可以马上寻回它们在战前岁月里为自己创造的角色。我们将在下一章里看到，战争使数百万人成了新的狂热读者。

第16章　与现代的搏斗

鉴于工业战争对欧洲图书馆造成的破坏程度，如果说1880年至1960年是公共图书馆的黄金时代，似乎多少有些自相矛盾。书籍和图书馆从未像在第二次世界大战期间那样受到重视。远离家乡服役的士兵们经常沉浸于阅读，为了保证书籍的供应，后勤付出了大量的努力。在战争后方，人们待在家中或者执行战时任务时，为了应对停电时段和漫漫长夜，书籍既可以带来必要的安慰，也可以暂时缓解焦虑。也正是在这一时期，图书馆网络从欧洲和美国的核心腹地延伸出去，开始为各个大陆的人群提供服务。

直到战争结束，新的娱乐方式和长久的和平才给图书馆的地位带来了威胁。20世纪60年代到70年代，战后工业增长速度的放缓使政府和市政当局开始认真地重新审视，耗资巨大的公众读物是否还负担得起，或者说，是否还是急迫的社会优先事项。这种地位危机早在最近引起人们关注的数字危机之前，就已经出现了：对全民识字年代产生的阅读危机的当代解释里，电视的吸引力显然是格外突出的。但早在这之前，衰退的迹象就已经十分明显，即使公共图书馆在20世纪上半叶强化了它们的网络，还加深了与原先关心不足的女性、儿童和乡村读者群体的联系。此外，图书馆与新技术也开始发生碰撞和摩擦。

在整个19世纪乃至下一个世纪，书籍、杂志和报纸都是现代社会及其记录者的重要工具。19世纪通信领域的重大创新，电报和电话的发明，似乎看上去将进一步增强印刷的霸权地位。事实也确实如此。生产和分销领域的伟大创新，蒸汽印刷机和铁路的出现，使现有书籍的数量成倍增加，并将其带向了新的消费者群体。借助电报和电话，历史上第一次出现了即时新闻，读者们兴奋不已，同时这也激发了报社之间争夺独家信息、最新消息或突发新闻的激烈竞争。铁路将书籍运送到大都市中心圈以外的消费者手中，而通勤路上和度假途中的阅读也成为可能，这无疑要特别归功于随处可见的铁路书报亭。

尽管人们对许多不当或琐碎的阅读材料怨气重重，但印刷品似乎始终发挥着自己的核心作用，即为人们提供信息和消遣娱乐，并将他们更紧密地联系在一起。1919年，即使在经历了有史以来最具破坏性的战争之后，作家舍伍德·安德森仍如此热情地说道：

在我们这个动荡的时代，尽管书籍写得很糟，缺乏想象力，但它们出现在每一个家庭里；杂志的发行量高达数百万份，报纸随处可见。在我们这个时代，你可以看到一名乡下农夫站在他店里的火炉旁，全身心地阅读。报纸和杂志把他的头脑和胃都喂饱了。这位乡下农夫和城里人几乎没什么区别，如果你仔细听他说话，你会发现他的高谈阔论如此流畅而空洞无物，和我们当中最优秀的城里人一模一样。[1]

这段话不仅微妙地传达出一种新的边界感，也清晰地体现了文化精英对新读者群体的傲慢态度。然而，即使是到了这个时期，时代也还在发生着改变；在接下来的50年里，自印刷术诞生以来第一次，文化评论员开始怀疑书籍是否可以坚守住自己的立场。

人们很快就意识到，20世纪是如此的不同。广播和电影公司自诞生起，就成了印刷业真正的竞争对手，它们不仅分走了人们宝贵的闲暇时间，还争夺着曾经主要由印刷品塑造的想象力世界。这可能是对书籍至高无上的地位以及图书馆长期生存能力最有力的挑战，而不仅是对贯穿20世纪的欧洲和北美新技术的迷恋。图书馆里珍贵的书籍可以让人了解到发生在遥远世界里的冒险故事，满足内心的渴望和幻想，但收音机可以让人听到遥远世界里的声音，而电影可以让人看到金刚的巨大身躯。这就是多媒体体验。处理巧妙的配乐可以让经常听广播或看电影的人感受到全方位的情绪反应。想象一下，当你在夜晚缩在椅子上开始阅读一个发生在缅甸曼德勒的故事时，家人拌嘴的噪声不断把你拉回现实。显然，广播和电影的吸引力要大得多。

灯光，照相机和恐慌

广播和电影在诞生初期令人感到振奋，具有实验性，但有时也带来了混乱。一些关键性决策必须有定论，尤其是质量和产量的决定权和控制权归属。无线电广播的出现让人们隐约看到了一条从未涉足的路，许多早期倡导者认为无线电是一种私下的人际交流方式，是比电话用途更广泛的替代品。最终，由政府来决定无线电是交由个人发展，还是由公司代表政府来开发。让决策最终落定的是影响力强大的无线电制造行业，他们看到了一个亟待开发的大型新市场。行业游说者促成了美国商务部长赫伯特·胡佛的有力干预，粉碎了业余无线电爱好者的希望。个人爱好者黯然离场，与此同时，一台台摆放在时髦的木制橱柜里崭新的收音机占据了客厅的一席之地。家庭成员开始常常在收音机前挤作一团，而在这之前，他们可能常常围坐在餐桌旁，阅读书籍。

在所有现代技术创新中，无线电的发展速度最为惊人。第一家商业无线电台1921年成立于美国。两年后，这里共有556家无线电台，由电器制造商、企业、教堂、学校和百货商店等各类机构运营。到20世纪20年代末，随着1927年《无线电法案》的颁布，杂乱的运营状况变得更为有序，55%的美国家庭都购买了收音机，而到了1939年，这一比例又增至81.5%。1924年，购买收音机的花销占美国家具支出的三分之一。1934年，美国拥有全世界42%的收音机。

这种惊人的增长是其他国家无可比拟的，尽管在欧洲，英国广播公司（简称BBC）提出了一个强有力的替代模式，成为实质上垄断了无线电行业的国有企业。这一尝试受到了美国的密切关注，但最终没有被采纳，理由是，一个受监管的垄断提供商与政府的身份过于接近。这确实有几分道理，尤其是早年间，BBC受到其创始人约翰·瑞思爵士的独裁统治。瑞思爵士是一位严格的苏格兰长老会成员，认为享乐应该从小事中获取。[2]

英国广播公司在使命宣言中承诺，要以使大众“获得信息，受到教育，得到娱乐”作为发展目标，但许多观察家认为，BBC对这三个目标中的最后一个显然重视不足。更喧闹的美国的广播公司则大为不同，他们用随心所欲的音乐菜单、各式各样的演员和广告轰炸听众的耳朵。在英国，法律规定无线电经营者必须向BBC支付10先令的年度经营许可费。而美国电台为了建立自己的收入基础，转向投入售卖产品的广告商的怀抱。1938年，美国电台三分之一的播出时间都是广告宣传，并且耗费了大量资金用于在报纸上投放广告。而收入稳定的BBC则可以完全摒弃广告。

英国广播公司的资金还会投入节目制作，大部分用于支持管弦乐、乐队和广播节目。BBC在1921年播出了第一部广播剧，从那时起，广播剧成为其消费的主要支出。诱使书籍阅读群体转向广播的另一个因素是出版界引进了两份长期出版的周刊：1923年引入的《广播时报》和1929年引入的《听众》。美国电台的应对措施是肥皂剧，这是一种为广播量身定制的剧目，鼓励听众养成定期收听的习惯，尤其是那些工作日在家的女性。在这两种情况下，新闻和时事都没有得到太多的空间，尽管原因迥异：对美国电台来说，新闻并不是一个受欢迎的节目；而在英国，焦虑的报纸行业要求BBC保证绝不提供新闻服务。虽然这一保证在1926年大罢工期间在某种程度上被破坏了，但直到1939年战争爆发，无线电广播才开始在提供新闻方面发挥起关键作用。在美国，无线电广播也成了一些福音传道者的新途径，这是由于美国信仰具有多样性而延伸出来的发展。

与其他的新型媒体一样，无线电广播有其注定的支持者和反对者。对于那些将阅读作为主要娱乐方式的人来说，起初，预先规定好娱乐时间的广播让他们感到无所适从。他们习惯于在偶尔空闲的时候随手打开一本书，而无线电广播只能在规定的时间播放；如果注意力不够集中，也无法回放，缺乏像翻动书页那样的灵活性。荷兰历史学家约翰·赫伊津哈在1926年访问美国时，对广播电台不以为然。他认为，收听广播需要耗费大量注意力，而且十分肤浅，“完全不存在反思，或者我愿意称之为沉思与吸收”。[3]广播因其万花筒般的新鲜节目和无数的广告时间，被认为是国民注意力崩溃的罪魁祸首，就像80年后出现的iPhone手机一样。在这一点上，学者与报社记者达成了共识，他们都曾忧心于电台会毁掉他们与公众之间的关系（以及他们的广告收入）。

然而，如果说广播曾经困扰过天生的爱书人，这种新媒体很快就融入他们的娱乐生活中，因为显而易见，文字和声音是可以共存的。对电影来说，情况便并非如此了，因为电影对感官的刺激甚至要更为强烈。早在1927年，阿尔·约翰逊出演的第一部有声电影《爵士乐歌星》震惊观众之前，美国人就已经被电影迷住了。通过窥视孔或墙上投影观看电影的原始电影剧院——五分钱戏院的成功，凸显了新媒体的潜力。到1912年第一批电影公司在好莱坞成立时，已经有1000万至2000万的美国人会定期去观看电影。1919年，一项对俄亥俄州托莱多市的娱乐文化研究显示，平均每周有4.5万名电影爱好者去往该市的49家剧院观看演出。1924年，印第安纳州拥有2.6万人口的曼西市有9家电影院，从下午1点到晚上11点连续放映着电影。即使是在无声时代，电影也已经成为美国年轻人最喜欢的娱乐方式。[4]好莱坞的繁荣，以及各大电影公司的创立，使美国拥有了第一批超级明星，比如查理·卓别林、玛丽·皮克福德和26岁的意大利人鲁道夫·瓦伦蒂诺，这一盛况催生了电影杂志和报纸印刷的家庭作坊式产业。

声音的引入在技术上存在困难，成本也非常高昂，但受到了观众的热烈欢迎。视觉纯粹主义者对此极为伤心，“一门艺术在其影响力的全盛时期被毁掉了”，一位批评者悲恸地如是说，但掏钱买票的观众丝毫不为之所动。[5]这项新技术帮助消费者度过了大萧条的痛苦时期，到1938年，电影院每周有8500万观众光顾。1940年，也就是美国参战的前一年，好莱坞制作了450部电影大片。

行业的全面绽放创造了一个新的职业——编剧。在大萧条时期，好莱坞好似一块磁石，吸引着渴望开创新事业的作家。各个时期里为这台永动的好莱坞机器创作剧本的人，囊括了那个时代大多数的文学巨匠，比如斯科特·菲茨杰拉德、威廉·福克纳、莉莲·海尔曼和多萝西·帕克。福克纳在写作《喧哗与骚动》时，一直在一艘渔船上工作。现在，他可以用这份为期6个月的工作来填满自己的钱包，收到的报酬“从未见过如此之多”。1931年，英国幽默小说家P. G. 沃德豪斯来到好莱坞，但离开时“一脸茫然”：“我没弄明白他们雇我是要做什么。每个人都对我非常友善，然后无缘无故给了我10.4万美元。”[6]这甚至更令人感到惊讶，因为有名气的作家并不总是能很好地适应编剧的集体活动。很少有人会炫耀他们这份利润丰厚的工作，也很少有人会在意最终成果里是否会出现编剧的名字。

又一次，不那么挑剔又更灵活的新闻记者填补了编剧的巨大缺口。正如他们在19世纪写作廉价小说一样，他们发现那些文字技巧（以及他们在集体中写作的经验）很适用于编剧写作。[7]赫尔曼·曼凯维奇、本·赫克特和比利·怀德都曾经从事记者职业，之后在好莱坞大放异彩。赫克特因为创造了黑帮电影而闻名，让-吕克·戈达尔称赞他是一个天才，“创造了好莱坞80%的故事内容”。[8]在接到奥森·韦尔斯抛出的橄榄枝后，曼凯维奇获得了谋生的手段，并凭借《公民凯恩》赢得了荧幕声望。怀德，本名萨缪尔·怀德，1933年逃离了希特勒统治下的德国，尽管英语是他的第四语言，但这并没有阻止他创作出一系列的好莱坞经典剧本，包括《日落大道》和《热情如火》。

电影的繁荣是现代娱乐文化最深刻的变革，是适合任何时代和任何阶层的民主媒介。连锁反应造成的后果十分严重。我们已经看到，报纸起初忧心于无线电广播带来的诱惑，而广告收入的紧缩也确实导致了一些报社的关闭。然而，如火如荼的电影拍摄对剧院产生了灾难性的影响，百老汇剧院之所以能幸存下来，可能只是因为里面的很大一部分演出都是由好莱坞公司包销的，因为这些公司正在寻找可以用于拍摄的新素材。当我们把这一点与剧本写作的繁荣结合起来看时，似乎好莱坞带给文学的威胁，还没有新资金的大笔注入带来的威胁大。[9]

新媒体也可以为图书馆提供养料。人们对影视化书籍的需求呈指数级增长，名人传记的新类型为图书馆带来了更多的读者。编剧这种新型职业让像福克纳这样的作家拥有了全职写作的自由，图书馆成为间接的受益者。即使如此，图书馆依旧看起来恪守成规，保守稳重地端坐在20世纪的文化新巨人身旁。这未必是一件坏事。不仅是脱节于当代文化的知识分子，许多人都对这种速度和规模的变化深感困惑。颇具影响力的媒体评论家沃尔特·李普曼曾这样写道：“新奇感充斥着现代人的意识。新闻、广播和电影带来了大量闻所未闻的人和事，吸引着人们的注意力……人们越来越难以相信，在这一切当中，是否还存在着秩序、永恒和联系。”[10]生活在欧洲和北美的人，在方方面面都能感受到创新，尤其是电气化领域，以及伴随着创新在工作日和休闲时间产生的影响。对于城市居民来说，地下铁和地上列车（以及高架列车）生动地描绘了现代生活的不安图景。科技可以让人感受到力量，但也让那些买不起冰箱或汽车的人尖锐地感受到自卑。对于那些致力于提升自我的人来说，图书馆可能是解决一切问题的关键，这也是戴尔·卡耐基在1936年大获成功的《人性的弱点》中所体现的雄心壮志。对另一些人来说，图书馆是在要求不断变高的社会里，一处平和的避风港，是一个熟悉的、令人安心的存在。

图书馆的繁荣得益于日渐富裕的消费者，因为他们无须再在娱乐方式之间做出唯一的选择。在这片富饶的土地上，图书馆成了一个更加丰富的生活设施，虽然身处新事物的旋涡中，但仍是一处令人安心而熟悉的存在。[11] 然而，书籍出版行业自身也正在发生着变化，力图满足这个雄心勃勃的时代里贪婪的需求和欲望。讽刺的是，尽管图书馆对新媒体感到畏惧，但它面临的主要挑战却来自印刷行业自身——杂志、读书俱乐部和越来越低廉的价格。

消费时代的阅读

期刊仍然是图书馆的主要内容之一，19世纪的会员制图书馆和读书俱乐部将这一传统传承给了公共图书馆。定期购入的书籍包括启蒙运动时期诞生的有价值的文学评论，比如《布莱克伍德》和《爱丁堡评论》。这个类型的杂志中出现了一些风格轻松幽默的新刊物，令读者耳目一新，比如以精美的主题漫画而闻名的英国周刊《笨拙》。[12]针对各类阅读市场的杂志数量激增，让图书馆面临着选择上的艰难，尤其是，读者们坚持要有一个库存充足的报刊阅览室。有些图书馆的选择范围极其广泛：1897年，位于伦敦市中心的怀特差佩尔公共图书馆里有27份日报、77份周报和29份月刊。[13]对许多读者来说，期刊、报纸与书籍同样重要。

在那些读者自己不容易买到的读物方面，图书馆发挥的作用最大。但是20世纪早期的消费者革命创造出一批更富裕、受教育程度更高的读者群体，他们完全有能力买到想看的娱乐读物。这个新市场的潜力使出版业发生了革命性的变化，与此同时，出版业也帮读者塑造了新的阅读和消费品味。除了销量可能达到数10万本的畅销书，挑剔的读者们现在还可以享受到一系列受众明确的期刊读物，而过时的文学评论则被弃置一旁。最先受到读者欢迎的是1922年创刊的《读者文摘》，这是一本预先编辑过的杂文汇编，故事内容总体上都是令人振奋的。随后在1923年，亨利·卢斯推出了《时代周刊》，这是一本汇编政治新闻的周刊，内容简洁有力，插图精美。带来第一波浪潮的是1925年的《纽约客》，这本杂志以其时尚多样，恶作剧般的幽默感和冰冷的讽刺漫画而闻名。这些期刊既便宜又有趣，足以证明定期订阅是有价值的，并且很快出现了许多模仿者。

传统的杂志市场里也曾充斥着乐观但短命的新刊物，但这一次的情况却格外持久。到1934年，《时代周刊》已经卖出了50万本，值得注意的是，大多数订阅者都会从头至尾完整地读完这本期刊。1933年推出的《时尚先生》是一本关于男性时尚的高档杂志，在4年的时间里每周售出70万册。[14]但没有一本杂志能与1936年推出的《生活》相媲美，这本颇具先见之明的摄影杂志销量惊人。至1938年，其精美的摄影照片记录下美国人的生活和欧洲危机的不断演变，吸引了2000万名读者，共售出300万册；这一数字代表着，10岁以上的美国人中，每5个人就有一本《生活》。《图画邮报》于1938年创刊，这本杂志在塑造英国人“二战”期间的自我认知方面发挥了同等重要的作用。

除了《读者文摘》，其他所有这些期刊面向的都是文化水平日益增高、人数不断增长的城市阶层，以及不断向上层社会迈进、通常受过大学教育的新一代人群。他们是广告商的理想消费者，能带来丰厚的利润。与此同时，图书馆阅览室里的杂志常客，比如《文学摘要》和《斯克里布纳》，都纷纷停产。《文学摘要》停刊时有25万名订阅者，但从未有过广告支出。1940年《女性世界》停刊时，发行量虽然高达150万份，但其“家庭、教堂和爱国主义”的单调主题主要面向的是农民的妻子，广告商对此毫无兴趣，而这也就注定了它的结局。

这些新型高档杂志的读者不一定只看杂志而不读书。他们阅读畅销书，也订阅《时代周刊》，但在文学品味上却没有太过于自命不凡。作为美国小镇里的第一代避难者，他们喜欢辛克莱·刘易斯的《大街》，作者巧妙地卸下了美国中部沉闷的价值观。另外，他们和妻子也都喜欢詹姆斯·希尔顿的异国情调爱情小说《消失的地平线》，以及赫维·艾伦1933年出版的《风流世家》，讲述的是拿破仑时代的喧闹逸事。[15]

这些大多销量过百万的畅销书有一个共同的特点，就是它们在不同程度上都受益于跨媒体的推广。《消失的地平线》起初销售缓慢，但在一个热门广播节目中得到推广后，就一炮走红。戴尔·卡耐基的《人性的弱点》在收获《读者文摘》的好评推荐后，便迅速流行起来。电影版《风流世家》获得4项1936年的奥斯卡奖项，同年出版的《飘》的销量就冲到了150万册。这些小说有着真正持久的生命力——即便是模式化写作的小说家赞恩·格雷，一生的作品销量也将近1900万册。[16]

1933年，美国总共印刷了1.1亿册书，到1943年，这一数字又翻了一倍之多。新读者需要得到帮助，以区分书籍的良莠，或者至少把被推荐和可以忽略的区分开来。[17]这正是像1926年出现的“每月之书俱乐部”和更有进取心的“文学会”这类机构该发挥的作用。1946年，在这一充满商机的市场里，这些机构及其大量的模仿者总共拥有了300万名会员，仅每月之书俱乐部在当年就发行了1150万册书。它的月度重点推荐必然会造就一本畅销书：在其全盛时期，每月之书俱乐部在市场上拥有的权力，大概只有20世纪末的“奥普拉读书俱乐部”才能与之相匹敌。[18]

为新手藏书家提供帮助的读书俱乐部、畅销书榜以及动辄销量几十万本的井喷状态重塑了书籍市场，使公共图书馆难以应对。是去迎合大众的口味，还是继续推广好的文学作品，追求提升自我的使命，但代价是承受读者叫嚷着要求提供热门书籍的愤怒？通常，图书馆会选择一种折中的方式。1935年，圣路易斯公共图书馆有1897本马克·吐温的作品，但只有30本海明威的著作。尽管海明威声名远扬，但在公共图书馆里仍很难站稳脚跟。1933年，海明威的作品在圣路易斯图书馆以30比472的数量劣势输给了辛克莱·刘易斯，而在波士顿，刘易斯的书有290本，而海明威的只有3本。[19]大量购买流行畅销书耗尽了图书馆的预算，还遗留下一个问题：过不了几年就需要清理掉一批过时的畅销书，为新的流行书籍腾出空间（这个问题至今仍困扰着图书管理员）。但由于未能充分迎合公众的口味，读者仍会被商业租赁图书馆抢走，因此商业租赁图书馆在20世纪30年代经历了重大复兴。在美国，这在一定程度上是大萧条时期公共图书馆预算缩减的连锁反应，但商业图书馆和英国所谓的“两便士图书馆”的发展却代表着读者对公共图书馆的不信任，尤其是那些认为自己对侦探小说和冒险故事的兴趣没有得到很好满足的读者。[20]

这一切在20世纪30年代平装书问世之前已经很明显了。在这一时期，最重要的里程碑事件是1935年以德国不太成功的信天翁出版社为原型诞生的企鹅出版社。艾伦·莱恩押注简易版式的高质量书籍会引起公众的兴趣，并因此赢得了丰厚的回报：全新的系列丛书，带有醒目的企鹅图标，采用不同的颜色区分书籍类型，在10个月内售出了100万册。这种模式很快受到了美国口袋书店的模仿。1939年，口袋书系列进入市场，每套共10本，类型多样化，价格均为25美分，其中包括阿加莎·克里斯蒂和多萝西·帕克的作品，还有桑顿·怀尔德的《圣路易斯雷大桥》以及希尔顿的《消失的地平线》。

平装书给公共图书馆带来了另一个问题，虽然这类书籍便于家庭图书馆的收藏，却很难反复翻阅。而这些挑战并不是终点。1961至1962财年，英国公共图书馆在购入新书上花费了600万英镑，比前一财年增长了10%。这占据了英国国内书籍销售总额的10%。上一财年里，英国的图书馆共发行了4.41亿册书，总藏书量7500万册，在过去10年中增长了25%。[21]很明显，公共图书馆在与新媒体的竞争中幸存了下来，而到了20世纪60年代，电视出现后，许多评论员将其视为给图书馆生存带来威胁的又一个竞争者。电视为消费者带来了两全其美的选择：观赏到电影般强大视觉效果的同时，还可以像收听广播一样，在家中享受而无须出门。再一次，书籍世界找到了跨媒体获益的机会，由书籍改编而成的电视剧出人意料地大获成功，约翰·高尔斯华绥在1906年至1921年创作的《福塞特世家》就是最具代表性的一个缩影，在1967年被BBC连载了26集后，这套书籍成了数百万家庭书架上的装饰品。纪录片和喜剧片被证明是同样利润丰厚的书籍衍生品，这提高了BBC的收入，并在20世纪80年代日益占据英国畅销书排行榜的主导地位。[22]

20世纪60年代的经济磨难和70年代的石油危机挤压了公共财政，而非新媒体竞争者，导致了公共图书馆的收入首次出现持续下滑。随后，开放时间减少，建筑物修复不完善，书籍预算也开始下降。起初，公众对这些经济造成的不良状况反应并不强烈。后来，图书馆不得不与其他公共服务部门展开激烈竞争，抢夺日益缩减的资金，许多原本支持增加公共资金投入的人，也不再是图书馆的常客。在20世纪60年代，英国四分之一的人口拥有图书证，但那些依靠图书馆来获取阅读材料的人并不属于对社会有影响力的人群，而后者更喜欢在起居室的书架上摆满整齐的平装书，而非借来的书籍。随着公共图书馆运动时代的落幕，图书馆阅览室也开始从提升学识和文明价值观的重要机构，演变为社会服务的一个分支。

车上图书馆

在20世纪上半叶，新技术带来的挑战绝不是图书馆职业人士唯一关心的问题。与以往一样，关于收藏内容的讨论——什么样的书籍，需要多少费用——越来越多地出现在欧洲和北美公共图书馆网络里训练有素的图书馆职业人士之间。在这个时代里，第一次，图书管理员系统性地开始满足女性、儿童以及在19世纪公共图书馆运动里占主导地位的大都市核心圈以外的居民需求。但在根据需求调整供应方面，图书馆只在女性读者群体取得了成功。图书馆艰难地了解着易变的青少年喜好：要为孩子们提供有益书籍的愿望依然很强烈。尽管图书馆善意地希望为各类读者群体提供书籍，但偏远乡村地区图书馆服务不足的挑战仍然很艰巨。

在为乡村地区建设图书馆方面，美国再次成为领头羊，一部分原因是因为那里有着到20世纪时接近全民识字的国家中最大的乡村腹地。法国对自己的农民身份也有着深刻的认识，但它采取了向村民开放学校图书馆的方式，在某种程度上规避了这一问题。然而，对美国来说，将图书馆延伸到乡村腹地是一项几乎具有宗教意义的重要任务，这是开国元勋下达的一项真正的指令。亚拉巴马州女性俱乐部的成员认为，她们为人们带去书籍的努力，使她们仿佛“碰触到托马斯·杰斐逊的灵魂”。[23] 在这里，最具想象力的举措，往往由女性俱乐部的成员和一群女性图书管理员开拓者所提出，同样，女性推动着这项运动，为年轻读者带去了更充分的图书馆服务。这并不奇怪。随着第一代图书馆职业男性领导者的离世，城市父权制精英之间的联系也随之松动。而这对图书馆运动的影响是极其深远的。

满足乡村读者需求的第一个重要举措，是建立起一个流动图书馆网络：装有30到100本书的大箱子被送到邮局、学堂、杂货店甚至是私人住宅，在志愿者的管理下向当地社区开放。流动图书馆的概念于1893年首次在纽约州北部提出，在玛丽·斯宾塞的倡导下，流动图书馆在密歇根州得到大力推行，最著名的是威斯康星州的卢蒂·斯坦恩流动图书馆。其他地方，比如南北达科他州和得克萨斯州，人口稀少的城镇中的女性俱乐部率先推广起流动图书馆。1913年南达科他

图23　车上图书馆在作为城市旅游服务分支和为乡村读者提供图书馆服务方面发挥着双重作用。图为1930年纽约西北部汤普金斯县的一辆书籍货车。

州出现流动图书馆时，这里80%的人口居住在远离公共图书馆的地方。到1920年，有251个图书馆在流动中，主要是以书箱的形式，这些书箱由当地木匠简易打造而成。[24]

纽约的倡议是由梅尔维尔·杜威（Melvil Dewey）提出的，他是当时最有影响力的图书馆领导人之一，尤其是因为他发明了杜威十进制编目系统。杜威有着极具个人特色的演说技巧，承诺流动图书馆将“以最少的成本提供最多、最优质的阅读服务”。[25]可以说，这些目标都难以实现。在偏远的小型社区，流动图书馆能惠及的人群难以避免地数量较少，但其运行成本高昂，藏书的规模也通常较小，而且更新频率很低，难以称之为“最优质的阅读服务”。乡村社区的阅读兴趣与城市居民不相上下，不管怎么仔细挑选，不足100本的书也无法满足他们的需求。尤其是在堪萨斯州，根据流动图书馆委员会的要求，这些有限的书籍里大多是“提升自我”的文学作品，关乎“使命、节制、良好公民身份和主日学校”。[26]一位早期的支持者认为流动图书馆的力量在于，“使图书馆和书籍成为偏远破败社区的兴趣中心，让那里的每个人都能与外部世界有所接触”。[27]这种崇高的家长式作风往往会在其预期的受益者那里碰壁。一位农民曾说过一句令人难忘的话：“州议院的人认为，因为我是一个农民，所以我会想看一晚上的化肥书籍。”[28]事实证明，乡村读者并不想提升自我，他们只是想在宝贵的休息时间里，从艰苦的生活中得到一些喘息的机会。

每个州的要求都不尽相同。在德国或瑞典移民居住的地区，外文书籍是必不可少的；但对于宗教信仰强烈的社区，外文书籍则比较敏感。流动图书馆也取得了一定的成功。南达科他州彭宁顿县的内莉·维斯慷慨地表示：“也许只有西部这片广大地区的先驱者才能充分地体会到，哪怕只有一本书也是很有价值的。”尽管她的住宅里安置了一个流动图书馆，而她可以接触到远不止一本书。在20世纪20年代，随着郡县图书馆网络的建立，流动图书馆开始逐步被淘汰，虽然它们在被大萧条摧毁的大平原地区上活了下来。大萧条对图书馆来说是个好时候，作为困难时期的一个安慰之地，图书馆里温暖而干燥，有益且免费。在洛杉矶，股市崩盘后，尽管公共图书馆的预算削减了25%，但书籍发行量增长了60%，读者人数也翻了一番。[29] 罗斯福新政时期的联邦资助项目也为图书馆带来了一些资金，尤其是1936年由公共事业振兴署建立的为肯塔基州山区提供服务的马背图书馆：这项服务用于拍照宣传可能比作为真正的公共设施更有用。

在这时，汽车时代到来了，为满足乡村读者的需求带来了新的、成本效益更高的机会。新的技术应用于旧的设想：1905年，第一个车上图书馆是一辆马车，在马里兰州的华盛顿县里旅行。[30] 书籍货车让图书馆系统可以接触到更多的读者，因为它可携带的书籍远远多于单个书箱，而且不需要固定在某个地方。流动书箱的位置始终保持不变，直到几个月后被送回图书馆，而车上图书馆可以接受书籍预订，在下趟旅途中带来。图书管理员和驾驶员组成两人小队，有时也会额外携带一些他们认为可能会引起老客户兴趣的书籍，而这项服务的大多数顾客都是老客户。这也是一项特别面向女性的服务，当车上图书馆到达时，她们可以立刻中断家务。车上图书管理员的朋友和流动肉贩、鱼贩或杂货店员的朋友

图24　在车上图书馆无法到达的地方，有马背图书馆。照片中是阿巴拉契亚山脉地区的4位图书管理员（拍摄于1937年）。

一样多。

在20世纪中叶的美国各地，就像英格兰乡村的流动图书馆一样，车上图书馆很快成为人们熟悉的景象：每周一次，车辆在指定的日子里驶进小型社区。[31] 像得克萨斯州这类地区，人口稀少且分布在广阔领土上，车上图书馆是满足公民需求的唯一实用手段。1930年，得克萨斯州的第一个车上图书馆携带有约1400本书；罗斯福新政下的公共事业振兴项目又提供了33个新的车上图书馆。在战后的几年时间里，车上图书馆运动在得克萨斯州及其他地方达到了顶峰。尽管如此，乡村图书馆的服务仍然很糟糕，而随着得克萨斯州石油的井喷式增长，更多的航班飞向城市，进一步加剧了这一现状。讽刺的是，“冷战”时期对苏联技术优势的焦虑促使人们通过了1956年的《图书馆服务法》，而这一法案正是致力于齐心协力改善乡村地区的图书馆服务。正如州图书馆的管理员所说，人们希望得到更多的机会而非仅凭信念，“不管是图书馆书籍还是导弹，美国都落后于世界上的其他国家。一个见多识广、开明、聪慧且机警的美国，对于我们的国家安全和公民自由是非常重要的”。[32]

“冷战”时期也给图书馆里的宗教书籍带来了麻烦。并非所有的公民都欢迎车上图书馆，在1950年威斯康星州图书馆委员会为多尔和基沃尼两个乡村开展了这项实验性服务后，这一点就表现得十分明显了。对利益相关方来说，倡议取得了巨大成功，但在两年的试用期之后，当地公民的投票险些否决了倡议的延续。孩子们喜爱这项服务，借书量占总量的88%，但孩子们不参与投票；成年人更多持怀疑态度，尤其是男性，因为当车上图书馆路过家门时，他们通常在外面上班。[33]许多乡村选民不赞成将公共支出用于非必需品，比如书籍；他们还担心塞到孩子们手中的书籍是否真的有益。同样的情况也发生在学校图书馆。各州委员会定期发布的推荐书目清单受到家长群体的仔细审视，他们叫嚷着对其中不赞成的书籍提出抗议。没有纳税人支持的天主教学校可以自行决定图书馆的藏书内容。1942年出版的影响深远的《高中图书馆标准目录》对70本书做出了注释，声明这些书籍不推荐出现在天主教学校里。其中包括达芙妮·杜穆里埃的《蝴蝶梦》和查尔斯·金斯利的《西行记》（天主教的憎恶大概是源于16世纪时，英国的水手英雄因为没有被说服皈依天主教，而遭到了西班牙狱卒的折磨）。[34]

20世纪70年代，得克萨斯州的车上图书馆被彻底淘汰。2015年，美国仍然有超过1000个流动图书馆在运转，而在2018年，尚有650个。[35]流动图书馆在许多发展中国家仍然是一种受欢迎的图书馆服务形式，如印度、东南亚、肯尼亚、特立尼达岛。它们在挪威和芬兰等北欧国家的乡村腹地仍广泛分布。[36]到20世纪的最后30多年，流动图书馆已经成为图书馆文化全球化的明显标志。哥伦比亚的驴子图书馆、尼日利亚的爱读流动图书馆和海运集装箱改装的图书馆，只是图书馆职业独创性中最有特色的例子，更多的是想要把书籍和信息服务带到分散偏远且经济落后的社区里去。[37]它们是否能在全球数字化的转变中幸存下来，我们暂且按下不表。到目前为止，读者们还是非常欢迎它们的定期来访。

跟上孩子们的步伐

考虑到儿童在多样化的现代图书馆服务中的重要性，令人奇怪的是，直到20世纪，图书馆职业人士才开始系统性地满足年轻读者的需求。[38]问题的一部分是决定儿童的年龄范围是什么，以及是否应该允许他们进入图书馆。19世纪的图书馆将大部分的精力放在年轻人身上，主要是那些开启了职业生涯或者开始经商的年轻人。遍布美国和西欧的机械研究所和商业图书馆网络为这些年轻人带来了一系列的讲座、阅读材料和与他们的职业生活建立起个人联系的机会。正如我们所谈过的，这些机构中许多都建立了相当大的图书馆藏书。

成功的商业图书馆为后来的公共图书馆在如何服务年轻读者方面提供了一个有信服力的模式范例，尽管对后者来说不一定适合。在公共图书馆新开设的儿童阅览室照片中，可以看到许多严肃的男孩和一些女孩，他们都穿着相当正式，夹克衫里配着领带，就像中午休息时的初级银行职员一样。这里所描绘的沉静好学的氛围对图书馆管理者的吸引力远远大于对儿童的吸引力。噪声、楼梯上的奔跑、被脏手指污染的书籍：所有这些对良好的秩序和礼仪都带来了损害，尤其是如果这个图书馆要延续的是维多利亚时代家庭的风尚。一些美国图书馆的应对措施是把儿童阅览室设在入口旁边，这样年轻的读者就没有必要再闯进大楼了。在英国，许多图书馆禁止12岁以下的儿童进入。[39]

关于公共图书馆是否是培养阅读习惯最合适的场所，确实存在一些严肃的争论。强制性初等义务教育的立法使得主要工业国家里有越来越多的人进入学堂学习阅读和算术。在那里，教师可以引导年轻孩子们阅读，提升他们的阅读品味。如前文所述，这是法国算得上有条不紊地在遵循的发展路径，那里的公共图书馆仍然坚持着作为知识宝库的作用，存放着日渐腐坏的革命遗产古籍。

直到1924年，第一个儿童图书馆才出现在法国。在那之前，法国为确保所有的中小学都拥有藏书室付出了相当大的努力。虽然学校图书馆无疑在帮助许多孩子迈出阅读第一步上发挥了关键作用，但完全依赖学堂的缺点也是显而易见的。一些学校的老师不愿意做图书管理员；如果学校放假，图书馆就会关闭。此外，对许多儿童来说，书籍总是与学堂里的羞耻和受到的惩罚联系在一起，这是十分危险的。但最重要的是，学校图书馆的藏书规模太小了。尽管历届法国教育部长都作出了不懈的努力，说服地方当局为每一所学校提供书籍，但藏书的更新时断时续。一些书籍由于过度使用而变得皱巴巴，对于那些热心的读者来说，很快就完全不够用了。虽然一些中学，特别是享有特权的英语独立学校，建起了大量的图书馆藏书，但它们很快发现自己不堪重负。

因此，公共图书馆虽然多少有些不情愿，但还是承担起了这项责任。一些富有同情心、精力充沛的图书管理员（通常是女性）建立了真正优秀的书籍收藏，这得益于青少年作品的迅速增多。吸引年轻读者的奇遇故事使他们能够远离19世纪廉价市场充斥着的那些遭到批判的血腥和惊悚书籍。[40]即便如此，图书馆仍然让许多孩子望而生畏，那里与教室里的感觉太过相似，不会成为他们宝贵闲暇时间的首选。要想获得图书证，必须有家长的证明，图书馆一般不鼓励孩子们随意翻阅书籍。借阅书籍又意味着要把你的选择暴露给一个大概率会反对的可怕的成年人；年轻人行使独立判断能力的脆弱自信心很容易受到伤害，而遭到拒绝便可能降低他们再次去往图书馆的意愿。在众多的男孩或女孩杂志里挑一本阅读要有趣得多，这些杂志只需要几便士，而且可以与学校里的朋友交换。儿童报里每周固定出现的角色和新鲜故事，在街角花几分钟时间就可以阅读完。对许多孩子来说，去图书馆里阅读更多是父母的一种愿望，而不适合自己瞬息万变的世界。

无论如何，我们应当赞扬地方议会和图书馆委员会向儿童敞开大门，并为儿童书籍分配越来越多的资源。然而，危险正在发生，当他们拥抱儿童读者的同时，也正在失去年轻人。到20世纪上半叶，机械研究所和商业图书馆已经失去了它们在职业阶层教育和社交世界中的关键地位。许多图书馆关闭；另一些则将藏书与其他图书馆合并。工作模式的改变在一定程度上导致了它们的衰落，但社会发生的变革产生了更大的影响。20世纪上半叶对年轻人和在新出现的心理学中被称作“青少年”的人来说，尤其具有挑战性。第一次世界大战、大萧条和第二次世界大战都让年轻人因其长辈的决定而饱受冲击。[41]许多人失去了工作、丢掉了性命，或遭受到改变人生的精神和身体伤害。儿童也被推到了战争前线，历经轰炸，或者在第三帝国“童子军”的要求下，被迫服役，投入防御工事。到1933年底，有300万人加入了希特勒青年团，当情况变成10岁以上的男孩必须加入时，这个数字增加到了800万人。集权主义政权控制着儿童生活的方方面面，从学校教室到准军事演习，甚至电影和书籍。即使儿童参与的是邮票战这种不流血的占领活动，也无法避免意识形态层面的侵略，比如德国利用英国所有殖民地的邮票来谴责是大英帝国在对自己的子民造成压迫。德国的公共图书馆被彻底纳粹

图24　孩子们在纽约布法罗公共图书馆的阅览室里享受阅读的乐趣（约1900年）。第一次世界大战前，很少有专门的房间用于满足孩子们的兴趣。

化，以至于在战争结束后，幸存下来的图书馆里，有三分之二被认为不适合向民主过渡。

阅读可能是危险的，正如第一次世界大战所证明的那样。伦敦的17岁男孩维克·科尔迫不及待地应征入伍："我想像我常在书籍和杂志上看到的男孩那样，成为手握着枪的士兵。"[42]法国和德国的年轻人同样热情地冲向前线，死在无人区的铁丝网里。幻灭带来了思想上的退缩和享乐主义的沉沦。20世纪20年代，空虚的一代很容易找到工作；面对富有的年轻人，消费主义为他们在仍然按阶级和教育水平划分的社会中提供了一条通往社会融合的道路。时装、电影院和舞厅成为同侪尊重的新标志，年轻人对此发起狂热的追求，几乎不会在意父母辈节制和自我约束的意识形态在很大程度上已经名誉扫地。20世纪30年代，一周至少有2800万美国青少年走入电影院。欧洲也同样热情地拥抱着好莱坞新英雄。这是一种新的生活模式，它第一次平等地接纳了工人阶级背景下的年轻女性。1933年，英国一位年轻的女售货员在写给一家电影杂志的信中列出了她每周的预算。

工资总共32先令：

食宿25先令2便士

周六看电影1便士

周一看电影7便士

周四看电影7便士

……

一共是27先令2便士

然后，买一本《电影周刊》3便士，买新衣服3先令……如果我再加薪，我就可以再增加一次看电影的活动了。[43]

大萧条在某种程度上削弱了消费的繁荣：用一位中产阶级年轻人的话来说就是，那些现在被剥夺了消费社会钥匙的年轻人感觉像是被“贬值”了。战争环境使成年人重新养成了阅读习惯，但很难影响到年轻人。在战争后方，只有14岁的女孩和妇女进入工厂工作，塑造了消费者选择。1941年，一项“女孩成长情况”的开拓性研究，对27座城市的女孩进行了调查，其中很少有人读书。她们的工资主要用于购买化妆品和浪漫杂志，比如《女孩的水晶》和《魅力》。[44]跳舞和看电影是绝大多数人选择的娱乐活动：收音机只能用于播放舞曲。在很大程度上，战争一代的年轻人是从同辈人而非他们的长辈那里获得启发的。这一代人受到高中教育的程度呈指数级增长（1914年至1939年，美国高中毕业生增加了8倍），这也使他们拥有了自己的思想。因为守着刻板的公民美德和由地方精英组成的委员会，图书馆没能“跟上孩子们的步伐”。值得庆幸的是，他们把注意力转向战争前线的男孩，并送去了书籍。至少他们明白这一点，虽然他们自己吵闹但独立的年轻孩子越来越像是一个谜。

爱情的力量

1937年，企鹅出版社推出了非虚构系列“鹈鹕”，其中第一本就是乔治·萧伯纳的《智慧女性的社会主义、资本主义、苏维埃制度和法西斯主义指南》。从书名我们就可以预见到，这是一个有争议的选择。此书源于萧伯纳的嫂子希望他写一本解释社会主义的小册子。1929年首次出版，这本书就立即引起了一位读者的激烈反应——莉莲·勒·梅苏里耶，她对书中的傲慢腔调极其反感，她认为这本书该改名为《社会主义女性变聪明的指南》。[45] 这个观点提得很好，但不足以阻止艾伦·莱恩为反映时代新威胁而对鹈鹕系列进行更新翻版。

公平地说，不是只有萧伯纳在文学世界中持有屈尊俯就的态度，乡村读者就在流动图书馆中急迫的福音传教推动者身上吃了不少苦头。在公共图书馆运动早期，图书管理员和立法者并不十分清楚如何满足女性读者的阅读需求。而早期公共图书馆的塑造源于男性社交场所和职业教育机构的模式，即会员制图书馆、机械研究所和大学。城市精英阶层的妇女似乎基本上可以在她们的专属机构里得到满足，女性读书俱乐部在促进主要大都市中心圈以外地区建立公共图书馆方面发挥了重要作用。公共图书馆运动最初更关注阶级问题，而不是性别问题，因此致力于让不断扩大的工人阶级融入阅读的文明乐趣中。

然而，在英国的第一代公共图书馆中，有相当一部分设有独立的女性阅览室。这种情况在美国并不普遍，但也没有明确的证据表明英国为什么做出了不同的选择。这在一定程度上可能是对议会关于1850年《公共图书馆法》辩论的回应，有人称主阅览室的难闻气味可能会阻止女士们使用图书馆。如果真是这样，为了回避失败的法案支持者提出的诸多补偿要求，政府付出了昂贵的代价。

没有证据表明英国女性曾为独立的阅览室进行游说，但她们肯定对此感到惊喜。约克郡赫尔图书馆的女性阅览室“用胡桃木装修，配有舒适的桌椅，壁炉台用一块精美的黑玛瑙雕饰而成”。[46]这与想象中的中产阶级家庭里的客厅相当接近，并且充分说明了女性阅览室不会像1850年法案所公开宣称的那样，在鼓励“下层阶级”阅读中发挥重要作用。阅览室还提供了一系列非常体面的期刊。有些杂志，比如《女王》《淑女》《女子画报》《女士》和《女士之境》，只在女性阅览室里提供；有些则需要在普通阅览室里复印好，再带走阅读。相当数量的书籍，比如《英国女性评论》和妇女参政论书籍可能都来自捐赠。[47]有趣的是，人们普遍认为女性阅览室里没必要提供报纸。

令人惊讶的是，在美国，女性团体在推动公共图书馆发展上起到如此重要的作用，但女性阅览室却非常罕见。卡耐基基金会为小型城镇和分支图书馆机构提供的设计草图里有时会为儿童阅览室规划空间，但没有为女性提供单独的阅览室。苏格兰邓弗姆林的卡耐基图书馆起初有一个宽敞的女性阅览室，但在第一次重新装修后，这个房间被改装成儿童阅览室。事实证明，这是一种惯用的模式。有人对此提出强烈的反对，原因是不应造成阅览室资源的浪费，尤其是期刊。但是，独立的女性阅览室消失最主要的原因是，许多图书馆需要在往往既没有资金也没有空间进行大规模扩建的建筑物中，为儿童腾出一个房间。英国图书馆的女性阅览室被拆除主要发生在1919年《公共图书馆法》颁布前后的20年里，这使得图书馆资源有可能大幅延伸到郡县里去。这可能不是一种巧合，因为当时也是英国女性获得选举权、图书馆职业出现越来越多女性声音的时候：第一次世界大战期间，女性填补了被征召入伍的男性的工作岗位。"君子协定"——在战争结束后，女性将立即归还这些职位的一项约定——实际上在图书馆职业里并没有太过严格地落实。[48]

新一代的女性图书管理员致力于管理儿童阅览室，而她们在大西洋彼岸的同行同样非常卖力。在那里，公共图书馆的女性图书管理员也非常有可能坚守着提升自我类书籍的价值。基督教出版社的影响力仍然很强，尤其是因为许多书籍和期刊都是通过捐赠获得的。外部的反对压力也很大，伦敦市议员弗雷德里克·班伯里爵士在1919年《公共图书馆法》的辩论上强烈地表达出一种偏见：

我的经验是，公共图书馆是这样一种地方，如果天气冷了，人们可以进去坐下取取暖，也会有人进去看小说。总体来说，我不认为公共图书馆有什么好的。恰恰相反，它们造成了很大的伤害，因为据我了解，那里面大多是耸人听闻的小说，看这些没有任何好处。[49]

在这一阶段扭转虚构类书籍的潮流为时已晚。[50]但这并不意味着，大西洋两岸的图书管理员有义务区分哪些是好的文学作品，值得在公共图书馆收藏中占有一席之地。1893年，美国图书馆协会发布了第一份适合成为公共图书馆核心馆藏的书籍清单。出于品味的考虑，里面有一些令人惊讶的遗漏，缺少了一些真正的文学作品，比如斯蒂芬·克莱恩的《红色英勇勋章》。规模较小的图书馆非常依赖这份清单，而后续版本的更新也成了美国品味和得体与否的风向标。[51]

在20世纪上半叶，公共图书馆在收藏文学经典之外的书籍方面，也就只能做到这样了，偶尔有一些书籍因为销量激增以及随之而来的强烈的读者需求，得以进入此圣殿。但是许多女性读者想看的书籍并不属于这一类。这些读者寻找的是一种特殊的题材：在250页的篇幅里，讲述一个关于爱、思念、心碎与和解的故事，轻松又伤感。这就是浪漫小说。这类书籍在公共图书馆里很少有拥护者，所以它们转向别处，比如商业会员制图书馆，以及最初看起来不太可能成功的两兄弟——杰拉尔德·米尔斯和查尔斯·布恩。

米尔斯和布恩出版公司由梅休恩出版社的两名心怀不满的前员工于1908年创立，是一家普通的虚构类书籍出版公司。它在出版巨头涌现的浪潮中航行，没能获得持续的利润，直到20世纪30年代出现的一个市场商机，使米尔斯和布恩成为著名的浪漫小说出版商。[52]查尔斯·布恩在1928年合伙人去世后成为公司的中流砥柱，他找到了成功的公式：将多本书制成系列，采用统一的装帧，高度可辨识的版式，独特的棕色封皮和五颜六色的护封。到1939年，米尔斯和布恩已经出版了450本小说，各版本发行了3000到8000本不等。最重要的是，布恩发现了保持读者对品牌忠诚度的秘密。20世纪30年代，他们没有在小说尾页对其他书籍进行吹捧，而是对整个系列作出了推荐：

虚构类书籍市场里的新小说负担过重，无论是购买还是借阅，普通读者最难选出最称心的故事类型……唯一正确的方法是只选择那些对出版书籍经过精心挑选的出版商，他们的标识是良好阅读体验的保证……米尔斯和布恩出版公司发行严格限定的虚构类文学系列，这些小说的故事都具有真正经久不衰的好品质。[53]

对于许多没有经验的读者来说，这是一个很好的建议，因为他们已经被眼前五花八门的丰富选择弄得晕头转向了。

许多浪漫小说的读者贪婪地消费着，每三天就会购买一本新书。直到20世纪60年代，米尔斯和布恩出版公司仍然只出版精装本，售价为7先令6便士，这一价格超出了许多浪漫小说读者的经济承受能力（这几乎是工人阶级家庭每周的租金）。读者转而求助于商业图书馆，享受着“二战”期间的书籍繁荣。尽管两便士图书馆主要迎合不太富裕的读者品味，但老牌的W.H.史密斯书店提供各类文学作品，也包括休闲轻小说。1898年，一个新的竞争对手出现了，布茨爱书者图书馆——一个比史密斯图书馆和衰落的穆迪图书馆（1937年关闭）都持久的商业冒险。[54]

布茨爱书者图书馆是弗洛伦斯·布茨的灵感，她是著名连锁药店创始人的妻子。在鼎盛时期，这家图书馆拥有大约460个分支机构。在20世纪50年代，布茨每年会为其会员发行大约5000万册书，年费为10先令6便士。[55]这对绝大多数女性会员来说是很有价值的，她们不愿意与公共图书馆阅览室中形形色色的读者挤在一起，不过她们仍然面临着严格的家庭预算。

读书俱乐部与药店的搭配是非常合适的，从过去到现在，这两者始终都是社区秘密的储藏室。来到读书俱乐部服务台前，会员会被引领到一个摆满书籍的安静的阅览室，在那里，除了其他会员，他们不会在翻阅书籍时受到打扰或者受到监督。这对布茨爱书者图书馆的会员和米尔斯和布恩出版公司来说都是一个制胜法宝，出版公司会借助读书俱乐部来销售大部分的首版书籍。通常，布茨爱书者图书馆里的每本书会需要300到500本影印版，像商船和日晷图书公司这样的批发商通常需要700本来分销给两便士图书馆。对于许多工薪阶层的家庭主妇来说，米尔斯和布恩出版公司每本售价两便士的书籍是负担得起的，而且那些结实的棕色封皮书籍也确实让许多读者有着愉快的阅读体验。平均来说，一本米尔斯和布恩的小说会发行165次，尽管在汤顿一位书商的记录里，曾有740名读者借阅过1935年出版的《危险的锚》。

浪漫小说也为写作者带来了财富，许多小说读者决定自己尝试写作——米尔斯和布恩承诺，任何交给他们的作品，都会得到出版，而这一承诺吸引了一些极为高产的作家。玛丽·伯切尔写了41部小说，每年的净收入约为1000英镑，这一数字相当可观。如果在女性周刊杂志上连载的话，这一数额还可以进一步提高。这是一份利润丰厚的工作，但要求很高。编辑们会明确表达出他们的想法。据米尔斯和布恩出版公司的一位作者说，《我的杂志》和《人民之友》的出版商，敦提出版公司D.C.汤姆森的编辑要求非常严格。“如果在第三章末尾（女主角）已经喝过雪利酒，我就会收到一封电报，要求‘把第二次喝雪利酒的部分删掉’。”[56]

米尔斯和布恩出版公司的作者收益颇丰，却没什么名气：一般读者都不知道他们刚读完的书是谁写的。他们推销的是自己的品牌，而不是像芭芭拉·卡特兰这样的畅销作家。芭芭拉·卡特兰是浪漫小说领域的知名作者，从未为米尔斯和布恩出版公司撰稿。相比之下，米尔斯和布恩出版公司的作者被积极地鼓励用各种不同的别名写作。这有助于绕开布茨爱书者图书馆的规定——一年内他们只会购买同一个作者的两本书。

20世纪60年代，流通图书馆的重要性逐渐下降，主要是因为公共图书馆逐渐屈服于读者带来的压力，开始购入更多的浪漫小说。流通图书馆的消亡（1961年史密斯图书馆停业，1966年布茨爱书者图书馆停业）致使米尔斯和布恩出版公司做出了商业模式上的调整，1958年，他们开始推出平装书。事实证明，这是非常成功的：1992年，在浪漫小说领域，米尔斯和布恩出版公司仍然占据着主要的市场份额，大约为85%，令人难以置信。这些平装书最初是面向北美市场的，由1949年成立的多伦多禾林出版公司分销。1964年，禾林出版公司开始只出版米尔斯和布恩出版公司的小说，而到了1971年，禾林出版公司直接买下了米尔斯和布恩出版公司。1982年，禾林出版公司一年卖出了1.82亿册图书。[57]

1979年12月，美国学者珍妮丝·拉德韦与多萝西·埃文斯建立了联系，多萝西·埃文斯撰写过一篇颇具影响力的爱情小说评论。埃文斯将拉德韦介绍给她的一群读者，这些读者正组成小组，准备分享她们的爱情小说阅读体验，并讲述爱情小说在她们生活中所扮演的角色。对一些人来说，阅读是一种内疚的快乐：把孩子送去学校后，在家务活的间隙偷来的闲暇。丈夫们有时很讨厌自己的妻子读书。但在小组其他人的催促和鼓励下，这些读者表示自己既是浪漫小说的坚定捍卫者，又对浪漫小说有着很高的期望。

浪漫小说形成了一种固定范式：一个思想独立的女主人公遇到了一个有缺点但最终令人钦佩的男人。读者们花了很多钱用于摆脱日常生活中的压力，获得来之不易的逃离，她们希望自己的期望能够得到满足。她们痛恨遭到作者或者出版商的戏弄，比如使用了标准的浪漫小说封皮，但内容却不符合这种文学形式的惯例。突然的情节反转或者不合常理的事实揭露让读者们愤愤不平。女主角的死亡更是不可想象的。幸福的结局可能在预料之中，但读者们希望女主角和起初粗鲁或倨傲的男主角之间的相互理解能够循序渐进。

读者们经常通过重读旧好来避免不愉快的意外。为了确保新书会令人满意，有的读者会事先阅读结尾。当然，在图书馆的角落偷看要比在书商不满的目光下偷看容易得多。如果压根没有把钱花在那本书上面，那么放弃一个不那么满意的故事也就很容易了。在这个时期，图书馆与浪漫小说可谓和平共处。网络上的文章可以为图书馆工作人员提供如何推广浪漫小说的建议，这类书籍通常会醒目地摆放在他们附近的书架上或者定制的展台上。[58]走进任何一个分支图书馆，都可以看到米尔斯和布恩出版公司或禾林出版公司熟悉的平装本包装，一小部分忠实的、现在多少有些年长的读者会借阅其中一批小说，然后在一周后再来换成另一批。[59]

浪漫小说从来没有引起过文学评论家的太多赞叹或关注，但是可以说，浪漫小说代表了女性能动性的伟大胜利，在遭到批评和鄙视的情况下，小说中勇敢的英雄们坚持不懈地追求着爱情。随着图书馆的管理者意识到他们需要浪漫小说的读者，正如读者也需要图书馆一样，浪漫小说最终会凯旋。数以百万计的普通读者现在越来越依赖图书馆来实现书籍的快速更换。而惧怕持续衰退的图书馆怀着感恩之心，欢迎任何读者继续推开它们的大门。

第17章　图书馆、书籍与政治

图书馆都是经过审慎选择的产物。我们理所当然地认为，这是图书馆天生该有的属性，并且在整个收藏历史中始终如此。但另一方面，定义哪些书籍可以被接受和哪些书籍应该被审查的外部约束力通常会受到谴责。根据历史学家罗伯特·达恩顿敏锐的观察，审查的问题在于“看起来过于粗暴，就是简单地让光明之子与黑暗之子对抗”。[1]因此，值得强调的是，整个20世纪，从20世纪初国家图书馆协会发布第一批推荐书籍清单，到2001年《爱国者法案》的颁布，筛查、区别对待和排斥的问题仍将继续困扰图书馆世界。《爱国者法案》提出，美国的图书馆应向国土安全部提供其要求的读者借阅信息。[2]在20世纪的进程中，图书馆界有时会抵制官方的干预，有时图书管理员的观点与主流正统观念是相一致的。不管在哪种情况下，图书管理员从未怀疑过他们塑造馆藏书籍和公众品味的天职。

20世纪下半叶，区别对待、筛查和官方干预等问题与历史上的任何时期一样尖锐。生活在核毁灭的阴影下，图书馆既可以为人们缓解日常忧虑，也可以为东西方真理提供意识形态强化的储藏室。对于那些负责建造、管理和收集图书馆藏书的人来说，这是一段艰难的时期；尤其是当世界摇摇欲坠地处于核灾难的边缘时，公众坐在电视机前紧盯着屏幕，而图书馆需要证明它们始终没有与社会脱节。书籍需要在消除焦虑情绪和激发爱国主义热情上发挥适当作用，这是当代最紧迫的问题。但问题的根源在于个人欲望与公共责任之间的紧张关系尚未得到解决，这是在20世纪意识形态的对抗中所暴露出来的。对许多人来说，审查并不是一个肮脏的词语，而是对基本价值观的捍卫，抵抗其所受到的煽动、劣质文学和公共图书馆馆藏管理不力的残酷威胁。

大比尔

1871年10月8日星期日的夜里，芝加哥发生了一场大火，这场大火改变了这座城市的面貌。当时，芝加哥正迅速崛起为新工业世界的奇迹之一，成为横贯大陆运输网络的节点和食品运转中心。芝加哥是一座坚固的城市，吸引着来自欧洲各地的移民，但芝加哥精英阶层的财富却被用来建造体现大都市文明的惯常设施：教堂、民用建筑、芝加哥科学院、芝加哥历史学会（藏有超16.5万册书）和芝加哥图书馆协会。大火肆无忌惮地燃烧了整整一天一夜，席卷了所有这些设施，连同1.745万所房屋，致使9.5万人无家可归。这场人类巨大的痛苦伴随着图书馆的惨重损失：据保守估计，至少有50座精美的私人图书馆遭到波及，损失多达300万册书。芝加哥书商损失的库存价值100万美元。9家报社和百余家期刊出版公司也遭到了大火的吞噬。[3]

芝加哥的灾难，一场命运施予的暴行，在大西洋两岸引发了巨大的同情浪潮。英国致力于为芝加哥建立一个免费的新公共图书馆，这在当时是这座城市所欠缺的。这项运动由国会议员、《汤姆求学记》的作者托马斯·休斯主持，最终共计收集了8000本书；维多利亚女王、首相格莱斯顿及其最大的竞争对手本杰明·迪斯雷利都参与了捐款。迪斯雷利的名字出现在捐赠名单上令人感到吃惊，作为一个受欢迎的作家，他曾因美国对英国著作权法的漠视而经受过很大的痛苦。所有来自英国的捐赠书籍都附有一张简洁的书签，记载着这次人道主义的团结行为，而这一点更加引人注目，因为英国也为遭到德国轰炸的法国斯特拉斯堡图书馆的重建作出了贡献。事实证明，这些书籍在芝加哥图书馆的那些常客，尤其是书签爱好者中大受欢迎，因为最初的8000本书如今只有300本幸存了下来；其中缘由不言而喻，除非，像第一位图书馆历史学家所巧妙指出的那样，是因为这些书籍“在一般用途上已经过时了”。[4]

如果这些骄傲的维多利亚大家长认为自己赢得了芝加哥市民长久的感激之心，那他们是忘记了“大比尔”汤普森的存在。作为禁酒令的强烈批判者和恶棍阿尔·卡彭的好友，大比尔任职芝加哥市长时，在芝加哥政坛走出了一条古怪的道路。1927年，大比尔倒台后，他的回归口号非常与众不同。他承诺，如果英国国王访问芝加哥，大比尔一定会打烂他的鼻子。然而乔治五世并没有访问美国的计划，所以这种威胁多少有些毫无意义，但他的这一举动成功引起了芝加哥选民的强烈共鸣，大比尔如愿坐回了市长的宝座。[5]

乔治国王的鼻子完好无损，但汤普森市长的单向宣战还没有结束。他又宣称，芝加哥的图书馆必须清除掉所有的亲英派文学。由于这位市长也在忙着招惹学校管理者，这项任务被交予了他的一个委托人——赫尔曼。公共图书馆馆长卡尔·罗登只是不温不火地抵抗着。他指出，要想辨别出所有传达了反美情绪的书籍是一项艰巨的任务，他建议，可以将这些书籍从一般流通中剔除，存放在图书馆的闭架书库里。最后，是赫尔曼的懒惰挽救了这些书籍。在查看了4本爱国者联盟标记的书后，他发现找出反对内容的任务超出了他的能力，于是在第二天又温和地归还了这些书。

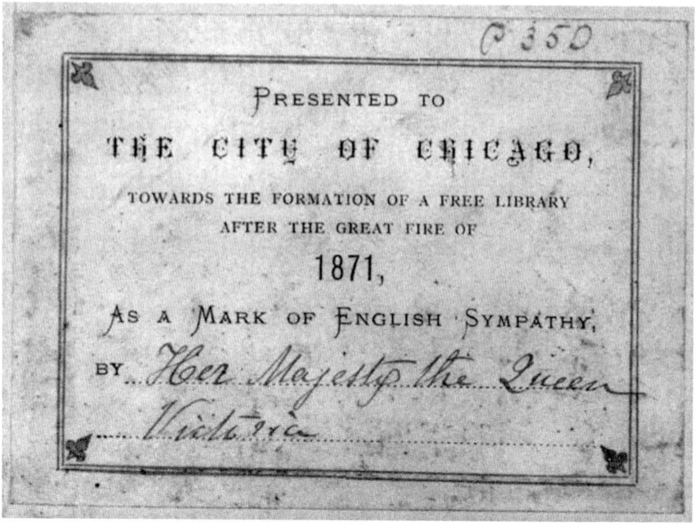

图26　1871年芝加哥大火后，英国人民的慷慨在这些精美的书签中得到纪念。在“大比尔”汤普森的拳头挥来之前，这批书籍中有许多都被收藏家据为己有了。

这一次及之后对芝加哥图书馆净化的尝试，凸显出一份对图书馆言论自由的承诺的有力声明是十分必要的。[6]美国图书馆协会起草了一份简短的文件，相当简明扼要地命名为《图书馆权利法案》，首次肯定了图书管理员拥有决定哪些书籍可以进入收藏的不可剥夺的权利。该法案颁布于1939年，当时乌云笼罩着欧洲，此后又频频经历修订，图书馆作为代表各类观点的文学庇护所的防线最终变得十分脆弱。并非所有的图书管理员都必须成为这一原则的英勇捍卫者。卡尔·罗登在1927年坦率地承认，如果他接到命令，要求交出不合要求的书籍，他不会拒绝；随后第二年，他当选为美国图书馆协会的主席。他的同事，芝加哥市文献图书馆的馆长弗雷德里克·雷克斯甚至做得更“好”，亲自清除了图书馆中所有亲英派的资料。随后，他自豪地宣布：“现在我拥有了一个美国优先的图书馆。”[7]

1945年后，胜利的喜悦迅速消散，“冷战”的紧张局势开始蔓延，图书管理员陷入了险恶的境地。1950年，长期任职于俄克拉何马州巴特尔斯维尔的图书管理员露丝·布朗遭到解雇，表面上是因为她藏有包含破坏思想的资料，实际上是因为她毫不掩饰地表达了自己对当地非裔美国人社区的同情。[8] 美国图书馆协会几乎没有做任何努力来拯救她；显然，这件事属于协会内两个委员会的管辖范围，知识自由委员会和人事管理委员会。在这件事上，美国图书馆协会的大部分精力都用在了抵制杜鲁门总统要求公职人员作出效忠宣誓的暗示上。随着高级官员与苏联交易核机密的证据流出，以及朝鲜战争的爆发，大多数公民认为，要求公众人物宣誓表达自己对美国价值观的忠诚是十分必要的。[9] 当一位洛杉矶的图书管理员迟迟没有签署这项承诺时，一名图书馆专员大声质疑道：“我们的图书管理员……是否摆脱了我们不希望图书馆中留有的那些自由主义思想？”[10]

效忠承诺分裂了美国图书馆协会，但一些有影响力的人物对图书馆表示了支持。事实上，虽然一些图书管理员是多元化的无畏代表，但大多数管理员的价值观也要比他们服务的社区更广泛，但在麦卡锡时代，对共产主义渗透的猜疑在滋长。1958年的一项调查中，三分之二的图书管理员承认了一个事实：如果一本书或者一位作者存在争议，他们就不会购买。这正好印证了一个带有偏见的推论，即图书管理员会坚持“民主言论自由和观点多样化的老套观念”，但也会“密切关注在自己的机构中行使这些权利的政治成本”。期待自由派总统艾森豪威尔去平息这场风波是不太可能的，他建议达特默斯的毕业生不要成为“焚书者”。“别害怕走进图书馆，去阅读吧，只要那些书籍不会冒犯我们心中的正派。”[11]

对于正派的界定（当然是有争议的），在美国，是由最高法院的9位尊贵的绅士决定的。他们不得不支持或者反对针对那些在自己家中必然不会受欢迎的印刷材料的禁令，最终他们决定，国会只能禁止“完全不具有可取的社会重要性”的印刷材料，或者换句话说，这些印刷材料“依照当时的社区标准，整体的主题思想会使一个普通人产生淫欲”。这种司法上的模棱两可，对在肯尼迪时期仍然很强烈的公民激进主义毫无约束力。1961年，《麦田里的守望者》和斯坦贝克的经典著作《人鼠之间》都受到家长团体的持续攻击；而《1984》和《美丽新世界》因一个匿名电话而从佛罗里达州的高中阅读书籍清单中被删除。[12]

尽管美国最高法院闪烁其词，但在英国，以淫秽为由的审查问题在伦敦高等法院6天的闹剧中得到了有效解决。[13] 1960年，企鹅出版公司宣布计划出版D.H.劳伦斯的《查泰莱夫人的情人》，随后，根据《淫秽出版物法》，当局对其提起诉讼。D.H.劳伦斯在20世纪20年代因其对工人阶级阴暗生活的描写而获得相当大的声誉，虽然自那以后，他的声誉也开始稳步下降，这在很大程度上要归咎于斯黛拉·吉本思在《令人难以宽慰的农庄》中对其阴暗、忧郁的乡村人物的拙劣模仿。[14]《查泰莱夫人的情人》讲述的是一个在战争中受伤的农场主的妻子，出于无聊与她丈夫的猎场看守人发生婚外情的故事，这本书从未在英国出版过未经删减的版本，越来越多的人想了解全面的生动故事，他们不得不到巴黎或者佛罗伦萨去寻找完整版本。伦敦文坛的精英们纷纷站出来证明这本作品杰出的文学价值；但只有勇敢的牛津书商贝西·布莱克威尔走上了证人席，证明他堕落而邪恶地阅读过这本书。当控方律师请陪审团思考这是否是一本他们希望自己的妻子和仆人阅读的书籍时，这场闹剧就已经结束了：对这本书的辩护现在成了对现代英国的辩护。企鹅出版集团被判无罪，随后在不到一个月的时间里，《查泰莱夫人的情人》发行了20万本。这是“哈利·波特”系列出版前最广为人知的书籍，售罄只用了两天的时间。这场审判被普遍认为带来了一个宽容的时代，有时也被看作“摇摆60年代”的象征。不过，即便如此，E.M.福斯特早在1913年至1914年创作的《莫瑞斯》，一部关于同性爱情的半自传体故事，从这时起又过了11年，才得以成功出版。

美国南部的种族隔离问题成了美国图书馆协会最大的挑战，而且这是一个显然从未遇到过的问题。南方各州在公共图书馆建造方面一直落后于其他州，而且绝大多数州都不接纳黑人读者。出现在图书馆服务台的黑人会被粗暴地赶出门外。[15]在许多司法管辖区，已经声名狼藉的“隔离但平等”原则，由于在黑人居住区提供了唯一一栋设施简陋的图书馆，而且通常是依靠慈善捐款建造的，而进一步遭到唾弃。美国南部图书馆废除种族隔离的制度姗姗来迟。[16]这个故事反映出，在这一时期，任何当权者都没有获得什么好的赞誉，尤其是美国图书馆协会，一贯将职业团结（更不用说轻松安逸）置于为非裔美国读者执行社会正义的任何努力之上。

在美国图书馆协会，种族隔离在很大程度上是一个沉默的话题。1959年，协会决定“不对该问题采取任何行动”。知识自由委员会主席愤怒地提出：“我个人对一些人试图努力在根本没有问题的地方提出问题感到非常担忧。”1960年3月，协会宣称它们不能“侵犯当地管辖权”。同年晚些时候，《协会公报》上的一篇社论指出，美国图书馆协会的“存在是为了进一步发展图书馆，而不是规范图书馆的运作方式”。[17]

公平地说，所有这些言论都受到了美国图书馆协会普通成员的质疑，他们感到越来越愤怒。但是，即使美国南部的图书馆不情愿地向黑人读者敞开了大门，真正获得接纳也经过了一场漫长的艰苦斗争。这种最终的转变对年轻的黑人男女意味着什么，可以用埃里克·莫特利的故事来概括。莫特利是一个早熟的孩子，在位于亚拉巴马州蒙哥马利郊外的麦迪逊公园长大，那里是一个由前黑人奴隶建立起的亲密社区。1985年，埃里克12岁，从那时起，他的父亲开始每周六开车送他到城里的图书馆里度过一天。有一天，他发现自己的座位旁有一位躺在轮椅上看起来很虚弱的老人。那人便是前亚拉巴马州长、前总统候选人乔治·华莱士，20世纪60年代美国南部白人反对种族隔离的代表人物。而就在几年前，埃里克还不被允许进入图书馆。[18]

新边界

印度的图书馆，与其他前英国殖民地的图书馆一样，最初只是为了满足欧洲统治精英的需要。随着时间的推移，这些设施共享给越来越多受过教育的印度人，只要他们赞同殖民统治者的价值观。慢慢地，这些印度读者也建立起他们自己的流通图书馆，尽管这些图书馆里在很大程度上也摆满了深受西方侨民喜爱的进口英文书籍。用本土语言写作的印度文学受到了严密的监管，用以寻找煽动叛乱的证据。[19] 当局考虑到需要培养一个新的行政阶级，其首要任务便是为孟买、加尔各答和金奈的大学建立起图书馆。到1947年，印度独立那一年，印度共有19所大学和636所学院，总入学人数为10.6万人。[20] 尽管巴罗达大君采取了非凡的举措，在他所在的邦建立起一个完整的公共图书馆网络，但为公众提供的图书馆服务却相对滞后。巴罗达大君的图书馆建设是在威廉·阿兰森·博登的监督下完成的，他是纽黑文青年学院的图书管理员，从1910年开始成为大君宏伟设计的代理人。博登离开时，巴罗达拥有了一个4万册书的中央图书馆，38个城镇中的36个和216个主要村庄都建立了图书馆。但这完全依赖于大君的恩惠，1936年他去世后，这一网络便无法继续维持运作了。

最引人注目的公共图书馆建设完全依赖于18世纪欧洲所谓的开明专制者的资助，这预示着随着独立的到来，图书馆的发展前景将是极为不利的。印度和巴基斯坦这两个新国家面临的形势十分险峻：贫穷、殖民主义遗留问题、基本卫生保障匮乏、国家安全以及两国之间的冲突都是更为紧迫的政治优先事项。图书馆很难获得优先地位，因为在一个识字率长期偏低的国家，广大民众对图书馆的使用率显然是有限的。1931年，全国人口普查显示，只有15.6%的男性和2.9%的女性可以阅读。1981年，男性识字率达到56%，但女性识字率仍然严重落后。即使到了2011年，这一数据得到大幅上涨，仍有十分之三的女性无法阅读。

在这种情况下，把建立学校和培训教师作为主要资源的优先事项，是完全合理的。1952年，与19世纪的法国一样，印度公民乐观地建议，学校图书馆哪怕只有50本书，也应当向当地居民开放。在大多数情况下，完整的公共图书馆服务仅限于大城市。1997年，最成熟的德里图书馆系统由一个中央图书馆和73个分支机构组成。这些图书馆共有140万册藏书，由451名工作人员管理。然而，只有6.4万人注册成为图书馆会员，其中还包括2.2万名儿童。[21]印度图书馆服务的历史在很大程度上是由印度各邦制定的一系列授权立法构成的：实现这一目标所需的资源并不总是现成的。2008年公布的一项调查以对更多资源的呼吁为结论："公共图书馆需要更大规模的投资，使其成为真正的非专业人士的信息资源中心。"[22]

"二战"后，在发展中世界建立图书馆的努力，得到了来自促进和平的新世界机构——主要是联合国教科文组织（联合国的文化机构）——的巨大推动。联合国教科文组织于1949年发布的公共图书馆宣言，主要由法国公共知识分子安德烈·莫洛亚撰写。他坚持认为，图书馆是一个和平的工具，应该不受政治宣传和偏见的影响；为此，莫洛亚巧妙地避开了过去10年中大量的反面证据。他还认为，公共图书馆是民主愿望的产物，本身将有助于在全球传播（西方）民主。10年来，这样一份宣言几乎是以一种福音派的热情在推行，让人联想起殖民时代传教士的努力，但这种新的表现形式不是在宣扬基督教，而是在宣扬“现代性”这一俗世价值观。

像联合国教科文组织的许多其他文件一样，他们的目光更多停留在阳光明媚的高地上，而很少考虑图书馆建设这一重大计划所面临的严峻现实。欧洲以外的大多数国家面临着更为紧迫的问题：贫困、低识字率、种族间对霸权的争夺、族裔群体的融合以及政府机构的腐败。联合国教科文组织所采取的方式存在的缺陷可以从三个图书馆模型中得到很好的印证，第一个也是最成功的是印度（1950年，德里）；第二个是哥伦比亚（1954年，麦德林，后来成为巴勃罗·埃斯科瓦尔创立的臭名昭著的贩毒集团所在地）；第三个是尼日利亚（1957年）。这些图书馆建造的初衷意在成为欧洲图书馆最佳实践的指明灯塔，对它们所处国家的当地境况并不太在意。尼日利亚图书馆的大多数用户都是当地的欧洲人：原住民的识字率低于10%。将图书馆设立在尼日利亚东部的埃努古，也引发了争议和愤愤不平，因为那是伊格博人的家园，而他们在这个新独立的尼日利亚国家里已经拥有了繁荣和影响力。1967年，埃努古成了短命的比亚法拉共和国的首都，随后在一场丑陋的战争中遭到轰炸，最终屈服于饥饿，而这一次，世界却移开了它们的目光。在现实政治的残酷世界里，人们对尼日利亚石油的渴求超过了对图书馆文明的尊重。[23]

然而在比亚法拉之外，“冷战”后殖民时代下的图书馆供应仍是一张由狂妄的野心、天真的幻想和悲惨的失望组成的错综复杂的网络。毫无疑问，在某些情况下，图书馆为民族主义运动提供了赋权于知识的武器。印度的图书管理员阮甘纳桑就实实在在地看清了这一点。但在其他地方，例如越南和柬埔寨，图书馆很容易遭受到大国冲突带来的附带损害。[24]在非洲，图书馆供应常常成为后殖民政权争夺影响力的又一个领域。[25]书籍制作的统计数据显示，全球失衡的数据令人警醒。1970年，仅占世界总人口29%的发达国家仍然制作了全球87%的影印版书籍和93%的新书。

图书馆很棒，伙计！

历史进程的车轮碾过书籍之前，书籍能否跟上世界的脚步，这是一个无法回答的问题。澳大利亚是最早正视这些问题的国家之一。在印度或加拿大，起初，图书馆的转变代表着欧洲价值观的转变。沿海大都市很快拥有了一大批令人叹为观止的图书馆，而广阔内陆的分散社区面对着的是更具挑战性的环境。尽管图书馆一直在努力拓展其服务范围，但到了20世纪70年代，人们清楚地意识到图书馆正在迷失自己的方向。澳大利亚前总理高夫·惠特拉姆要求成立一个调查委员会，由受人尊敬的图书管理员艾伦·霍顿领导，以期提出可行的解决方案。他给这项工作的报告起了一个有趣的题目："图书馆很棒，伙计!"但它们还可以更伟大。

霍顿建议中央政府应当承担更多的资金投入，但作为回报，图书馆应该成为真正的社区中心，发挥一系列的作用，比如娱乐消遣、查询信息或提供咨询。市民应该像从前一样把图书馆当作阅读、收听和观看娱乐材料的来源。但图书馆也应该是信息和建议的参照点，例如指出正确解决任何问题的群体或组织。图书馆还应该储备用于终身教育和职业继续教育的材料。[26]如果这听起来异常熟悉，是因为早在1976年，霍顿就已经意识到与数字时代相类似的危机。他向澳大利亚纳税人发出的呐喊与我们在本书开头所提到的，兰贝斯市民为肯宁顿杜宁图书馆的未来进行的抗争，并没有什么不同。澳大利亚的图书馆得以幸存，但也只成了社区的中心。

毫无疑问，图书馆决策者的任务极其艰巨。他们需要服务好当代的用户，同时还要在跟随瞬息万变的媒体环境而不断演变的消费者习惯中预测到未来的需求。这在1976年第一代音频和摄像图书馆出现后就已经十分明显了，而随着录像带、CD光盘和数字技术的发展，一切变得更具挑战性。图书馆需要与时俱进，但如果过于自信，朝着错误的方向不慎踏出一步，就会落入万丈深渊。一个著名的错误决策是，将图书馆里收藏的古老报纸进行了拍摄，然后便丢弃了它们。这样做的优势虽然是显而易见的，报纸占据了巨大的空间，而且往往会腐化；但事实上，选择微缩胶片进行救援同样具有暂时性。在短短几十年后，微缩胶片便无法读取，那些报纸也早已不知所踪。最终，微缩胶片阅读器也从阅览室里被搬走，先进的技术变得毫无用处。[27]

最糟糕的是，在急于预测和适应的进程中，图书管理员很容易忽视现有技术，也就是印刷技术，具有更显而易见而且更为可靠的价值。尽管这个名字听起来多少有些脆弱无力，但许多图书管理员对自己管理的社区野心勃勃，对传播教育持狂热态度，而且渴望在职业生涯顶峰留下永久的遗产。那些走上职业巅峰的人通常也是敏锐的政治家，在民选官员的环境里感到游刃有余，并且意识到他们很容易受到宏伟计划的影响。展示信息技术新概念的机会往往对他们来说是难以抗拒的，最理想的情况下是还能附带有一座闪亮的新建筑。

没有比旧金山的新图书馆更能证明这一点的了，这是一个关于骄傲自大、判断错误和管理不善的精彩故事，而这一切都是为了给全新的数字时代树立一座建筑纪念碑。

旧金山政府长期以来一直在考虑更换老化的中央图书馆，但当该市的图书管理员建议对残破的旧主楼（一座古老但精致的建筑）进行升级时，董事会决定将其改造为一个引人瞩目的新建筑。旧金山图书馆经历过艰难的时期，在1906年的地震中被完全摧毁，1989年的地震又再次掀翻了书架上的50万册书，修复工作历经数月，且代价昂贵。对旧主楼的改造开始于1993年，3年后，高科技的新主楼正式敞开了它的大门。[28]

毫无疑问，新图书馆为游客提供了极好的体验。两倍于此前的规模，环形蜂窝状的中庭，高耸的中央天窗，这样的图书馆让人联想到一个装有尖端技术的火箭装置。人们想要的电脑终端室、会议室和休息室，这里全都配备齐全。问题是，这个设计方案完全没有为图书馆的300万册藏书提供足够的空间。由于旧主楼需要彻底清空，以便将其重新用作博物馆，藏书便被粗暴地转移到了临时仓库里，而其中有些甚至被直接倒进了垃圾填埋场：据估计，这个数量约为20万册，还有人说大概有50万册。

旧主楼的藏书规模太大，以至于清理活动难以隐藏，尤其是对于那些惊恐的图书馆工作人员来说。弃用阅读卡片让情况变得更为复杂，因此没有人能知道哪些书籍被丢弃，以及它们是出于何种原因被选中的。惊慌失措的行政人员请来抗议者来抢救他们所能抢救的东西；据他们所说，许多被销毁的书籍在旧金山图书馆系统中都只有这唯一的一本。作为书籍后信息时代的忠实信徒，市政图书馆的管理人不得不引咎辞职。几年后，当作家尼古拉斯·巴斯巴内斯对他进行采访时，这位图书管理员以及其他更高层的同事都无法弄清楚到底有多少本书被毁："我不知道，好吗？因为我没有去数，而且也没有人作记录。"[29]

我们能说什么呢？一个良好的图书馆实践，绝对不应该出现在大型建设项目中藏书减少的情况。当然，在这个过程中哪些书籍被弄丢，以及为什么会被丢失是需要记录清楚的，并且建设需要获得社区的真正支持。秘密、谎言、混乱和恐慌是旧金山惨败的代名词，由那些不再相信书籍是图书馆建设核心的高层管理人员所推动。如果这是进步的代价，那带来的好处是什么呢？

要想回答这个问题，我们需得将目光转向法国。在这场跌宕起伏的旅途尽头，是一个皆大欢喜的结局，尽管经历了2000年的创造、灾难与破坏、恶意与承诺，以及偶尔可见的愚蠢无知。在公共图书馆诞生以后的大部分时间里，法国图书馆一直处在被疏于照顾的境况里。法国确实赶上了公共图书馆建设的第一波浪潮，法国大革命没收的宝藏被移交给地方法官。但这样的遗产更像是一种诅咒，而非祝福：1860年的时候，法国市政图书馆丝毫没有为公众服务的意愿。而到了1975年，当法国政府介入推动，并在很大程度上对破败的公共图书馆全面改造提供了资助时，一切都在惊人的创造力浪潮中发生了改变。

这造就了新一代多媒体图书馆的诞生，它们通常坐落于城市中央设计精美的新建筑里，为满足社区需求灵活地调整着用途，并对未来的发展作出预测。新一代图书馆的选址体现出公民所投射的自豪感：拉罗切利的多媒体图书馆远眺着海港，尼姆的图书馆则俯瞰着城中的罗马遗迹。其他地区则善解人意地选择对一座经典建筑进行翻新，例如，普罗旺斯地区艾克斯对一家火柴厂进行了改造。具有历史价值的藏品，即文化遗产，也并没有被遗忘。每个图书馆都拥有一个设备完善的珍本阅览室，通常旁边还设有儿童阅览室、音乐资料库和综合阅览室。在这里，历代的书籍与历代的图书馆社区和谐共存着。最重要的是，这些图书馆里读者众多，生动地成为他们所在社区的真实映像。2019年，法国政府为近1.65万家图书馆提供了支持，比两年前增加了400家。他们总共向活跃的用户社区提供了2.8亿欧元的贷款：76%的法国公民仍然认为图书馆是社会结构中非常实用的一部分。在这个欧洲大部分图书馆都在为资源不断减少的未来焦急规划的时代里，法国图书馆的使用率在过去的15年中增加了23%。[30]

后记　没有书籍的阅读

让我们重新把目光投向新亚历山大图书馆。这座恢宏的建筑物，蕴藏着21世纪图书馆运动中许许多多的矛盾和冲突：它既尊重历史遗产，又迫不及待地拥抱未来。建馆20多年来，新亚历山大图书馆已经成为一个重要的文化机构，举办了各种会议、研讨班、音乐会和戏剧演出，以及名声在外的亚历山大图书馆国际书展。它的15个常设展览和壮观的建筑设计吸引了源源不断的游客，在2020年因新冠疫情临时关闭之前，每年有150万名游客到此游览。图书馆的藏书稳定在200万册左右，之所以远低于800万册的总容量，是因为新亚历山大图书馆和其他图书馆一样，将重点转向了为全球读者群体提供数字访问藏书的服务。

更重要的是，新亚历山大图书馆成为一种象征：全世界共同致力于提升教育作为赋权手段的价值，并确保知识的核心地位。它同时是南方世界在图书馆的未来史和未来发展中占据有力地位的体现。在过去的20年里，世界上最著名的数字先驱者之一比尔·盖茨的参与为这一运动带来了强大的推动力。自1997年以来，比尔及梅琳达·盖茨基金会为图书馆世界注入了数十亿美元的资金，先是为美国所有的公共图书馆提供了免费的无线网络，随后又拓展到50多个其他国家。全球图书馆基金会将公共图书馆视为天然的社区中心，通常也是那些地方渴望接受教育者能找到的唯一容身之地，同时还有专业且富有同情心的工作人员。这不是对卡耐基图书馆建设方案的效仿，而是改造现有的基础设施，使其能够提供现代化数字资源并为新手用户提供指导的新项目。从博茨瓦纳和保加利亚到智利、哥伦比亚、墨西哥和越南，全球图书馆基金会还为现有的本地项目提供奖金，凸显出激励式领导在将发展机遇融入数字化未来上的重要性。[1]该项目还体现出在民主选择时代，图书馆的理想化特征也发生了转变：过去是精英阶层希望读者通过图书馆提升自我，而现在权力已经决定性地回到了读者自己手中。

很难把全球图书馆项目视作一个皆大欢喜的方案。在其他地方，书籍世界与数字巨头的相遇引发了诸多忧虑。书籍出版商望着日益壮大的亚马逊，就像一个法国贵族第一次看到断头台一样，既感到惊骇又为之着迷。即便是传闻亚马逊创始人杰夫·贝索斯对自己的员工说，要像猎豹接近生病的小鹿那样去接近小型出版商，也丝毫没有让他们感到警醒。[2]

与此同时，谷歌在搜索引擎地位水涨船高的积极宣传中乘风破浪而来，因其计划将全球所有的藏书数字化，由此与书籍世界展开了一场长达10年的激烈战斗。有趣的是，亚马逊和谷歌都声称自己的灵感来源于古老的亚历山大图书馆。亚马逊的人工智能虚拟助手Alexa便是以这座图书馆命名的，虽然其如亚历山大图书馆那般拥抱全球知识的雄心壮志——谷歌创始人特别提到了他们要将世界上的每一本书数字化——也被卷入了这汹涌的波涛之中。

重要的是，要知道，当拉里·佩奇和谢尔盖·布林宣布他们要数字化具有500年历史的世界书籍遗产时，图书馆界用热情回应了他们。2010年，谷歌自负地精准计算出，自古登堡以来，世界上已经出版了129864800册书。所有这些书谷歌全都想要，并且他们在世界上最伟大的图书馆中找到了愿意合作的伙伴。密歇根、哈佛、斯坦福、牛津和纽约的公共图书馆都同意与之签约；即使在今天，安特卫普、根特、阿姆斯特丹和大英图书馆仍在继续与谷歌合作。对谷歌来说，这既是一次惊人的投资，也是一项有纪念意义的后勤演习。谷歌对总共约2000万册书，其中包括许多世界上最古老的书，进行了拍摄扫描。

然而很快，疑虑开始丛生。[3]全球首屈一指的图书馆开始思考把世界上的所有知识交给一家公司是否真的明智。随后，版权问题也开始浮出水面。谷歌认为他们已经解决了这个问题，将谷歌图书更多地定位为搜索引擎，一个巨大的内容百科全书，而不是让人们直接在线阅读：这就是他们宣称的“合理使用”，也是他们为盗用创造性作品的控诉作出的重点辩护。作者们没有被说服，并在2005年发起了集体诉讼，以保护他们的文化财产。起初达成了一项临时和解协议——谷歌支付1.25亿美元以获取对这些材料的商业利用权——但后来谈判还是以失败告终。

谷歌的案子最终归结为一个信任问题：我们能否将我们宝贵的书籍遗产交付给仍然充满不确定性的数字未来？如果谷歌消失在付费页面之后，或者只是消失了；又或者，有时与用户共享全部书籍，有时又不让用户接触某些书籍，那我们该怎么办呢？我们是否能够接受让一家公司来决定读者所能触及的知识边界？更为寻常的问题是，如果写作者的作品在一个不受控制的环境中被随意分享，就像音乐行业遭遇的大屠杀那般，他们将如何谋生？更为根本的问题是，现代世界里的我们，思维被一个小小的矩形电子盒所主导，也就是我们一整天不停地对着它进行咨询的智能手机。在这样一个世界里，书籍的节奏是否过于迟缓。2016年的一项研究表明，人们平均每天会拿起手机2617次。[4]有人认为，真正的问题不在于对书籍这种媒介的攻击，而在于对我们注意力广度的攻击。[5]但另一方面，收音机和电视也受到过同样的谴责；早在16世纪，真正的学者也曾对小册子发起过痛斥。对智能手机更为有力的批评是，它令人上瘾的功能并不是偶发性的副作用，而是为培养用户依赖性的刻意设计；而这种依赖性，几乎没有为反思性阅读留下任何空间。

扑灭火焰

1986年4月29日，洛杉矶图书馆发生了一场火灾，这个故事业已为本书的读者所悉知。到那天结束时，40万册书被毁，此外还有70万册书遭到浸泡、烟熏或者兼而有之地受到了损坏。这是一场无人知晓的图书馆灾难。在大火燃起的那天，西方新闻机构首次曝出了切尔诺贝利核电站的破坏程度。显然，全世界的媒体都在关注这条更大的新闻。[6]

事实上，图书馆遭受火灾并不罕见：在美国，每年图书馆会报告至少200起火灾。大多最严重的火灾源于老化的电路。1982年，电线故障摧毁了北好莱坞的分支图书馆；2004年，类似的原因又夺走了德国魏玛著名的安娜·艾玛利亚图书馆的许多无价藏品。1994年，英国诺维奇的城市图书馆馆内35万册藏书被烧毁；1988年，圣彼得堡俄罗斯科学院报社分部发生的火灾，烧毁了40万份报刊和书籍。[7]

直到现在，我们还是喜欢把图书馆视为避难所：一个书籍只要被安置妥当，就会受到保护的地方。事实证明，这个安全的避难所只是暂时性的。书籍总是会离开图书馆的：有时是某些本书所重点关注的灾难所造成的结果，但有时也是图书馆正常工作的一部分。书籍被取走，是因为它们不再有人阅读，可以为新的书籍腾出空间，比如图书管理员会对旧损的影印版书籍实时进行更新。“汰旧更新”是图书管理员工作的核心部分，有着细致的规定，并且被严肃地对待。本书的作者从这之中受益匪浅，有机会挑选了大量被淘汰的书籍做研究，这些书籍是通过非营利性的更好的世界图书机构为学术界再次利用的。[8]

书籍有时会被盗走，特别是那些藏书量颇为庞大的图书馆，往往会存在严重的安全隐患。洛杉矶图书馆的一位常客经营着一家成功的二手书店，40年来专门销售从图书馆盗走的书籍。图书管理员偶尔会滥用他们受到信任的身份便利：作为爱书人，他们对书籍的稀有性和价值都有着清晰的认识，诱惑是显而易见的；虽然他们大多是为了私人阅读享受而盗走书籍，并非出售。1982年，洛杉矶的一名图书馆工作人员的家中被发现藏有1万册来自图书馆的书，在交还藏书并提出辞职之前，他谦卑地承认自己是有点囤积的癖好。[9]最近，一个更令人震惊的案件发生了，那不勒斯的吉罗拉米尼图书馆的馆长被宣判有罪，因其主使了对图书馆藏书的系统性盗窃，多达4000本的珍稀图书经由一批不正当的书商流入了市场。[10]在东欧许多安保不力的图书馆中，哥白尼著作的影印版不仅是最有价值的早期文献之一，也是被盗次数最多的；在20世纪的最后几十年里，至少有7本影印版消失了。[11]

还好，这种情况极其罕见。更应受到谴责的，并非那些出于心理不平衡或其他原因进行盗窃的个人，而是蓄意发起破坏的图书馆管理部门。[12]他们通常会打着为现代服务的幌子。图书管理员变成了未来学家，渴望突破时代的前沿，建设最具现代化和前瞻性的设施。如果这一切都失败了，他们便可以简单地解释为失败本就是无可避免的，因为没有人可以阻碍前进的步伐。因此，电子系统图书管理员迈克尔·斯凯勒在《计算机与图书馆》杂志里写道："图书馆，尤其是公共图书馆，存在一个悖论，那就是有些人打小就认为书籍是神圣的。他们不愿意扔掉任何一本书，无论它们是否早已过时……科技，即便有其阴暗面，也终将取得胜利。"[13]

计算机、会议室和新媒体设备都需要它们自己的空间。移除书籍通常是唯一的解决办法。索引卡片和藏书目录是时代进程里的早期牺牲品，被嫌弃为多余的物件，尽管这些卡片和目录里常包含在线搜索引擎无法轻易复制的内容。所幸阿姆斯特丹大学图书馆保留了这样一份藏书目录，它为我们提供了成千上万本17世纪图书的数据信息，而这些信息在任何在线资源库里都无法查找到。[14]

图书馆职业在多大程度上被现代性话语所影响，可以从1966年创办的颇具影响力的期刊《图书馆史》不断更换的名字中看出。1988年，《图书馆史》更名为《图书馆与文化》："这是一本跨学科的期刊，在文化和社会历史的背景下，不局限于时间和空间，意图探索记录性知识收藏的重要性——它们的创造、组织、保存和利用。"期刊更名后的第一篇文章是关于缩影卡片的讨论，缩影卡片是一种不透光的微缩胶片。2006年，期刊再一次更名为《图书馆与文化记录》。为了让读者明白，这次更名不只是简单加了两个字的细微区别，期刊编辑大卫·B.格雷西发表了一篇新声明："在这个新名字的带领下，本刊将以独立或协同的方式，为图书馆及图书馆事业、企业档案和记录、博物馆及博物馆管理、保存和保护的历史探索提供话语空间；这些领域凝聚在信息领域里，参与了文化记录的管理过程。"

这份声明清楚地表明，这一细微的改变是经过深思熟虑的，并且反映了应对图书馆管理学科不断变化的优先事项的决心：事实上，编委员会认为发表声明极为紧迫，以至于将其刊登在年中的第41卷上。现在回想起来，也许这份声明里最重要的部分是最后一句话，以及对"信息"的突出强调。

仅仅过了6年,《图书馆与文化记录》又更名为《信息与文化》，将“图书馆”从名字中剔除。编辑威廉·艾斯派不厌其烦地指出，有关图书馆的学术研究仍然会出现在期刊中，但它可能会与“iSchool”（学院信息化）运动共享一个版面。在某种程度上，他没有说谎。像《1850年前俄亥俄谷的书籍使用情况》这样的文章，在期刊里无论是何种形式都会受到欢迎。但其他一些文章就不一定了，比如《信息与文化》杂志第一卷里的所有文章:《智力儿童的游戏围栏》《数据库世界》和《斯蒂芬·威拉特艺术中的信息流动表现》。

对于图书馆世界来说，不遗余力地进行数字化并非一个毫无危险的选择。事实上，图书馆正在把赌注押在一项新技术上，而这项技术很快便会得到普及，图书馆便可能就此被潮流甩开。10年后，从技术上讲，整个城市，甚至整个国家都可以覆盖无线网络。亚马逊计划发射3236颗互联卫星，将在世界上的任何地方提供高速网络。[15]那么，人们为什么要去图书馆获取这些数字资源？500年来，书籍始终是图书馆的核心。如果把免费的无线网络作为图书馆未来的关键，图书馆可能连10年都维持不下去。

1986年，洛杉矶中央图书馆出借过90万册书；有70万人曾到访过图书馆。他们中的许多人是来向见多识广的工作人员提问题的：1986年，工作人员回答了600万个涉及各个领域的问题。[16]图书馆工作人员心甘情愿地在书桌旁一坐多年，积累了百科全书式的知识，变成了约翰·巴肯《三十九级台阶》里的那种“好记性先生”（顺便说一句，小说原著中其实并没有这个角色，但在电影改编剧本里增加了）。如今我们有了维基百科、谷歌和虚拟助手Alexa：咨询台收到的600万个问题现在可以不用到图书馆里去就能得到答案。事实上，2019年，亚马逊的Alexa助手每天会回答80多个国家用户的5亿个问题。[17]

至关重要的是，为数字革命赋权后，图书管理员放弃了一个独有的权利，即运用他们的知识、品味和鉴别力来帮助读者做选择；这是他们一直以来坚持不懈为之辩护的权利，这几乎与他们为图书馆所付出的一样。这是理解本书的关键：无论是第一批书商制作的目录、加布里埃尔·诺德的宣言、美国图书馆协会关于模范馆藏的指南，还是读书俱乐部和人人图书馆的出现——在一个书籍丰富的时代，总会有人帮助读者选择正确的书籍。互联网，尽管有着千变万化的形式，能取代这种经过深思熟虑、精挑细选、热切盼望，情节推动缓慢的反思性过程吗？当然，互联网是快节奏时代的完美工具；我们虽然喜欢当日收货的方便快捷，但我们也在越来越多地抱怨马不停蹄的生活所带来的压力，而且情况只会变得越发糟糕：据IDC调查公司预测，在未来5年里，全球范围内，人们将会平均每18秒与他们连接的电子设备互动1次。[18]图书馆和书籍鼓励反思性的思考。我们不能把找回生活平衡的重担全部交给相关课程和治疗小组。一本书，就可以是一节正念课。

存在

既然说到正念，那就让我们一起深呼吸，反思一下，我们还拥有什么。根据国际图书馆协会联合会的数据，全世界仍有260多万个机构图书馆，其中包括404666个公共图书馆。[19]几乎所有这些图书馆都收藏有书籍。新图书馆也在建设中。上一章中引用的法国的例子在欧洲是较为罕见的，但欧洲也有相当一部分宏伟的新图书馆：哥本哈根国家图书馆进行了扩建，绰号“黑钻”，也是位于里加的新拉脱维亚国家图书馆的灵感来源。被摧毁的诺维奇图书馆被一个精致的社区中心图书馆所取代，而曼彻斯特最近完成了对中央图书馆的重建；中央图书馆曾是英国最古老的公共图书馆之一。翻新后的图书馆提供了适当的会议空间以及一个完整的侧厅，让远道而来参观图书馆的读者，还可以就住房和护照问题与市政官员在此会面。纽约从福斯特放弃重新设计纽约公共图书馆的打击中恢复过来，在53街新建起一座宏伟的分支图书馆。[20]

技术以闪电般的速度发展着。创新从出现到驯化所需要的时间在每一代里呈指数级缩短。书籍对每个新的通信发明都充满信心，但拒绝因此而消亡。1979年，兰德公司的负责人宣称，图书馆很快将会被淘汰。[21]一份出于善意制作的关于技术引发的灭亡的图表预测，2019年是最后一家图书馆关闭的时间。[22]然而，这些破败不堪的技术遗产拒绝死神的到来，有时候，对于那些试图抢先于技术的人来说，未来是非常短暂的：见证了CD光盘的兴起和谨慎离场，这也便是书籍的未来。亚马逊的Kindle电子阅读器似乎也走在了这条不归路上。[23]但至少有一位未来学家开始重新关注图书馆。“我以为它们会被虚拟化，图书管理员的工作会被算法代替。显然不是这样的。”它们为什么还存在着？也是因为“图书馆是一个放缓思维的空间，可以让人们远离日常生活的喧嚣”。[24]

书籍可以长存，这正是寻找合适产品的杰夫·贝索斯把书籍定为亚马逊核心的原因。书籍不会变质，运输方便，尺寸相对统一，而且消费者对他们想要的这件物品有着清楚的认识。[25]虽然对于一个科技企业家来说，书籍难以满足他们对于重复销售的追求，但书籍坚固耐用，不需要维修或更换零件，而且是一种文化资本：既可以作为家庭或办公室的装饰品欣赏，还可以与他人分享、借阅或者自己收藏。

图书馆职业人士对此深有体会，至少那些每天与图书馆读者打交道的人确实如此。在研究和写作本书的过程中，我们与许多图书管理员进行了交谈，并在20多个国家的众多图书馆中工作过。我们可以分辨出图书馆助理、图书馆机构的基层人员和管理者之间真正的差异，谁依然深谙书籍的意义，谁又希望走在现代化的前端，似乎对一个没有书籍的图书馆感兴趣。听着这些狂热者谈论变革的必然性，以及无限的数字资源将带来的充满包容性的全新未来，很难不让我们想起第一代人文主义者；他们虽然谈论的是未来，但实际上是想为和他们一样的人提供更好的书籍。BiblioTech是得克萨斯州圣安东尼奥市第一家全数字化公共图书馆，它在网上提供了一个展示性的宣传视频。[26]图书馆里光线充足，摆放着一排排整齐划一的计算机，读者们欢欣鼓舞地使用着，在这样的环境中感到十分自在。几乎所有的读者都很年轻，大部分是高中生或大学生，穿着T恤和休闲裤。这些人是数字化的一代，是精英群体的一分子，只有在种群方面像进取号星舰里的军官一样多元化，但在其他方面则完全相同。然而，视频里所没有的是，年轻的父母也会带着他们的孩子去儿童图书馆，在那里，孩子们与真实书籍的接触与书籍的内容一样，对认知发展至关重要；还有一些退休老人会到图书馆里借阅一捆捆的小说。这些人群也仍然是公共图书馆及其分支网络的常客。

让我们作出这样一个设想——不再有更多新建造的、最前沿的数字实验图书馆，而我们现在所在的乡镇、城市和分支图书馆里，书籍遭到了遗弃，为其他一些事项腾出空间：课堂、小组会议、计算机、社会服务。那这还是图书馆吗？如果没有了书籍，很难把这些机构与其他公共社区空间或政府办公室作出区分。这样的图书馆很快就会失去很多读者。因为书籍有一个关键特点，它可以将真正的读者与图书馆空间中的任何其他群体区分开。任何人只要愿意都可以在任何时候加入读者群体，同样，他们也可以随时离开或者暂停他们的读者身份（在这一点上，图书馆与宗教组织相类似）。许多人在他们生活的某些时期会大量使用图书馆——如大学生或者有了孩子的母亲——然后可能就再也没去过那里。还有些人可能直到退休后，才第一次进入图书馆。

这种自愿的、偶然的、不连续的特征定义了许多男性和女性的阅读生活，这与那些使用图书馆大楼开会或者上课、目的明确的人群大不相同。在全世界每天开放的40万个公共图书馆中，推开其中任何一扇图书馆大门去阅读、借用或查阅书籍的人，不一定有任何其他的共同兴趣、需求或社会特征。那些有着共同难题、政治观点、愿望或抱负的人更有可能在其他地方找到同类，尤其是在网络上。图书馆现在已经为这样的群体提供了可以定期聚会的场所，这是一个好的发展。但这样的聚会从定义上就排除了那些没有共同点的人。

在公共图书馆的第一个世纪，从19世纪80年代开始，情况是非常不同的。那些走入图书馆的人的确有着一个共同的重要特征，那就是，他们总体来说都胸怀壮志：图书馆在当时是社会和个人提升的工具。正是这种传统的延续，确保了在世界上一些公共供应相对较为新颖的地方，图书馆依然充满活力。在西方世界，如果不是书籍，图书馆作为集合点的重新定位可能会给我们带来各种细分群体，图书馆为这些人提供了宝贵的社会服务，但彼此间却没有太多的互动。正是书籍、品味和好奇心的不确定性，确保了图书馆始终是一个社会广泛群体可以随意进出、闲逛、翻阅的地方。也正是这种不确定性将图书馆与其他公共共享空间区分开；人们还可以在那里寻找鼓舞人心的文字，无论来自什么样的书籍。

可以随意翻阅书籍是机构图书馆成功的关键，也是其与个人图书馆的重要区别。自从数字资源发展出新的销售模式以来，大量的独创性研究被投入在试图复原翻阅体验方面。根据搜索结果（“如果您购买了这个商品，您可能也会喜欢这个商品”）和微目标付费广告进行联想推荐的结果令人印象深刻（多少也有点吓人）。但是，如果我们想要的是不同的东西，而不是更多相似的东西呢？如果我们不知道自己想要的是不同的东西，而某次的不期而遇激发了我们的兴趣呢？数字化还没有找到一种方法来还原计划外的事件，或者实质性的翻动页面、做标记和读完一本书这些有触感、有韵律的阅读体验。如果人类要成为数字服务的理想用户，就必须变得更加像机器人：可预测、有局限性而且易控制。

我们很难不去将图书馆的状况与书籍的状况联系在一起。书籍由人类制作而成，经过几个世纪的证明，具有极强的适应性：在罗马帝国的倾覆、从手稿向印刷的媒介转变、宗教改革和启蒙运动、地毯式轰炸以及无数次对反对文本的限制接触中幸存。最近，书籍目睹了许多新技术被送入坟墓：微缩胶片、CD光盘，现在又轮到了电子阅读器。书籍纯粹的触感是其成功和多变性的关键所在：既可以是说明书，也可以是图腾形象、百科大全或一种娱乐方式。而图书馆，在建造位置及其概念上，也同样具有这样的多变性。

致　谢

在这个项目以及其他项目的研究过程中，两位作者各自或共同在300多个图书馆和档案室里工作过。因此，我们首先要感谢的是图书馆的工作人员：为我们寻得数百本珍贵藏书的图书管理员；与我们分享现代图书馆不断变化的工作制度的小型分支图书馆助理；以及与我们探讨快速变化的媒体环境所带来的挑战的高级图书管理人才。他们慷慨地奉献出自己宝贵的时间和聪明才智。

其次，对于这个特别的项目，我们要感谢图书馆界，尤其是已出版的关于图书馆与读者发展历史的著作。没有人比管理藏书的图书管理员或档案管理员更了解收藏。许多人在他们发表的作品中分享了他们的经历，而这些作品为我们查阅文献奠定了基础，特别是在本书的第二部分。在大多数情况下，这项工作都是发表在学术期刊上的：图书管理员不像学者有那么多奢侈的时间专门用于研究。我们向他们所有人，以及我们为本书和其他相关文献的写作做准备时，所梳理出的十几家或者更多致力于图书馆和信息文化的期刊编委会，表达我们最深切的谢意。

我们还需要感谢图书馆世界边缘的一个机构：更好的世界图书机构。即便一本书被摆上了公共图书馆或大学图书馆的书架，它也不一定能够一直留在那里；本书的读者对此一定不会感到惊讶。不断更新的库存和有限的书架空间始终存在着难以解决的问题，虽然对一本书何去何从的细致评估是图书管理员的日常工作之一。许多被取下书架的书籍传递到了经销商的手中，如更好的世界图书机构。在完成本书的一年里，大多数研究图书馆都关门了很长一段时间，通过各种二手卖家（比如更好的世界图书机构或AbeBooks）获取许多必要文献的能力是继续这一研究的命脉。我们现在拥有来自50多个公共和学术图书馆的书籍，它们的借阅记录基本都完好无损。这是一次虚拟的世界之旅，极大地增强了我们在本书写作过程中的良好感受。

支持本书写作的研究工作在2020年春新冠疫情彻底改变研究环境之前，便愉快地完成了。感谢沃尔芬比特尔奥斯特公爵图书馆、莱顿大学图书馆、阿姆斯特丹自由大学和都柏林三一学院为我们提供的帮助，允许我们在图书馆关闭前进行重要文献的研究。我们成功与沃尔芬比特尔、塔林、维尔纽斯和伦敦的读者分享了我们对图书馆历史的看法。很遗憾，原本计划在里加、多伦多和纽约进行的更多活动由于疫情的原因而取消。圣安德鲁斯有两批学生参加了我们关于图书馆历史的课程，他们也在本书的写作过程中为我们提供了宝贵的反馈意见。

阅读本书初稿的朋友们也为我们提供了很大的帮助：雅各布·巴克斯特（Jacob Baxter）、杰西卡·道尔顿（Jessica Dalton）、约翰·西博尔德（John Sibbald）、彼得·特鲁斯代尔（Peter Truesdale）和弗兰·德·韦杜文（Fran der Weduwen）。他们对补充材料敏锐的评论和建议大大提高了最终的成文质量。我们在圣安德鲁斯大学，特别是我们自己的书籍历史研究小组的支持下，构思并撰写了这本书籍。在与本书项目组才华横溢的同事和研究生的日常讨论中，我们收获颇丰。我们对全球简明目录（Universal Short Title Catalogue）的副主任兼项目经理格雷姆·坎普（Graeme Kemp）博士表达特别的谢意，他始终掌控着不断涌入的新数据，使未来的可能性充满想象力地呈现在我们眼前。全球简明目录网站目前的成果在很大程度上正是他的创作。我们还要感谢博睿学术出版社（Brill）的阿尔扬·范·戴克（Arjan van Dijk）和ProQuest的法哈娜·霍克（Farhana Hoque）对我们的帮助，尤其感谢他们提供的两个卓越的数字资源库：在线书籍销售目录（Book Sales Catalogues Online）和欧洲早期书籍网（Early European

Books）。

在印刷之前，我们的编辑，档案出版社（Profile）的塞西莉·盖福德（Cecily Gayford）对底稿进行了严格的审核。她为了重塑我们的一些资料，提出了严谨而富有想象力的建议，我们对此深表谢意。我们也要感谢佩妮·加德纳（Penny Gardiner）精准的编辑工作和萨曼莎·约翰逊（Samantha Johnson）出色的封面设计。还有一位重要的人物是我们的代理人费利西蒂·布莱恩（Felicity Bryan）。正是费利西蒂鼓励我们展开我们的画布，拥抱图书馆历史的整幅画卷。书籍的名字是我们在布拉格城堡的城墙下与费利西蒂通电话时一起做的决定。在这类问题上，她非常一丝不苟而且不轻易妥协，当然，也正是通过费利西蒂，我们才被介绍给档案出版社并结识了塞西莉·盖福德。

费利西蒂·布莱恩，英国员佐勋章获得者，于2020年6月21日去世。我们将本书献给她，向她为书籍世界作出的巨大贡献表达最诚挚的感谢和最由衷的敬意。

写于圣安德鲁斯

2020年12月

注　释

序　重建废墟

1. Anthony Hobson, *Great Libraries* (London: Weidenfeld and Nicholson, 1970), p. 143.
2. *Advis pour dresser une bibliothèque* (Paris, François Targa, 1627). Gabriel Naudé, *Advice on Establishing a Library*, ed. Archer Taylor (Berkeley: University of California Press, 1950).
3. 参见第11章。
4. Kristian Jensen, *Revolution and the Antiquarian Book* (Cambridge: Cambridge University Press, 2011).
5. 如需查看相关资料的精选，可参阅Christopher de Hamel, *Meetings with Remarkable Manuscripts* (London: Allen Lane, 2016)。
6. 参见第13章。
7. W. B. Stevenson, 'The Selection of Fiction for Public Libraries', in Raymond Astbury (ed.), *The Writer in the Market Place* (London: Clive Bingley, 1969), p. 148.
8. Andrew Pettegree and Arthur der Weduwen, *The Bookshop of the World* (London: Yale University Press, 2019), pp. 172–194.
9. Rebecca Knuth, *Burning Books and Levelling Libraries. Extremist Violence and Cultural Destruction* (Westport, Conn.: Prager, 2006), pp. 80–86.
10. Michael Kevane and William A. Sundstrom, 'The development of Public Libraries in the United States, 1870–1930: A Quantitative assessment', *Information & Culture*, 49 (2014), pp. 117–144.
11. John Carey, *The Intellectuals and the Masses. Pride and Prejudice among the*

Literary Intelligentsia, 1880–1939 (London: Faber & Faber, 1992), pp. 3–19.

12. Jonathan Rose, 'A Conservative Canon: Cultural Lag in British Working-Class Reading Habits', *Libraries and Culture*, 33 (1998), pp. 98–104.

第1章　流动的手稿

1. Beverley Butler, *Return to Alexandria: an ethnography of cultural heritage, revivalism and museum history* (Walnut Creek: Left Coast Press, 2007).
2. 参见第5章。
3. Jeremy Black, 'Lost Libraries of Ancient Mesopotamia', in James Raven (ed.), *Lost Libraries. The Destruction of Great Book Collections since Antiquity* (Basingstoke: Palgrave, 2004), pp. 41–57, here p. 41.
4. William V. Harris, *Ancient Literacy* (Cambridge, MA.: Harvard University Press, 1989).
5. Lionel Casson, *Libraries in the Ancient World* (London: Yale University Press, 2001), p. 22.
6. Rory MacLeod (ed.), *The Library of Alexandria. Centre of Learning in the Ancient World* (London: I. B. Tauris, 2000).
7. 参见第2章。
8. Bernard Lewis, 'The Arab Destruction of the Library of Alexandria: Anatomy of a Myth', in Mostafa El-Abbadi and Omnia Fathallah (eds.), *What Happened to the Ancient Library of Alexandria?* (Leiden: Brill, 2008), pp. 213–217.
9. T. Keith Dix, '"Public Libraries" in Ancient Rome: Ideology and Reality', *Libraries & Culture*, 29 (1994), pp. 282–296, here p. 283.
10. T. Keith Dix, 'Pliny's Library at Comum', in *Libraries and Culture*, 31 (1996), pp. 85–102.
11. Felix Reichmann, 'The Book Trade at the time of the Roman Empire', *Library Quarterly*, 8 (1938), pp. 40–76, here p. 73. P. White, 'Bookshops in the Literary Culture of Rome', in William A. Johnson and Holt N. Parker (eds.), *Ancient Literacies: the culture of reading in Greece and Rome* (Oxford: Oxford University Press, 2009), pp. 268–287.
12. Anthony J. Marshall, 'Library Resources and Creative Writing at Rome', *Phoenix*, 30 (1976), pp. 252–264。有关西塞罗的图书馆，尤见T. Keith Dix, '"Beware of

promising your library to anyone". Assembling a Private Library at Rome', in Jason König, Katerina Oikonomopoulou and Greg Woolf (eds.), *Ancient Libraries* (Cambridge: Cambridge University Press, 2013), pp. 209–234。

13. Lorn Bruce, 'Palace and Villa Libraries from Augustus to Hadrian', *Journal of Library History*, 21 (1986), pp. 510–552, here pp. 544–545.
14. Sandra Sider, "Herculaneum's Library in 79 AD: the villa of the Papyri', *Libraries and Culture*, 25 (1990), pp. 534–542.
15. Reichmann, 'Book Trade', p. 43.
16. Victor M. Martínez and Megan Finn Senseney, 'The Professional and his Books. Special Libraries in the Ancient World', in König , *Ancient Libraries*, pp. 401–417.
17. Vivian Nutton, 'Galen's Library', in Christopher Gill, Tim Whitmarsh and John Wilkins (eds.), *Galen and the World of Knowledge* (Cambridge: Cambridge University Press, 2009), pp. 18–36. Susan P. Mattern, *The Prince of Medicine. Galen in the Roman Empire* (Oxford: Oxford University Press, 2013).
18. 参见第2、3和4章。
19. 参见第6章。
20. George W. Houston, *Inside Roman Libraries. Book Collections and Their Management in Antiquity* (University of North Carolina Press, 2014).

第2章　栖身之地

1. J. Berthoud, 'The Italian Renaissance Library', *Theoria: A Journal of Social and Political Theory, 26* (1966), pp. 61–80, here p. 68.
2. Dom Romanus Rios, 'Monte Cassino, 529–1944', *Bulletin of the John Rylands Library*, 29 (1945), pp. 49–68。这篇文章的叙述简明扼要，是在第二次世界大战期间修道院最后一次遭到破坏后撰写的。
3. 尤为相关的案例研究，可参阅Adrian Papahagi, 'Lost Libraries and Surviving Manuscripts: The Case of Medieval Transylvania', *Library and Information History*, 31 (2015), pp. 35–53。
4. King James Version, II Timothy 4:13.
5. John Barton, *A History of the Bible: The Book and Its Faiths* (London: Allen Lane, 2019).
6. Herman A. Peterson, 'The Genesis of Monastic Libraries', *Libraries and the Cultural*

Record, 45 (2010), pp. 320–332.

7. 引自 James Westfall Thompson, *The Medieval Library* (New York: Hafner, 1957), p. 34。

8. Bruce L. Venarde (ed.), *The Rule of Saint Benedict* (Cambridge, MA: Harvard University Press, 2011), chapter 48, pp. 161–163.

9. 引自 Jacob Hammer, 'Cassiodorus, the Savour of Western Civilization', *Bulletin of the Polish Institute of Arts and Sciences in America*, 3 (1945), pp. 369–384, p. 380。

10. L. D. Reynolds and N. G. Wilson, *Scribes and Scholars. A Guide to the Transmission of Greek and Latin Literature* (Oxford: Oxford University Press, 1968), pp. 34–35.

11. Reynolds and Wilson, *Scribes and Scholars*, p. 76.

12. Thompson, *The Medieval Library*, p. 35.

13. Sven Meeder, *The Irish Scholarly Presence at St. Gall. Networks of Knowledge in the Early Middle Ages* (London: Bloomsbury, 2018).

14. Yaniv Fox, *Power and Religion in Merovingian Gaul: Columbanian Monasteries and the Frankish Elites* (London: Yale University Press, 2014).

15. Rosamond McKitterick, *Charlemagne. The Formation of a European Identity* (Cambridge: Cambridge University Press, 2008), p. 306.

16. Rosamond McKitterick, *The Carolingians and the written word* (Cambridge: Cambridge University Press, 1989).

17. McKitterick, *Charlemagne*, p. 316.

18. James Stuart Beddie, 'The Ancient Classics in the Mediaeval Libraries', *Speculum*, 5 (1930), pp. 3–20.

19. McKitterick, *Charlemagne*, pp. 331–332.

20. Donald Bullough, 'Charlemagne's court library revisited', *Early Mediaeval Europe*, 12 (2003), pp. 338–363, here p. 341.

21. Laura Cleaver, 'The circulation of history books in twelfth-century Normandy', in Cynthia Johnston (ed.), *The Concept of the Book. The production, progression and dissemination of information* (London: School of Advanced Study, 2019), pp. 57–78.

22. Thompson, *The Medieval Library*, p. 628.

23. Thompson, *The Medieval Library*, pp. 51, 618。更广泛地了解，可参阅 Florence Edler de Roover, 'The Scriptorium', *The Medieval Library*, pp. 594–612 以及 Cynthia J. Cyrus, *The Scribes for Women's Convents in Late Medieval Germany* (Toronto: University of Toronto Press, 2009), pp. 18–47。

24. Thompson, *The Medieval Library*, p. 606.

25. Cyrus, *The Scribes for Women's Convents*, 尤见该书第48–89页、第132–165页。

26. Christopher Given-Wilson, *Chronicles. The Writing of History in Medieval England* (London: Hambledon, 2004).

27. Johannes Duft, *The Abbey Library of Saint Gall* (St Gallen: Verlag am Klosterhof, 1985).

28. 如欲了解建筑整体发展，可参阅John Willis Clark, *The Care of Books: An essay on the development of libraries and their fittings, from the earliest times to the eighteenth century* (Cambridge: Cambridge University Press, 1901), Henry Petroski, *The Book on the Book Shelf* (New York: Knopf, 1999) 以及 K. Sp. Staikos, *The Architecture of Libraries in Western Civilization. From the Minoan Era to Michelangelo* (New Castle, DE: Oak Knoll Press, 2017)。

29. 相关内容中，最值得注意的是 Eva Schlotheuber and John T. McQuillen, 'Books and Libraries within Monasteries', in Alison I. Beach and Isabelle Conchelin (eds.), *The Cambridge History of Medieval Monasticism in the Latin West* (Cambridge: Cambridge University Press, 2020), pp. 975–997。

30. Edward T. Brett, 'The Dominican Library in the Thirteenth Century', *The Journal of Library History*, 15 (1980), pp. 303–308, here p. 305.

31. 引自 Staikos, *Architecture of Libraries*, pp. 248–249。

32. Schlotheuber and McQuillen, 'Books and Libraries', p. 981.

33. 另参见第3章。

34. K. W. Humphreys, 'The Effects of Thirteenth-century Cultural Changes on Libraries', *Libraries and Culture*, 24 (1989), pp. 5–20.

35. N. R. Ker, 'The Beginnings of Salisbury Cathedral Library', in his *Books, Collectors and Libraries. Studies in the Medieval Heritage*, ed. Andrew G. Watson (London/Ronceverte: The Hambledon Press, 1983), pp. 143–174, 以及该书中的 'Cathedral Libraries', pp. 293–300。

36. Richard H. Rouse, 'The early library of the Sorbonne', *Scriptorium*, 21 (1967), pp. 42–71. J. O. Ward, 'Alexandria and its Medieval Legacy: the Book, the Monk and the Rose', in Roy MacLeod (ed.), *The Library of Alexandria. Centre of Learning in the Ancient World* (London/New York: Tauris, 2000), pp. 163–179, here p. 171.

37. N. R. Ker, 'Oxford College Libraries before 1500', in his *Books, Collectors and Libraries*, pp. 301–320.

38. 出处同上，第302页。

39. Staikos, *Architecture of Libraries*, p. 253.
40. Burnett Hillman Streeter, *The Chained Library. A Survey of Four Centuries in the Evolution of the English Library* (London: Macmillan, 1931).
41. S. K. Padover, 'German Libraries in the fourteenth and fifteenth centuries', in Thomson, *The Mediaeval Library*, pp. 453–476, here p. 455.
42. Anthony Hobson, *Great Libraries* (London: Weidenfeld & Nicolson, 1970), p. 22.
43. 参见第3章。
44. Phyllis Goodhart Gordan, *Two Renaissance Book Hunters. The letters of Poggius Bracciolini to Nicolaus de Niccolis* (New York: Columbia University Press, 1974)。另参见第3章。
45. 出处同上，第188–189页。
46. 出处同上，第192页。
47. 出处同上，第42、46页。
48. 出处同上，第99页。
49. 出处同上，第100、102页。

第3章　小花招与金字儿

1. Richard H. Rouse and Mary A. Rouse, 'The Commercial Production of Manuscript Books in Late-Thirteenth-century and Early-Fourteenth-century Paris', in Linda L. Brownrigg (ed.), *Medieval Book Production. Assessing the Evidence* (London: Red Gull Press, 1990), pp. 103–115, here p. 103.
2. 参见第4章。
3. 良好例证可参阅Adrian Papahagi, 'The Library of Petrus Gotfart de Corona, Rector of the University of Vienna in 1473', *The Library*, 7th series, 20 (2019), pp. 29–46, p. 39。
4. Graham Pollard, 'The pecia system in the mediaeval universities', in M. B. Parkes and Andrew G. Watson (eds.), *Mediaeval Scribes, Manuscripts and Libraries. Essays presented to N.R. Ker* (London: Scholar Press, 1978), pp. 145–161.
5. Nikolaus Weichselbaumer, '"Quod Exemplaria vera habeant et correcta": Concerning the Distribution and Purpose of the Pecia System', in Richard Kirwan and Sophie Mullins (eds.), *Specialist Markets in the Early Modern Book World* (Leiden/Boston: Brill, 2015), pp. 331–350, here p. 343.

6. Richard H. Rouse and Mary A. Rouse, *Manuscripts and their Makers: commercial book producers in Medieval Paris, 1200–1500* (London: Harvey Miller, 2000).
7. 典型研究可参阅Frits Pieter van Oostrom, *Court and Culture: Dutch Literature, 1350–1450* (Berkeley, CA: University of California Press, 1992)。
8. Eamon Duffy, *Marking the Hours. English People and their Prayers, 1240–1570* (New Haven: Yale University Press, 2006).
9. Roger S. Wieck, *Time Sanctified. The Book of Hours in Medieval Art and Life* (New York: George Braziller, 2001), p. 39.
10. Christopher de Hamel, *Meetings with Remarkable Manuscripts* (London: Allen Lane, 2016), pp. 376–425.
11. Georges Dogaer and Marguerite Debae, *La Librairie de Philippe le Bon* (Bruxelles: Bibliothèque Royale, 1967), p. 1.
12. Godfried Croenen and Peter Ainsworth (eds.), *Patrons, Authors and Workshops: Books and Book Production in Paris Around 1400* (Leuven: Peeters, 2006).
13. Hanno Wijsman, *Luxury Bound. Illustrated Manuscript Production and Noble and Princely Book Ownership in the Burgundian Netherlands (1400–1550)* (Turnhout: Brepols, 2010), p. 23.
14. 现存于大英图书馆附加手稿处，编号18850。
15. Alessandra Petrina, *Cultural Politics in Fifteenth-century England: The case of Humphrey, Duke of Gloucester* (Leiden: Brill, 2004), pp. 153–258.
16. 参见第6章。
17. 相关案例研究可参阅Andrew Taylor, 'Manual to Miscellany: Stages in the Commercial Copying of Vernacular Literature in England', *The Yearbook of English Studies*, 33 (2003), pp. 1–17。
18. Georges Dogaer and Marguerite Debae, *La Librairie de Philippe le Bon* (Bruxelles: Bibliothèque Royalej, 1967). Wijsman, *Luxury Bound*, pp. 244–253.
19. Hanno Wijsman, *Handschriften voor het hertogdom. De mooiste verluchte manuscripten van Brabantse hertogen, edellieden, kloosterlingen en stedelingen* (Alphen: Veerhuis, 2006).
20. James P. Carley, *The Libraries of King Henry VIII* (London: The British Library, 2000), p. 3.
21. Duffy, *Marking the Hours*, p. 25.
22. 出处同上，第22页。

23. Dora Thornton, *The Scholar in his Study. Ownership and Experience in Renaissance Italy* (New Haven: Yale University Press, 1997).
24. 出处同上，第32页。
25. 出处同上，第4页。
26. 出处同上，第133–134页。
27. 参见第2章。
28. 良好例证可参阅David Rundle, 'A Renaissance Bishop and His Books: A Preliminary Survey of the Manuscript Collection of Pietro Del Monte (c.1400–1457)', *Papers of the British School at Rome*, 69 (2001), pp. 245–272, here p. 256。
29. 参见第1章。
30. R. J. Mitchell, 'A Renaissance Library: the Collection of John Tiptoft, Earl of Worcester', *The Library*, 4th series, 18 (1937), pp. 67–83.
31. Albinia C. de la Mare, 'Vespasiano da Bisticci, Historian and Bookseller' (unpublished PhD thesis, London University, 1966). Idem, 'Vespasiano da Bisticci as Producer of Classical Manuscripts in Fifteenth-century Florence', in Claudine A. Chavannes-Mazel and Margaret M. Smith (eds.), *Medieval Manuscripts of the Latin Classics: Production and Use* (London: Red Gull Press, 1996), pp. 166–207.
32. De la Mare, 'Vespasiano da Bisticci, Historian and Bookseller', p. 214.
33. 出处同上，第215–216页。
34. Vespasiano da Bisticci, *Renaissance Princes, Popes and Prelates. The Vespasiano Memoirs: Lives of Illustrious Men of the XVth Century*, trans. William George and Emily Waters (New York: Harper & Row, 1963).
35. 出处同上，第102–104页。
36. Thornton, *The Scholar in his Study*, p. 120. K. Sp. Staikos, *The Architecture of Libraries in Western Civilization. From the Minoan Era to Michelangelo* (New Castle, DE: Oak Knoll Press, 2017), pp. 316–319.
37. Vespasiano da Bisticci, *Renaissance Princes, Popes and Prelates*, pp. 114–115, 118, 155–156, 171, 237.
38. 完整故事的巧妙叙述可参阅Berthold L. Ullman and Philip A. Stadler, *The Public Library of Renaissance Florence. Niccolò Niccoli, Cosimo de' Medici and the Library of San Marco* (Padova: Editrice Antenore, 1972)。
39. De la Mare, 'Vespasiano da Bisticci, Historian and Bookseller', p. 219.
40. Vespasiano da Bisticci, *Renaissance Princes, Popes and Prelates*, p. 221.

41. Ullman and Stadler, *The Public Library of Renaissance Florence*, p. 28.

42. Elias Muhanna, *The World in a Book. Al-Nuwayri and the Islamic Encyclopedic Tradition* (Princeton: Princeton University Press, 2018).

43. Arnold H. Green, 'The history of Libraries in the Arab World: A Diffusionist Model', *Libraries & Culture*, 23 (1988), pp. 454–473. Ribhi Mustafa Elayyan, 'The History of the Arabic-Islamic Libraries: 7th to 14th Centuries', *International Library Review*, 22 (1990), pp. 119–135.

44. Brent D. Singleton, 'African Bibliophiles: Books and Libraries in Medieval Timbuktu', *Libraries & Culture*, 39 (2004), pp. 1–11.

45. Paul E. Walker, 'Literary Culture in Fatimid Egypt', in Assadullah Souren Melikian-Chirvani (ed.), *The World of the Fatimids* (Toronto: Aga Khan Museum, 2018), pp. 160–175. Johannes Pedersen, *The Arabic Book* (Princeton, NJ: Princeton University Press, 1984), pp. 118–119, 更广泛地了解，可参阅pp. 113–130。

46. Kuang Neng-fu, 'Chinese Library Science in the Twelfth Century', *Libraries & Culture*, 26 (1991), pp. 357–371。日本相关信息可参阅Peter Kornicki, *The Book in Japan: A Cultural History from the Beginnings to the Nineteenth Century* (Honolulu: University of Hawai'i Press, 2001), pp. 363–412。

47. Mark Kurlansky, *Paper: paging through history* (New York: W. W. Norton), 2016, pp. 76–97.

48. Kai-wing Chow, *Publishing, Culture and Power in Early Modern China* (Stanford, CA: Stanford University Press, 2004). C. J. Brokaw, 'On the history of the book in China', in C. J. Brokaw and Kai-wing Chow (eds.), *Printing and Book Culture in Late Imperial China* (Berkeley, CA: University of California Press, 2001), pp. 3–55.

49. 由大英图书馆联合主办的“敦煌国际项目”（International Dunhuang Project）可参阅http://idp.bl.uk/。

第4章 “罪恶”的印刷机

1. Eric Marshall White, *Editio Princeps. A History of the Gutenberg Bible* (London/Turnhout: Harvey Miller, 2017), p. 23.

2. 出处同上，第23–24页。更广泛地了解，可参阅*Albert Kapr, Johann Gutenberg. The Man and his invention* (Aldershot: Scolar Press, 1996)。

3. Andrew Pettegree, *The Book in the Renaissance* (London/New Haven: Yale

University Press, 2010), pp. 21–62. Susan Noakes, 'The development of the book market in Late Quattrocento Italy: printers' failures and the role of the middleman', *The Journal of Medieval and Renaissance Studies*, 11 (1981), pp. 23–55.

4. Mary A. Rouse and Richard H. Rouse, 'Backgrounds to print: aspects of the manuscript book in northern Europe of the fifteenth century', in their *Authentic Witnesses: approaches to medieval texts and manuscripts* (Notre Dame: University of Notre Dame Press, 1991), pp. 449–466.
5. Elizabeth L. Eisenstein, *Divine Art, Infernal Machine. The Reception of Printing in the West from First Impressions to the Sense of an Ending* (Philadelphia, PA: University of Pennsylvania Press, 2011), p. 13.
6. 出色的案例研究可参阅Paul Saenger, 'Colard Mansion and the Evolution of the Printed book', *The Library Quarterly*, 45 (1975), pp. 405–418。
7. Falk Eisermann, 'A Golden Age? Monastic Printing Houses in the Fifteenth Century', in Benito Rial Costas (ed.), *Print Culture and Peripheries in Early Modern Europe* (Leiden: Brill, 2012), pp. 37–67, here p. 41.
8. 出处同上，第63页。
9. Melissa Conway, *The Diario of the Printing Press of San Jacopo di Ripoli, 1476–1484* (Firenze: Leo S. Olschki, 1999), pp. 28, 56–61.
10. Eisermann, 'A Golden Age?', p. 37.
11. Lotte Hellinga, 'Book Auctions in the Fifteenth Century', in her *Incunabula in Transit: People and Trade* (Leiden: Brill, 2018), pp. 6–19, here p. 6.
12. White, *Editio Prineps*, p.49.
13. Eisermann, 'A Golden Age?', p. 3.
14. Curt F. Bühler, *The Fifteenth-century Book. The Scribes, the printers, the decorators* (Philadelphia: Philadelphia University Press, 1960), p. 41.
15. Hannes Kleineke, 'The Library of John Veysy (d. 1492), Fellow of Lincoln College, Oxford, and Rector of St James, Garlickhythe', *The Library*, seventh series, 17 (2016), pp. 399–423. Wolfgang Undorf, 'Print and Book Culture in the Danish Town of Odense', in Costas (ed.), *Print Culture and Peripheries*, pp. 227–248.
16. N. R. Ker, 'Oxford College Libraries in the Sixteenth Century', in his *Books, Collectors and Libraries: studies in the medieval heritage* (London, Ronceverte: Hambledon Press, 1985), pp. 379–436, here p. 395.
17. Filippo de Strata, *Polemic against Printing*, ed. Martin Lowry (Birmingham: The

Hayloft Press, 1986).
18. 参见第12、14章。
19. Vespasiano da Bisticci, *Renaissance Princes, Popes and Prelates*, p. 104.
20. Albinia C. de la Mare, 'Vespasiano da Bisticci as Producer of Classical Manuscripts in Fifteenth-century Florence', in Claudine A. Chavannes-Mazel and Margaret M. Smith, *Medieval Manuscripts of the Latin Classics: Production and Use* (London: Red Gull Press, 1996), pp. 166–207, here p. 206.
21. Berthold and Stadler, *The Public Library of Renaissance Florence*, pp. 46–47.
22. Marcus Tanner, *The Raven King. Matthias Corvinus and the Fate of his Lost Library* (New Haven: Yale University Press, 2008).
23. Hanno Wijsman, 'Philippe le beau et les livres: rencontre entre une époque et une personalité', in his *Books in transition at the time of Philip the Fair. Manuscripts and printed books in the late fifteenth and early sixteenth century Low Countries* (Turnhout: Brepols, 2010), pp. 17–92, here pp. 88, 91.
24. Hanno Wijsman, 'Une bataille perdue d'avance? Les manuscrits après l'introduction de l'imprimerie dans les anciens Pays-bas', in his, *Books in transition*, pp. 257–272, here p. 263.
25. Wijsman, *Luxury Bound*, pp. 337–338.
26. Marguerite Debae, *La Librairie de Marguerite d'Autriche* (Bruxelles: Bibliothèque Royale, 1987).
27. Roger Chartier, *The Cultural Uses of Print in Early Modern France* (Princeton: Princeton University Press, 1987), p. 150.
28. Julia Boffey, *Manuscript and Print in London, c.1475–1530* (London: The British Library, 2012), pp. 1–2.
29. James P. Carley (ed.), *The Libraries of King Henry VIII* (London: The British Library, 2000).
30. 参见第6章。

第5章　新时代的来临

1. Noel L. Brann, *The Abbot Trithemius (1462–1516): The Renaissance of Monastic Humanism* (Leiden: Brill, 1981), pp. 4–53.
2. 英文译本可参阅Johannes Trithemius, *In Praise of Scribes*, tr. Elizabeth Bryson Bongie

(Vancouver: Alcuin Society, 1977)。
3. USTC收录，编号749471。
4. Trithemius, *In Praise of Scribes*, p. 4.
5. Anthony Grafton, *Worlds made by Words. Scholarship and Community in the Modern West* (Cambridge, Mass.: Harvard University Press, 2009), chapter 3.
6. 对该故事的精彩叙述可参阅Edward Wilson-Lee, *The Catalogue of Shipwrecked Books. Young Columbus and the Quest for a Universal Library* (London: Harper Collins, 2018)。
7. Mark P. Mcdonald, *Ferdinand Columbus: Renaissance Collector* (London: British Museum, 2005).
8. Klaus Wagner, 'Le commerce du livre en France au début du XVie siècle d'après les notes manuscrites de Fernando Colomb', *Bulletin du bibliophile*, 2 (1992), pp. 305–329.
9. USTC收录了7个版本，分别出版于巴塞罗那、巴利亚多利德、罗马、巴塞尔和安特卫普。还有一个意大利版本，由朱利亚诺·达蒂（Giuliano Dati）制作。可参阅Martin T. Davies, *Columbus in Italy* (London: British Library, 1991)。
10. Egbertus van Gulik, *Erasmus and his Books* (Toronto: Toronto University Press, 2018).
11. Wilson-Lee, *Catalogue of Shipwrecked Books*, pp. 314–316.
12. Henry Harrisse, *Excerpta Colombiniana; bibliographie de 400 pièces du 16e siècle; précédée d'une histoire de la Bibliothèque colombine et de son fondateur* (Paris: Welter, 1887).
13. Andrew Pettegree, *Foreign Protestant Churches in Sixteenth-century London* (Oxford: Oxford University Press, 1986).
14. 数量最多的部分现存于格罗宁根大学图书馆。
15. Ladislaus Buzás, *German Library History, 800–1945* (Jefferson, NC: McFarland, 1986), p. 16.

第6章　职业人士

1. Ann Blair, *Too much to know: managing scholarly information before the modern age* (New Haven: Yale University Press, 2010). R. J. W. Evans and Alexander Marr, *Curiosity and Wonder from the Renaissance to the Enlightenment* (Aldershot:

Ashgate, 2006).

2. David Rundle, 'English Books and the Continent', in Alexandra Gillespie and Daniel Wakelin (eds.), *The Production of Books in England, 1350–1500* (Cambridge: Cambridge University Press, 2011), pp. 276–291.
3. R.bJ. Fehrenbach & E. S. Leedham-Green, *Private libraries in Renaissance England: a collection and catalogue of Tudor and early Stuart book-lists* (9 vols., Binghamton, N.Y: Medieval & Renaissance Texts & Studies, 1992–), Ⅲ, 36–44. E. S. Leedham-Green, *Books in Cambridge inventories: book lists from Vice-Chancellor's Court probate inventories in the Tudor and Stuart periods* (2 vols., Cambridge, Cambridge University Press, 1986), I, 492–508; Ⅱ, 839–842.
4. Leedham-Green, *Cambridge inventories*, I, 508–522; *Private Libraries*, Ⅸ.
5. Leedham-Green, *Cambridge inventories*, I, 102–104, Ⅱ, 316.
6. Andrea Finkelstein, 'Gerard de Malynes and Edward Misselden: The Learned Library of the Seventeenth Century Merchant', *Book History*, 3 (2000), pp. 1–20.
7. Andrew Pettegree and Arthur der Weduwen, *The Bookshop of the World. Making and Trading Books in the Dutch Golden Age* (London: Yale University Press, 2019).
8. 有时候也会把包落在船上。参阅Aarthur der Weduwen and Andrew Pettegree, *The Dutch Republic and the Birth of Modern Advertising* (Leiden: Brill, 2020), pp. 176–177，讲述遗落的各类物品。
9. Pettegree and Der Weduwen, *Bookshop of the World*, p. 305. See also, William Bouwsma, 'Lawyers and Early Modern Culture', *American Historical Review*, 78 (1973), pp. 303–327.
10. Norbert Furrer, *Des Burgers Bibliothek. Personliche Buchbestande in der stadt Bern des 17. Jahrhunderts* (Zurich: Chronos Verlag , 2018).
11. 一些早期拍卖的例子可参阅Lotte Hellinga, 'Book Auctions in the Fifteenth Century', in her *Incunabula in Transit: People and Trade* (Leiden: Brill, 2018), pp. 6–19。
12. 关于在国外发行目录的例子可参阅Arthur der Weduwen and Andrew Pettegree, *News, Business and Public Information. Advertisements and Announcements in Dutch and Flemish Newspapers, 1620–1675* (Leiden: Brill, 2020), pp. 616–617。
13. 相关示例可参阅Forrest C. Strickland, 'The Devotion of Collecting : Ministers and the Culture of Print in the Seventeenth-century Dutch Republic' (St Andrews University PhD thesis, 2019), p. 76。

14. 1681年丹尼尔·爱思唯尔去世时欠他钱的书商名单惊人，可参阅B. P. M. Dongelmans,'Elzevier addenda et corrigenda', in B.P.M. Dongelmans, P.G.Hoftijzer and O.S. Lankhorst (eds.), Boekverkopers van Europa (Zutphen: Walburg pers, 2000), pp. 53–58。

15. 参见第11章。

16. 证明了一名牧师和他的妻子不可能一年只以500荷兰盾为生。(Delft：Pieter de Menagie，1658)，USTC 1839412。

17. Hellinga, 'Book Auctions in the Fifteenth Century', pp. 10, 14–17, 18–19.

18. Urs B. Leu, and Sandra Weidmann, *Huldrych Zwingli's private library* (Leiden: Brill, 2019)。路德文献的编号为A120至A144。

19. Urs B. Leu, Raffael Keller and Sandra Weidmann, *Conrad Gessner's Private Library* (Leiden/Boston: Brill, 2008).

20. Strickland, 'The Devotion of Collecting'.

21. 出处同上，第65–66页。

22. Henriëtte A. Bosman-Jelgersma, 'De inventaris van een Leidse apotheek uit het jaar 1587', *Leids Jaarboekje*, 86 (1994), pp. 51–68, here pp. 54–55.

23. Caroline Duroselle-Melish and David A. Lines, 'The Library of Ulisse Aldrovandi (†1605): Acquiring and Organizing Books in Sixteenth-century Bologna', *The Library*, 7th series, 16 (2015), pp. 134–161. Angela Nuovo, 'Private Libraries in Sixteenth-century Italy', in Bettina Wagner and Marcia Reed (eds.), *Early Printed Books as Material Objects* (Berlin/New York: De Gruyter Saur, 2010), pp. 231–242.

24. Dresden, Sächsisches Hauptstaatsarchiv, Bestand 10088 Oberkonsistorium, Loc. 1979, fol. 1015r。本书作者非常感谢圣安德鲁斯修道院的同事Bridget Heal教授提供的帮助。

25. Lisa T. Sarasohn, 'Thomas Hobbes and the Duke of Newcastle: A Study in the Mutuality of Patronage before the Establishment of the Royal Society', *Isis*, 90 (1999), pp. 715–737. Mark Purcell, *The Country House Library* (London: Yale University Press, 2017), pp. 89–90.

26. John Harrison and Peter Laslett, *The Library of John Locke, 2nd edn* (Oxford, Clarendon Press, 1971).

27. Marcella Grendler, 'A Greek collection in Padua: the library of Gian Vincenzo Pinelli (1535–1601)', *Renaissance Quarterly*, 33 (1980), pp. 386–416; id., 'Book collecting in Counter-Reformation Italy: The Library of Gian Vincezo Pinelli (1535–1601)',

Journal of Library History, 16 (1981), pp. 144–151.

28. Paulo Gualdo, *Vita Joannis Vincentii Pinelli, Patricii Genuensis: In qua studiosis bonarum artium, proponitur typus viri probi et eruditi* (Augsburg : Markus Welser, 1607). USTC 2040570.

29. 具体故事可参阅Anthony Hobson, 'A sale by candle in 1608', The Library, ser. 5, 26 (1971), pp. 215–323。另可参阅Angela Nuovo, 'The Creation and Dispersal of the Library of Gian Vincenzo Pinelli', in Giles Mandelbrote (et al.) (eds.), *Books on the Move: tracking copies through collections and the book trade* (New Castle, DE and London: Oak Knoll Press and The British Library, 2007), pp. 39–68。

30. 参见第9章。

31. Duroselle-Melish and Lines, 'The Library of Ulisse Aldrovandi'.

32. Geoffrey Davenport, etc. (eds.), *The Royal College of Physicians and its Collections* (London: James & James, 2001).

33. *Critical Review*, 55 (1783), pp. 391–392. John Harrison and Peter Laslett, *The Library of John Locke*, 2nd edn (Oxford, Clarendon Press, 1971).

34. Jan Pirozynski, 'Royal Book Collections in Poland during the Renaissance', *Libraries and Culture*, 24 (1989), pp. 21–32. Peter H. Reid, 'Patriots and Rogues: Some Scottish Lairds and Their Libraries', *Library and Information History*, 35 (2019), pp. 1–20.

35. 马克·伯塞尔（Mark Purcell）《乡间别墅图书馆》（*The Country House Library*）一书为我们提供了关于贵族藏书的研究。另参见第11章。

第7章 “垃圾”书

1. Mary Clapinson, *A Brief History of the Bodleian Library* (Oxford: The Bodleian Library, 2015), p. 7.

2. Ian Philip, *The Bodleian Library in the Seventeenth and Eighteenth Centuries* (Oxford: Clarendon Press, 1983), pp. 1–22.

3. 引用出处同上，第3页。

4. J. Dirks, 'Aanteekeningen van Z.C. von Uffenbach gedurende zijn verblijf in Friesland in 1710', *De Vrije Fries*, 6 (1853), pp. 305–390, here p. 344.

5. Clapinson, *A Brief History*, p. 32.

6. Clapinson, *A Brief History*, p. 14.

7. 引自Anna E. C. Simoni, 'The librarian's cri de coeur: rules for readers (1711)', *Quaerendo,* 32 (2002), pp. 199–203。

8. 哈佛大学参见第8章。

9. Richard W. Clement, 'Librarianship and Polemics: the career of Thomas James (1572–1629)', *Library & Culture*, 26 (1991), pp. 269–282.

10. 今天位于布达佩斯的匈牙利国家图书馆，编号627.947。

11. Carolyn O. Frost, 'The Bodleian Catalogs of 1674 and 1738: An Examination in the Light of Modern Cataloging Theory', *The Library Quarterly*, 46 (1976), pp. 248–270.

12. 关于马扎林图书馆，参见第10章。

13. John Harrison and Peter Laslett, *The Library of John Locke*, 2nd edn (Oxford, Clarendon Press, 1971).

14. Elaine Gilboy, 'Les exemplaires interfoliés du catalogue de la bodléienne', in Frédéric Barbier, Thierry Dubois and Yann Sordet (eds.), *De l'argile au nuage, une archéologie des catalogues* (Paris: Editions des Cendres, 2015), pp. 274–280.

15. John Warwick Montgomery, *A seventeenth-century view of European libraries: Lomeier's De bibliothecis, Chapter x* (Berkeley: University of California Press, 1962), p. 51.

16. 参见第8章。

17. 参见第9章。

18. Jens Bruning and Ulrike Gleixner (eds.), *Das Athen der Welfen. Die Reformuniversität Helmstedt, 1576–1810* (Wiesbaden: Harrassowitz, 2010), pp. 248–283.

19. Thomas G. Hendrickson, *Ancient Libraries and Renaissance Humanism: The "De Bibliothecis" of Justus Lipsius* (Leiden: Brill, 2017).

20. Christian Coppens, 'Auspicia bibliothecae: donators at the foundation of the Central Library in Louvain (1636–9)', *Quaerendo* 34 (2004), pp. 169–210.

21. Clapinson, *A Brief History*, p. 9.

22. David McKitterick, 'History of the Library', in Peter Fox (ed.), *Cambridge University Library: The Great Collections* (Cambridge: Cambridge University Press, 1998), pp. 5–32, here p. 15. Jayne Ringrose, 'The Royal Library: John Moore and his books', in the same, pp. 78–89.

23. Ringrose, 'The Royal Library', p. 84.

24. P. C. Molhuysen, *Bronnen tot de geschiedenis der Leidsche universiteit 1574–1811*

(7 vols., Den Haag : Martinus Nijhoff, 1913–1924), II, p. 59.

25. P. G. Hoftijzer, ‘A Study Tour into the Low Countries and the German States. William Nicolson’s *Iter Hollandicum and Iter Germanicum*, 1678–1679’, *Lias*, 15 (1988), pp. 73–128, here p. 93.

26. E. Hulshoff Pol, ‘What about the library? Travellers’ comments on the Leiden Library in the 17th and 18th centuries’, *Quaerendo*, 5 (1975), pp. 39–51, especially pp. 44, 46–47.

27. 相关示例可参阅J. Vallinkoski, *The History of the University Library at Turku. I, 1640–1722* (Helsinki: University Library at Helsinki, 1948), p. 119。

28. O. S. Lankhorst, ‘De Bibliotheek van de Gelderse Academie te Harderwijk – thans te Deventer’, in J. A. H. Bots, et al. (eds.), *Het Gelders Athene. Bijdragen tot de geschiedenis van de Gelderse universiteit in Harderwijk (1648–1811)* (Hilversum: Verloren, 2000), pp. 95–118, here p. 101.

29. 相关数据可参阅Arvo Tering , ‘The Tartu University Library and Its Use at the End of the Seventeenth and the Beginning of the Eighteenth Century’, *Libraries and Culture*, 28 (1993), pp. 44–54 以及Paul Raabe, ‘Bibliothekskataloge als buchgeschichtliche quellen. Bermerkungen über gedruckte kataloge öffentlicher bibliotheken in der frühen neuzeit’, in Reinhard Wittmann (ed.), *Bücherkataloge als buchgeschichtliche Quellen in der frühen Neuzeit* (Wiesbaden: Harrassowitz, 1984), pp. 275–297, here pp. 295–297。

30. Robert S. Freeman, ‘University Library of Tübingen’, in David H. Stam (ed.), *International Dictionary of Library Histories* (2 vols., Chicago/London: Fitzroy Dearborn, 2001), pp. 793–795.

31. Manfred Komorowski, ‘Bibliotheken’, in Ulrich Rasche (ed.), *Quellen zur frühneuzeitlichen Universitätsgeschichte* (Wiesbaden: Harrassowitz, 2011), pp. 55–81, here pp. 58–59.

32. Zacharias Conrad von Uffenbach, *Merkwürdige Reisen durch Niedersachsen Holland und Engelland, zweyter Theil* (Ulm: Johann Friederich Baum, 1753), II, p. 249。Albrecht von Haller, *Tagebücher seiner Reisen nach Deutschland, Holland und England 1723–1727*, ed. Ludwig Hirzel (Leipzig : Hirzel, 1883), p. 94。感谢Jacob van Sulis提供的参考资料。

33. Vallinkoski, *History of the University Library at Turku*, p. 44.

34. 参见第10章。

35. John Dury, *The Reformed Librarie-Keeper* (London: William Du-Gard, 1650), p. 16。更广泛地了解，可参阅Catherine J. Minter, 'John Dury's Reformed Librarie-Keeper: Information and its Intellectual Contexts in Seventeenth-century England', *Library & Information History*, 31 (2015), pp. 18–34。
36. 引自Jacob van Sluis, *The Library of Franeker University in context, 1585–1843* (Leiden: Brill, 2020), pp. 217–218。
37. 出处同上，第185–190页。
38. Tering , 'The Tartu University Library', pp. 44–54.
39. Andrew Pettegree, 'The Dutch Baltic. The Dutch book trade and the Building of Libraries in the Baltic and Central Europe during the Dutch Golden Age', in Arthur der Weduwen, Andrew Pettegree and Graeme Kemp (eds.), *Book Trade Catalogues in Early Modern Europe* (Leiden: Brill, 2021).
40. McKitterick, 'History of the Library', p. 24.
41. Kate Loveman, *Samuel Pepys and his Books. Reading, Newsgathering and Sociability, 1660–1703* (Oxford: Oxford University Press, 2015), p. 245.
42. Nnicolas K. Kiessling, *The library of Anthony Wood* (Oxford: Oxford Bibliographical Society, 2002).
43. 出处同上，第XV–XX页。

第8章　传教之地

1. Ian Morrison, 'The History of the Book in Australia', in Michael F. Suarez and H.R Woudhuysen (eds.), *The Oxford Companion to the Book* (Oxford: Oxford University Press, 2010), pp. 394–402, 以及新版*The Book: a Global History* (Oxford: Oxford university Press, 2013)。
2. Lucien X. Polastron, *Books of Fire. The Destruction of Libraries throughout History* (Rochester, Vermont: Inner Traditions, 2004), p. 126. Michael Arbagi, 'The Catholic Church and the Preservation of Mesoamerican Archives: an Assessment', *Archival Issues*, 33 (2011), pp. 112–121.
3. Andrés de Olmos, *Arte de la lengua Mexicana* (Mexico City:, s.n., {1547}). USTC 351748. Alonso de Molina, *Aqui comiença un vocabulario en la lengua castellana y mexicana* (Mexico City: Joan Pablos,1555). USTC 344084. Arbagi, 'Catholic Church', p. 114.

4. Hortensia Calvo, 'The Politics of Print: the historiography of the book in early Spanish America', *Book History*, 6 (2003), pp. 277–305, here p. 279.
5. Julie Greer Johnson, *The Book in the Americas: The Role of Books and Printing in the Development of Culture and Society in Colonial Latin America* (Providence: John Carter Brown Library, 1988).
6. Magdalena Chocano Mena, 'Colonial Printing and Metropolitan Books: Printed Texts and the Shaping of Scholarly Culture in New Spain: 1539–1700', *Colonial Latin American Historical Review*, 6 (1997), pp. 69–90. Hensley C. Woodbridge and Lawrence S. Thompson, *Printing in Colonial Spanish America* (Troy, NY: Whitson, 1976).
7. Antonio Rodriguez-Buckingham, 'Monastic Libraries and Early Printing in Sixteenth-century Spanish America', *Libraries and Culture*, 24 (1989), pp. 33–56, here p. 52. Valentina Sebastiani, *Johann Froben, Printer of Basel* (Leiden: Brill, 2018).
8. 关于印刷机对墨西哥城的作用，可参阅Pedro Guibovich, 'The Printing Press in Colonial Peru: Production Process and Literary Categories in Lima, 1584–1699', *Colonial Latin American Historical Review*, 10 (2001), pp. 167–188。
9. Teodoro Hampe-Martínez, 'The Diffusion of Books and Ideas in Colonial Peru: A Study of Private Libraries in the Sixteenth and Seventeenth Centuries', *The Hispanic American Historical Review*, 73 (1993), pp. 211–233.
10. Allan P. Farrell, *The Jesuit Code of Liberal Education* (Milwaukee: Bruce, 1939).
11. Mark L. Grover, 'The Book and the Conquest: Jesuit Libraries in Colonial Brazil', *Libraries and Culture*, 28 (1993), pp. 266–283, p. 268. Brendan Connolly, 'Jesuit Library Beginnings', *Library Quarterly: Information, Community, Policy*, 30 (1960), pp. 243–252.
12. Grover, 'The Book and the Conquest', p. 271.
13. Michiel van Groesen, 'The Printed Book in the Dutch Atlantic World', in his *Imagining the Americas in Print. Books, Maps and Encounters in the Atlantic World* (Leiden: Brill, 2019), pp. 164–180, here p. 173.
14. Louis B. Wright, 'The purposeful reading of our Colonial Ancestors', *ELH. A Journal of English Literary History*, 4 (1937), pp. 85–111, here p. 91.
15. Jeremy Dupertius Bangs, *Plymouth Colony's Private Libraries* (Leiden: American Pilgrim Museum, 2016).
16. Rendel Harris and Stephen K. Jones, *The Pilgrim Press: a bibliographical and his-*

torical memorial of the books printed at Leyden by the Pilgrim Fathers (Nieuwkoop: De Graaf, 1987).

17. Bangs, *Private Libraries*, p. 218.
18. 共有418卷，单独列出的只有84卷。
19. David Cressy, 'Books as Totems in Seventeenth-century England and New England', *Journal of Library History*, 21 (1986), pp. 92–106.
20. Joe W. Karus, 'Private Libraries in Colonial America', *Journal of Library History*, 9 (1974), pp. 31–53, here p. 31.
21. W. H. Bond and Hugh Amory, *The Printed Catalogues of the Harvard College Library, 1723–1790* (Boston: Colonial Society of Massachusetts, 1996).
22. 托马斯·霍利斯在伦敦的新英格兰咖啡馆记录了相关对话。Bond and Amory, *Printed Catalogues*, p. XXX。
23. Bond and Amory, *Printed Catalogues*, p. XV .
24. 1578年至1621年，"日本书信/信札"（*Lettere del Giapone or Litterae Japonicae*）的版本有近30种，主要在意大利出版，但也常在荷兰南部、法国以及其他国家出版。这些书籍通常被视作"日本年报"，由耶稣会教团写作。他们不仅谈论日本，也会谈论中国以及其他东亚国家。相关具体内容，可参阅USTC中的书目，如Ronnie Po-chia hsia, A Companion to Early Modern Catholic Global Missions (Leiden: Brill, 2018)。
25. Paul Begheyn, *Jesuit Books in the Dutch Republic and its Generality Lands, 1567–1773* (Leiden: Brill, 2014), p. 17.
26. Emma Hagström Molin, 'To Place in a Chest. On the Cultural Looting of Gustavus Adolphus and the Creation of Uppsala University Library in the Seventeenth Century', *Barok*, 44 (2016), pp. 135–148, here pp. 142–145.
27. Emma Hagström Molin, 'The Materiality of War booty books. The Case of Strängnäs Cathedral Library', in Anna Källén (ed.), *Making Cultural History. New Perspectives on Western Heritage* (Lund: Nordic Academic Press, 2013), pp. 131–140.
28. Molin, 'Materiality of War booty books', p. 131.
29. Molin, 'To Place in a Chest'. id., 'Spoils of Knowledge. Looted books in Uppsala University Library in the Seventeenth Century', in Gerhild Williams, et al. (eds.), *Rethinking Europe: War and Peace in the Early Modern German Lands* (Leiden: Brill, 2019). *Plundered Books and Documents in Seventeenth-century Europe* (Leiden: brill, 2021).

30. Józef Trypućko, *The Catalogue of the Book Collection of the Jesuit College in Braniewo held in the University Library in Uppsala* (3 vols., Warsaw: Bibliotheka Narodowa/Uppsala: Universitetsbibliotek, 2007)。里加目录于2021年出版。

31. Jan Pirozynski, 'Royal Book Collections in Poland during the Renaissance', *Libraries and Culture*, 24 (1989), pp. 21–32, here pp. 25, 27.

32. Alma Braziuniene, '*Bibliotheca Sapiehana* as a mirror of European culture of the Grand Duchy of Lithuania', in Ausra Rinkunaite (ed.), *Bibliotheca Sapiehana. Vilniaus universiteto bibliotekos rinkinys katalogas* (Vilnius: Lietuviu literaturos ir tautosakos institutas, 2010).

33. 目录是一份手稿，现在保存在维尔纽斯大学图书馆。可参见http://www.virtus.b.vu.lt/en/。

34. H. Oldenhof, 'Bibliotheek Jezuïetenstatie Leeuwarden', in Jacob van Sluis (ed.), *PBF. De Provinsjale Biblioteek fan Fryslân, 150 jaar geschiedenis in collecties* (Leeuwarden: Tresoar, 2002), pp. 75–80.

35. 相关清单，可参阅Begheyn, *Jesuit Books in the Dutch Republic*, pp. 10–12。

36. Hannah Thomas '"Books which are necessary for them": Reconstructing a Jesuit Missionary Library in Wales and the English Borderlands, ca. 1600–1679', in Teresa Bela, et al. (eds.), *Publishing Subversive Texts in Elizabethan England and the Polish Lithuanian Commonwealth* (Leiden: Brill, 2016), pp. 110–128. Hendrik Dijkgraaf, *The Library of a Jesuit Community at Holbeck, Nottinghamshire* (1670) (Cambridge: LP Publications, 2003).

37. Jill Bepler, '*Vicissitudo Temporum*: Some Sidelights on Book Collecting in the Thirty Years' War', *Sixteenth Century Journal*, 32 (2001), pp. 953–968.

第9章　宏伟的设计

1. 参见第10章。

2. 参见第2章。

3. Ladislaus Buzás, *German Library History, 800–1945* (Jefferson, NC: McFarland, 1986), pp. 97–100.

4. 出处同上，第98页。

5. Theodoor Sevens, 'Bibliotheken uit vroeger tijd. I: Eene openbare Bibliotheek te Kortrijk in de 16^{e} eeuw', *Tijdschrift voor Boek-en Bibliotheekwezen*, 1 (1903),

pp. 196–198.

6. Buzás, *German Library History,* pp. 208, 215.

7. 参见第6章。

8. Christian Scheidegger, Buchgeschenke, Patrogane und protestantische Allianzen: Die Stadtbibliothek Zürich und ihre Donatoren im 17. Jahrhundert', *Zwingliana*, 44 (2017), pp. 463–499.

9. Elizabeth Landolt, *Kabinettstücke der Amerbach im Historischen Museum Basel* (Basel: Historische Museum, 1984).

10. Rrobert Zepf (ed.), *Historische Kirchenbibliotheken in Mecklenburg-Vorpommern* (Rostock: Universitätsbibliothek Rostock, 2019). Renate Stier-Meinhof, 'Die Geschichte der Bibliothek der St. Katharinenkirche in der Neuen Stadt Salzwedel', in Uwe Czubatynski, Adolf Laminski and Konrad von Rabenau (eds.), *Kirckenbibliotheken als Forschungsaufgabe* (Neustadt an der Aisch: Verlag Degener, 1992), pp. 47–68. Joachim Stüben and Falk Eisermann (eds.), *Rundblicke. Kirchenbibliotheken und Reformation im kulturellen Kontext* (Schwerin: Thomas Helms Verlag, 2019).

11. 以下内容主要来源于论文Ad Leerintveld and Jan bedaux (eds.), *Historische Stadsbibliotheken in Nederland* (Zutphen: Walburg Pers, 2016)。

12. J. W. E. Klein, *Geen vrouwen ofte kinderen, maer alleenlijk eerbare luijden. 400 jaar Goudse librije, 1594–1994* (Delft: Eburon, 1994), p. 34.

13. John Blatchly, *The Town Library of Ipswich, Provided for the Use of the Town Preachers in 1599. A History and Catalogue* (Woodbridge: Boydell, 1989).

14. John Fitch, et al., *Suffolk Parochial Libraries. A Catalogue* (London: Mansell, 1977).

15. Fitch, et al., *Suffolk Parochial Libraries*, p. xii.

16. Kelly, *Early Public Libraries*, p. 69.

17. 出处同上，第76页。

18. E. S. de Beer (ed.), *The Diary of John Evelyn*, IV (Oxford: Clarendon Press, 1955), pp. 367–368.

19. W. J. Petchey, *The Intentions of Thomas Plume* (Maldon: Trustees of the Plume Library, 2004).

20. John Glenn with David Walsh, *Catalogue of the Francis Trigge Chained Library* (Cambridge: Brewer, 1988).

21. Esther Mourits, *Een kamer gevuld met de mooiste boeken. De bibliotheek van*

Johannes Thysius (1622–1653) (Nijmegen: Vantilt, 2017).

22. Matthew Yeo, *The Acquisition of Books by Chetham's Library, 1655–1700* (Leiden: Brill, 2011). Kelly, *Early Public Libraries*, p. 77.
23. James Kirkwood, *An overture for founding and maintaining of bibliothecks in every paroch throughout this kingdom* (S.I.: s.n., 1699), pp. 14–15.
24. James Kirkwood, *A copy of a letter anent a project, for erecting a library in every presbytery, or at least county, in the Highlands* (Edinburgh: s.n., 1702).
25. Keith Manley, 'They Never Expected the Spanish Inquisition! James Kirkwood and Scottish Parochial Libraries', in Caroline Archer and Lisa Peters (eds.), *Religion and the Book Trade* (Newcastle-upon-Tyne: Cambridge Scholars, 2015), pp. 83–98, here pp. 90–91.
26. 出处同上，第96–97页。
27. Paul Kaufman, 'Innerpeffray: Reading for all the People', in his *Libraries and their users* (London: The Library Association, 1969), pp. 153–162.
28. William D. Houlette, 'Parish Libraries and the Work of the Reverend Thomas Bray', *Library Quarterly: Information, Community, Policy*, 4 (1934), pp. 588–609. Samuel Clyde McCulloch, 'Dr. Thomas Bray's Commissary Work in London, 1696–1699', *William and Mary Quarterly*, 2 (1945), pp. 333–348.
29. Sarah Gray and Chris Baggs, 'The English Parish Library: A Celebration of Diversity', *Libraries & Culture*, 35 (2000), pp. 414–433. David Allan, *A nation of readers: the lending library in Georgian England* (London: The British Library, 2008), p. 167.
30. Allan, *Nation of Readers*, p. 172.
31. Fitch, *Suffolk Parochial Libraries*, p. XV .
32. Gray and Baggs, 'English Parish Library', pp. 423–426.
33. Charles T. Laugher, *Thomas Bray's Grand Design: Libraries of the Church of England in America, 1695–1785* (Chicago: American Library Association, 1973).
34. Laugher, *Thomas Bray's Grand Design*, pp. 35, 40.

第10章　红衣主教之过

1. 良好例证可参阅Erik Thomson, 'Commerce, Law and Erudite Culture: The Mechanics of Théodore Godefroy's Service to Cardinal Richelieu', *Journal of the History of Ideas*, 68 (2007), pp. 407–427。

2. Jeremy Lawrance, Oliver Noble Wood and Jeremy Roe (eds.), *Poder y saber. Bibliotecas y bibliofilia en la época del conde-duque de Olivares* (Madrid: Centro de Estudios Europa Hispánica, 2011).
3. Jacqueline Artier, 'La bibliothèque du Cardinal de Richelieu', in Claude Jolly (ed.), *Histoire des bibliothèques françaises, II: Les bibliothèques sous l'Ancien Régime, 1530–1789* (Paris: Electre, 2008), pp. 158–166.
4. 现代英文译本可参阅Gabriel Naudé, *Advice on Establishing a Library,* ed. Archer Taylor (Berkeley: University of California Press, 1950)。关于诺德可参阅Jack A. Clarke, 'Gabriel Naudé and the Foundations of the Scholarly Library', *Library Quarterly*, 39 (1969), pp. 331–343。
5. Yann Sordet, 'Reconstructing Mazarin's Library / Libraries in Time and Space', *Quaerendo*, 46 (2016), pp. 151–164.
6. Clarke, 'Gabriel Naudé', p. 338.
7. Gabriel Naudé, *News from France. Or a description of the library of Cardinall Mazarini: before it was utterly ruined* (London: Timothy Garthwait, 1652).
8. 参见第11章。
9. E. Stewart Saunders, 'Public Administration and the Library of Jean-Baptiste Colbert', *Libraries & Culture*, 26 (1991), pp. 283–300, here p. 287. Sordet, 'Reconstructing Mazarin's Library', p. 153.
10. E. Stewart Saunders, 'Politics and Scholarship in Seventeenth-century France: The Library of Nicolas Fouquet and the College Royal', *Journal of Library History*, 20 (1985), pp. 1–24.
11. Jacob Soll, *The Information Master: Jean-Baptiste Colbert's secret state intelligence system* (Ann Arbor: University of Michigan Press, 2009).
12. Naude, *Advice*, p.11.
13. Heiko Droste, 'Diplomacy as Means of Cultural Transfer in Early Modern Times – the Swedish Evidence', *Scandinavian Journal of History*, 31 (2006), pp. 144–150. Marika Keblusek and Badeloch Vera Noldus (eds.), *Double Agents. Cultural and Political Brokerage in Early Modern Europe* (Leiden: Brill, 2011).
14. John Warwick Montgomery, *The Libraries of France at the Ascendency of Mazarin. Luis Jacob's Traicté des plus belles Bibliothèques* (Bonn: Verlag für Kultur und Wissenschaft, 2015).
15. 出处同上，第35页。

16. Donna Bohanan, 'The Education of Nobles in Seventeenth-century Aix-en-Provence', *Journal of Social History*, 20 (1987), pp. 757–764.
17. John Warwick Montgomery, *A seventeenth-century view of European libraries: Lomeier's De bibliothecis, Chapter x* (Berkeley: University of California Press, 1962).
18. Giulia Martina Weston, 'Universal Knowledge and Self-Fashioning. Cardinal Bernardino Spada's Collection of books', in Annika Bautz and James Gregory (eds.), *Libraries, Books, and Collectors of Texts, 1600–1900* (New York/Abingdon: Routledge, 2018), pp. 28–47. Margaret Daly Davis, 'Giovan Pietro Bellori and the *Nota delli musei, librerie, galerie, et ornamenti di statue e pitture ne'palazzi, nelle case, e ne'giardini di Roma* (1664): modern libraries and ancient painting in Seicento Rome', *Zeitschrift für Kunstgeschichte*, 68 (2005), pp. 191–233.
19. Peter Rietbergen, 'Lucas Holste (1596–1661), Scholar and Librarian or: the Power of Books and Libraries', in his *Power and Religion in Baroque Rome. Barberini Cultural Politics* (Leiden: Brill, 2006), pp. 256–295.
20. Herman de la Fontaine Verwey, 'Adriaan Pauw en zijn bibliotheek', in his *Uit de Wereld van het Boek*, IV ('t Goy: HES uitgevers, 1997), pp. 183–196.
21. Helwig Schmidt-Glintzer (ed.), *A Treasure House of Books. The Library of Duke August of Brunswick-Wolfenbüttel* (Wiesbaden: Harrassowitz, 1998).
22. Margaret Connolly, 'A Plague of Books: The Dispersal and Disappearance of the Diocesan Libraries of the Church of England', in James Raven (ed.), *Lost Libraries. The Destruction of Great Book Collections since Antiquity* (Basingstoke: Palgrave, 2004), pp. 197–218, here p. 209.
23. Peter J. A. N. Rietbergen, 'Founding a University Library: Pope Alexander VII (1655–1667) and the Alessandrina', *Journal of Library History*, 22 (1987), pp. 190–205, here p. 192.
24. Mathilde V. Rovelstad, 'Claude Clement's Pictorial Catalog : A Seventeenth-century Proposal for Physical Access and Literature Evaluation', *The Library Quarterly*, 61 (1991), pp. 174–187. Idem, 'Two Seventeenth-century Library Handbooks, two different library theories', *Libraries and Culture*, 35 (2000), pp. 540–556.
25. Frédéric Barbier, István Monok and Andrea De Pasquale (eds.), *Bibliothèques décors (XVIIe–XIXe siecle)* (Paris: Éditions des Cendres, 2016). André Masson, *Le Décor des Bibliothèques du Moyen Age à la Révolution* (Genève/Paris: Droz, 1972).
26. Guy le Thiec, 'Dialoguer avec des hommes illustres. Le rôle des portraits dans les

décors de bibliothèques (fin XVe–début XVIIe siècle)', *Revue française d'histoire du livre*, 130 (2009), pp. 7–52, here p. 22.

27. Eric Garberson, *Eighteenth-century Monastic Libraries in Southern Germany and Austria: Architecture and Decorations* (Baden-Baden: Valentin Koerner, 1998). Rolf Achilles, 'Baroque Monastic Library Architecture', *Journal of Library History*, II (1976), pp. 249–255.
28. 参见第6章。
29. Garberson, *Eighteenth-century Monastic Libraries*, p. 12.
30. 出处同上，第104页。
31. 出处同上，第86–87页。
32. Wolf-Dieter Otte, 'The Unknown Collector: Duke August and his Cabinet of Art and Curiosities', in Schmidt-Glintzer (ed.), *A Treasure House of Books*, pp. 173–192, here pp. 187–188.
33. Angela Delaforce, *The Lost Library of the King of Portugal* (London: Ad Illisvm, 2019), p. 23.
34. 出处同上，第59–60页。

第11章　古文物收藏家

1. Lotte Hellinga and Margaret Nixon, 'An Early-Eighteenth-century Sale of Mainz Incunabula by the Frankfurt Dominicans', in Lotte Hellinga, *Incunabula in Transit: People and Trade* (Leiden: Brill, 2018), pp. 353–360.
2. Daniel Bellingradt, 'Book Lotteries as Sale Events for Slow-Sellers: the Case of Amsterdam in the Late Eighteenth Century', in Shanti Graheli (ed.), *Buying and Selling. The Business of Books in Early Modern Europe* (Leiden: Brill, 2019), pp. 154–177.
3. Herman de la Fontaine Verwey, 'Grolier-banden in Nederland', in his *Uit de Wereld van het Boek*, IV ('t Goy: HES uitgevers, 1997), pp. 155–182, here pp. 158–159.
4. 这些事例来自1689年加斯帕尔·法赫尔（Gaspar Fagel）图书馆和1646年阿德里安·斯莫特（Adriaen Smout）图书馆的拍卖会。这两个拍卖会的目录均可通过布里尔的“图书拍卖目录在线”（Brill's *Book Sales Catalogues Online Brill*）获取。
5. Kristian Jensen, *Revolution and the Antiquarian Book* (Cambridge: Cambridge University Press, 2011), pp. 79–80.

6. 西克提努斯的故事可参阅Herman de la Fontaine Verwey, 'The history of the Amsterdam Caesar codex', *Quaerendo*, 9 (1979), pp. 179–207。

7. 拍卖会售出的书籍清单可参阅*Catalogus Bibliothecae Viri Clarissimi, D. Suffridi Sixtini J. V. D.* (Amsterdam: Johannes Colom, 1650)。

8. De La Fontaine Verwey, 'The history of the Amsterdam Caesar codex', p. 188.

9. F. F. Blok, *Isaac Vossius and his Circle. His Life until his Farewell to Queen Christina of Sweden, 1618–1655* (Groningen: Egert Forsten, 2000), p. 339.

10. 现存于阿姆斯特丹大学图书馆，编号为73号手稿（Codex Amstelodamensis 73）。

11. Jos van Heel, 'Gisbertus Voetius on the Necessity of Locating , Collecting and Preserving Early Printed books', *Quaerendo*, 39 (2009), pp. 45–56, here p. 56.

12. Blok, *Isaac Vossius*, p. 329.

13. 出处同上，第356页。

14. 出处同上，第453页。

15. Astrid C. Balsem, 'Collecting the Ultimate Scholar's Library: The *Bibliotheca Vossiana*', in Erik Jorink and Dirk van Miert (eds.), *Isaac Vossius (1618–1689): between Science and Scholarship* (Leiden: Brill, 2012), pp. 281–309.

16. Christiane Berkvens-Stevelinck, *Magna Commoditas. Leiden University's Great Asset* (Leiden: Leiden university Press, 2012), pp. 102–109.

17. Ian Maclean, 'Andreas Fries (Frisius) of Amsterdam and the search for a niche market, 1664–1675', in his *Episodes in the Life of the Early Modern Learned Book* (Leiden: Brill, 2020), chapter 5.

18. Clapinson, *A Brief History of the Bodleian Library*, pp. 31, 118–119。另参见第13章。

19. Pettegree and Der Weduwen, *The Bookshop of the World*, chapters 1 and 11.

20. *Bibliotheca Hulsiana* (The Hague: Johannes Swart and Pieter de Hondt, 1730).

21. *The Tatler*, No. 158. Thursday 13 April 1710.

22. Jensen, *Revolution and the Antiquarian Book*, p. 117.

23. TheodorHharmsen, *Antiquarianism in the Augustan Age. Thomas Hearne, 1678–1735* (Bern: Peter Lang , 2000).

24. Cornelius à Beughem, *Incunabula typographiae* (Amsterdam: Joannes Wolters, 1688).

25. Otto Lankhorst, 'Dutch auctions in the seventeenth and eighteenth centuries', in Robin Myers, Michael Harris and Giles Mandelbrote (eds.), *Under the hammer: book auctions since the seventeenth century* (New Castle, DE: Oak Knoll

Press, 2001), pp. 65–87, p. 76. *Bibliotheca universalis vetus et nova* (La Haye: Pierre Gosse, 1740).

26. Christiane Berkvens-Stevelinck, '"Rarus, rarior, rarissimus" ou de la qualification exagérée des livres dans les catalogues de vente', in J. van Borm and L. Simons (eds.), *Het oude en het nieuwe boek. De oude en de nieuwe bibliotheek* (Kapellen: DNB/Pelckmans, 1988), pp. 235–240.
27. Balsem, 'Collecting the Ultimate Scholar's Library', p. 281.
28. Herman de la Fontaine Verwey, 'Pieter van Damme, de eerste Nederlandse antiquaar', in his *Uit de Wereld van het Boek,* IV ('t Goy: HES uitgevers, 1997), pp. 197–220, here p. 197, 203.
29. Lotte Hellinga, 'Buying Incunabula in Venice and Milan: The Bibliotheca Smithiana', in Lotte Hellinga, *Incunabula in Transit: People and Trade* (Leiden: Brill, 2018), pp. 370–392.
30. Anthony Hobson, *Great Libraries* (London: Weidenfeld and Nicolson, 1970), p. 15.
31. Friedrich Buchmayr, 'Secularization and Monastic Libraries in Austria', in James Raven (ed.), *Lost Libraries. The Destruction of Great Book Collections since Antiquity* (Basingstoke: Palgrave, 2004), pp. 145–162. Derek Beales, 'Joseph II and the Monasteries of Austria and Hungary, in N. Aston (ed.), *Religious Change in Europe, 1650–1914* (Oxford: Oxford University Press, 1997), pp. 161–184.
32. Buchmayr, 'Secularization and Monastic Libraries in Austria', p. 151.
33. 出处同上，第156页。
34. 出处同上，第146页。
35. Jensen, *Revolution and the Antiquarian Book*, pp. 58–59.
36. Andrew Pettegree, 'Rare Books and Revolutionaries: The French Bibliothèques Municipales', in his *The French Book and the European Book World* (Leiden: Brill, 2007), pp. 1–16.
37. Pierre Riberette, *Les Bibliothèques Françaises pendant la Révolution (1789–1795)* (Paris: Bibliothèque Nationale, 1970), pp. 10–11, 40.
38. Pettegree, 'Rare Books and Revolutionaries', p. 7.
39. 参见第14章。
40. Anthony Hobson, 'Appropriations from foreign libraries during the French Revolution and Empire', *Bulletin du bibliophile*, 2 (1989), pp. 255–272, here p. 257.
41. Hobson, 'Appropriations from foreign libraries', p. 269. Jensen, *Revolution and the*

Antiquarian Book, p. 11.

42. Purcell, *Country House Library*, pp. 100–101.

43. Jensen, *Revolution and the Antiquarian Book*, p. 130.

44. 引自 Shayne Husbands, ‘The Roxburghe Club. Consumption, Obsession and the Passion for Print’, in Emma Cayley and Susan Powell (eds.), *Manuscripts and Printed Books in Europe, 1350–1550. Packaging, Presentation and Consumption* (Liverpool: Liverpool University Press, 2013), pp. 120–132, here p. 122。另可参阅其 *The Early Roxburghe Club, 1812–1835: Book Club Pioneers and the Advancement of English Literature* (London: Anthem Press, 2017)。

45. E. J. O’Dwyer, *Thomas Frognall Dibdin: Bibliographer and Bibliomaniac Extraordinary, 1776–1847* (Pinner: Private Libraries Association, 1967)。近期文献可参阅 John A. Sibbald, ‘Book Bitch to the Rich – the Strife and Times of the Revd. Dr. Thomas Frognall Dibdin (1776–1847)’, in Shanti Graheli (ed.), *Buying and Selling. The Business of Books in Early Modern Europe* (Leiden: Brill, 2019), pp. 489–521。

46. Jensen, *Revolution and the Antiquarian Book*, p. 186.

47. Owen Chadwick, ‘The Acton Library’, in Peter Fox (ed.), *Cambridge University Library: The Great Collections* (Cambridge: Cambridge University Press, 1998), pp. 136–152, p. 139.

第12章　清醒的头脑

1. Margaret Barton Korty, ‘Benjamin Franklin and Eighteenth-century American Libraries’, *Transactions of the American Philosophical Society*, 55 (1965), pp. 1–83.

2. 启示性的主题分区可参阅Ronald F. Batty, *How to Run a Twopenny Library* (London; John Gifford, 1938)。

3. 参见第13章。

4. Richard D. Altick, *The English Common Reader. A Social History of the Mass Reading Public* (Chicago: University of Chicago Press, 1957; 2nd edn, Columbus: Ohio State University, 1998).

5. Robert K. Webb, *The British Working Class Reader, 1790–1848: Literacy and Social Tension* (London: Allen & Unwin, 1955). Louis James, *Fiction for the Working Man* (Oxford: Oxford University Press, 1963).

6. J. H. Shera, *Foundations of the Public Library: The Origins of the Public*

Library Movement in New England 1629–1855 (Chicago: University of Chicago Press, 1949), pp. 32–33.
7. Mark Towsey and Kyle B. Roberts, *Before the Public Library. Reading, Community and Identity in the Atlantic World, 1650–1850* (Leiden: Brill, 2018).
8. Michael A. Baenen, 'A Great and Natural Enemy of Democracy? Politics and Culture in the Antebellum Portsmouth Athenaeum', in Thomas Augst and Kenneth Carpenter, *Institutions of Reading. The Social Life of Libraries in the United States* (Amherst, Mass.: University of Massachusetts Press, 2007), pp. 73–98.
9. Shera, *Foundations*, p. 73.
10. Korty, 'Benjamin Franklin', p. 24. James Raven, *London Booksellers and American Customers. Transatlantic Literary Community and the Charleston Library Society, 1748–1811* (Columbia, SC.: University of South Carolina Press, 2002）.
11. Markman Ellis, 'Coffee-House Libraries in Mid-Eighteenth-century London', *The Library*, 7th series, 10 (2009), pp. 3–40. Hyder Abbas, '"A fund of entertaining and useful information": Coffee Houses, Early Public Libraries, and the Print Trade in Eighteenth-century dublin', *Library and Information History*, 30 (2014), pp. 41–61.
12. David Allan, *A Nation of Readers: the lending library in Georgian England* (London: The British Library, 2008), pp. 24–61.
13. Allan, *Nation of Readers*, p. 71.
14. Whitmore, 'Cabinet de Lecture', pp. 27–28.
15. James Smith Allen, 'The "Cabinets de lecture" in Paris, 1800–1850', *The Journal of Library History*, 16 (1981), pp. 199–209, here p. 201.
16. 参见第14章。
17. Charles F. Gosnell and Géza Schütz, 'Goethe the Librarian', *Library Quarterly*, 2 (1932), pp. 367–374.
18. Uwe Puschner, 'Lesegesellschaften', in Bernd Sösemann (ed.), *Kommunikation und Medien in Preussen vom 16. Bis zum 19. Jahrhundert* (Stuttgart: Franz Steiner Verlag, 2002), pp. 194–205.
19. Alberto Martino, *Die Deutsche Leihbibliothek* (Wiesbaden: Harrassowitz, 1990). Georg Jäger, Alberto Martino and Reinhard Wittmann, *Die Leihbibliothek der Goethezeit* (Hildesheim: Gerstenberg Verlag , 1979).
20. Jäger, Martino and Wittmann, *Die Leihbibliothek der Goethezeit*, pp. 383–384.
21. K. A. Manley, *Books, Borrowers and Shareholders. Scottish Circulating and*

Subscription Libraries before 1825 (Edinburgh: Edinburgh Bibliographical Society, 2012), pp. 9–10.

22. James Raven, 'The Noble Brothers and popular publishing', *The Library*, 6th series, 12 (1990), pp. 293–345, here p. 303.
23. Hilda M. Hamlyn, 'Eighteenth-century libraries in England', *The Library*, 5th series (1946–1947), pp. 197–222, here p. 204.
24. Raven, 'Noble Brothers', p. 308.
25. Allan, *Nation of Readers*, p. 134.
26. Raven, 'Noble Brothers', p. 308.
27. Maria Edgeworth, *Letters for Literary Ladies* (London: J.M. Dent, 1993), p. 15.
28. Norbert Schürer, 'Four Catalogues of the Lowndes Circulating Library, 1755–66', *Proceedings of the Bibliographical Society of America*, 101 (2007), pp. 327–357.
29. Manley, *Books, Borrowers and Shareholders*, pp. 2–3.
30. Allan, *Nation of Readers*, p. 124.
31. 出处同上，第105页。
32. Hamlyn, 'Eighteenth-century libraries', pp. 220–221.
33. Schürer, 'Four Catalogues', p. 344.
34. Hamlyn, 'Eighteenth-century libraries', p. 215.
35. Jan Fergus, 'Eighteenth-century Readers in provincial England: the customers of Samuel Clay's circulating library and bookshop in Warwick, 1770–72', *Proceedings of the Bibliographical Society of America*, 78 (1984), pp. 155–213。另可参阅其*Provincial Readers in Eighteenth-century England* (Oxford: Oxford University Press, 2007)。
36. David Kaser, *A Book for a Sixpence: the Circulating Library in America* (Pittsburgh: Phi Beta Mu, 1880).
37. Guinevere L. Griest, *Mudie's Circulating Library and the Victorian Novel* (London: David & Charles, 1970).
38. Guinevere L. Griest, 'A Victorian Leviathan: Mudie's Select Library', *Nineteenth-century Fiction*, 20 (1965), pp. 103–126, here pp. 108, 113.
39. Charles Wilson, *First with the News: The History of W.H. Smith, 1792–1972* (London: W.H. Smith, 1985).
40. 萨利文否认了这一点，尽管迪斯雷利称自己的部长为"皮纳福·史密斯"。
41. George More, 'A New Censorship of Literature', Pall Mall Gazette, 10 Decem-

ber 1884, a conflict renewed in a pamphlet *Literature at Nurse*. Pierre Coustillas (ed.), *George Moore, Literature at Nurse. A Polemic on Victorian Censorship* (brighton: eer , 2017).

42. Griest, *Mudie's Circulating Library*, pp. 75, 83.
43. 出处同上，第61页。

第13章　建筑帝国

1. J. E. Traue, 'The Public Library Explosion in Colonial New Zealand', *Libraries & the Cultural Record*, 42 (2007), pp. 151–164, here p. 154.
2. 参见第8章。
3. Adrien Delmas, '*Artem Quaevis Terra Alit*: Books in the Cape Colony during the seventeenth and eighteenth centuries', in Natalia Maillard Álvarez (ed.), *Books in the Catholic World during the Early Modern Period* (Leiden: Brill, 2014), pp. 191–214, here p. 203.
4. William St Clair, *The Grand Slave Emporium: Cape Coast Castle and the British Slave Trade* (London: Profile, 2007), pp. 67–68.
5. Katharine Gerbner, *Christian Slavery: Conversion and Race in the Protestant Atlantic World* (Philadelphia: University of Pennsylvania Press, 2019).
6. Archie Dick, *The Hidden History of South Africa's Books and Reading Cultures* (Toronto: Toronto University Press, 2012), pp. 12–53.
7. Alan G. Cobley, 'Literacy, Libraries, and Consciousness: The Provision of Library Services for blacks in South Africa in the Pre-apartheid Era', *Libraries and Culture*, 32 (1997), pp. 57–80.
8. Elizabeth B. Fitzpatrick, 'The Public Library as Instrument of Colonialism: the Case of the Netherlands East Indies', *Libraries and the Cultural Record*, 43 (2008), pp. 270–285.
9. Kalpana Dasgupta, 'How Learned Were the Mughals: Reflections on Muslim Libraries in India', *The Journal of Library History*, 10 (1975), pp. 241–254. A. K. Ohdedar, *The Growth of the Library in Modern India, 1498–1836* (Calcutta: World Press, 1966).
10. Ohdedar, *The Growth of the Library in Modern India*, p. 10.
11. Sharon Murphy, 'Imperial Reading ? The East India Company's Lending Libraries

for Soldiers, c. 1819–1834', *Book History*, 12 (2009), pp. 74–99. Id., *The British Soldier and his Libraries, c. 1822–1901* (London: Palgrave Macmillan, 2016).

12. Murphy, 'Imperial Reading ?', p. 78.
13. Sharon Murphy, 'Libraries, Schoolrooms, and Mud Gadowns: Formal Scenes of Reading at East India Company Stations in India, c. 1819—1835', *Journal of the Royal Asiatic Society*, 21 (2011), pp. 459–467, here p. 459.
14. Murphy, 'Imperial Reading ?', p. 76.
15. Dora Lockyer, 'The Provision of Books and Libraries by the East India Company in India, 1611–1858' (PhD thesis, Fellowship of the Library Association, 1977), pp. 183–188. Priya Joshi, *In Another Country: Colonialism, Culture and the English Novel in India* (New York: Columbia University Press, 2002), p. 39.
16. Ohdedar, *The Growth of the Library in Modern India*, p. 57.
17. Ohdedar, *The Growth of the Library in Modern India*, pp. 117–120.
18. 出处同上，第141页。
19. Joshi, *In Another Country*, p. 56.
20. Lara Atkin, et al., *Early Public Libraries and Colonial Citizenship in the British Southern Hemisphere* ({London}: Palgrave Macmillan, 2019).
21. 出处同上，第9页。
22. Lorne D. Bruce, 'Subscription Libraries for the Public in Canadian Colonies, 1775–1850', *Library & Information History*, 34 (2018), pp. 40–63, here pp. 53–54.
23. Heather Dean, '"The persuasion of books": The Significance of Libraries in Colonial British Columbia', *Libraries and the Cultural Record*, 46 (2011), pp. 50–72.
24. Bruce, 'Subscription Libraries', p. 52.
25. Traue, 'The Public Library Explosion', p. 160.
26. Atkin, *Early Public Libraries*, pp. 82–87.
27. Paul Eggert, 'Robbery Under Arms: The Colonial Market, Imperial Publishers and the Demise of the Three-Decker Novel', *Book History*, 6 (2003), pp. 127–146, here p. 135.
28. 良好示例可参阅Joshi, *In Another Country*, pp. 93–138。
29. H. B. Vogel, *A Maori Maid* (London: Macmillan, 1898).
30. Joshi, *In Another Country*, p. 47.
31. P. R. Harris, *A History of the British Museum Library, 1753–1973* (London:

British Library, 1998). Giles Mandelbrote and Barry Taylor, *Libraries within the Library. The Origins of the British Library's Printed Collections* (London: British Library, 2009).

32. 另可参见第10章。
33. James Delbourgo, *Collecting the World: The Life and Curiosity of Hans Sloane* (London: Penguin, 2018), p. xxv.
34. Arundell Esdaile, *National Libraries of the World: Their History, Administration and Public Services*, 2nd edn (London: The Library Association, 1957). Ian R. Willison, 'The National Library in Historical Perspective', *Libraries and Culture*, 24 (1989), pp. 75–95.
35. Harris, *A History of the British Museum Library*, pp. 15, 20.
36. Paul M. Priebe, 'From Bibliothèque du Roi to Bibliothèque Nationale: The Creation of a State Library, 1789–1793', *The Journal of Library History*, 17 (1982), pp. 389–408, here p. 394.
37. Esdaile, *National Libraries*, p. 185.
38. Elizabeth A. Dean, 'The Organization of Italian Libraries from the Unification until 1940', *The Library Quarterly*, 53 (1983), pp. 399–419.
39. Mary Stuart, *Aristocrat-Librarian in Service to the Tsar. Aleksei Nikolaevich Olenin and the Imperial Public Library* (Boulder: East European Monographs, 1986).
40. Mary Stuart, 'Creating Culture: The Rossica Collection of the Imperial Public Library and the Construction of National Identity', *Libraries and Culture*, 30 (1995), pp. 1–25, here pp. 1–5.
41. 相关当代概述可参阅Edward Edwards, 'A Statistical View of the Principal Public Libraries in Europe and the United States of North America', *Journal of the Statistical Society of London*, 11 (1848), pp. 250–281。
42. Harris, *A History of the British Museum Library*, p. 104. Willison, 'The National Library', p. 75.
43. James P. Niessen, 'Museums, Nationality, and Public Research Libraries in Nineteenth-century Transylvania', *Libraries and the Cultural Record*, 41 (2006), pp. 298–336.
44. Harris, *A History of the British Museum Library*, p. 133.
45. 参见第11章。
46. Stuart, *Aristocrat-Librarian*, pp. 37–62.

47. Esdaile, *National Libraries*, p. 98.
48. Delbourgo, *Collecting the World*, pp. 333, 337.
49. Harris, *A History of the British Museum Library*, p. 147.
50. Esdaile, *National Libraries*, p. 327.
51. Harris, *A History of the British Museum Library*, p. 180.
52. 出处同上，第187–190页。
53. 出处同上，第84，322，389–390页。
54. Stuart, *Aristocrat-Librarian*, pp. 90–95.
55. Mary Stuart, 'The Crimes of Dr Pichler: A Scholar-Biblioklept in Imperial Russia and his European Predecessors', *Libraries & Culture*, 23 (1988), pp. 401–426.
56. Esdaile, *National Libraries*, p. 346.
57. Carl Ostrowski, 'James Alfred Pearce and the Question of a National Library in Antebellum America', *Libraries & Culture*, 35 (2000), pp. 255–277, here pp. 267–268.
58. John Y. Cole, 'The Library of Congress Becomes a World Library, 1815–2005', *Libraries & Culture*, 40 (2005), pp. 385–398.
59. Albert L. Hurtado, 'Professors and Tycoons: The Creation of Great Research Libraries in the American West', *Western Historical Quarterly*, 41 (2010), pp. 149–169。关于纽贝里可参阅Paul Finkelman, 'Class and Culture in late nineteenth-century Chicago: the Founding of the Newberry Library', *American Studies*, 16 (1975), pp. 5–22。
60. Stephen H. Grant, *Collecting Shakespeare. The Story of Henry and Emily Folger* (Baltimore: Johns Hopkins University Press, 2014), p. 156.
61. Donald C. Dickinson, *Henry E. Huntington's Library of Libraries* (San Marino, CA: Huntington Library, 1995).
62. Grant, *Collecting Shakespeare.* Andrea Mays, *The Millionaire and the Bard. Henry Folger's Obsessive Hunt for Shakespeare's First Folio* (New York: Simon and Schuster, 2015).
63. Grant, *Collecting Shakespeare*, p. xii.
64. 出处同上，第120页。

第14章　在工作后阅读

1. David Nasaw, *Andrew Carnegie* (London: Penguin, 2006).

2. John Minto, *A History of the Public Library Movement in Great Britain and Ireland* (London: George Allen & Unwin, 1932).
3. Edward Edwards, 'A Statistical View of the Principal Public Libraries in Europe and the United States of North America', *Journal of the Statistical Society of London*, 11 (1848), pp. 250–281.
4. Stanley M. Max, 'Tory Reaction to the Public Libraries Bill, 1850', *Journal of Library History (1974–1987)*, 19 (1984), pp. 504–524.
5. The Manchester Free Library, *The Spectator*, 12 November 1853.
6. Ken Severn, *The Halfpenny Rate: A Brief History of Lambeth Libraries* (London: Lambeth Archives, 2006).
7. H. E. Heller, *Leisure and the Changing City, 1870–1914* (London: Routledge, 1976).
8. Linda Jean Parr, 'The History of Libraries in Halifax and Huddersfield from the Mid-Sixteenth Century to the Coming of the Public Libraries', (University College London, PhD dissertation, 2003).
9. 参见第8章。
10. J. H. Shera, *Foundations of the Public Library: The Origins of the Public Library Movement in New England 1629–1855* (Chicago: University of Chicago Press, 1949).
11. Susan Orlean, *The Library Book* (London: Atlantic Books, 2018), pp. 177–178.
12. Harold M. Otness, 'Baedeker's One-Star American Libraries', *Journal of Library History*, 12 (1977), pp. 222–234.
13. Tom Glynn, *Reading Publics: New York City's Public Libraries, 1754–1911* (New York: Fordham University Press, 2015), p. 2.
14. 出处同上，第17–42页。
15. William J. Rhees, *Manual of Public Libraries, Institutions and Societies in the United States and British Provinces of North America* (Philadelphia: J. B. Lippincott, 1889).
16. Richard D. Altick, *The English Common Reader. A Social History of the Mass Reading Public* (Chicago: University of Chicago Press, 1957; 2nd edn, Columbus: Ohio State University, 1998), p. 192. Edward Royle, 'Mechanics' Institutes and the Working Classes, 1840–1860', *Historical Journal*, 14 (1971), pp. 305–321.
17. Altick, *The English Common Reader*, p. 192.
18. Chris Baggs, '"The Whole Tragedy of Leisure in Penury": The South wales Miners'

Institute Libraries during the Great Depression', *Libraries & Culture*, 39 (2004), pp. 115–136。另可参阅其'The Miners' Institute libraries of south Wales 1875–1939', in Philip Henry Lloyd, et al., (eds), *A nation and its books: a history of the book in Wales* (Aberystwyth: National Library of Wales, 1998), and 'How Well Read Was My Valley? Reading , Popular Fiction, and the Miners of South Wales, 1875–1939', *Book History*, 4 (2001), pp. 277–301。

19. John Phillip Short, 'Everyman's Colonial Library: Imperialism and Working-Class Readers in Leipzig', *German History*, 21 (2003), pp. 445–475. Hans-Josef Steinberg and Nicholas Jacobs, 'Workers' Libraries in Germany before 1914', *History Workshop*, 1 (1976), pp. 166–180.
20. Steinberg and Jacobs, 'Workers' Libraries', pp. 172–173.
21. Ronald A. Fullerton, 'Creating a Mass Book Market in Germany: The Story of the "Colporteur Novel", 1870–1890', *Journal of Social History*, 10 (1977), pp. 265–283.
22. 简述可参阅'Everyman's Colonial Library', pp. 452, 453。
23. Steinberg and Jacobs, 'Workers' Libraries', p. 177.
24. J. L. A. Bailly, *Notices historiques sur les bibliothèques anciennes et modernes* (Paris: Roussillon, 1828).
25. Barbara McCrimmon, 'The Libri Case', *Journal of Library History*, 1 (1966), pp. 7–32. P. Alessandra Maccioni Ruju and Marco Mostert, *The Life and Times of Guglielmo Libri (1802–1869)* (Hilversum: Verloren, 1995).
26. Graham Keith Barnett, 'The History of Public Libraries in France from the Revolution to 1939'（1973年图书馆协会会员申请的论文）。
27. Nasaw, *Carnegie*, pp. 193, 204.
28. Nasaw, *Carnegie*, p. 607.
29. George S. Bobinski, 'Carnegie Libraries: their history and impact on American Public Library Development', *American Library Association Bulletin*, 62 (1968), pp. 1361–1367.
30. Daniel F. Ring , 'Carnegie Libraries as Symbols for an Age: Montana as a Test Case', *Libraries & Culture*, 27 (1992), pp. 1–19, here p. 7。当地慈善事业的事例，另可参阅Daniel F. Ring , 'Men of Energy and Snap: The Origins and Early Years of the Billings Public Library', *Libraries & Culture*, 36 (2001), pp. 397–412。
31. Abigail A. Van Slyck, *Free to All: Carnegie Libraries & American Culture, 1890–1920* (Chicago: IL: University of Chicago Press, 1995), pp. 35–40.

32. Karl Baedeker, *The United States with excursions to Mexico, Cuba, Porto Rico and Alaska* (Leipzig : Karl Baedeker, 1909), p. 25.
33. Glynn, *Reading Publics*, p. 5.
34. Lee Erickson, 'The Economy of Novel Reading : Jane Austen and the Circulating Library', *Studies in English Literature, 1500–1900*, 30 (1990), pp. 573–590.
35. Arthur P. Young , *Books for Sammies. The American Library Assòciation and World War I* (Pittsburgh: Beta Phi Mu, 1981), p. 10.
36. Altick, *English Common Reader*, p. 231.
37. Evelyn Geller, *Forbidden Books in American Public Libraries, 1876–1939* (Westport, CT: Greenwood Press, 1984), pp. 54–55. Esther Jane Carrier, *Fiction in Public Libraries 1876–1900* (New York: Scarecrow Press, 1965).
38. Robert Snape, *Leisure and the Rise of the Public Library* (London: Library Association, 1995), pp. 56–57.
39. Geller, *Forbidden Books*, p. 84.
40. Orlean, *Library Book*, p. 130–132, 141–144.
41. Geller, *Forbidden Books*, pp. 42–43。另可参阅Charles Johanningsmeier, 'Welcome Guests or Representatives of the "Mal-Odorous Class"? Periodicals and their Readers in American Public Libraries, 1876–1914', *Libraries & Culture*, 39 (2004), pp. 260–292。

第15章　在20世纪生存

1. Erik Kirschbaum, *Burning Beethoven: The Eradication of German Culture in the United States during World War I* (New York: Berlinica, 2015).
2. Susan Orlean, *The Library Book* (London: Atlantic Books, 2018), p. 176. Wayne Wiegand, *"An active instrument for propaganda": the American public library during World War I* (New York: Greenwood, 1989).
3. Arthur P. Young , *Books for Sammies. The American Library Association and World War I* (Pittsburgh: Beta Phi Mu, 1981).
4. Orlean, *The Library Book*, p. 202.
5. Margaret F. Stieg , 'The Second World War and the Public Libraries of Nazi Germany', *Journal of Contemporary History*, 27 (1992), pp. 23–40。另可参阅其 *Public Libraries in Nazi Germany* (Tuscaloosa: University of Alabama Press, 1992)。

6. 1929年版的《西线无战事》是第一次世界大战期间诞生的反战书籍中最著名的一部。希特勒作为这场战事的“荣誉老兵”，对这本书深恶痛绝。
7. Pamela Spence Richards, 'German Libraries and Scientific and Technical Information in Nazi Germany', *Library Quarterly: Information, Community, Policy*, 55 (1985), pp. 151–173. Id., 'Aslib at War: The Brief but Intrepid Career of a Library Organization as a Hub of Allied Scientific Intelligence 1942–1945', *Journal of Education for Library and Information Science*, 29 (1989), pp. 279–296.
8. Stieg , 'Second World War', p. 27.
9. Wayne Wiegand, 'In Service to the State: Wisconsin Public Libraries during World War I', *Wisconsin Magazine of History*, 72 (1989), pp. 199–224. Daniel F. Ring , 'Fighting for Their Hearts and Minds: William Howard Brett, the Cleveland Public Library, and World War I', *Journal of Library History*, 18 (1983), pp. 1–20.
10. Graham Keith Barnett, 'The History of Public Libraries in France from the Revolution to 1939' (1973年图书馆协会会员申请的论文), pp. 352–353。
11. Sarah Wentzel, 'National and University Library of Strasbourg', in David H. Stam (ed.), *International Dictionary of Library Histories* (2 vols., Chicago/ London: Fitzroy Dearborn, 2001), pp. 459–461.
12. Barnett, 'Public Libraries', pp. 353–354, 603–604.
13. 出处同上。
14. Margaret E. Parks, 'Catholic University of Louvain Library', in Stam, *International Dictionary of Library Histories*, pp. 244–247.
15. Chris Coppens. Mark Derez and Jan Roegiers (ed.), *Leuven University Library, 1425–2005* (Leuven: Leuven University Press, 2005), pp. 196–298.
16. 必须说，给遭受苦难的鲁汶大学造成最终破坏的行为是比利时政治导致的。1968年，该大学被一分为二，其中一所作为新的法语大学搬去了新鲁汶。图书馆的藏书被平均分配给了两所大学，方式简单又不同寻常，即奇数编号的书留在了鲁汶，偶数编号的书随法语大学迁至新鲁汶，每所大学各获得了80万本书。
17. 在整个战争中，法国省级图书馆损失了大约200万册书。Hilda Uren Stubbings, *Blitzkrieg and Books: British and European Libraries as Casualties of World War II* (Bloomington, IN: Rubena Press, 1993), pp. 235–269。Martine Poulain, *Livres pillés, lectures surveillées: les bibliothèques françaises sous l'occupation* (Paris: Gallimard, 2008)。

18. Donal Sheehan, 'The Manchester Literary and Philosophical Society', *Isis*, 33 (1941), pp. 519–523. Stubbings, *Blitzkrieg*, pp. 313–315.
19. Valerie Holman, *Book Publishing in England, 1939–1945* (London: British Library, 2008), p. 30.
20. Henry Irving , '"Propaganda bestsellers": British Official War Books, 1941–1946', in *The Concept of the Book. The Production, progression and dissemination of information* (London: Institute of English Studies, 2019), pp. 125–146.
21. Stubbings, *Blitzkrieg*, p. 320.
22. Dale C. Russell, '"Our Special Province": Providing a Library Service for London's Public Shelters, 1940–1942', *Library History*, 13 (1997), pp. 3–15. Stubbings, *Blitzkrieg*, p. 309.
23. Anders Rydell, *The Book Thieves. The Nazi Looting of Europe's Libraries and the Race to return a Literary Inheritance* (New York: Viking , 2015), pp. 86–87.
24. Marek Stroka, 'The Destruction of Jewish Libraries and Archives in Cracow during World War II', *Libraries & Culture*, 38 (2003), pp. 147–165.
25. Jacqueline Borin, 'Embers of the Soul: the destruction of Jewish Books and Libraries in Poland during World War II', *Libraries & Culture*, 28 (1993), pp. 445–460.
26. Rydell, *Book Thieves*, p. 199.
27. 出处同上，第197页。
28. Borin, 'Embers', pp. 8–9.
29. Rydell, *Book Thieves*, p. 215.
30. Donald E. Collins and Herbert P. Rothfeder, 'The Einsatzstab Reichsleiter Rosenberg and the Looting of Jewish and Masonic Libraries during World War II', *Journal of Library History*, 18 (1983), pp. 21–36, here p. 23.
31. Patricia Kennedy Grimsted, 'The Odyssey of the Turgenev Library from Paris, 1940–2002. Books as Victims and Trophies of War' (Amsterdam: IISH, 2003).
32. Patricia Kennedy Grimsted, 'Library Plunder in France by the Einsatzstab Reichsleiter Rosenberg : ten ERR Seizure Lists of Confiscated French Libraries' (Amsterdam: IISH, 2017).
33. Reinhard Bollmus, *Das Amt Rosenberg und seine Gegner: Studien zur Machtkampt in nationalisozialistische Herrschaftsystem* (Munich: Oldenbourg, 2006).
34. Poulain, *Livres pillés*. Patricia Kennedy Grimsted, 'Roads to Ratibor: Library and Archival Plunder by the Einsatzstab Reichsleiter Rosenberg', *Holocaust Genocide*

Studies, 19 (2005), pp. 390–458.

35. David E. Fishman, *The Book Smugglers. Partisans, Poets and the Race to Save Jewish Treasures from the Nazis* (Lebanon, NH: Foreedge, 2017).
36. Dov Schidorsky, 'Confiscation of Libraries and Assignments to Forced Labour: two documents of the Holocaust', *Libraries and Culture,* 33 (1998), pp. 347–388.
37. Poulain, *Livres pillés.*
38. Joshua Starr, 'Jewish Cultural Property under Nazi Control', *Jewish Social Studies*, 12 (1950), pp. 27–48, here p. 34. Cornelia Briel, *Beschlagnahmt, Erpresst, Erebeutet. NS-Raubgut, Reichstauchstelle und Preussische Staatsbibliothek zwischen 1933 und 1945* (Berlin: Akademie Verlag , 2013).
39. Marta L. Dosa, *Libraries in the Political Scene* (Westport, CN: Greenwood, 1974), pp. 84–87.
40. Jan L. Alessandrini, 'Lost Books of "Operation Gomorrah": Rescue, Reconstruction an Restitution at Hamburg's Library in the Second World War', in Flavia Bruni and Andrew Pettegree (eds.), *Lost Books. Reconstructing the Print World of Pre-Industrial Europe* (Leiden: Brill, 2016), pp. 441–461.
41. Rydell, *Book Thieves*, p. 20.
42. 出处同上，第51–56页。
43. Dosa, *Libraries in the Political Scene*, p. 94.
44. Nicola Schneider, 'The Loss of the Music Collection of the Hessiche Landesbibliothek in Darmstadt in 1944', in Anna-Silvia Goeing , Anthony T. Grafton and Paul Michel (eds.), *Collectors' Knowledge: What is Kept, what is Discarded* (Leiden: Brill, 2013), pp. 381–412.
45. Werner Schocow, *Bucherschicksale: die Verlagerungsgeschichte der Peussischen Staastbibliothek; Auslagerung, Zerstörung, Rückführung* (Berlin: de Gruyter, 2003).
46. Grimsted, 'Roads to Ratibor'.
47. Patricia Kennedy Grimsted, 'The Road to Minsk for Western "Trophy" Books: Twice Plundered but not yet "Home from the War"', *Libraries and Culture*, 39 (2004), pp. 351–404.
48. Patricia Kennedy Grimsted, 'Tracing Trophy Books in Russia', *Solanus*, 19 (2005), pp. 131–145.
49. Prydell, *Book Thieves*, p. 272. Robert G. Waite, 'Returning Jewish Cultural Property: The Handling of Books Looted by the Nazis in the American Zone of

Occupation, 1945 to 1952', *Libraries & Culture*, 37 (2002), pp. 213–228.

50. Margaret Stieg Dalton, 'The Postwar Purge of German Public Libraries, Democracy and the American Reaction', *Libraries and Culture*, 28 (1993), pp. 143–164.
51. Alex Boodrookas, 'Total Literature, Total War: Foreign Aid, Area Studies, and the Weaponization of US Research Libraries', *Diplomatic History*, 43 (2019), pp. 332–352.
52. Miriam Intrator, *Books across Borders. UNESCO and the Politics of Postwar Cultural Reconstruction, 1945–1951* (Cham: Palgrave Macmillan, 2019), p. 140.
53. 出处同上，第62页。
54. W. C. Berwick Sayers, 'Britain's Libraries and the War', *Library Quarterly*, 14 (1944), pp. 95–99. Henry Irving , 'Paper salvage in Britain during the Second World War', *Historical Research*, 89 (2016), pp. 373–393. 实际上，塞耶斯及之后的文献给出的数字是6亿册，但这似乎过于庞大，令人难以置信。
55. Peter Thorsheim, 'Salvage and Destruction: The Recycling of Books and Manuscripts in Great Britain during the Second World War', *Contemporary European History*, 22 (2013), pp. 431–452, here p. 448.

第16章　与现代的搏斗

1. Warren Susman, 'Communication and Culture', in Catherine L. Covert and John D. Stevens (eds.), *Mass Media Between the Wars. Perceptions of Cultural tension, 1918–1941* (Syracuse: Syracuse University Press, 1984), p. xxiv.
2. Ian Mcintyre, *The Expense of Glory. A Life of John Reith* (London: Harper Collins, 1993).
3. Covert and Stephens, *Mass Media*, p. 209.
4. James D. Hart, *The Popular Book. A History of America's Literary Taste* (New York: Oxford University Press, 1950), p. 228.
5. Alice Goldfarb Marquis, *Hope and Ashes. The Birth of Modern Times* (New York: Free Press, 1986).
6. 出处同上，第63–64页。
7. 可参见上文概述，其中提及新闻记者作为“廉价小说”的写作者。
8. Tanya Gold, 'The Outsiders', *The Spectator*, 14 November 2020, pp. 50–51.
9. 出处同上，第86页。

10. Covert and Stephens, *Mass Media*, p. xiii.
11. Alistair Black, *The Public Library in Britain, 1914–2000* (London:British Library, 2000).
12. Patrick Leary, *The Punch Brotherhood. Table Talk and Print Culture in Mid-Victorian London* (London: British Library, 2010). Frank E. Huggett, *Victorian England as seen by Punch* (London: Book Club Associates, 1978).
13. Chris Baggs, '"In the Separate Reading Room for Ladies are Provided Those Publications Specially Interesting to Them": Ladies' Reading Rooms and British Public Libraries 1850–1914', *Victorian Periodicals Review*, 38 (2005), pp. 280–306, here p. 281.
14. Marquis, *Hope and Ashes*, pp. 124, 127.
15. Hart, *Popular Book*, pp. 236, 261–263.
16. 出处同上，第219、256、261–263页。
17. 出处同上，第273页。Megan Benton, '"Too Many Books": Book Ownership and Cultural Identity in the 1920s', *American Quarterly*, 49 (1997), pp. 268–297。
18. Janice A. Radway, *A Feeling for Books. The Book-of the-Month Club, Literary Taste and Middle-Class Desire* (Chapel Hill: University of North Carolina Press, 1997). Hart, *Popular Book*, p. 273.
19. Hart, *Popular Book*, pp. 237, 286.
20. Christopher Hilliard, 'The Twopenny Library: The Book Trade, Working Class Readers and "Middlebrow" Novels in Britain, 1930–1942', *Twentieth-century British History*, 25 (2014), pp. 199–220.
21. Ronald Barker, 'Book Distribution in the United Kingdom', *ALA Bulletin*, 57 (June 1963), pp. 523–527.
22. John Sutherland, *Reading the Decades. Fifty Years of the Nation's Bestselling Books* (London: BBC, 2002).
23. Joanne E. Passet, 'Reaching the Rural Reader: Traveling Libraries in America, 1892–1920', *Libraries & Culture*, 26 (1991), pp. 100–118, here p. 103.
24. Lisa Lindell, 'Bringing Books to a "Book-Hungry Land". Print Culture on the Dakota Prairie', *Book History*, 7 (2004), pp. 215–239.
25. Wayne Wiegand, *Irrepressible Reformer. A Biography of Melvil Dewey* (Chicago: American Library Association, 1996).
26. Passet, 'Reaching the Rural Reader', p. 105.

27. Jennifer Cummings, '"How Can we Fail?" The Texas State Library's Travelling Libraries and Bookmobiles, 1916–1966', *Libraries and the Cultural Record*, 44 (2009), pp. 299–325, here, p. 301.

28. Passet, 'Reaching the Rural Reader', p. 111.

29. Susan Orlean, *The Library Book* (London: Atlantic Books, 2018), p. 195. Tanya Ducker Finchum and Allen Finchum, 'Not Gone with the Wind: Libraries in Oklahoma in the 1930s', *Libraries & the Cultural Record*, 46 (2011), pp. 276–294.

30. Deanna B. Marcum, 'The Rural Public Library in America at the turn of the century', *Libraries & Culture*, 26 (1991), pp. 87–99.

31. 本书的一位写作者可以证实此事。20世纪60年代初，他正身处于英格兰什罗普郡的乡村。

32. Cummings, '"How Can we Fail?"', p. 312.

33. 成年男性借阅者仅占总量的2%。Christine Pawley, *Reading Places. Literacy, democracy and the Public Library in Cold War America* (Amherst: University of Massachusetts Press, 2010), p. 121。

34. Ralph A. Wagner, 'Not recommended: A List for Catholic High School Libraries, 1942', *Libraries & Culture*, 30 (1995), pp. 170–198.

35. https://www.pewtrusts.org/en/research-and-analysis/blogs/stateline/2018/03/28/yes-bookmobiles-are-still-a-thing-we-checked.

36. Dane M. Ward, 'The Changing Role of Mobile Libraries in Africa', *International Information and Library Review*, 28 (1996), pp. 121–133.

37. https://www.aljazeera.com/features/2018/4/23/for-the-love-of-books-mobile-libraries-around-the-world.

38. Ellis Alec, *Library Services for Young People in England and Wales, 1830–1970* (Oxford: Pergamon Press, 1971).

39. 出处同上，第28页。

40. F. J. Harvey, *Children's Books in England: Five Centuries of Social Life* (London: British Library, 1999). Michael Denning , *Mechanical Accents. Dime Novels and Working-Class Culture in America* (London: Verso, 1987).

41. Jon Savage, *Teenage. The Creation of Youth Culture* (London: Pimlico, 2008).

42. 出处同上，第141–142页。

43. 出处同上，第301页。

44. 出处同上，第353–354页。Cynthia L. White, *Women's Magazines, 1693–1968* (London:

Michael Joseph, 1970).

45. Thelma McCormack, '*The Intelligent Woman's Guide to Socialism and Capitalism* by George Bernard Shaw', *American Journal of Sociology*, 91 (1985), pp. 209–211.
46. Baggs, 'Separate Reading Room', p. 282.
47. 出处同上，第186–187页。
48. Sterling Joseph Coleman, '"Eminently Suited to Girls and Women": the Numerical Feminization of Public Librarianship in England, 1914–1931', *Library and Information History*, 30 (2014), pp. 195–209.
49. 出处同上，第201页。
50. Esther Jane Carrier, *Fiction in Public Libraries 1900–1950* (Littleton, Col.: Libraries Unlimited, 1985).
51. Evelyn Geller, *Forbidden Books in American Public Libraries, 1876–1939* (Westport, Conn.: Greenwood, 1970), pp. 54–56, 93–97, 105–108.
52. Joseph McAleer, *Popular Reading and Publishing in Britain, 1914–1950* (Oxford: Oxford University Press, 1992), pp. 100–132. Id., *Passion's Fortune: the Story of Mills and Boon* (Oxford: Oxford University Press, 1999).
53. Mcaleer, *Popular Reading*, p. 106.
54. 参见上文第13章。
55. Nicola Wilson, 'Boots Book-lovers' Library and the Novel: The Impact of a Circulating Library Market on Twentieth-century Fiction', *Information & Culture*, 49 (2014), pp. 427–449.
56. 出处同上，第104页。
57. Janice A. Radway, *Reading the Romance. Women, Patriarchy and Popular Literature*(Chapel Hill: University of North Carolina Press, 1984), p. 20.
58. http://publiclibrariesonline.org/2013/05/promoting-romance-novels-in-american-public-libraries/.
59. 源自与英格兰及苏格兰图书馆分馆工作人员的谈话。

第17章　图书馆、书籍与政治

1. Robert Darnton, 'Censorship. A Comparative View : France 1789 – East Germany 1989', *Representations*, 49 (1995), pp. 40–60, here p. 40.
2. Emily Drabinski, 'Librarians and the Patriot Act', *The Radical Teacher*, 77 (2006),

pp. 12–14.

3. Gladys Spencer, *The Chicago Public Library, Origins and Backgrounds* (Boston: Gregg Press, 1972).
4. Spencer, *Chicago Public Library*, p. 344. Constance J. Gordon, 'Cultural Record Keepers, The English Book Donation, Chicago Public Library', *Libraries and the Cultural Record*, 44 (2009), pp. 371–374.
5. Dennis Thompson, 'The Private Wars of Chicago's Big Bill Thompson', *Journal of Library History*, 15 (1980), pp. 261–280.
6. Joyce M. Latham, 'Wheat and Chaff: Carl Roden, Abe Korman and the Definitions of Intellectual Freedom in the Chicago Public Library', *Libraries and the Cultural Record*, 44 (2009), pp. 279–298.
7. Thompson, 'Big Bill', p. 273.
8. Louise S. Robbins, *The Dismissal of Miss Ruth Brown: Civil Rights, Censorship and the American Library* (Norman: University of Oklahoma Press, 2000).
9. Christine Pawley, *Reading Places. Literacy, Democracy and the Public Library in Cold War America* (Amherst: University of Massachusetts Press, 2010). Lisle A. Rose, *The Cold War Comes to Main Street. America in 1950* (Lawrence, Kansas: University press of Kansas, 1999).
10. Louise S. Robbins, *Censorship and the American Library. The American Library Association's Response to Threats to Intellectual freedom, 1939–1969* (Westport, Conn.: Greenwood Press, 1996), p. 37. Idem, 'After Brave words, Silence: American Librarianship Responds to Cold War Loyalty Programs, 1947–1957', *Libraries & Culture*, 30 (1995), pp. 345–365.
11. Robbins, *Censorship*, pp. 71, 74.
12. 出处同上，第122页。
13. Christopher Hilliard, '"Is it a Book that you would even wish your wife or your servant to read." Obscenity Law and the Politics of Reading in Modern England', *American Historical Review*, 118 (2013), pp. 653–678. H. Montgomery Hyde, *The Lady Chatterley's Lover Trial* (London: Bodley Head, 1990).
14. 是否真的是针对劳伦斯还存在争议，但它确实击中了要害。Faye Hammill, 'Cold Comfort Farm, D. H. Lawrence, and English Literary Culture Between the Wars', *Modern Fiction Studies*, 47 (2001), pp. 831–854。
15. Michael Fultz, 'Black Public Libraries in the South in the Era of De Jure Segrega-

tion', *Libraries & the Cultural Record*, 41 (2006), pp. 337–359. Stephen Cresswell, 'The Last Days of Jim Crow in Southern Libraries', *Libraries and Culture*, 31 (1996), pp. 557–572.

16. 这一故事的精彩讲述可参阅Shirley Wiegand and Wayne Wiegand, *The Desegregation of Public Libraries in the Jim Crown South: Civil Rights and Local Activism* (Baton Rouge: LSU Press, 2018)。

17. Robbins, Censorship and the American Library, p. 107. Wayne Wiegand, '"Any Ideas?": The American Library Association and the Desegregation of Public Libraries in the American South', *Libraries: Culture, History, and Society*, 1 (2017), pp. 1–22.

18. Eric L. Motley, Madison Park. *A Place of Hope* (Grand Rapids: Zondervan, 2017), pp. 129–136.

19. Priya Joshi, *In Another Country. Colonialism, Culture and the English Novel in India* (New York: Columbia University Press, 2002). Robert Darnton, *Censors at Work. How States Shaped Literature* (London: British Library, 2014).

20. Jasju Patel and Krishan Kumar, *Libraries and Librarianship in India* (Westport, Conn.: Greenwood Press, 2001), p. 52.

21. 出处同上，第91页。

22. Zahid Ashrad Wani, 'Development of Public Libraries in India', *Library Philosophy and Practice* (ejournal, 2008).

23. A. Dirk Moses and Lasse Heerten, *Postcolonial Conflict and the Question of Genocide: The Nigerian-Biafra War, 1967–1970* (London: Routledge, 2017). Chinua Achebe, *There Was a Country: A Personal History of Biafra* (London: Allen Lane, 2012).

24. Helen Jarvis, 'The National Library of Cambodia: Surviving for Seventy Years', *Libraries and Culture*, 30 (1995), pp. 391–408.

25. Mary Niles Maack, 'Books and Libraries as Instruments of Cultural Diplomacy in Francophone Africa during the Cold War', *Libraries and Culture*, 36 (2001), pp. 58–86.

26. Allan Horton, *'Libraries are great mate!' But they could be greater. A report to the nation on Public Libraries in Australia* (Melbourne: Australian Library Promotional Council, 1976).

27. Nicholson Baker, *Double Fold: Libraries and the Assault on Paper* (New York:

Random House, 2001).

28. Nicholas Basbanes, 'Once and Future Library', in his *Patience and Fortitude* (New York: Harper Collins, 2001), pp. 386–424.
29. Basbanes, *Patience and Fortitude*, p. 401.
30. https://publiclibraries2030.eu/wp-content/uploads/2019/12/France-2019.pdf.

后记 没有书籍的阅读

1. https://www.gatesfoundation.org/what-we-do/global-development/global-libraries
2. Brad Stone, *The Everything Store. Jeff Bezos and the Age of Amazon* (New York: Little, Brown, 2013), p. 302.
3. Robert Darnton, *The Case for Books. Past, Present, and Future* (New York: Public Affairs, 2009), pp. 3–64.
4. Rana Foroohar, *Don't be Evil. The Case against Big Tech* (London: Allen Lane, 2019), p. 28.
5. Maryanne Wolf, *Reader Come Home. The Reading Brain in a Digital World* (New York: Harper, 2018).
6. Susan Orlean, *The Library Book* (London: Atlantic Books, 2018).
7. UNESCO. *Lost Memory – Libraries and archives destroyed in the twentieth century.*
8. https://www.betterworldbooks.com/
9. Orlean, *Library Book*, p. 87.
10. https://www.nytimes.com/2013/11/30/books/unraveling-huge-thefts-from-girolamini-library-in-naples.html.
11. https://www.latimes.com/archives/la-xpm-2000-feb-20-mn-762-story.html. Owen Gingerich, *The Book Nobody Read. Chasing the Revolutions of Nicolas Copernicus* (London: Heinemann, 2004), pp. 220–238.
12. 对此强烈的呼吁可参阅William H. Wisner, *Whither the Postmodern Library? Libraries, Technology, and Education in the Information Age* (Jefferson, NC: McFarland & Company, 2000)。
13. Nicholas Basbanes, *Patience and Fortitude* (New York: Harper Collins, 2001), p. 405.
14. 使用范德华仪器进行的工作可参阅Andrew Pettegree and Arthur der Weduwen, 'What was published in the seventeenth-century Dutch Republic?', *Livre. Revue*

Historique (2018), pp. 1–22。

15. Brian Dumaine, *Bezonomics. How Amazon is changing our lives and what the world's best companies are learning from it* (London: Simon and Schuster, 2020), p. 238.
16. Orlean, *Library Book*, p. 39.
17. Dumaine, *Bezonomics*, p. 110.
18. 出处同上，第91页。
19. https://librarymap.ifla.org/.
20. https://www.nypl.org/about/locations/53rd-street
21. Orlean, *Library Book*, p. 157.
22. https://rossdawson.com/wp-content/uploads/2007/10/extinction_timeline.pdf.
23. 'The e-reader is dying a rapid death', 11 November 2019. https://justpublishingadvice.com/the-e-reader-device-is-dying-a-rapid-death/.
24. Richard Watson, *Future Files, A Brief History of the Next 50 Years*, 3rd edn (London: Nicholas Brealey, 2012).
25. Dumaine，*Bezonomics*，p.39.
26. https://bexarbibliotech.org/. https://www.youtube.com/watch?v=Qtvytxreylc